メキシコ経済の金融不安定性

金融自由化・開放化政策の批判的研究

TSUYOSHI YASUHARA
安原毅

新評論

はじめに

　本書はポスト・ケインジアン経済学による内生的貨幣供給論，金融不安定性仮説を 1990 年代のメキシコにおける金融改革と通貨危機，その前後の金融政策に当てはめて分析を試みるものである。内生的貨幣供給論とは要約すれば；1）銀行部門はあらかじめプールした預金を貸出に廻すのではなく将来的に預金が形成されることを前提として貸出を行う，2）開発理論の観点では貯蓄が事前的に投資を規定するのではなく投資は将来的にキャッシュ・フローを発生させて貯蓄を形成するのであり，投資が貯蓄を規定する，という理解である。ただしここで投資と貯蓄は事後的にも一致する保証は全く無く，期待されるキャッシュ・フロー，追加的貯蓄の水準によって可能な投資資金調達の手段も変わってくるため，場合によっては金利，為替レートと設備投資，貯蓄，資本蓄積等の間の安定的均衡が消滅してしまう。これが金融不安定性が発現する状態である。

　本書の標題から，1994 年末のメキシコ通貨危機をもって金融不安定性と位置付けているのかという誤解があるかもしれない。しかし本書の分析の主眼は 90 年代を通じた同国金融システムの構造変化とその「不安定化」にある。メキシコといえば 1982 年の債務危機が注目を集め，一般的にはこれを境に輸入代替工業化，国家主導型開発路線から新自由主義政策（ネオ・リベラリズム）に大胆に転換が図られて規制緩和，民営化，対外開放化等の改革が進められてきたと理解されている。ただし部門によっては 1960 年代から既に外資への依存が高まっていたし，ロペス＝ポルティージョ政権（1976 年 12 月〜1982 年 11 月）によって IMF コンディショナリティーを受け入れた自由化が開始されたのだから，1982 年以後に初めて自由化，開放化が採られたのでないことは指摘しておきたい。いずれにせよ 1980 年代にはこの自由化，開放化は未だ成果を上げず 3 桁台のインフレが何年も続いて「出口無き」状態に陥ったが，サリーナス政権（1988 年 12 月〜1994 年 11 月）による「革命的」な自由化が功

を奏して一時期は既に先進国だとさえ言われた。

　ところが1994年末の通貨危機を機に一転して「形だけの先進国」とのレッテルを貼られた。6年毎の政権交代に伴って通貨危機が発生するというパターンが繰り返されたのだが，新自由主義下で実質賃金引き下げが10余年間続いた挙句の経済危機は，企業経営も庶民生活も直撃した。しかし1997年にアジア諸国が通貨危機にみまわれると再び「アジアは『同族資本主義』，ラテンアメリカは市場経済」といった対比で，諸外国の論調ではメキシコの新自由主義改革が持ち上げられた。実際にはこのときメキシコでは，民営化や銀行救済を巡る不正が次々に暴露され，新自由主義改革が自由競争メカニズムなど全く実現しなかったこと明らかになっていた。こうして流れを追えばメキシコ経済を評価，分析する作業が如何に困難か理解されよう。メキシコ経済といってもその内部にはさまざまの異質な要素が混在しており，それら全てが1980年代以来ドラスティックに変化してきた。したがって同国の一部，一時期を見た印象だけでメキシコ経済を語ることはできないのである。

　新自由主義とは1970年代軍事政権期のチリ，アルゼンチンでは新保守主義と呼ばれていたが，'90年代のラテンアメリカ諸国では民主政権下で同じ政策がむしろ徹底された。また筆者が学生だった1980年代には中曽根首相，レーガン米大統領，サッチャー英首相の三巨頭を先頭に同政策が各国を席巻した。事実の後解釈をこじつければ，こうした学生時代の経験が現在の研究の基礎になっているということになる。

　つまり本書の立場は基本的に新自由主義に対して批判的である。確かにメキシコの新自由主義改革によって同国で活動する諸外国の企業，経営者は多くのビジネス・チャンスを確保でき，これが長期的には同国の経済成長に貢献するという議論も成り立ち得る。他方で新自由主義を批判する論調の多くは所得分配の悪化，貧困層の拡大といった社会的に排除されたセクターの問題をその論拠とする。実は筆者もメキシコとペルーで都市下層民衆の経済活動に関する研究を進めているのだが，本書ではこうした論点は扱っていない。本書の新自由主義批判における基本的な方法は，メキシコでは民営化，自由化といった制度改革がマクロ経済の安定化政策との整合性を欠き，全体として見ればさまざま

の不均衡，矛盾を生み出してきたことを理論的，実証的に示すことにある[1]。

ただし本文中では，自由化は善か悪か，グローバル化に賛成か反対か，といったマルバツ式の議論はしていない。これは2つの理由による；

1） 1990年代のメキシコ経済は，以前と比べれば格段に改善された面が多々ある。その限りで新自由主義は全てが誤りであるというのではなく，1990年代から2000年代にかけてその負の側面が際立つに至っているという意味で，本書は新自由主義に対して批判的立場を取る。

2） 自由化，開放化という看板を20年も掲げてきたが，メキシコで実際に行われてきた政策，制度改革を見れば旧来の巨大な既得権益集団（ディノサウリオス；「恐竜」の意味。とうに絶滅しているはずの生きた化石という皮肉を込めた呼び方）はその内部構成が再編されただけで総体としては依然存続しており，部門によっては大幅に利権を拡大した場合もある。本書で扱う金融仲介業部門はその典型である。また国営企業の民営化では，当時の大統領の親族，知人が落札するケースが多かったのも事実である。政府が発表する新自由主義改革の「計画」と実際に行われた改革とのギャップを把握せずに自由化に賛成，反対を論じても無意味である。

本書の分析道具であるポスト・ケインジアン経済学とは，筆者が学部，大学院を過ごした京都大学経済学部では以前から優勢だったが，近年特に高水準の研究が進んでいる。参考文献に挙げた浅田（1997），岩佐（2002），植村，磯谷，海老塚（1998），ポストケインズ派経済学研究会（編）（1995），渡辺良夫（1998）（50音順）はいずれも独自の研究を展開したものである。また石黒（2001）は，構造主義，カレツキアンの方法でメキシコ＝マクロ経済を分析した他に類のない研究である。

理論研究を専攻としない筆者がポスト・ケインジアン理論の基本理念や哲学を語る資格があるとは思わないが，筆者の理解では同理論の基礎とは，資本主義経済とは本質的に不安定，不確実なものであり，更に期待，予測といった要

（1） 同様にマクロ経済の不均衡からラテンアメリカ諸国の新自由主義改革を批判的に研究したものとしてRamos（2000），Clavijo and Valdivieso（2000）は重要である。

因が加われば一層不安定化する，という認識にある。しばしば誤解されるが，以上の論点から即，政府介入を絶対視する政策提言が導かれるのではない。むしろポスト・ケインジアンの主張では，如何に政府が介入しようとも資本主義経済の不安定性を完全に払拭することはできないのであり，不安定性，不確実性を少しでも軽減する政策，制度改革が必要なのである。ただこうした異端の経済学をメキシコ研究というマイナーな研究テーマに適用することには，抵抗を感じる読者も多いかもしれない。

しかし，メキシコではポスト・ケインジアン経済学は決して異端ではない。メキシコ国立自治大学（UNAM；Universidad Nacional Autónoma de México），メキシコ市大学（UAM；Universidad Autónoma Metropolitana）にはハイマン・ミンスキーやジャン・クレーゲルらから直接影響を受けた研究者が多く，彼らは国連ラテンアメリカ・カリブ経済委員会（Comisión Económica para América Latina y Carribe）のエコノミストとも連携して活動している。筆者自身現在の立場を取るに至ったのは，現 UNAM, Acatlan 校のグアダルーペ・マンテイ（Guadalupe Mántey de Anguiano）教授，フリオ・ロペス（Julio López G.）UNAM 社会科学大学院教授らの授業の他，ロジェリオ・ステゥーダルト（Rogelio Studart）リオ・デ・ジャネイロ連邦大学教授，ハイメ・ロス（Jaime Ros）ノートルダム大学教授らの集中講義を受けた影響が大きかったと思っている。

UNAM といえば一昔前はマルクス主義の拠点だったが今日では様変わりしている。というのも本書で紹介するポスト・ケインジアン論者の多くはかつてはマルクス経済学に関心を寄せ，その問題意識を維持しつつポスト・ケインジアンの方法を取り入れてきた者達である。筆者も学生時代から新古典派理論，マルクス経済学他幾つかの立場の間で揺れ動いてきたので，こうしたメキシコ＝ポスト・ケインジアンと出会えたことは実に幸運であった。

ところで内生的貨幣供給論，金融不安定性仮説といっても幾つかの理解，立場があるのだが，本書で用いるのはいわゆる構造主義的内生的貨幣供給論の方法である。筆者の理解では内生的貨幣供給とはあらゆる経済において鉄の法則として貫徹する，といった性格のものではなく，メキシコではあくまでも限定された範囲内でしか適用できない。そこでいかなる条件の下で内生的貨幣供給

が成立するか，あるいはどの程度の有意性で検出できるかを研究することによってメキシコ経済の複雑な問題を一貫した議論の中に位置付けたいというのが本書のねらいである。成功しているか否かは読者の判断を仰ぎたい。

　本書の構成は，まず第1部としてメキシコ金融経済の歴史（第1章），1990年代の制度改革（第2章）と為替アンカー型インフレ対策，不胎化政策（第3章）を紹介し，これら各章の最後に筆者の見解を述べてある。第3章の最後に記したように，1990年代後半からのメキシコでは「金融引き締め政策にも拘わらずベース・マネーは膨張し，更にそれにも拘わらずマネー・サプライM2は増加率が低い，それほど金融部門の機能低下は深刻」であり，この点が本書で分析する最も重要なテーマである。第2部は投資，資本蓄積の理論（第4章），内生的貨幣供給論と金融不安定性理論（第5章）を扱う。ここではメキシコ研究にとって有用なツールとしてパリー・モデルやミンスキー・モデルを紹介し，5章4節のモデルでもこの観点から幾つかの仮定を設けてある。このモデルで示される金融不安定性とは，体系が鞍点均衡の状態になって動学的調整過程が発散してしまうメカニズムを指す。

　そして第3部第6章，第7章ではこれらの理論モデルを仮説としてメキシコに関する推定モデルを作成する。なお回帰分析には全てTSP (Time Series Processor), Version 4.3 Aを用い，使った統計数値は全て第6章の付表にまとめてある。推定と因果性検定の結果，基本的に貸出が貯蓄預金を規定するという内生的貨幣供給論の命題がメキシコにおいても妥当するが，ただし設備投資と銀行貸出，あるいは銀行貸出とマネー・サプライとの関係は1995年初頭と1997年半ばを境に変化する。これを根拠付けるのが第8章で検討する銀行救済，不良債権処理スキームと第9章でみる1994年末と1997年の「通貨危機」である。第5章の理論モデルでは，企業グループ内の系列融資や不良債権に対する「追い貸し」が大きい場合には，公的機関による不良債権処理が銀行の貸出意欲や不良債権発生の期待確率を変化させればマクロ的には逆に体系が不安定化する可能性を示した。まさにこれに当てはまる状況がメキシコでは観察されるのである。つまりメキシコにおける金融不安定性には，景気循環や企業家の行動様式の変化といった要因があるのに加えて政府，通貨当局の見当違いな

政策によって作り出され,あるいは促進された面がある。これが本書の結論である。

なお通貨危機については本書では特に独自の理論モデルは提示していない。これは筆者の問題関心が通貨危機の原因よりもむしろそれがマクロ経済に及ぼした影響の方にあるためである。そしてマンテイ教授が通貨危機対策として提案する「国際通貨と兌換性の無い新通貨,マクロ・レベルの地域通貨の発行」は,些か荒唐無稽と思われるかもしれないが,敢えて紹介したのには理由がある。

筆者は近年,南山大学で直接の上司だった遅野井茂雄 現筑波大学教授の計らいで地域研究企画交流センター(JCAS)の「現代ペルーの社会変動」研究プロジェクトに招いていただき,数回リマを訪れる機会に恵まれた。そこで実地調査したマイクロ・クレジットや地域通貨には大変興味をひかれ,方法如何によってはマクロ経済の不安定性を補う役割も部分的には果たし得るのではないかと考えている。ペルーではマクロ経済に占めるインフォーマル部門の比率が歴史的に数10%にのぼり,金融仲介部門においても商業銀行,投資銀行とは異なるNGO(非政府組織),インフォーマル金融が重要な役割を担ってきた。それに比べればメキシコでは1980年代には大手銀行による寡占体制が確立され,他方でインフォーマル金融は農村部においても一時期は急速に縮小した。しかし90年代後半には歴史ある大手銀行さえ経営危機に陥り外国銀行の傘下に入る現実を前に,都市部では公式の認可を受けたマイクロ金融機関(Sociedades Financieras de Objeto Limitado)の役割が重要になり,地方農村部では各地で地域通貨が発行されている。金融不安定性を問題点として指摘することは出来ても,それを克服するためには一体何をすれば良いのか。この問いに対する解答をこうしたマイクロ金融の側面から研究したいというのが筆者の次なる課題である。

本書は筆者がメキシコ国立自治大学(UNAM)経済学部に提出した博士号請求論文 "Problemática de la Supervisión Financiera en México ; Inestabilidad Financiera y Política Monetaria, un Enfoque Poskeynesiano" をもとに全く新しく書き下ろしたものである。推定に用いたデータは全て新しいものに差し換えたほか,

近年の銀行救済問題なども可能な限り取り入れてある。UNAM には 1995 年 2 月から 1997 年 2 月まで留学しその後もたびたび足を運んで，ストによる 1 年間の大学閉鎖を経て 2000 年 6 月にようやく博士号を取得するに至った。貴重な研究賜暇を与えていただいた南山大学，特にスペイン・ラテンアメリカ学科の諸輩には改めて感謝申し上げたい。また UNAM 経済学部大学院（Facultad de Economía, División de Estudios de Posgrado）ではクレメンテ・ルイス（Clemente Ruiz Durán）教授に指導教官の労を取って頂き，外国人が書いたスペイン語論文を丹念にチェックしていただいた。更に論文審査をお願いしたグアダルーペ・マンテイ教授（上述），フェデリコ・マンチョン（Federico Manchón）UAM–Xochimilco 校教授，アルトゥーロ・ウエルタ（Arturo Huerta）UNAM 経済学部大学院教授，アリシア・ヒロン（Alicica Girón）UNAM 経済研究所所長，マリア・エウヘニア・コレア（Maria Eugenia Correa）UNAM 経済学部大学院教授，アレハンドロ・ヴィジャゴメス（Alejandro Villagómez）CIDE（Centro de Investigación y Docencia Económicas）教授，ルイス・ミゲル・ガリンド（Luis Miguel Galindo）UNAM 社会科学大学院教授からはいつも厳しいコメントを受けたし，アレハンドロ・アルヴァレス（Alejandro Álvares）UNAM 経済学部大学院教授，エンリケ・ドゥセル（Enrique Dussel P.）UNAM 経済学部大学院教授とはいつもメキシコ経済，国際経済について議論してきた。さらに大学院のクラスで唯一の東洋人を温かく迎えてくれた同級生の面々にはいつも励まされた。さらに筆者とは 10 年余りの付き合いになるカルロス・ウスカンガ（A. Carlos Uscanga）UNAM 政治社会学部教授とはいつもメキシコの社会状況，日本との関係について話し合っており同国を理解する上で大変役に立っている。

　日本語版の出版に際しては，西島章次 神戸大学経済経営研究所教授，吾郷健二 西南学院大学教授，芳賀健一（現在）新潟大学経済学部教授と他一名の方に匿名で原稿を読んでいただき，一度は全面的な書き直しを要求された。本書がようやく日の目を見るに至ったのはこれらの方々のご助力のおかげであり，改めて感謝申し上げたい。また松下洋（神戸大学国際協力研究科教授），松下マルタ（同志社大学言語文化教育研究センター教授）御夫妻には南山大学への着任から現在に至るまで公私両面でお世話になっている。そして日ごろ学会，

研究会で多くのことを教わっている．石黒馨 神戸大学経済学部大学院教授，出岡直也 慶應義塾大学法学部教授，宇佐美耕一 アジア経済研究所研究員，岡本哲史 九州産業大学経済学部教授，小倉明浩 滋賀大学経済学部教授，小池康弘 愛知県立大学外国語学部助教授，小池洋一 拓殖大学教授，小林晋一郎 東京リサーチインターナショナル研究理事，佐野誠 新潟大学経済学部教授，田島陽一 東京外国語大学外国語学部助教授，谷洋之 上智大学外国語学部助教授，村上勇介 JCAS 研究員，柳原透 拓殖大学国際開発学部教授，山崎圭一 横浜国立大学経済学部教授，山本純一 慶應義塾大学 FSC 教授（50 音順）らには，この場を借りてお礼申し上げたい．特に佐野氏のご尽力により評論家の内橋克人先生を研究会にお招きできたことは大変な喜びである．そして新評論の山田洋氏には快く出版を引受けていただき数々の助言を賜った．もちろん本文中にありうべき誤りは全て筆者の責任である．

　他のラテンアメリカ研究者と同様，筆者もしばしば「何故メキシコ，ラテンアメリカなんか研究するのか？」という問いを受ける．しかし米国研究やアジア研究に携わる人達にこうした問いがなされることはまず無いであろう．今にして思えば大学院時代にラテンアメリカを研究対象に選んだのも単なる偶然であり，その際日本との関係の有無や日本社会への影響の大きさなど問題ではなかった．そんな筆者がここまでメキシコ研究に没頭してきた理由を挙げれば，先に述べたように同国のアカデミズムの環境が筆者にとって馴染みやすかったこと，他のラテンアメリカ諸国からも学生，研究者が集まってくるため他国との比較研究も盛んであること，そして何よりも大勢の良き同僚に恵まれたことがある．

　筆者のように国際経済学，開発経済論から出発して地域研究を選択した者にとっては特定の国や言語のみが特別重要な意味を持つことはなく，あくまでも地域研究を通じて「より現実適合的な」理論分析，経済学研究を目指すことが最終的な目標である．そして自身の経験から言っても，メキシコ経済を基準にすることでポスト・ケインジアン理論の意義を再認識することができたし，また同国の金融危機の経験を踏まえて日本の「失われた 10 年」を見直せば，多くの日本研究では重視されていない幾つかの事柄を見つけることができた．

国際化，グローバル化の時代といわれて久しい今日，外国地域研究の意義は大きくなっているといえる。そして外国研究といえば西洋の進んだ知識を輸入することであった昔とは異なり，今日では我々が国際社会でどれだけの貢献ができるか，日本からどれだけの成果を出せるかが外国研究のテーマであるといわれる。しかしこうした議論は一つ間違えば自国の政治体制を武力を用いて他国に押し付ける超大国の思想に繋がりかねない。地域研究が国際化時代に貢献する可能性があるとすれば，それは諸外国，他民族の視点に立って世界を見る姿勢を示すことにあると考えている。

2003 年 3 月 28 日

安原　毅

メキシコ経済の金融不安定性／目次

はじめに　i

第　1　部

第1章　メキシコ金融制度の歴史と金融自由化 ………… 3

1　メキシコ金融制度の歴史　4
2　銀行システムの展開と規制　5
　(1)　高度成長期の特定業務銀行　5
　(2)　特定銀行業務の統合化からディスインターメディエイション　9
　(3)　銀行国有化から金融自由化へ　10
3　メキシコにおける金融自由化の意義　13
4　メキシコ証券市場（BMV；Bolsa Mexicana de Valores）の発達と危機　16
　(1)　証券市場の歴史と発達　16
　(2)　証券市場に関する法制度　18
　(3)　1990年代証券市場の状況　19
5　「金融深化」に関する理論・実証研究　21
6　むすび　24

第2章　金融システムの再編成；銀行再民営化と金融グループ ………………………………… 25

1　銀行再民営化と金融グループの再編成　26

　　　　　（1）新しい金融グループの構成　26
　　　　　（2）銀行売却の問題点；売却価格とその資金調達　33
　　　　　（3）集中，寡占化と競争　33
　　2　プルーデンス規制の導入　38
　　　　　（1）貸出の危険度別分類　38
　　　　　（2）自己資本比率規制；バーゼル協定との対比　42
　　3　金融グループにおける系列融資　46
　　4　むすび　51

第3章　為替管理とベース・マネー；為替アンカー政策からインフレ目標へ？ ……… 53

　　1　為替アンカー型インフレ対策の意義　54
　　　　　（1）為替制度の変遷　54
　　　　　（2）為替アンカー型インフレ対策の理論と実際　56
　　2　バンコ・デ・メヒコの不胎化政策　59
　　　　　（1）不胎化政策の理論的根拠　59
　　　　　（2）不胎化政策が及ぼす影響　61
　　3　通貨危機後のインフレ・ターゲティング政策　65
　　　　　（1）ドル＝オプション取引と為替市場介入　65
　　　　　（2）インフレ・ターゲティング；ベース・マネー管理から金利調整へ？　68
　　　　　（3）バンコ・デ・メヒコによる金融政策のスタンス；ベース・マネーか金利か？　72
　　4　ベース・マネー管理政策の有効性の検証　74
　　5　むすび　77
　　6　補論　信用乗数理論の検討　78

第 2 部

第4章 資本蓄積における貯蓄−投資バランスの意味 … 83

1 貯蓄と投資の不一致，数量調整の議論　85
2 「貯蓄＝投資」の議論；新古典派成長理論から内生的成長理論へ　87
　(1) ソロー・モデル　87
　(2) 内生的成長理論　88
3 貯蓄−投資バランスの異論；構造学派とポスト・ケインジアン理論　90
　(1) 投資と貯蓄の連関について　92
　(2) 投資による有効需要創出の意味　96
　(3) 開放経済における通貨切下げが及ぼす影響　101
4 資金調達からみた投資関数；トービンのQ理論とミンスキー型投資関数　103
5 むすび　110

第5章 内生的貨幣供給論と金融不安定性理論 …………　111

1 内生的貨幣供給論　112
2 貨幣供給ホリゾンタリスト（Horizontalist）のモデル　114
　(1) ムーア・モデルによる内生的貨幣供給論　114
　(2) ムーア・モデルの修正；貸し手と借り手のリスク概念　117
3 パリーによる中央銀行の貨幣供給コントロール・モデル　122
4 金融不安定性理論と信用割当の定式化　127
　(1) 設備投資とそのファイナンス　129
　(2) 銀行部門の貸出行動　131
　(3) 資産所有部門　135
　(4) 財市場と金融市場の均衡条件　135

5 むすび 144

第 3 部

第6章 資本蓄積，設備投資モデルの推定 …………… 147

1 資本蓄積関数の推定 153
2 平均Q理論とミンスキー型投資関数 157
3 証券指数と名目・実質預金金利の決定 170
4 むすび 177
付表 178

第7章 金融部門の貸出行動と金融不安定性の検証 … 187

1 金融部門の貸出行動と貯蓄預金 189
　(1) 金融部門貸出の推計モデル 192
　(2) 貯蓄預金，インターバンク預金 199
　(3) 内生的貨幣供給論の適用に関する考察 207
2 不良債権と「追い貸し」 208
3 マネー・サプライ・モデルと金融不安定性の意味 214
4 むすび 220

第8章 金融危機への事後的対応；FOBAPROAとIPAB …………………………………………………… 221

1 各国における金融危機 223
　(1) 金融危機の一般的なメカニズム 223
　(2) 金融危機の原因に関する仮説 225
2 FOBAPROAによる不良債権処理スキーム 231

　　　　　（1）　FOBAPROA の機能；金融機関の健全化？　231
　　　　　（2）　FOBAPROA による財政支出　237
　　3　預金保険機構 IPAB　239
　　　　　（1）　FOBAPROA から IPAB への改組　239
　　　　　（2）　IPAB による資産売却　241
　　　　　（3）　IPAB の財政構造　242
　　4　FOBAPROA, IPAB による系列融資，「不正規」債権の扱い　244
　　5　むすび　247

第9章　通貨危機とその金融システムへの影響 ………… 249

　　1　通貨危機の理論と実証　250
　　　　　（1）　テソボノスの増発から通貨危機へ　251
　　　　　（2）　為替アンカー政策と不胎化政策による構造的問題　253
　　　　　（3）　ラテンアメリカ各国の通貨危機　256
　　　　　（4）　通貨危機の理論モデル　259
　　2　変動相場制への移行と 1997 年通貨危機　263
　　　　　（1）　1997 年の為替下落，「通貨危機」　263
　　　　　（2）　1997 年以降のメキシコ経済の構造変化　265
　　3　金融政策，通貨政策と金融不安定性の発現　269
　　　　　（1）　バンコ・デ・メヒコによる外貨準備積み増しと外為市場介入　269
　　　　　（2）　金融不安定性と民間非金融部門対外債務の関連　270
　　　　　（3）　設備投資ファイナンスと通貨危機の関連に関する研究　272
　　4　むすび　273

参考文献　275
人名索引　293
事項索引　298

第 1 部

バンコ・デ・メヒコが1925年に初めて発行したものと同じ紙幣。
写真の紙幣は1963年4月24日メキシコ市にて発行の記載がある。
下中央に，AMERICAN BANK NOTE COMPANY の英文がある。

第1章　メキシコ金融制度の歴史と金融自由化

1　メキシコ金融制度の歴史

　メキシコ合衆国で歴史上最初に銀行券発行，預金受け入れ，手形割引といった業務の認可を受けた銀行はロンドン銀行メキシコ・南米支店であり，メキシコ市で1864年に設置された他ペルー共和国リマ市にも設立された。以後19世紀末までに更に3行がいずれも北部チワワ州で設立され，特に鉱山開発向けの融資で重要な役割を担った。以上の計4行は発券銀行であったが，1884年以降の信用危機においていずれも信用供給能力の欠如が明らかとなり，政府は外国銀行の援助も受けて外貨と金貨・銀貨の両替を特別に認可する銀行を設立し，同時にこの銀行には毎月一定額の対政府貸出を義務付ける方針を打ち出した。こうして1881年にディアス（P. Díaz）政権下で設立されたバンコ・ナシオナル・メヒカーノ（Banco Nacional Mexicano）が1884年にバンコ・メルカンティール・メヒカーノ（Banco Mercantil Mexicano）と合併しバンコ・ナシオナル・デ・メヒコ（Banco Nacional de México）となって，現在に至るまで同国最大手の銀行として金融仲介の中核を担っている。また銀行業務を最初に法制化した1897年の「信用機関一般法」（*Ley General de Instituciones de Crédito*）において銀行の種類は発券銀行，不動産融資銀行，投資銀行の3種と定められた。

　バンコ・デ・メヒコ（Banco de México；「メヒコ」はMéxicoのスペイン語読み）は1857年に発券を認められて業務を開始したが，発券残高は同行が保有する地金と公債残高の限度内に限定された。また正式な認可は無かったが実際には政府，民間企業向け貸出と預金受け入れ，両替等の業務も自己資本の範囲を超えて行っており，既に発券銀行と商業銀行としての性格を併せ持っていた。そして唯一の発券銀行としての中央銀行の設立は，メキシコ革命を担った1人であるカランサ（Caranza）によって計画，実行された。革命後，世界恐慌までの期間にはバンコ・デ・メヒコは政府，民間向け融資と金利，為替相場の調整に携わる商業銀行として発展し，この融資に必要な手段として発券が認められていた。1925年に制定された最初の「バンコ・デ・メヒコ法」（*Ley Constitutiva del Banco de México*）はこうした現実を追認したものだったといえるが，同法は紙幣発行に対して原則50％の準備保有を義務付け，更に紙幣には金貨，

銀貨の裏付けを必要と定めるなど制約の多いものであった。

　世界恐慌によってバンコ・デ・メヒコ始め全銀行の外貨準備保有高は激減し，同時に金の国際価格が銀のそれに比べて急騰したため，市場では為替相場も利子率も著しく管理困難となった。こうした事態を受けて，通貨価値の安定に責任を負う唯一の独立機関の設立が必要であるとの認識が連邦政府，金融関係部局の間で高まり，カリェス政権（Elias Calles）による一連の金融改革において1931 年，'32 年にバンコ・デ・メヒコ法が改正された。同新法は金本位制を確立して金貨の流通を禁止すると同時に，バンコ・デ・メヒコに対して通貨発行と貨幣供給量の調整，利子率と為替相場の調整，市中銀行の準備の集中管理，対政府貸付他をその業務として認めたもので，同時にその中央銀行としての地位は憲法 28 条でも規定された。こうしてバンコ・デ・メヒコは唯一のメキシコ中央銀行としての地位を認められたのである[1]。

　一方で各市中銀行に対する監督は，従来は政府あるいは担当機関が個別の事例に応じて介入する形で行われたが，カリェス政権下でこれを独立機関による恒常的な監督体制に転換する方針が定められた。こうして 1925 年の「信用機関並びに銀行設立に関する一般法」（Ley General de Instituciones de Crédito y Establecimientos Bancarios）において国立金融庁（CNB ; Comisión Naicional Bancaria）の設置が定められ，これは 1995 年 4 月に可決された法案によって国立証券庁（Comisión Nacional de Valores）と統合され，現在の国立金融証券庁（CNBV ; Comisión Naicional Bancaria y de Valores）となった。

2　銀行システムの展開と規制

（1）　高度成長期の特定業務銀行

　革命後の市中銀行に関する法制度は 1924 年に新たに制定された「信用機関並びに銀行設立に関する一般法」で，これに続く 1932 年改正の「信用機関一般法」，1941 年の「信用機関と補助組織の一般法」（Ley General de Instituciones

---

（1）　Cavazos Lerma（1976）.

de Crédito y Organizaciones Auxiliares）において，市中銀行とはいわゆる「特定業務銀行」(banca especializada) として定義された。この法制によって預金受入れ，受け入れた預貯金の運用，各種商業手形の発行，不動産担保手形の発行による不動産融資業務，投資金融，信託業務の6種の銀行業務が明確に区別され，それぞれ異なる金融機関が担当することと定められた。しかし特定業務銀行の体制は事実上当初から解消されて異種銀行同士の合併，提携が相次いで認可され，既に複数分野の銀行からなる金融グループ，あるいは商業銀行（banca múltiple；直訳は「多角銀行」だが，一般的でない用語なので以下本書ではこの訳語を用いる）が1940年代初頭からそのシェアを拡大しつつあった[2]。こうした現実を追認する形で1949年に「信用機関と補助組織の一般法」が改正され，預金銀行が長期信用を行うことが認められた。そしてこの時からすでにメキシコ金融システムは寡占構造にあり，全金融資産の60%を1950年には14行，1960年には7行が保有する状態にあった[3]。

1940年から1960年までの20年間がメキシコ金融システムの発達の第1段階とされる[4]。民間信用機関は各種の特定業務銀行も合計して1940年には本社のみでは72件，支店，代理店を含めて132件だったが，1950年にはそれぞれ248件，570件，1960年には244件，1207件と著しく増加した。この間金融部門全体の貸出総額の増加率も1940年代には平均13.2%，1950年代には19.4%だったが，1959年に23.3%，1960年には44%に達した[5]。

この金融仲介の拡大が「メキシコの奇跡」と呼ばれる経済成長と表裏一体であったことはいうまでもない。メキシコの奇跡とは国営，公営部門を中心とした「混合経済体制」による輸入代替工業化の時代を指し，1940年から1950年の10年間に人口1人あたりGDPは3.6倍，年間成長率も1954年の10%が最高で，1940年から1960年までの名目GDP成長率は年平均6.1%，1960〜'65

---

(2) Márquez (1987) pp.87–104, Ejea, *et al.* (1991) pp.101–107, Cardero, María E. 他 (1983).
(3) Brothers and Solís (1967) pp.42–43.
(4) Solís (1997) pp.15. 他にメキシコ金融制度の歴史，現状を説明したものとして Ugarte (1999), Ortega and Villegas (1992), Ortega (1995), Ortiz (1994) がある。
(5) Nacional Financiera (1974) pp.211–268.

年に平均 7.1％ であった。ただしこの成長過程において GDP に占める各産業部門の比率を見れば一次産業が 1940 年に 19.4％，1953 年に 17.42％，製造業は同年に 25.07％，27％ であるのに対し，サービス産業（商業，運輸業）部門がそれぞれ 55.54％，55.58％ と最大であり，1970 年にも 53.91％ であった[6]。このとおり製造業部門がマクロ経済に占める比重が低い構造はこの時代から既に形成されていたのである。そして 1960 年代後半には成長率も低下し始め，インフレ，失業増といった問題が表面化していた。そして 1941 年の「信用機関と補助組織の一般法」は特定業務銀行を制度化すると同時に，石油や自動車産業といった特定の戦略的開発部門に資金を割り当てる政策的開発金融の方向性の基礎を作ったのである。

　同時に各種の銀行規制もこの時に制度化された。中央銀行預入れ規制（エンカヘ；Encaje Legal）は最初は 1924 年に制度化されたが，当時は全金融機関はその預金の最低 33％ を金準備で保有しなければならないというものであった。「中央銀行法」（*Ley Orgánica de Banco de México*）においてこのエンカヘが中央銀行預入れ規制に改められ，比率は 7％ から 50％ まで業種別に細かく定められた。エキウア（Equihua, 1963）は従来の準備保有は市中銀行の安全性を確保するための保険としての性格が強かったのに対し，1936 年の改正で中央銀行預入れ規制が銀行貸出をコントロールする手段と位置付けられたと評価している[7]。そして 1941 年の同法改正において，この規制の対象となる特定業務銀行の種類が明確化されて各地方の預金受入れ銀行他と定められた。そしてオルティス（Ortiz, 1994）はこの 1941 年改正によって中央銀行預入れ規制がマネー・サプライ管理手段と位置付けられたと評価している[8]。

　しかし当時の中央銀行預入れ規制は預金の種類，またその期間毎に，さらに地域別に中央銀行預金の比率が異なる水準に定められており，マクロ政策としてのマネー・サプライ管理とは言い難いものであった。というのもこの時代には GDP 成長率は 1950 年には 13.3％，'53 年にマイナス 0.4％，'55 年 18.1

（6）　Ayala Espino（2001）pp.215-218, pp.287-290, Dussel Peters（1997）pp.123, Villareal（2000）pp.254-267.
（7）　Equihua（1963）pp.48.
（8）　Ortiz, *op.cit.* pp.50.

％，'59年6.7％であったが，貨幣発行残高増加率は同年に20％，9.4％，21.2％，12.4％と大きく上回っていた。このように中央銀行預入れ規制がマクロ政策としてどれほどの効果があったかは疑問なのである。

そして1947年の同法改正で中央銀行預金預入れの比率は引き下げられ，代わりに市中銀行はその預金の15％を義務として政府公債購入に充てねばならないという規定が実施された。こうしてエンカヘは，中央銀行預入れ規制から国債義務保有に置き換えられた。ところが1949年には外貨預金の拡張を抑制するため自国通貨建て預金の信用を確立する必要があるとの考えから，預金受入れ銀行に対して預金の100％の準備保有が義務付けられた。このように当時の規制は，やはり政府主導で自国通貨建て預金や国債受入れの基盤を整備するという目的が強かったと考えられ，マネー・サプライ管理手段とは言い難い側面が強い。例えばアコスタ（Acosta, 1978），カヴァソス（Cavazos, 1976）の指摘では[9]，こうして政府公債購入で通貨当局に集められた資金が，戦略部門への開発金融に充てられたという。

中央銀行預入れ規制とは，マネー・サプライ管理政策としてみれば，信用を直接に操作してベース・マネー残高からマネー・サプライへの影響度を調整する政策である。しかしフォーマル金融としての銀行部門による貯蓄預金獲得がマクロ的に不充分である場合には，信用乗数そのものが意味を為さない。バンコ・デ・メヒコが歴史的にエンカヘを短期的なマネー・サプライ管理の手段として重視してきた背景には，こうした認識があったといわれる。仮に貨幣需要要因を無視する単純な信用創造論に則るならば，エンカヘのメカニズムは次のように考えられる。中央銀行から政府にM_bの信用が供給され，これが分配されて全額公衆の預金になるとする。流通通貨の預金に対する比率をm^*，e^*をエンカヘ比率とすれば，M_bの結果として信用創造によって形成される貨幣残高は$(1-e^*)M_b/m^*$，中央銀行が獲得する預金はe^*M_b/m^*である[10]。

---

(9) Acosta Romero（1978）pp.137, Cavazos, L.（1976）pp.84.
(10) Ize（1980）.

（2） 特定銀行業務の統合化からディスインターメディエイション

　1960年から1970年までがメキシコ金融の発展の第2段階に分類される。まず市場シェアでは1960年に商業銀行と特定業務銀行のそれが逆転して前者が上回った。つまり1954年を境に特定業務銀行のシェアが一方的に低下しつづけたのと対照的に，商業銀行のシェアは1954年の約27％から1963年には60％にまで拡大した[11]。

　そして高度成長が終焉した1970年代には，貯蓄率が頭打ちになる一方で名目金利が不安定化し，この時期からマネー・サプライ残高の対GDP比が逆に低下する金融のディスインターメディエイションが観察されるようになった。これは換言すれば融資業務以外の銀行業務が比重を増し，借り手の立場から見れば銀行借り入れ以外の資金調達方法が可能になった結果ともいえる。実際，国債セテス（Cetes；Certificados de la Tesorería de Federación），石油公債ペトロボノス（Petrobonos）といった政府公債に加えて，民間非金融部門による有価証券，長期社債の発行が，ごく一部の企業とはいえ開始されたのも1970年代であった。

　そしてこのディスインターメディエイションの段階が，メキシコ金融システムにおける「自由化」の第1段階でもあった。1970年代の対外債務に依存した開発政策において通貨流通と資本蓄積のメカニズムが総体的に変化し，それに対応してそれまでの公的金融による資金再配分システムが再編された。従来は手形引受，預金受入れ，不動産融資など業務毎に細かく分断されていた銀行部門にあって，複数の業務を兼業する商業銀行が金融グループにまで発展し始めるのも1970年代以降である[12]。

　特定業務銀行の種別は実質的に消滅していたが，1975年改正の「信用機関と補助組織の一般法」において一つの銀行グループが貸出，預金受け入れ，不動産融資他を兼業することが認められた。こうして多角的に業務を営む商業銀行がはじめて法的に認可され，1976年の「商業銀行の設立と業務に関する規

---

(11)　González M.（1980）.
(12)　Quijano（1981）pp.221-225, Cardero 他, op. cit.（1983）.

定」(*Reglas para el Establecimiento y Operación de Bancos Múltiples*) と1978年の「信用機関と補助組織の一般法」の改正において商業銀行に関するさまざまの規制が定められた。そして商業銀行が制度化されるに伴い様々の新しい金融取引の手段が開発され，単に製造業部門企業のみでなく政府，民間全部門で金融サービスの利用が増えた。そしてこの商業銀行を中心に，証券業務や保険業務の機関を結合した金融グループ——バナメックス，バンコメール，セルフィン，コメルメックス（Comermex，後のInverlat），メヒカーノ＝ソメックス（Mexicano–Somex）等——が発達するのもこの時期であった。

（3） 銀行国有化から金融自由化へ

金融自由化の第2段階に分類される1982年の債務危機後の銀行国有化は，その後の自由化，開放化と相俟って銀行界の勢力図を一変させる契機となった。というのも'80年代には銀行の集中・合併と業務内容の一層の多角化が進められ，意図的に証券市場育成を目指した当時の政策もこれを後押ししたのである。

銀行国有化とは1982年9月の対外債務の利払停止（モラトリアム）宣言に続いて突然発表された措置で，多額の投機的外貨運用によって国富を食い潰している市中銀行を糾弾するという大義名分を掲げた政策であった。メキシコの1982年の債務危機の原因としては，ロペス・ポルティージョ（José López-Portillo；1976年12月〜1982年11月）政権による無理な油田開発がもたらした経常収支赤字の拡大，米国の高金利政策による国際金融市場での金利の上昇，多額の資本逃避，そして政権交代に伴なう混乱といった要因が考えられる。

1985年1月の「銀行と信用業務規正法」（*Ley Reglamentaria del Servicio de Banca y Crédito Público*）によって商業銀行は法的にも「国立信用機関」と確認され，非銀行金融諸機関とは分離された。一方で同法は国有化された商業銀行資本の34％を民間に返還すると定めており，これは1987年に実現された。またデ・ラ・マドリ政権（Miguel de la Madrid；1982年12月〜1988年11月）は1984年から，銀行部門が所有する資産のうち「銀行・信用業務の遂行に必要不可欠ではない資産」（activos no indispensables para la prestación del servicio de banca y crédito）の売却を開始し，同部門の旧所有者である資産家を4種類に区分して優先順位をつけ売却した。この必要不可欠でない資産とは，国有化以

前に商業銀行が所有していた証券会社，ノンバンク，製造業企業等の一部である。以上より銀行国有化の真の目的とは，大量の株式を政府が売却することで証券市場の育成を図ることにあったと考えられるであろう。

政府の意図がどうであれ，銀行国有化は同国金融システムに大きな変革を迫る契機となった。この期間に見られた特徴とはまず金融機関同士の吸収合併，集中化の急展開である。特定業務銀行として残っていた比較的小規模の金融機関は相次いで清算され，メキシコ金融市場はごく少数の商業銀行による寡占体制の段階に入った。こうして国有化直前には300行以上存在した民間銀行が，1990年には18行にまで減少した。さらに国有化によって銀行の資本所有は全て政府に集中されたが，実際には各行の取締り役員会の構成を見れば国有化以前と比べて大きな違いはなく，伝統的な財閥企業グループとの人的・資金的関係も維持された[13]。

こうした企業グループと各銀行との関係の維持においては，証券会社に代表される非銀行金融機関が資金仲介に占める比重が1980年代には急激に拡大し，これが両者をつなぐ役割を果たしたことも重要であった。1980年から1988年の間に商業銀行全体が受け入れた預金額の預金全体に占める比率は95.7％から67.9％に低下し，逆に非銀行金融機関の預金がそれを吸収したのである。もちろんこの数字は，政府発行のセテス他の公債の半分以上を商業銀行が引き受けていた結果でもあるので，簡単に銀行部門のマクロ的役割が低下したと結論することはできない。

また1980年代の金融自由化としては，預金金利の自由化，中央銀行預入れ規制から準備率規制への転換，銀行・証券会社所有への外資参入認可を挙げねばならない。メキシコでは1989年「証券法」により民間証券が外国投資家に開放されたのに続き，1990，'91年にセテスの非居住者による購入，外国金融機関による売買が認可された。銀行規制としては，国債義務保有は1988年の法改正から段階的に流動性準備規制（Coeficiente de Liquidez）に転換されたが，これは各銀行に対して受け入れた預金の最低30％の金額を流動性準備として保有することを義務付けるものであった。しかし実際はこの流動性準備という

---

[13] Márquez (1987) pp.103-163.

概念には政府公債，或いは中央銀行預金も含まれたから，これは規制方法の転換というよりは部分的な規制の緩和というべきものであった。ところが'90年代前半には市中銀行が保有する預金が急増し，当時の 10% から 15% の流動性準備規制をそのまま維持していては公債の供給が追いつかない事態に至った。その結果銀行再民営化が開始された 1991 年 9 月に流動性準備比率の段階的引下げが発表され，結局準備比率は各銀行が自主判断で決めることが認められた。

　金融自由化の第 3 段階は 1990 年に着手された銀行再民営化のための法改正と，1992 年から始まった北米自由貿易協定 NAFTA の交渉において進行した。まず義務貸出の廃止，預金金利，次いで貸出金利の実質的な自由化が実施されたが，ただし再民営化の結果寡占体制が一層強まった金融システムにあっては，金利は横並びの状況にあった。また流動性準備規制が順次自由化された結果，通貨当局による公債売却が実質的に金融システムをコントロールすることになったが，これは通貨供給調整の手段が数量管理から公開市場操作に移されたことも意味している。

　そして銀行業務と証券業務を実質的に統合する金融グループが新たに編成され，独自の持ち株会社制度が導入された。そして流動性準備率規制に代えて，バーゼル協定を受け入れる形で銀行部門に対する自己資本比率規制が導入された。この一方で，発達した金融システムにおいては貸出金利よりも重要な意義を持つインターバンク金利 TIIE は自由化されたのか否かは，中央銀行バンコ・デ・メヒコの公式見解を見ても明確ではない[14]。

---

(14)　同中央銀行のホームページ http://www.banxico.org.mx で説明されているインターバンク金利決定の方法とは次の通りである。中央銀行は商業銀行各行と共同で各週毎にインターバンク（諸）金利を決定するが，このインターバンク金利決定に参加を希望する金融機関はその意向を中央銀行内証券市場局（Gerencia de Mercado de Valores）に届けねばならない。参加する銀行は，政府債券の入札が行われた必ず翌日中に，上記証券局に対して各期別のインターバンク金利申請利率を届け出ねばならない。届け出た銀行数が少なくとも 6 行の場合，中央銀行はそれに対応するインターバンク金利 TIIE を発表する。申請が 6 行に満たない場合は中央銀行がそれら銀行に新たに再申請を命じ，同時に他の金融機関に対して政府債券入札で発表された金額，期間に対応した申請を要求する。インターバンク金利は申請され受理された利率全てを算術的に平均して計算される。申請された利率が余りに多岐にわたる場合は，それら全体の算術的平均値から著しく乖離したものを手続き中に除外して，申請数を削減することができる。Ayala P. J.（1995）参照。

3 メキシコにおける金融自由化の意義

こうしてメキシコにおける銀行システムの発展と商業銀行による寡占体制の形成，各種規制が段階的に廃止された金融自由化の歴史を整理してみれば，あらためて金融自由化とは本来何を目的とするものであるのかという疑問が生じる。つまり国債義務保有から流動性準備規制へと移り変わってきた銀行規制も，その最終的な目的は通貨当局が市場から資金を吸収して政府主導の開発政策のための資金配分に当てることだったのであり，その意味では制度的革命党（PRI：Partido Revolucionario Institucional）体制の下での混合経済の一翼を担うものに過ぎなかった。そしてこうした公的部門との連携を残したままで国有化時代に急速な集中合併が図られた結果，政府と少数の財閥系金融グループとの結びつきは一層強化されたのである。

金融制度の発達とその自由化がいわゆる「金融深化」を帰結したか否かを判断するため，アスペ（Aspe, 1993）が挙げた M4/GDP の推移を見ておこう。確かに同比率は 1960 年の 18.21％ から 1970 年には 33.97％ まで上昇し，その後 1970 年代に先述のディスインターメディエイションの状態に陥ったが，これをもって「金融深化」が実現されたと結論するには無理があろう。1950 年代から 1960 年にかけては未だマネー・サプライ管理手段が確立されてはおらず，GDP 成長率を貨幣残高増加率が上回ることが通常であったことを考えれば，少なくとも 1960 年代の M4/GDP 比の上昇はむしろマネー・サプライの予期せざる増加の結果と考えるべきなのである（次頁，図1.1参照）。

そしてこの期間を通じて設備投資や貯蓄がどのような趨勢的変化を遂げたかを見れば，一層興味深いことがわかる。近年の研究では，カシージャス（Casillas, 1993）は 1970 年代からのラテンアメリカ諸国の貯蓄の趨勢とその決定要因を推定し，所得分配の不平等を残したままでの金融自由化と急速な資本移動自由化とは国内貯蓄形成にはマイナスに作用したと結論し，安定化と両立し得る開発を目指すためには異なる視点に立った制度改革が必要であるとしている。メキシコについてはレチューガ（Lechuga, 1993）が，1980 年代のマクロ経済を支えたのは対外債務であって，金融市場の改革は実際経済にはほと

図1.1 「金融深化」；(M 4/GDP, %)

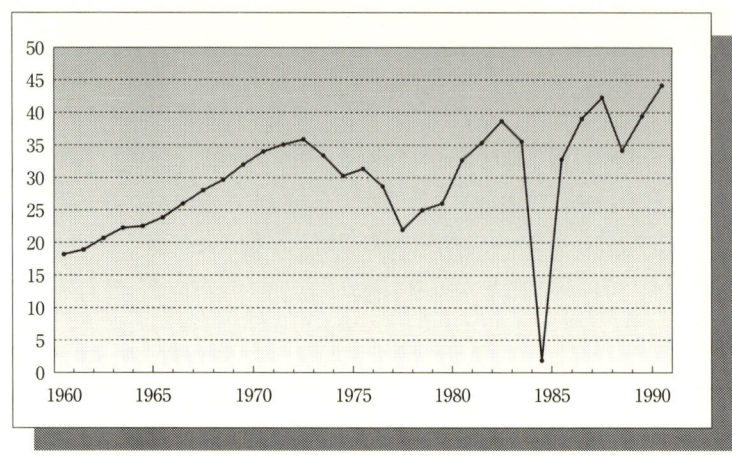

出所：Aspe（1993）pp.69.

んど貢献しなかったと指摘している。またヘロス＝ヴェルネル（Gelos and Werner,1999）は1984年から1994年のメキシコ製造業について，金融自由化がその投資促進に貢献したか否かを検証した。同研究は金融抑圧の解消が製造業部門にとっては投資の資金的制約の解消になるという仮説を基本的には肯定しながらも，1980年代のメキシコ経済は典型的な金融抑圧の状態にあったにも拘わらず，貸し手と借り手の情報の非対称性の故に金融自由化はすぐには製造業部門の投資増大にはつながらなかったと結論している。

　1960年から1990年までの固定資本投資と貯蓄，そして政府財政赤字の対GDP比を示した図1.2と，別の統計数値からから粗投資の対GDP比をとった図1.3からも，以上を裏付ける結果が観察される。この図1.3の粗投資の統計は国連ラテンアメリカ・カリブ経済委員会（CEPAL；Comisión Económica para América Latina）のエコノミストであるホフマン（Hofman, 2000）が独自に作成したもので，主として米国で用いられる投資設備の耐用年数基準等をメキシコの例に当てはめその実質的な評価額を計算した数値である。なおこの2つではGDP数値の基準として採用してある年度が異なるので，比率の絶対値を比較することはできず，通時的な変化だけを見ることにする。まず図1.2で固定資本投資の対GDP比は1970年代には上昇傾向にあったとはいえ，同時に投資と

図1.2 固定資本投資，国内貯蓄，政府財政 1960—1990年

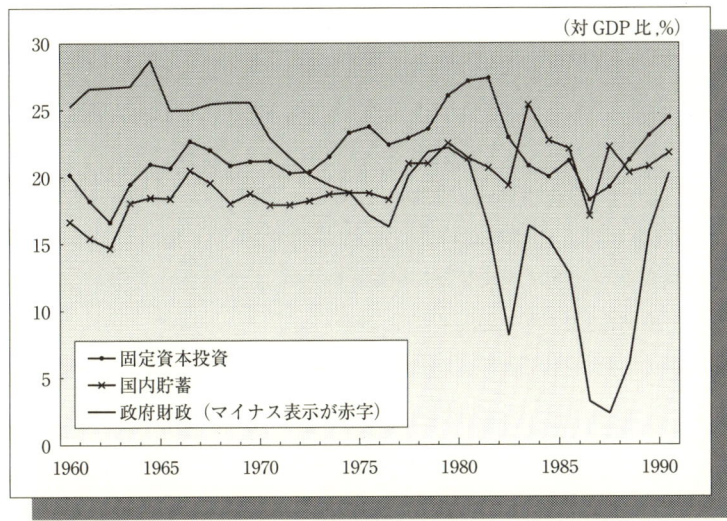

出所：Aspe（1993）pp.75.ここでの政府財政は「財政支出—公共部門投資」。

図1.3 粗投資（換算値）／GDP（1980年値）

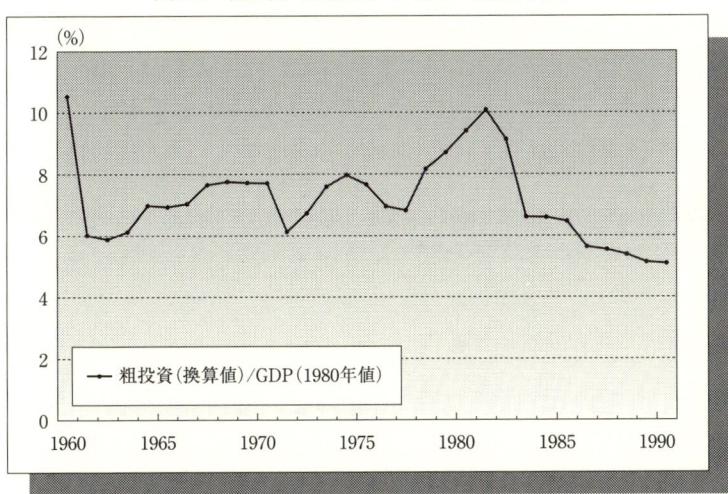

出所：Hofman（2000）.この粗投資は国際的な耐用年数基準等で換算した non-resudential structure 値。

貯蓄の格差は拡大しており，貯蓄の増加が固定資本投資の増加を可能にするという関係は観測しがたい。つまり1970年代の投資の増加とは国外貯蓄＝対外債務に依存したもので，これが1982年の債務危機につながったのである。そして1980年から1982年にかけて国内貯蓄の対GDP比が低下した原因としては，対外債務に依存してGDPが数字の上で拡大したことに加えて，為替切下げ期待の高まりから資本逃避が急増したことが考えられる。さらに図1.3では投資の対GDP比はこの債務依存型開発の時代であった1970年代末から1982年までの数年間に上昇しただけで，1960年からほぼ一貫して横ばいの状態にありそれが債務危機以後急減したことが観察できる。

　金融自由化，開放化が実際には固定資本投資の増加や国内貯蓄増加には貢献しなかったという問題は，1990年代にもそのまま当てはまる。メキシコの固定資本投資は1994〜'95年の経済危機時に低下した以外はほぼ横ばいである。このうち製造業部門に限れば輸出入・直接投資との関連でその部門別構成の変化を見なければならず，また投資全体では金融自由化，資本市場の発達との関連も無視できない。分野別成長率では1970年代には年平均2桁が多く記録されたのに対し，1988〜'92年に2桁成長だったのは自動車，果物加工，酒類のみで自動車は1994〜'95年には12.7％のマイナス成長となった。製造業全体に占める各分野の固定資本投資の比率を1985〜'87年と1988〜'94年について比べれば，鉄鋼と自動車で増加した以外は顕著な上昇は無く家電，機械，金属加工等は全て低下した。

4　メキシコ証券市場（BMV；Bolsa Mexicana de Valores）の発達と危機

（1）　証券市場の歴史と発達

　メキシコで最初に有価証券取引が開始されたのは1880年代で，国立証券市場（Bolsa Nacional de México）が1888年に開設されたが，これは1896年に閉鎖された。その後革命期を経て1946年に国立証券庁（Comisión Naicional de Valores）が設置され，続いて1950年代以降モンテレイ証券市場，グアダラハラ証券市場等が相次いで開設された。そして1975年発効の「証券市場法」

（Ley del Mercado de Valores）は証券市場（Mercado de Valores）を他の金融市場から分離独立させ，同市場を制度的に確立するものであった[15]。

　メキシコ証券市場 BMV とは各種有価証券の起債，発行，販売に携わる諸機関の総称である。同市場での主要業務はこのメキシコ証券市場を直接に通じて行われるものと，市場の外部で行われる取引とがあり，それぞれ実際に取引が行われるのは資本市場，資金市場である。資金市場（Mercado de Dinero）とは専ら短期取引が行われる市場で，扱われるのは政府公債，銀行引受手形，預金証書（Certificados Negociables de Depósito），各種商業手形等である。またこの市場は商業銀行が流動性準備の補充を要する場合の資金供給ルートとしての役割も果たしている。他方，資本市場（Mercado de Capitales）とは資本の形成・分配，長期計画投資のファイナンスを目的として，証券，債券等の各種長期商品の仲介が行われる市場である[16]。

　通貨市場が顕著に発達を遂げたのは 1978 年に国債セテスの取り扱いが開始されてからで，政府はこれに続いて各種公債の発行を行った。これにはインフォーマル金融の拡大を未然に防ぐ「金融深化」を図る目的があったとされ，市場全体の拡大が目指される一方で，証券会社に対して銀行と同様の 10% から 15% の流動性準備保有規制が課されるなどの規制も進められた[17]。そして 1980 年代にセテス発行高が著しく増加したのは，政府が原油輸出収益の減少に直面して財政赤字補塡の手段を国債発行に頼ったためであった。

　この通り 1980 年代から'90 年代を通じて商業銀行部門の再編と並ぶメキシコ金融部門のもう一つの特徴は，政府公債の売買の拡大に先導されたメキシコ証券市場 BMV，並びに民間証券会社の急成長である。1990 年末から翌 1991 年 9 月末までの間に公債セテス，ボンデスの市場流通額は 1200 万（新）ペソ増加，逆に中央銀行バンコ・デ・メヒコ保有分は 400 万（新）ペソ減少した。

　銀行の再民営化が始まっていた 1991 年 9 月 11 日，証券会社についても流動性準備比率規制の引き下げが発表された。この一方で投機的売買が 1987 年に見られた証券指数の暴騰・急落の再発に至るのを防ぐ必要から，商業銀行に対

---

(15) Ugarte, *op.cit.* pp.16, 17.
(16) Vega and Gamboa (1995) pp.59–61, pp.115–119.
(17) Ortiz, *op.cit.* pp.52–53.

してその受け入れた預金の 25％ 分を 10 年物ボンデス購入に当てさせる規制が設けられた。この銀行に対する国債義務保有は翌 1992 年 4 月から部分的に廃止，緩和され，同時に銀行保有のボンデス債の償還も開始された[18]。結果的にはこの銀行の国債義務保有の緩和が国債流通の場としての資金市場，資本市場の発達を促し，マネー・サプライ管理の手段としての公開市場操作を可能にした[19]。

（2） 証券市場に関する法制度

1993 年に議会に提出された法改正では「金融機関法」「金融グループ規制のための法」といった金融改革関連法案の改正が開始されたが，この中で「証券市場法」(*Ley del Mercado de Valores*) も重要であった。同法改正で認可されたことは；

1) 証券会社も含めて，発行主体である法人組織による自社株の買い取り，
2) 証券会社が自身の証券業務に直接関連する信託業務を行うこと，
3) 各証券会社の自己資本の25％を限度とする外国資本の参入の認可[20]，

等である。

一連の金融自由化と銀行再民営化の結果，通貨市場と資本市場も資本収益確保のための代替的市場と位置付けられた。同市場での資本調達額はドルに換算すれば 1988 年に 137 億 8400 万ドルであったが，1991 年には 981 億 7800 万ドル，1993 年には 2006 億 7100 万ドルまで増加した。また金融商品全体の取引高も 1987 年には 155 億 5400 万ドル，1988 年に 57 億 3200 万ドルと減少したが，1991 年に 317 億 2300 万ドル，1993 年には 624 億 400 万ドルまで増加した[21]。しかしメキシコ証券市場 BMV に上場される企業は全体のごく一部に過ぎず，さらにその企業数は 1980 年の 259 社から 1986 年には 155 社に減少し，1991 年には 209 社まで回復したがそれ以後は増加せず 1994 年にも 201 社であった。こうした傾向の原因の一つとしては，上場企業や証券会社間の吸収合

---

(18) Le Clainche（1996）pp.296.
(19) Aspe Armella（1993）pp.41 も参照されたい。
(20) Cabello（1999）pp.237, 238.
(21) Cabello, *ibid.* pp.262.

併が進んだこと，また証券取引自体の発展の遅れから市場からの退出者が多かったこと，そして最も重要な理由として市場での発行に参入する企業がごく一時的な資金獲得のみを目的としていたことが挙げられる。他方で中小企業の資金調達のための有価証券発行市場としては，1993年に資本仲介市場（Mercado Intermediario de Capitales）が設立された。

（3） 1990年代証券市場の状況

流通市場とは，元来発行者である企業の投資ファイナンスを目的とした取引が行われる市場ではなく，主要な市場参加者は個人・機関投資家（証券仲介業者, intermediarios bursatiles）である。1994年11月までにメキシコでは通貨市場での証券取引の約70%はこうしたセカンダリーマーケットでの有価証券売買であった[22]。同年4月には前年1993年末に比べて取引総額が24.3%減少し，これはメキシコ証券市場全体で500億ドルの資本逃避があったためと考えられた。この状況に対して国立開発銀行NAFINは金融システム保全を理由に公的資金をもって市場介入を行い，証券指数（IPyC；Indice de Precios y Cotizaciones）の上方修正を図った。1990年代にはNAFIN，或いは他の公的機関による証券市場介入の事実は公表されないが，幾つかの指標から判断すれば1994年1月初頭に始まり3月にも観察される[23]。というのもこの時証券指数IPyCは1日のうちに4.2%以上も下落し，その後公的機関による大量の買いが入り証券指数は反動で急騰したのである。1994年2月8日に同指数は2891ポイントまで上昇し，その後年末まで低下しつづけた。こうした証券指数の急騰・急落は，1987年の場合とは異って金融市場・資本市場の開放化と並行して行われたため短期外国資本の流出入を招き，それがさらに証券指数の変動を拡大させた。そして1994年には資本逃避と通貨危機の影響から，証券市場全体での株式発行残高は1994年11月の1958億3800万ドルから12月には1298億5000万ドルに低下したのである。

このようにメキシコ証券市場BMVの歴史的な特徴の一つとして，設備投資

---

(22) Vega and Gamboa, *op.cit.* pp.87-89.
(23) Núñez（1994）.

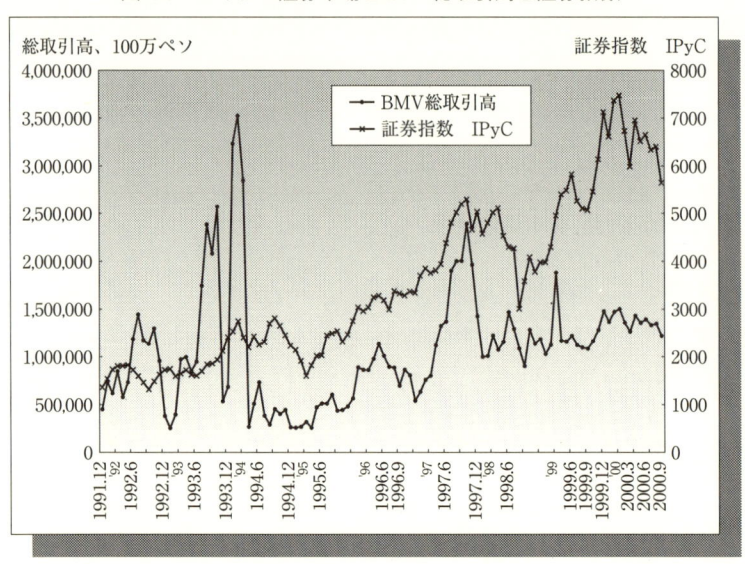

図1.4　メキシコ証券市場 BMV：総取引高と証券指数

出所：Banco de México, *Indicadores Económicos*，各月版。

ファイナンス，資本形成を目的とした取引よりも企業の買収や投機的資金運用を目的とした取引が大部分を占めたことが挙げられる[24]。つまり同市場は元来寡占的な金融グループによる資金運用の場としての性格が強かったのである。

そしてメキシコ証券市場は1994年の通貨危機と金利高騰，金融市場の不安定化により特に重大な打撃を受けた。1995, '96年には債券発行者の多くが資金獲得難に陥り[25]，多くの証券会社も損失を計上した。1995年第1四半期だけで商業銀行部門の資産は実質1.7％減少し，同じ期間に銀行全体の自己資本比率も9.63％から9.29％まで低下した。そして1996年にはメキシコ証券市場での外国資本投資は回復したにも拘わらず，証券指数は5.3％低下した。

---

(24) Cabello, *op. cit.* pp.259, López（1999），Basave K.（1994）．
(25) Banco de México（1995, b）pp.107,（1996, b）pp.133.

図1.5　BMV 取引残高

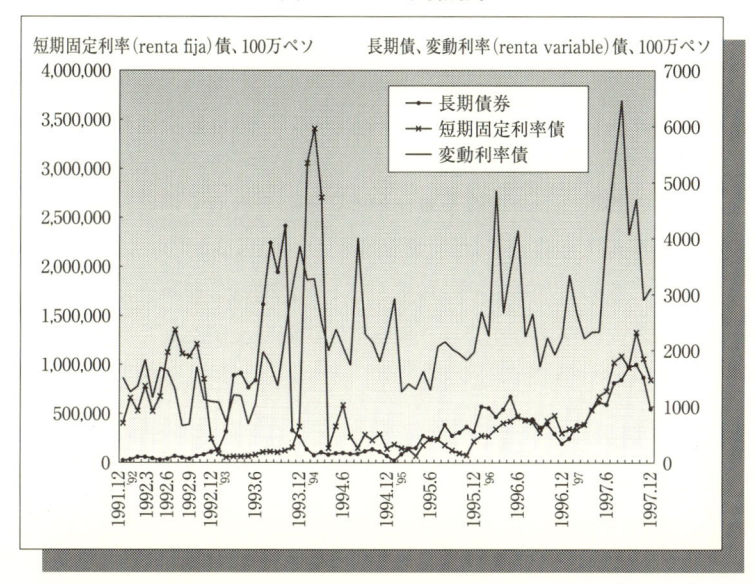

出所：Banco de México, *Indicadores Económicos*，各月版。

5　「金融深化」に関する理論・実証研究

標準的な理論では金融仲介部門の役割とは，貯蓄超過部門と貯蓄不足（投資超過）部門の仲介，貸付フォンドの需給の調整と円滑な資金循環の補償にある。さらに開放経済では；

　　投資－貯蓄≡（税収－政府支出）＋（輸入－輸出）[26]

の関係を踏まえれば，国内が貯蓄不足にある経済では国外貯蓄の導入（＝資本収支黒字）が必要で，これは経常収支赤字を埋め合わせる役割も果たすことになる。1990年代のメキシコ，アルゼンチン，ブラジルといった新興市場諸国

---

[26]　$Y=C+I+G+(EX-IM)$ において投資 I の中に「意図せざる在庫投資」も含めればこの関係は事後的な恒等関係を示すことになり，これを含めなければ事前的な均衡条件を示している。通常はこの国民所得 Y の定義においては在庫投資は含めず，貯蓄と投資のギャップを論じるものである。植村＝磯谷＝海老塚（1998）pp.73.

では政府公債や民間企業の有価証券に対する外国投資家による需要が，この資本収支黒字の中でカギを握る項目となった。こうして外国からの証券投資を確保する環境を整え，さらにそうして導入された資金が国内でより「効率的に」循環・分配されることを目的として，金融自由化・開放化が進められた。

この恒等式においては国内貯蓄の不足が経常赤字＝資本収支黒字と表裏の関係となり，ここから2つの議論が導かれる。まず経常収支赤字が対外債務の原因となる点を重視する視点では，「経済発展の国際収支制約」の主要原因が国内貯蓄の不足に求められる。その対策として人為的低金利が廃止されて貯蓄の増加と国内総需要の削減とが実現されれば，国際収支制約が克服されると主張される。以上は1980年代債務危機に対してIMFや世界銀行が示した処方箋である。

そしてもう一つの議論が，対外債務によらない資本収支黒字＝国外貯蓄の確保の必要性を訴えるもので，これは1990年代の金融自由化論に代表される。つまり国内が貯蓄不足にある経済では国外貯蓄の順調かつ継続的な導入が必要であり，新興市場諸国では政府公債や民間企業の短期有価証券に対する国外需要が資本収支黒字の中で重要と位置付けられる。こうして外国からの証券投資を確保する環境を整え，さらに導入された資金が国内でより効率的に循環・分配されることを目的として，金融自由化・開放化が進められた[27]。

このように金融が自由化されると市場の歪みが排されて競争が促進され，資金配分の改善が期待される。また銀行の立場からは業務の多様化による収益機会増加とリスク分散が期待される。この金融自由化の理論的基礎を成すのは，輸入代替工業化と併せて実施された「人為的低金利」政策を批判したマッキノン＝ショウ仮説である。工業化初期段階の諸国では投資促進の目的から，ケインズ理論に基づいて政策的に低金利が維持される場合が多かった。これに対しマッキノンは「投資資金の自己金融」を仮定し，投資主体は最小限の自己資金を積み立てるとする。そしてショウは人為的低金利が金融資産保有意欲を低下させて仲介資金供給を減少させ，さらに超過資金需要が発生する時は「信用割当」が発生して非効率的な資金配分が行われるとした。これが「金融抑圧」で

---

(27) Studart（1995）pp.19.

ある。特に実質金利がマイナスとなれば貯蓄は正規の金融システムでは保有されずインフォーマル金融が拡大する。従って市場を自由化し実質金利を引き上げ「金融深化」を進めれば，貯蓄・貨幣保有が増加して投資も増加すると主張したのである[28]。

マッキノン＝ショウ仮説は開発経済学，開発金融論の分野において広く受け入れられている一方で，多くの批判もある。まずマッキノン＝ショウと同じ立場での研究をまとめたものとしてフライ（Fry, 1995）があり，批判的研究としては南米3国の経験を実証したディアス・アレハンドロ（Diaz-Alejandro, 1985）がある。そしてブッフィー（Buffie, 1984）は新構造学派の立場から銀行貸出と資産市場における資産選択を採り入れたモデルを展開し，人為的低金利を廃止して実質金利が上昇しても資産市場で経済は均衡から累積的に乖離してしまい金利は上昇しつづける可能性があることを示した。

近年の研究では，ルビン＝サラ・イ・マーティン（Roubini and Sala-I-Martin, 1992）が低開発諸国においては金融抑圧が成長を妨げていることを実証し，特にラテンアメリカでは多くの国でこの金融抑圧を保持する政策が採られていることを批判した。同様にレヴァイン（Levine 他, 2000）もクロスセクション分析によって各国で金融自由化がGDP成長率に正の相関を示していると結論した。これら内生的成長論を採り入れた「金融抑圧」理論では，生産・資本蓄積関数に金融仲介機能の役割が明示的に採り入れられる。ここで金融仲介が経済成長に寄与するメカニズムとしては，マクロ的に資金移動が拡大されてこれが成長率を高める効果と，仲介される資金が長期化してより収益性の高い長期投資が拡大することとが考えられる[29]。そして金融制度が発達すれば貯蓄主体から投資主体への資金移動に伴なうエージェンシー・コストが軽減されて投資が拡大され，成長率は恒常的に上昇するという。

これに対してマセード（Macedo, 1994），ステゥーダルト（Studart, 1995），シーニャ＝シーニャ（Sinha, D. and T. Sinha, 1998）はマッキノン＝ショウ仮説にあっては貯蓄が全て自動的に生産的投資に廻されると仮定されていることを

---

(28) McKinnon（1973）, Shaw（1973）, 奥田＝黒柳（1998）pp. 9–18.
(29) 奥田＝黒柳（同上）pp. 24–29, Carvajal and Zuleta（1997）.

非現実的として批判し，特に高率インフレの状態にあるラテンアメリカではこの仮定は成立しないと指摘した[30]。つまり投資水準は第一に生産主体の収益期待によって決定されるもので，貯蓄フォンドの存在とは事前的には関係付けられない。そしてたとえどんなに金融システムが発達して家計部門の貯蓄が蓄積されたとしても，高率インフレ期待などの不安定要素によって投資が妨げられていれば貯蓄は投資には廻らないし，また企業家利潤も貯蓄に当てられないのである。また実証研究ではモレーノ゠ブリッド（Moreno-Brid, 1999），モギジャンスキー゠ビルショウスキー（Moguillansky and Bielschowsky, 2000），カッツ（Katz, 2000）は各国で新自由主義改革期に見られた産業構成変化を検証し，エスカイス゠モルレイ（Escaith and Morley, 2001）は単位資本あたりGDP成長率を従属変数にとり，多くの改革に対応する変数を説明変数として1971年から1996年までのラテンアメリカ全体についてその影響を計測した。その結果外国直接投資や輸出増加は明らかにGDP成長率に対して，正の影響を示すのに対して金融自由化や資本市場の開放化の影響は有意な水準では計測されないと結論した。

6 むすび

　金融自由化とは既に使い古された用語であるが，メキシコにおける金融の歴史を辿れば実際の金融自由化とはさまざまの紆余曲折を経てきたことがわかる。そしてメキシコ始めラテンアメリカの大半の諸国で，1990年代にはハイパー・インフレーションが終結し正の実質金利が定着した。しかし固定資本投資の水準や構成を規定する要因としては，輸入自由化による競争や集中度，産業連関等が重要であって，貯蓄増加→投資増加といった単純な関係から投資が増加するとは限らないのである。

---

(30) Studart（1995）pp.22. 他にポスト・ケインジアンの立場で内生的成長論を論評したものとしてCesarato（1999），Fine（2000）がある。

バンコ・デ・メヒコが1972年に発行した紙幣。
既にAMERICAN BANK NOTE COMPANYの文字は消えている。

第2章　金融システムの再編成
　　　　；銀行再民営化と金融グループ

はじめに

　1991年に開始された銀行再民営化において，商業銀行，証券会社を持株会社とする金融グループが認可され，メキシコ経済界の勢力図は大きく塗り替えられた[1]。加えて銀行間の競争拡大もあって貸出総額は1990年初頭の910億ペソから1993年末には4100億ペソまで増加した。しかし市場原理，自由競争を掲げる新自由主義政策の結果，実際には集中，独占化が進むという現象は多くの国々において観察され，メキシコも例外ではない。

　本章ではまず1991年から実施された銀行18行の再民営化による，金融＝企業グループの再編成を検討する。この再民営化は伝統的な財閥グループとは異なる新たな企業－金融関係を作り上げただけでなく，メキシコ独自の形態の持株会社制度が導入され，系列融資がマクロ的に重要な比重を占める構造を準備した点で，極めて重要なのである。そして同国金融部門を国際的に通用するシステムとして制度化するために必要だったプルーデンス規制についても検討する。

1　銀行再民営化と金融グループの再編成

（1）　新しい金融グループの構成

　金融＝証券グループの再編成を目指した一連の改革は1989年に始まり，翌1990年の銀行再民営化を定めた法改正で制度化された。1990年改正の「信用機関法」（*Ley de Instituciones de Crédito*）では商業銀行の資本の66％にあたるAシリーズと34％にあたるBシリーズに分割することが定められた。そして1992年6月の同法改正で再民営化後の商業銀行の資本構成が規定され，各行の議決権付き株式は払込資本の最低51％にあたるAシリーズ，同じく49％のBシリーズ，同じく30％まで発行可能なCシリーズとLシリーズの4種類に分類された[2]。このAシリーズはメキシコ国籍の個人，投資銀行，グループ

（1）　金融グループについてはYasuhara（1996），Concheiro B.（1997）pp. 93-117.

持株会社が所有でき，BシリーズはAシリーズ所有資格者の他にメキシコ国籍の法人，機関投資家が，Cシリーズはさらに外国国籍の個人，法人が所有を認められる[3]。そしてLシリーズは後に払込資本の40％までに引き上げられたが，同シリーズの所有者は当該銀行が合併，改組，閉鎖等の重要な資本構成上の変更を行うときにのみ議決権を行使できると定められた[4]。また1992年の同法改正により，再民営化に際しての各銀行の株式保有比率上限が個人，法人については5％，財務省（SHCP；Secretaria de Hacienda y Crédito Público）の認可を受けた場合10％と定められたが，例外規定として機関投資家については15％まで，またこれらが銀行同士の吸収合併に参加する場合には100％までの保有が認められた。もちろんグループ持株会社による銀行株式保有も100％まで認められた[5]。

続く1991年改正の「金融グループ規制のための法」（*Ley para Regular las Agrupaciones Financieras*）は金融グループの構成について次の3通りを認めた；①持株会社（sociedad controladora）を統括機関としてその下に商業銀行，証券会社，保険その他を統合する形態，②再民営化された商業銀行が持株会社の機能を果たして他の系列企業の株式を保有する形態，③証券会社が持株会社の機能を果たして他の系列企業の株式を保有する形態，である[6]。そして持株会社はその傘下に統合する各子会社の議決権付き株式を最低51％保有するとされ，銀行を統合する場合にはその株式Aシリーズを全て保有しなければならない。

メキシコの新しい金融グループの形態は，ドイツ型のユニバーサル＝バンキングか米国型のグループ＝バンキングかという基準で分類するとすればその中間的な形態といえる。つまり再民営化後のメキシコ銀行には単なる商業銀行業務には含まれないはずの業務も幾つか認可されており，同時に法人組織として

---

(2) 「信用機関法」第11条，*Ley de Instituciones de Crédito 1995*（Editorial PAC, S.A. de C.V., pp. 7）.
(3) 同上 第13条, *ibid*. pp. 8.
(4) 同上 第12条, *ibid*. pp. 7.
(5) 同上 第17条，17条補足, *ibid*. pp. 9–11.
(6) 「金融グループ規制のための法」第7条, *Ley para Regular las Agrupaciones Financieras 1990*（Editorial PAC, S. A. de C. V., pp. 3）.

は銀行と証券会社，保険会社他は分離されたままでグループの中に統合される形になっている。また「金融グループ規制のための法」第7条において銀行がグループの持株会社として機能する形態の場合にはその傘下に他の銀行を子会社として統合することは禁止され，同様に証券会社が持株会社となる場合も他の証券会社を統合することは禁止された。つまり再民営化においては銀行同士，証券会社同士の資本所有上の結び付きは認められなかったが，企業形態が異なればたとえ同一人物が資本所有者であっても一グループ内への統合が認められたのである。そしてこの後不良債権問題の深刻化，金融危機の発生を経て商業銀行同士の吸収・合併が進み，金融仲介部門全体が再編されるに至っている[7]。

これに対して米国型のグループ＝バンキングとは，銀行持株会社が統括機関となり，これが傘下子会社の支配的株式保有者としてグループを統合するものである。米国の場合には1927年マクファーデン（McFadden）法（1956年改正）と1933年グラス＝スティーガル（Glass=Steagal）法によって商業銀行業務と投資銀行，証券業務が完全に分離されたが，その後1950年代からこれらの実質的な一体化が進んできた経緯がある。こうしてグループ＝バンキングとは一つの持株会社が複数の銀行，証券等金融機関を子会社として保有することが認められた形態で，さらにグループ内の持株会社以外の傘下企業が他の子会社の株式を保有することも認められる。これはメキシコの金融グループと決定的に異なる点である[8]。一方（西）ドイツ型のユニバーサル＝バンキングとは，一つの銀行が預金受入れ，貸付，証券債券売買とそれに関連する資金の移転，外貨取引まで全てを行う方式で，これは同国の極めて高い貯蓄率と投資率があって可能になったシステムとされる。このユニバーサル＝バンクはいわば信用，証券業務他全ての金融市場を支配する存在なのである。

こうしてメキシコでは18行のうち13行は金融グループが買い取り，残る5

---

(7)　　Ejea 他（1991）pp. 119, Peñaloza（1992）.
(8)　　「金融グループ規制のための法」（1990年）
　　　第31条「グループ内では持株会社である金融機関のみが他企業の議決権付き株式を保有し得る。」
　　　第75条「如何なる商業銀行も，それ以外のある組織の株式保有者としての性格をもつ主体，並びに他の持株会社としての機能をもつ主体の議決権付き株式を保有することはできない。」

行も続いてグループに編入された。同時に新興金融機関の設立，市場参入も認可され，1994年までに11の新興銀行が現れた[9]。ここで1999年に国会に提出されたいわゆる「マッキー（Mackey）報告」[10]によれば，銀行を落札したグループ資産家は（健全な）銀行経営，特に融資業務に関してはほとんど経験，知識がないものが多く，競争で互いの経営改善を図るという意識さえない場合も多かった。したがって再民営化によって形成された金融グループシステム自体が非合法な金融活動を生み出す条件を含んでいたという。

① バナメックス銀行とバナメックス＝アクシヴァルグループ

メキシコ最大の銀行バナメックス（Banamex）は，1884年に当時のフランス資本とスペイン資本の銀行が合併して設立された。設立当初から中央政府と外国金融機関との仲介を果たすことが多く，そのため様々の特権を付与されてバンコ・デ・メヒコとも密接な関係にあった[11]。1976年に商業銀行バナメックスを中心にその他のフィナンシエラ＝バナメックス（Financiera Banamex），バナメックス商業金融（Financiadora de Venta Banamex），バナメックス不動産（Hipotecaria Banamex）が共同で「商業銀行」設立を財務省に申請して認可され，同年に資産総額7170万ペソの規模となった。

同行の売却は1991年8月27日に実施され，ロベルト・エルナンデス（Roberto Hernández），アルフレッド・ハープ（Alfredo Harp），ホセ・アギレラ（José Aguilera）を代表株主とする証券会社アクシオネス＝イ＝ヴァローレス（アクシヴァル）（Acciones y Valores）が同銀行の株式の51％分を97億4498万ペソで落札した。この価格は当時の市場での評価額の2.62倍にあたり，アクシヴァル社が全額支払った。アクシヴァルの個人株主としては他にロレンソ・サンブラーノ（Lorenzo Zambrano），アンヘル・ロサーダ（Angel Lozada），エンリケ・モリーナ（Enrique Morina）らが名を連ね，彼らはセメックス（セメント），シデック＝グループ，アルファ＝グループといったメキシコを代表

---

(9) Concheiro B. (1997) pp. 99–107.
(10) Organo Oficial de la Camara de los Diptados de Congreso, *Diario de los Debates*, 1999年9月23日, año III, No. 9. pp. 460–461.
(11) Hamilton (1983) pp. 264.

する伝統的・或いは新興企業グループの所有者でもある。

　バナメックス―アクシヴァル=グループはこのバナメックス銀行とアクシヴァル証券との統合体を持株会社（BANACCI）としてアクシヴァル証券，アクシヴァル両替所等を子会社として統合する形態を取る。その意味でこれは先述のメキシコ企業グループ3形態のうちの第2と第3の形態の中間的なものといえよう。

　1992年の第3四半期から第4四半期にかけてバナメックス銀行は自己資本比率を7.8%から10.18%に上昇させ，その後も1994年までは10.0%以上の比率を維持した。バナメックス―アクシヴァル=グループは1996年第4四半期に11億2100万ペソの損失を計上しこの影響で同年の年間利潤は17億2800万ペソと前年比36.7%の減少を見た。

② バンコメール銀行とバンコメール金融グループ

　バンコ・デ・コメルシオ（バンコメール，Bancomer）は1932年に設立され，1940年には1万ペソの資本を蓄積した。1977年に商業銀行としての認可を財務省に申請して許可され，バンコメール銀行全体の総資産は前年の7020万ペソから1978年には1億5380万ペソとなりこの年には払込資本も390万ペソになった。

　バンコメール銀行はエウヘニオ・ガルサ・ラゲーラ（Eugenio Garza Laguera），リカルド・グアハルド・トウシェ（Ricardo Guajardo Touché）を代表株主とするヴァムサ=グループ（VAMSA; Grupo Valores Monterrey）によって落札された。このエウヘニオ・ガルサ・ラゲーラとはヴィサ（VISA）=グループの代表株主でもあり，ヴァムサ=グループとヴィサ=グループとの間には人的また経営上も様々のつながりがある。このヴァムサ=グループとはセルフィン銀行の国有化以前の所有者である。バンコメール銀行の入札を巡っては大変問題が多く，他にオブサ（OBSA）=グループも落札に意欲を示していた。ヴァムサ=グループとヴィサ=グループはモルガンギャランティー=トラストから1億ドルの援助を受けることで合意に達し，この資金がバンコメール銀行落札のその後のグループ設立に重要な役割を果たしたと言われるが，この1億ドルにはJ. P. モルガンの他にNMBウエストドイツ銀行（West Deutsche Bank）とサンタ

ンデール銀行（スペイン）（Banco de Santander）が資金提供した。この時ヴァムサとヴィサは落札したバンコメール銀行の株式1億2000万ドル相当を国際証券市場で売却してモルガン＝トラストからの融資の返却に充てた。

　1991年11月にはバンコメール金融グループの設立が認可され，ここでは新たに設立された持株会社，バンコメール金融グループ株式会社がバンコメール銀行，バンコメール証券，バンコメール不動産，モンテレイ不動産他を子会社として傘下に統合する形が採られた。持株会社は1992年末時点でバンコメール銀行の株式の72.7％を保有していたが，1993年末にはこれは99.9％まで引き上げられた。このバンコメール金融グループは持株会社をトップとして銀行，証券他を傘下に統合する形態であるから，持株会社と銀行の間での資金の移転が行われる可能性がある。実際1992年後半から1993年初頭にかけてバンコメール銀行の自己資本比率は7.09％から9.75％に上昇したのだが，この時同銀行の自己資本額（capital contable）の増加と，バンコメール金融グループのバランスシートの「傘下信用機関への投資」が43億3300万ペソから136億2600万ペソまでの増加とが同時期に対応している。つまり1992年から翌年にかけて金融グループ持株会社からバンコメール銀行へ約90億ペソの資金移転が行われ，これを自己資本に組み入れることでバンコメール銀行は自己資本比率規制8％を克服した。

　バンコメール金融グループは1996年にヴァムサの株式289万株を獲得し，その見返りに同グループの株式Aシリーズ6億9500万株と新しいLシリーズ4940万株を譲渡した。バンコメール金融グループ側が獲得した株式はヴァムサ資本の54.9％に相当するものであった。この株式交換によってバンコメール金融グループの発行株式は43億1330万株から50億4500万株に増加した。また1996年にはバンコメール証券，バンコメール両替・商業金融，バンコメール年金に加えてモンテレイ＝アエトナ（Monterrey Aetna）保険，モンテレイ＝アエトナ金融がグループに加えられた。

③　セルフィン銀行とセルフィン金融グループ

　1977年にロンドン＝メキシコ銀行，セルフィン＝ベラクルス，セルフィン＝チワワ，セルフィン＝ハリスコ他が共同で商業銀行セルフィンを設立した。

その資産総額は1976年時点で2540万ペソ、1978年には6130万ペソ、払込資本額は1300万ペソに達した。再民営化においてはセルフィン銀行は1992年1月にオブサ（OBSA）＝グループに落札され、セルフィン金融グループ株式会社を持株会社とする金融グループが編成された。同グループの構成企業としてはセルフィン銀行の他にセルフィン証券、セルフィン倉庫、セルフィン不動産等がある。同グループは1994年にインヴェルラット金融グループとの戦略的提携を発表した。オブサ＝グループの設立者はエドゥアルド・レゴレッタ（Eduardo Legorreta）だったが、同氏はインヴェルラットの代表株主の一人アグスティン・レゴレッタ（Agustin Legorreta）とは血縁関係にあり、したがってセルフィン銀行はその落札後インヴェルラット証券に対して、コメルメックス銀行（インヴェルラット銀行の前身）の落札資金6億ペソ以上を提供した。

　セルフィン金融グループは持株会社を統括機関としたグループ構成で銀行、証券他を傘下子会社として編成される。1995年には金融危機の影響を受けて、第1四半期の同グループの純利益は1億7100万ペソと前年同期比47％の減少だった。このグループの利潤低下の主たる原因はセルフィン銀行の利益の15％の低下にある。1996年にはグループは第1四半期と第4四半期にそれぞれ12億1300万ペソ、26億1200万ペソの純損失を計上したが、同時期にセルフィン銀行もそれぞれ5億9800万ペソ、28億6800万ペソの損失と、年間4億3900万ペソの新たな貸倒れ引当金積み増しを計上した。セルフィン銀行のこの年の損失は貸倒れ引当金積み増しの負担によるところが大きく、それがそのままグループ全体の損失として計上されたのである。

　同グループは1995年に資本増強計画を発表し、セルフィン銀行の自己資本を5億ドルまで増額することを目標とした。計画ではこの自己資本積み増しのうち25％はグループの新規株式発行で、残りはグループ内の他企業からの持株会社を経由した資金移転で賄うとされた。続いて1996年4月にも、グループ持株会社はその自己資本を85億4900万ペソを目標にAシリーズとBシリーズ発行によって増額し、それを全額セルフィン銀行の自己資本積み増しに当てると発表した。加えてオブサ＝グループも、1996年に2億3200万ペソをセルフィン銀行の自己資本積み増しにあてた。

(2) 銀行売却の問題点；売却価格とその資金調達

実際には再民営化に先立って銀行株式の一部は売却されていたので，1991年からの過程で売却された株式は全体の約59%であった。また売却後に連邦政府はバンコメール銀行株式の22.53%，セルフィン銀行株式の15.9%を買い戻している。株式が100%売却されたのはBCH（ユニオン），クレミ，バンパイスの3行であった。18行の銀行の再民営化・株式売却の売却価格総額は378億5000万ペソで，これは銀行業務と証券業務の大きさとその市場の発達レベルを考慮してもなお，当時の銀行部門全体の資本の市場価格に比べ大幅な過大評価であったといわれる。売却価格が特に高かったのはアトランティコとバンコ・デル・セントロ（バンセントロ）で，額面価格の5.3倍，4.65倍であった。

1991～'92年の再民営化によって商業銀行を取得した投資家とは，大部分が伝統的或いは新興の企業グループ所有者で，特に証券会社が買い取りの資金捻出に重要な役割を果たす場合が多かった。次頁表2.1のとおり各銀行とも落札価格は数10億ペソで，伝統的グループだけでなく新興のグループ，証券会社までがどのような方法でこれだけの資金を調達したかは当初から注目された。例えばバンコメールの買取に際しては，ヴァムサ＝グループは国際資本市場において，同銀行を落札することを前提としてその資本を担保に融資を受けて買取資金にあて，後に銀行の株式を一部売却してその返済に充てた。またインヴェルラット，ユニオン，バンパイスのケースでは，銀行買取にあてられた資金は国内の他の金融機関からの融資によるものであった。

(3) 集中，寡占化と競争

1994年末までは26の銀行（バンクレセールとバノーロの合併を考慮すれば25行）の資産は，1993年に最大に達した後1994年には減少し続けたが，うち主要19行で全体の97%の資産を所有していた[12]。1991年から1998年にかけてバナメックス，バンコメール，セルフィンの3大銀行がその資産額で全銀行部門の約半分を占め，1970年代以来「多角銀行」化，吸収・合併を繰り返し

---

(12)　Cabal and Flores（1995）.

34　第1部

表2.1　銀行再民営化と

銀行名	売却日	落札者	落札者　種別	売却価格 (単位100万ペソ)
M.メルカンティール・デ・メヒコ　メルカンティール・プロブルサ	1991年 6月11日	Probursa	証券グループ	611.2
バンパイス	6月14日	Mexival	証券グループ	544.99
バンカ・クレミ	7月21日	Multivalores (R. Gómez)	商業	748.29
バンカ・コンフィア	8月2日	Abaco	証券グループ	892.29
オリエンテ　(バノリエ)	8月9日	G.Margen	証券グループ	223.29
バンクレセール	8月16日	Roberto Alcantara	個人投資家	425.13
バナメックス	8月23日	Accival	証券グループ	9,744.98
バンコメール	10月25日	Vamsa	製造業グループ	8,564.21
BCH　(ウニオン)	11月8日	Sureste	商業・農業	878.1
セルフィン	1992年 1月24日	Obsa	証券・製造業	2,827.29
コメルメックス(インヴェルラット)	2月7日	Inverlat	銀行	2,706.01
ソメックス　(バンコメヒカーノ)	2月28日	Eduardo Creel 他	個人投資家	1,876.53
アトランティコ	3月27日	GBM	証券グループ	1,469.16
プロメックス	4月3日	Finamex	証券グループ	1,074.47
バノーロ	4月10日	Estrategia Bursátil 他	証券グループ	1,137.81
バノルテ	6月12日	Maseca	食料品	1,775.78
インテルナシオナル　(ビタル)	6月26日	Prime	証券グループ	1,485.92
バンコ・デル・セントロ	7月3日	Multiva	証券グループ	869.38
計				37,854.83

出所：Solís, R. (1998) pp.243-244, Organo Oficial de la Camara de los Diptados de Congreso, *Diario de los Debates*, 1999年9

第2章　金融システムの再編成；銀行再民営化と金融グループ　35

その後の状況

1株式あたり価格	売却株式／総株式%	1995年以後の状況
9.15	77.20	スペインのBBVが資本の64%を買取り
16.18	100	1995年8月CNBVが介入，1997年にバノルテが買取り
18.03	66.7	1994年8月CNBV介入，1996年10月BBVが一部を買取り
56.7	78.7	1995, 96年CNBVが資本投入したが自己資本比率は回復せず，Citibankに売却決定したが同時に8000万ドルを国外に移転
1.73	66	1995年3月CNBVが投資家に追加投資指示するが実行されず，FOBAPROAが資本の99.9%分を補助。1995年10月からCNBVが管理し1997年5月まで介入.
14.97	78.7	同グループが経営管理するが，資本の5.9%にあたる248億ペソをFOBAPROAが補助。
19.22	66	ゴールドマンサックスがアクシヴァルに1997年資本参加，2000年5月バナメックス株式24億ドルをバンコメールに売却，同月にシティグループがバナメックス—アクシヴァルの全株式125億ドルを買取り，その半額は現金，残りはシティグループ株式で支払
3.29	100	1996年3月，株式の16%をモントレアルMontreal銀行に売却，2000年7月，BBVグループと合併し金融グループBBVA—バンコメールに改名，2000年8月プロメックスを買取り
15.19	70.7	CNBVが介入，1996年10月プロメックスが買取り
8.06	56	株式20%を香港上海銀行が買取り，転換社債2.9億ドルを1996年にJPモルガンに売却，1999年6月IPABが買い上げ，2000年バンコ・サンタンデール・イスパノが4億ドルで買取り
1.02	100	CNBVが介入，1996年にノヴァ・スコッティアNova Scotia銀行がインヴェルラット・グループ株式55%を取得
7.18	51	インヴェルメヒコInvermexicoグループ株式51%をサンタンデールグループが買取り
26.23	66.5	グループ＝ビタルが買取り
4.28	81.6	グループBBVAバンコメールが買取り
3.09	68.5	バンクレセールが買取り
	66	同グループが経営管理し，バンセンとバンパイスを買取り
	66	同グループが管理するがバンコ・セントラル・イスパノアメリカノBanco Central Hispanoamericanoとポルトガル商業銀行Banco Comercial Portuguêsが21億9000万ペソ資本参加，IPABを通じてバンコ・スルエステとアトランティコを買取り
	51	バノルテが買取り

月23日, pp. 526に加筆して筆者作成。

表2.2　1994年9月現在主要銀行資産額

(単位100万ドル)

	1991	1992	1993	1994
バナメックス	30,798	37,823	43,012	33,789
バンコメール	30,076	33,156	36,134	28,466
セルフィン	22,198	20,989	21,390	19,849
小計	83,072	91,968	100,536	82,104
その他の銀行	49,616	66,509	101,572	76,134
総計	132,688	158,477	202,108	158,238
3大銀行のシェア	66.6%	58.9%	40.8%	52.0%

出所：Organo Oficial de la Camara de los Diptados de Congreso, *Diario de los Debates*, 1999年9月23日, pp.462.

てきた銀行部門が、再民営化によっていよいよ少数寡占体制となったことがわかる。

　銀行部門では1970年代から国有化時代を通じて集中、寡占化が進行していたし、他方で証券会社部門も1980年代から急成長を遂げた。この両者は元来さまざまの業務で連携を築いていたが、それが資本所有レベルで結合・再編された結果がこれら金融グループである。再民営化後、主要銀行10行の資本所有者、取締役員らは非金融部門の主要企業26社の取締役員会のメンバーを兼任し、逆にこれら企業の所有者も銀行の役員に招待されるケースが多かったことは、メキシコ証券市場BMVの報告にも紹介されている。したがってマクロ経済に占めるその比重が大きいのは当然で、1998年末時点で18グループの資本金額は1336億1740万ペソでこれは同年のGDPの29.56%に達したといわれる[13]。

　一般的には同一部門において少数寡占化が進めば企業間の協定、カルテル形成が容易になり競争が抑制される。メキシコの商業銀行部門では、確かに再民営化における買取り資金の融資などによって相互に繋がりはあったが、通常の貸出業務においては国有化時代にも増して競争が激化した。この原因としては、①グループ構成が一変したため新たな顧客獲得が急務となったこと、②1990年代にはインフレ沈静化の結果消費ブーム、住宅ブームが起こり、これらへの

---

(13)　*Jornada*紙1999年8月22日、これは「マッキー報告」を引用した記事である。

融資を競ったこと，③銀行に対する国債義務保有や流動性準備保有規制が廃止されて銀行は信用需要に自由に対応できるようになったことが指摘されている[14]。こうした競争の中で銀行は，系列融資，非系列融資を問わず十分な審査を行わないまま貸出を急ぐ傾向があった[15]。これが一般的に1994年末までの貸出ブーム（credit-driven-boom）と呼ばれる現象である。

回収が困難となったいわゆる不良債権は1993年には既に社会問題化していたが，各銀行は損失を計上する直接償却の方法はほとんどとらず，不良債権増に対して，貸倒れ引当金の積み増しで対応する場合が大半であった。またこれと並行して銀行の資本収益率は1992年の25.7％，1993年の26.8％から1994年には7.7％に急落した。ただし先述のマッキー報告によれば，1993年までのこの数字は不良債権，或いは回収の見こみがたたない債権の利子収益まで収益に算入していたため，相当に過大評価になっていたという。

1994年末の通貨危機とその後の信用収縮の過程では，利払いの遅れから銀行バランスシートの悪化が目立つようになった。そして1994，'95年からの金融危機において，こうした銀行の勢力図は再び一変した。1997年末に再民営化当時と同一の経営形態・資本所有を維持していたのはバナメックス，バンコメール，セルフィン，ビタル，バノルテ，アトランティコ，バンクレセールの7行のみで，これがさらに1998年から2000年にかけてバンクレセールは銀行預金救済基金（FOBAPROA；Fondo Bancario de Protección al Ahorro）から資本注入を受け，アトランティコは銀行預金保険機構（IPAB；Instituto para la Protección del Ahorro Bancario）を通じてビタルに買取られ，バナメックスはシティグループ（米国）の，バンコメールとセルフィンはそれぞれBBV銀行とサンタンデール銀行（共にスペイン）の資本参加を受けて実質的にこれら外国

---

(14) Correa, M.（1994）.
(15) この傾向に対して政府は歯止めをかけようとしたが無駄だった。再民営化以前の1988年に財務省が発表した銀行貸付のリスク分散規制において，各信用機関は同一の顧客に対し自己資本の10％以上，銀行全体の資本額の0.5％以上の融資を，また一個の法人に対しては各々30％，6％以上の融資をすることが禁止された。この規制が1992年2月に改正され，6ヶ月毎に中央銀行が一顧客，法人に対する融資額上限を設定することとされ，当初は各々5億6958万ペソ，68億3500万ペソとされた。

銀行の傘下に入った。

2 プルーデンス規制の導入

(1) 貸出の危険度別分類

　メキシコにおけるプルーデンス規制としては，まず「信用機関法」第76条の補完条項として1991年3月1日の官報（*Diario Oficial*）で発表された「信用機関と投資銀行の貸出査定に関する規定」（*Reglas para la Calificación de la Cartera de Créditos de las Sociedades Nacionales de Crédito, Instituciones de Banca de Desarrollo*）において，銀行貸出をその危険度順に5段階に分類し各々に異なる準備（Reservas Preventivas）率規制を課することが定められた[16]。危険度別の段階とは；A）通常危険度貸出，B）潜在的危険を伴なう貸出，C）損失発生が予測される貸出，D）回収困難が予想されるかあるいは損失発生が根拠付けられる貸出，E）損失分あるいは回収不能債権，であり，必要とされる準備率はA）から順に；0.0〜0.99%，10.0〜9.99%，20.0〜59.99%，60.0〜89.99%，90.0〜100%である。またこの危険度の算定にあたっては法的には8つの基準——過去の貸出残高に対する支払額の比率，（借り手の）バランスシート管理状況，同じく経営状況，経営管理，借り手が営業する市場の状況，担保の評価状況，労働状況，その他好ましくない情報に関する基準——が設けられたが，実際の算定は各銀行に委ねられた。なお2000年にこの資産項目の計算方法が度々少しずつ変更された後，この危険度別の準備率も改正された。危険度別分類は更に細かく7段階に分類され，必要準備率は最低リスクの債権に対して0.5%，次が0.99%で，以下順に1.00〜19.99%，20.0〜39.99%，40.0〜59.99%，60.0〜89.99%，最高が100%である。

　現在継続中の融資を不良債権と認定するか否かが極めて困難な作業であるのは，各国共通の問題である。一般論としてバランスシート上での不良債権の処

---

(16)　Organo Oficial de la Camara de los Diptados de Congreso, *Diario Oficial*, 1991年3月1日, *Leyes y Ciódigos de México, Legislación Bancaria, Tomo I*（2001）pp. 157.

理には直接償却と間接償却の2通りがある。直接償却とは貸出のうち回収不能に陥った部分を回収して対象企業を清算する方法で，この回収不能分は損失として計上し貸出償却金として処理され，バランスシート上では貸出と自己資本が共に減額されて自己資本比率は低下する。他方で間接償却とは，実現した損失を貸倒れ引当金に繰り入れる方法で，貸倒れ引当金には自己資本の一部が当てられるが，どれだけの引当金を積み増すかは通常各銀行の裁量に委ねられる[17]。そしてこの方法では従来の貸出残高は維持されるので自己資本比率は低下し，実現した損失分は追加的貸出には充てられないので実際に貸出される資金は減少する。

日本では貸倒れ引当金に対する課税に関して問題が指摘されるが，メキシコではこの貸倒れ引当金に相当する項目は従来は「貸出リスクに対する準備積立金」(Provisiones Preventivas para Riesgos Crediticios) として負債に計上されていたが，1997年の会計基準改訂に伴ない「貸出リスク防止評価」(Estimaciones Preventivas para Riesgos Crediticios) として資産項目にマイナス値で計上され，「不良債権」(cartera vencida) にはこの「貸出リスク防止評価」の絶対値が加算されている（表2.3参照）。そして1999年末以来「貸出リスク防止評価」絶対値が「不良債権」額を上回っていることから，多くの商業銀行がその不良債権をFOBAPROA，IPABを通じて売却処理したにも拘わらずこの貸倒れ引当金にあたる部分を残存させているのである。

ここで問題となるのは，不良債権を発生させた借り手企業と銀行との関係である。間接償却の場合当該企業への貸出はそのまま維持され，追加的貸出は多くの場合，元本利払いにあてられることを前提とする「追い貸し」[18]になる。そしてこの追い貸しに多額の資金を要するならば他の健全な借り手に対する貸出が圧迫されるという状況になる。メキシコではFOBAPROAに売却された債権についてもその回収責任は当該銀行に残ると規定されたので，やはり借り手との関係は維持されるし，さらにこの売却分以外についても，「貸出リスクに対する準備積立金」，「貸出リスク防止評価」が1995年以後大幅に増加したこ

---

(17) 櫻川 (2002) pp. 107.
(18) この用語は櫻川（同上）pp. 100–124 からとった。

表2.3 商業銀行部門

	1991年	1992年	1993年	1994年
資産	392,019	467,953	590,705	842,618.6
現金保有	14,681	12,996	13,401	19,921
他企業証券保有高	103,773	77,482	94,209	163,850
回収可能債権	203,499	279,197	340,825	471,009
不良債権	7,487	18,756	30,527	43,544
負債	370,684	439,152.0	553,323	797,951
貯蓄預金	244,963	287,269.0	340,955	436,909
インターバンク預金	32,843	36,552.0	47,677	121,205
公的機関からの借入	3,380	4,994.0	6,026	8,425
その他要求払い, 定期預金	16,512	19,148.0	20,586	32,655
貸出リスクに対する準備積立金	2,653	9,072.0	13,045	20,849
資本	21,336	28,801.0	37,383	44,667
払込資本	1,492	2,408.0	4,649	10,231
資本準備金	6,396	8,952.0	10,656	17,211
前期までの経常利益	81	118.0	198	34.9
資産含み益	9,504	10,859.0	12,921	13,962
	1997年6月	1997年12月	1998年6月	1998年12月
資産	983,483.48	1,007,153.01	1,114,415.52	1,217,492.33
現金保有	57,899.60	90,925.16	110,388.99	135,544.97
金融証券保有残高	121,018.86	142,398.89	119,595.28	130,871.02
金融派生商品	1,307.57	1,078.53	1,623.02	1,890.66
回収可能債権	654,717.19	632,738.74	724,741.97	772,973.78
不良債権	97,505.16	79,154.79	88,206.98	99,511.02
貸倒れリスク防止評価	-56,270.38	-48,424.84	-58,369.63	-65,715.57
負債	902,805.78	921,934.23	1,021,674.57	1,115,059.45
貯蓄預金	664,391.74	700,293.58	758,700.38	847,832.90
インターバンク借入	173,201.31	159,509.98	197,720.20	199,608.02
資本	80,677.70	85,218.78	92,740.94	102,432.95
払込資本				
資本金	36,184.03	37,681.86	43,872.72	50,498.11
株式売却益	19,374.50	20,326.25	23,097.24	25,285.49
剰余金				
準備金	26,384.56	31,460.25	31,857.20	32,453.27
前期利益からの組入れ	-10,768.91	-5,845.96	-6,294.94	-5,348.14
資産含み益（損失）	141.07	-56.40	-471.77	-2,387.19
資本再評価による剰余（不足）	-5,324.53	-13,300.64	-10,546.71	-14,535.47

出所：CNBV, *Boletín Estadístico...*, 各年版。ただし1994年はウニオン銀行とクレミ銀行, 1995年以後は全ての被

第2章　金融システムの再編成；銀行再民営化と金融グループ　41

バランスシート　　　（単位100万ペソ）

項目	1995年	1996年6月	1996年12月	1999年6月	1999年12月	2000年6月	2000年12月
資産	940,657.63	1,046,779.00	1,174,508.00	1,285,148.69	1,377,184.88	1,384,224.20	1,478,321.39
現金保有	35,978.18	29,918.55	40,354.40	167,134.32	198,328.70	184,033.01	216,128.49
金融証券保有残高	170,894.23	194,401.58	225,722.85	157,287.90	212,567.90	201,799.43	199,305.97
金融派生商品				3,532.58	3,157.99	2,586.92	3,394.95
回収可能債権	556,454.24	592,969.46	655,980.47	774,331.60	825,280.44	842,051.08	886,470.49
不良債権	46,326.38	50,386.55	43,001.78	100,444.35	80,754.25	57,686.81	54,699.99
貸倒れリスク防止評価				−72,801.86	−87,027.38	−63,905.24	−63,117.03
負債	876,916.09	977,273.87	1,104,400.11	1,177,334.99	1,267,497.76	1,268,195.00	1,336,939.97
貯蓄預金	498,212.52	551,814.98	643,615.41	905,284.13	965,174.96	316,845.10	380,406.45
定期性預金	154,332.21	131,962.19	122,260.15			619,581.89	583,582.56
インターバンク預金	13,048.88	16,814.11	19,831.14	208,926.94	240,641.00	207,514.62	249,636.46
資本	48,519.09	45,103.94	52,985.39	107,813.78	109,687.20	116,029.33	141,381.46
払込資本						101,574.25	112,234.85
資本金	33,610.24	44,024.53	50,526.37	56,314.93	71,321.24	78,348.98	82,503.38
株式売却益	63,741.52	69,523.09	70,108.20	26,834.03	14,661.59	16,368.81	24,339.55
剰余金						14,455.08	29,146.61
準備金	21,324.58	25,053.47	32,691.94	35,802.83	29,504.32	46,659.41	45,333.19
前期利益からの組入れ	17,275.52	25,750.89	20,489.23	−11,501.88	−2,057.03	−17,208.28	−4,331.56
資産含み益（損失）	246.46	−1,188.83	−926.35	−2,948.10	−2,170.08	−2,781.22	−77.69
資本再評価による剰余（不足）	22,266.06	23,183.62	25,017.76	−15,064.91	−20,891.12	−25,403.85	−21,952.90

介入銀行を除く。

とから間接償却による不良債権処理が中心を占めたと考えられ，この意味でも借り手との関係は維持されてきたのである。以上のことから，よりバランスシート構成や税制上の違いはあっても，メキシコにおいても不良債権を抱える借り手に対する追い貸しが行われる余地は充分にあることがわかる。そして追い貸しを受ける企業は一層損失を増やす可能性が高いと考えられるため，この方法では銀行の収益も長期的には圧迫されることも忘れてはならない。

(2) 自己資本比率規制；バーゼル協定との対比

プルーデンス規制として最も重要であるのは，「信用機関法」の1990年の改正と，それに続いて財務省SHCPが発表した銀行規制によって制度化された自己資本比率規制である。これは原則的にはバーゼル協定の自己資本比率規制に則るもので，1993年の同法の改正でこの必要比率が8％に定められた。この結果1991年9月には自国通貨建て預金に対する流動性準備規制が事実上撤廃され，銀行に対する規制は自己資本比率規制に転換されたのである。

① BIS規制の自己資本比率規制

ここで一般的にマクロ・レベルで金融仲介業の有効性を測る基準としては，預金項目を中心に見る方法と，資産の中でも貸出を見る方法とがある。前者では銀行預金総額の貯蓄に対する比率，或いは銀行預金の対GDP比が基準とされ，後者はいわゆる「金融深化」に関連する見方になる。他方でミクロ・レベルでの銀行のバランスシートの健全性を管理するプルーデンス規制としては，預金，貸出に加えて自己資本が重要である。

1988年にG10の中央銀行総裁会議において国際決済銀行BISの合意として定められた自己資本規制に関する国際協定，つまりバーゼル協定がその後銀行の健全性を測る指標として国際的に採用されてきた。これがいわゆる自己資本比率規制である。自己資本比率が銀行規制の基準として明示されたのは1981年に米国で発表されたガイドラインが最初と考えられ，続いて米国政府は他国の金融当局にも自己資本強化の重要性を勧告し，1984年バーゼルにおける国際決済銀行BISの会議で，各国中央銀行総裁に対して自己資本基準の国際的統一を求める米国議会の要求が提示された。こうした経緯を経て1987年9月

には英国，米国，日本の間で自己資本基準の収斂（統一ではない）が合意に至り，1988年に国際協定として採択されたのである。

　ここでバーゼル協定文第2章に定められた自己資本比率——資本金その他の自己資本／リスク加重平均した資産総額——の算出においては幾つか特有の方法が採り入れられた。まず分子の自己資本はTr ⅠとTr Ⅱに分類され，この合計から一定の控除を差し引いて算出される[19]。Tr Ⅰとは普通株式，非累積配当型優先株式，公表準備金の含みの合計で，Tr Ⅱは非公表準備金，再評価益（45％まで算入），負債性資本調達手段，期限付劣後債の合計であるが，Tr ⅡはTr Ⅰと同額を限度に算入される。そして差し引かれる控除は資本の持ち合い分と非連結金融子会社への出資，他である。

　一方分母のリスク加重平均した資産の計算では対民間貸付など一般の債権は100％を乗じて算入されるが，それ以外は多種多様である。まず現金，OECD（経済協力開発機構）諸国政府の国債とその中央政府の保証による各種債券は0％のウエイトで，つまり資産に算入されない。またOECD以外の諸国の国債，中央政府以外の公共部門の債券は1年未満期限のものは10％，1年もしくはそれ以上のものは20％のウエイト，OECD諸国の銀行向け融資は20％，住宅ローンや不動産担保融資は50％，他となっている。

② メキシコの「信用機関法」における自己資本比率規制

　メキシコで商業銀行の自己資本比率規制——自己資本／リスク加重平均した全資産——が法制化されたのは，1985年改正の「銀行信用公共サービス規正法」（*Ley Reglamentaria del Servicio Público de Banca y Crédito*）であったが，同法は1990年の一連の金融改革の中で廃止されて「信用機関法」に引き継がれた。同法第49条で定められた内容は次の通りである；「信用諸機関はその資産総額並びに預金を発生させる業務の金額の合計の6％を下回らない割合に相当する金額を最低限度とするだけの純資本を保有せねばならない。これは財務省がバンコ・デ・メヒコと国立金融証券庁CNBVとの意見に基づき，また信用機関の最低自己資本確保に関する銀行部門の国際的慣例にしたがって定める

---

[19] *Documentos del Comité de Basilea sobre Supervisión Bancaria, Tomo I*（1992）pp. 21.

決定に従う。」

　この通り「信用機関法」第49条と50条では，再民営化された商業銀行にはリスク加重平均された資産総額の6%を下回らない金額の自己資本の確保が義務付けられた。続く1991年5月に財務省が発表した「商業銀行機関の資本規制に関する規定」は商業銀行の資本拡充を目的とした規定で，実際にはこれが各銀行の業務を規定する重要な役割を果たした。この「規定」において1990年「信用機関法」で定められた自己資本比率が改められ，BIS規制に則るかたちで，銀行が保有せねばならない自己資本の最低限度は，リスク加重平均した資産総額の8%に相当する金額と定められた。同規定の条文は以下の通りである[20]。

信用機関法第5条，49条，50条，「連邦政府管理法」(Ley Orgánica de la Administración Pública Federal) 第7項，並びに財務省内規第6条第17項と25項にしたがって次の通り定める。
1，資産，預金を発生させる業務，そして商業銀行の行う業務全てについて，信用機関法第49条，50条にしたがってその分類は次のとおりとする。
　　1) 現金，中央銀行預金，91日を越えない期限の連邦政府発行の国債，
　　1補足) 10年を越えない期限の連邦政府開発債ボンデス (Bondes ; Bonos de Desarrollo)
　　2) 91日を越える期限の連邦政府発行の国債，対連邦政府貸付，連邦政府による補償つき貸付，財務省公共信用総合部に登記された貸付，
　　3) 国内金融機関との間での預金，貸付，外国金融機関との間の預金，貸付。外国金融機関についてはバンコ・デ・メヒコがその選定を行うことができる。
　　4) 貸出，証券，また上記1) から3) の規定に含まれないその他の資産…
2，商業銀行はその全資産並びにある程度のリスクを伴なうその他の業務業

---

(20) Organo Oficial de la Camara de los Diptados de Congreso, *Diario Oficial*, 1991年5月20日より抜粋。

績の総計の8％に相当する金額を最低限度とする純自己資産を保有せねばならない。ここで本条文で言う資産並びに業務実績の金額は，全項目で示されたグループの各内容について右のリスク加重パーセンテージを乗じるものとする。

分類	加重パーセンテージ
1)	0.0％
1補足)	6.5％
2)	10.0％
3)	20.0％
4)	100.0％

3，…

4，純資本とは基礎的項目とそれ以外の付随項目とから構成される。

a) 基礎項目（Tr I）とは払い込み資本，算定可能な資本準備，銀行保有の動産・不動産の再評価額から発生した利潤の80％に相当する金額，並びに自社発行の義務転換社債，他とする。

　　この自己資本の基礎項目は，先述の計算方法による全資産の4％を下回ってはならない。

b) 　付随項目（Tr II）とは純資本として算定される利潤から国内の他の金融機関発行の社債への投資額と資本基礎項目に参入された部分の金額とを除いた金額，プラス自社発行の非転換社債或いは転換社債（これは資本基礎項目総額の50％に相当する金額を超えては算入することはできない），他である。

　メキシコ財務省が定めた規制をバーゼル協定の条文と比較すれば，幾つかの相違点があることがわかる[21]。まず第一に自己資本比率の分母に当る資産項目では，メキシコの規定での資産分類とバーゼル協定のそれとを比べれば安全性の基準が異なっている。特に不動産担保融資がバーゼル協定では50％の加重率で資産項目に含まれるのに対し，メキシコの規定では100％の加重率で含まれることになっている。また91日以上の期限の政府公債はバーゼル協定では加重率はゼロで資産に計上されないが，メキシコの規定では10％の加重率で算入される。

　第二の相違としては資本の基礎項目（Tr I）において，メキシコの規定では

---

(21)　Garrido and Peñaloza（1996）pp. 138–141.

バーゼル協定の分類に加えて、市場実勢によって金額が変化する項目が含まれている。確かにメキシコのそれでも資本基礎項目の計算方法はバーゼル協定の方法に則っている。しかしバーゼル協定では基礎項目とは株式による払込資本と利潤、準備金から構成され、保有される株式の市場評価額は計上されないため、この評価額は市場情勢によって大きく変動することはないとされる。しかしまず貸出準備についてみれば、メキシコでは準備保有義務は廃止されてその保有は各行の裁量に委ねられたため、実際に保有される準備額は大きく変化する。またメキシコの規定では、銀行が保有する株式・不動産の市場評価額が80％に限定されるとはいえ資本に計上される。さらに転換社債の資本基礎項目への参入にも明確な基準が設けられていない。

またバーゼル協定ではインフレ調整による自己資本額の再評価分はTr Iにのみ算入されるのに対し、メキシコでは1996年7月15日の法改正によってインフレ調整分の80％がTr Iに、20％がTr IIに算入されることとなった。先進諸国に比較して恒常的にインフレ率が高いメキシコではこれは重要な意味を持ち、劣悪な資本も自己資本の概念に含まれる結果となると考えられる。

日本では自己資本比率規制の導入が商業銀行に対して資産削減のイニシアティブを与え、その結果貸し渋りが発生したという議論がある。メキシコでは自己資本比率が最初に法制化されたのが1990年、同比率が8％に引き上げられたのが1991年であるのに対して、銀行部門の貸し渋りが問題となるのは通貨危機後の1995年以後である。そして規制の内容を見てもメキシコのそれは自己資本、資産ともに計算方法が大雑把でかつ市場動向によって変動する不確定要素が算入される方法となっている。以上の点から、メキシコでは自己資本比率規制導入が銀行部門の貸し渋りの原因となったとは考えられないのだが、これは逆にいえば同規制のプルーデンス規制としての有効性に疑問があったということである。

3　金融グループにおける系列融資

系列融資とは、金融機関が資本参加や役員人事の面で結びつきのある企業、また同一の持株会社の傘下で金融グループに所属する企業に対して、何らかの

表2.4 銀行，企業間の系列融資と役員人事による連携
(1997年7－9月)

	役員数	兼他任企業役員数	会取引社数	ある人的結合数の企業	ある系列融資数の企業	系列企業数 (%)	融資対上場企業額 (ペソ)	系列融資額 (ペソ)	の系列融資割合
バンコメール	98	44	59	52	22	37.29	12,084,460	6,947,677	0.57
バナメックス	74	37	61	41	19	31.15	175,000,000	11,000,000	0.624
ビタル	82	16	21	17	4	19.05	4,262,455	178,423	0.419
BBV	30	13	17	17	5	29.41	2,001,019	806,427	0.40
インブルサ	24	19	23	23	3	13.04	6,246,485	5,504,120	0.881
インダストリアル	44	6	15	11	2	13.33	333,393	190,860	0.573
インテルアクシオネス	20	20	19	12	2	10.53	338,415	338,415	1.0
インヴェックス	23	8	20	15	2	10.0	397,299	122,656	0.309
Ixe	24	5	14	9	1	7.14	85,984	12,105	0.141
コンフィア	54	14	24	15	2	8.33	3,026,213	1,159,390	0.383
アトランティコ	33	16	22	19	3	13.64	2,730,282	868,606	0.318
バンクレセール	56	13	24	15	3	12.5	967,021	396,436	0.41
プロメックス	47	11	12	12	3	25	1,501,163	824,138	0.549

出所：Castañeda (1998) pp.265.

形でこうした関連を利用して行う融資を意味する。したがってこの系列融資自体が金融グループ，コングロマリットを編成，維持するための重要な手段となっている。また通常，系列融資とは銀行から非金融企業への融資に限って用いられる言葉で，非金融部門間での資金の移転はここには含まれない。メキシコの場合には，1982年の銀行国有化以前と1992年からの再民営化以後とで異なるグループに統合されている銀行も幾つか存在するので（例えばセルフィン銀行），この系列融資の実態は相当に複雑になっていると推察される。さらにグループ内の系列融資においては審査が充分になされないまま実施される場合も多く，グループ全体での 負債／負債＋資本 比率は1991年の33.2％から1994年には45.6％に上昇し，グループ内での債務の借り換えや債務返済のための資金の移転が行われたことが伺われる。

「信用機関法」はこの系列融資についてもその定義や融資審査の基準，自己資本比率算定における取り扱い等を定めており，その融資先の如何を問わず自己資本比率の分母にあたる資産項目には100％算入されることになっている。そして企業に対する系列融資はもちろん，銀行組織・金融グループに関係する

表2.5 系列融資,金融グループ人的構成

		調査日	系列融資/対民間部門融資割合			不良債権/対民間融資	系列融資/民営化売却金額 %
			93/12/1	調査日より12ヶ月前	調査日	調査日から6ヶ月後	
経営介入,救済を受けた銀行							
クレミ	Cremi	94/6/1	0.28	0.25	0.43	0.47	5.47%
ウニオン	Union	94/6/1	0.17	0.13	0.37	0.49	7.05%
オリエンテ	Oriente	95/12/1	0.15	0.09	0.22	0.14	1.42%
バンパイス	Banpais	95/3/1	0.21	0.17	0.3	0.62	1.67%
プロブルサ	Probursa	95/6/1	0.05	0.04	0.21	0.2	0.59%
セントロ	Centro	95/6/1	0.14	0.2	0.31	0.36	1.33%
インヴェルラット	Inverlat	95/6/1	0.22	0.24	0.37	0.28	1.17%
バンコメヒカーノ	Mexicano	96/12/1	0.04	0.06	0.07	0.06	0.56%
バノーロ	Banoro	97/1/1	0.05	0.1	0.13	0.11	0.39%
コンフィア	Confia	97/5/1	0.15	0.17	0.24	0.27	1.35%
アトランティコ	Atlantico	97/12/1	0.14	0.21	0.26	0.52	0.41%
バンクレセール	Bancrecer	97/12/1	0.14	0.12	0.21	0.35	2.72%
プロメックス	Promex	97/12/1	0.15	0.19	0.27	0.29	0.54%
セルフィン	Serfin	99/6/1	0.11	0.18	0.35	0.26	0.72%
	平均					0.32	1.81%
	中間値					0.29	1.25%
介入を受けていない銀行							
バンコメール	Bancomer	97/6/1	0.1	0.2	0.17	0.1	0.46%
バナメックス	Banamex	97/6/1	0.16	0.2	0.18	0.25	0.31%
ビタル	Bital	97/6/1	0.1	0.15	0.2	0.08	0.71%
バノルテ	Banorte	97/6/1	0.15	0.13	0.1	0.06	0.19%
	平均		0.1	0.14	0.13	0.1	0.42%
	中間値		0.1	0.15	0.17	0.08	0.38%
全商業銀行	平均		0.13	0.15	0.23	0.26	1.5%
	中間値		0.14	0.17	0.22	0.26	0.72%

出所:La Porta 他(2002).

個人に対する融資においても,それを実施する責任はグループ持株会社や資産所有者個人ではなく銀行にあると定められている。

ここでは主にラ・ポルタ他(La Porta 他,2002)とカスタニェダ(Castañeda, 1998)の業績に依拠して1990年代のメキシコにおける系列融資の実態とその意義を見ておこう。表2.4は1997年7月から9月について各商業銀行が役員

人事で結合を有する企業数，そのうち系列融資を行っている企業数とその金額を調査し，上場企業に対する融資総額に占める系列融資の割合を計算してある。インテルアクシオネスの1.0とインブルサの0.88が突出しているが，バンコメールとBBVに比べてバナメックス，ビタルは比率が極めて低く，銀行の経営規模や営業年数と系列融資の比率との間には関連性はないといえる。

表2.5のラ・ポルタ他（2002）は1993年末から1997年にかけて17の銀行を個別に調査したものだが，当時既に政府による経営介入を受けていたバンクレセール（Bancrecer）とバノーロ（Banoro），さらに1995年以後新設された銀行は調査対象に含まれていない。

1993年末から1994～'99年の各行の調査日までの期間に，総じて経営介入・救済を受けた14行の方が経営状況が健全だった4行に比べて系列融資の対民間融資総額に占める割合が高いことがわかる（調査日における前者の平均値は0.27，後者は0.10）。中でも前者14行については1993年から1995～'97年にかけて，ほぼ全ての銀行において時間の経過に伴ない系列融資の割合が高まっている。そして全体の平均値，中間値でも通貨危機を経て1997年にまで至る期間に，系列融資の割合が0.13，0.14から0.23，0.22まで上昇していることから，マクロ的リセッションと信用収縮が見られる1990年代後半に銀行部門全体で相対的に系列融資の比重が上昇してきたことがわかる。

さらに系列融資と非系列融資に分けて貸出の不良債権化の状況，不良債権の処理状況を見たのが表2.6である。ここでは回収不能が確定した（defaulted）融資とそれ以外の回収困難が予想される融資とが区別されている。回収不能債権の割合を非系列融資と系列融資に分けてみれば，前者において0.3695,後者では0.6642であるから，系列融資の方が回収不能債権の比率が著しく高い。そしてこれら不良債権に対する償却済み債権の比率では，非系列融資においては0.1325,系列融資では0.1242であり，僅かの差ではあっても非系列融資のほうが償却が進んでいることがわかる。ただしここで注意すべき点だが，系列融資，非系列融資ともに監査を受けた債権が200件を超えるのに比べれば，償却済み債権や対FOBAPROA売却債権は金額が多いにも拘わらず件数はあまりにも少ないのである。

この結果は不良債権問題，金融危機に関する理論的仮説について重要な示唆

表2.6 非系列融資と系列融資，不良債権状況の比較

		非系列融資		系列融資		1)−2)
		サンプル数	割合 1)	サンプル数	割合 2)	
回収不能債権		317	0.37	451	0.664	−0.295
その他の劣等債権		15	0.018	24	0.035	−0.018
計　総不良債権		332	0.387	475	0.7	−0.313
不良債権のうち，処理状況別償却分		44	0.133	59	0.124	0.0083
対 FOBAPROA 譲渡		10	0.03	19	0.04	−0.01
監査を受けた融資		205	0.618	256	0.539	0.0786
その他公的機関管理分		35	0.105	72	0.152	−0.046
その他の不良債権		38	0.115	69	0.145	−0.031
償却・再建率						
1) 全不良債権	（平均値）	332	0.462	475	0.272	0.1903
	（中間値）		0.448		0.15	0.2975
2) 不良債権＋回収困難な債権	（平均値）	53	0.421	204	0.258	0.1626
	（中間値）		0.43		0.1	0.3299
3) 2)＋中程度リスクの債権	（平均値）	95	0.371	315	0.269	0.1011
	（中間値）		0.18		0.12	0.06
全債権	（平均値）	858	0.792	679	0.491	0.3012
	（中間値）		1		0.4	0.6

出所：表 2.5 に同じ。

表2.7 非系列融資と系列融資，貸出条件の比較

		1) 非系列融資		2) 系列融資		1)−2) 格差
		サンプル数	実質金利 %	サンプル数	実質金利 %	
ペソ建て変動金利	（平均値）	381	9.56%	264	6.75%	2.81%
	（中間値）		9.87%		7.36%	2.51%
ペソ建て固定金利	（平均値）	181	4.38%	123	−2.5%	6.88%
	（中間値）		7.44%		−3.67%	11.1%
ドル建て変動金利	（平均値）	185	4.38%	173	10.22%	2.25%
	（中間値）		12.94%		9.81%	3.13%
ドル建て固定金利	（平均値）	111	12%	119	7.92%	4.08%
	（中間値）		11.97%		7.32%	4.65%
		サンプル数	金利スプレッド %	サンプル数	金利スプレッド %	
ペソ建て変動金利	（平均値）	381	6.54%	264	3.44%	3.10%
	（中間値）		7.0%		4.0%	3.0%
ペソ建て固定金利	（平均値）	181	4.61%	123	−8.65%	13.26%
	（中間値）		5.18%		−10.32%	15.5%
ドル建て変動金利	（平均値）	185	6.87%	173	4.12%	2.75%
	（中間値）		7%		3.88%	3.12%
ドル建て固定金利	（平均値）	111	6.91%	119	2.17%	4.74%
	（中間値）		6.09%		1.45%	4.64%
貸出期間（月）	（平均値）	858	45.624%	679	48.728%	−3.104%
	（中間値）		36%		36%	0

出所：表 2.5 に同じ。

を与えるものである。不良債権とは，貸し手と借り手の間の情報の非対称性から発生するとする見方は標準的な理論仮説として一般的だが，融資と役員人事によって銀行と他のグループ企業との間に密接な連関が見られる場合には，情報の非対称性がどこまで生じるかは疑問である。また実質貸出金利や金利スプレッドが債務者の利払い負担となって不良債権を発生させるとする見方も多く見られるが，**表2.7** のとおりペソ建て，ドル建て融資の双方で非系列融資よりも系列融資のほうが実質金利は低く，その差は最小でも 2.25%，最大で 11.1% に達する。同様に金利スプレッドも，系列融資のほうが小さいにも拘わらず不良債権比率は著しく高いのであるから，単に実質金利の利払い負担だけでは不良債権の発生は説明できない。

以上の調査結果より，ラ・ポルタ他（2002）は，人的つながりを基盤とする系列融資においては銀行側の審査も中途半端になりやすく，借り手側も安易に返済不能を宣言しやすい傾向にあることから，結果的に不良債権比率が高くなると結論する[22]。とすれば金融危機が続く 1990 年代後半からはますますこうした不透明な融資の比率が高まっていることになるし，また不良債権を公的資金で買い上げる救済機構 FOBAPROA，預金保険機構 IPAB の役割はどこまで正当化できるのか，という疑問が残ることになる。

4　むすび

1991 年から進められた金融自由化とは，金融グループの再編を実現することで，同時に様々な問題の原因を残したのである。不透明な系列融資の存在や，自己資本比率規制に実は欠陥があることなど，まさにメキシコ金融システムの顕著な特徴を反映している。

ところで，商業銀行がその融資の大部分を系列融資に充てているなら，そこには銀行側が融資先相手を選別しかつ貸出条件にも差別をつける信用割当が発生しているはずである。バンコ・デ・メヒコの調査でも，1999 年第 4 四半期において商業銀行による資金調達を希望した国内企業 500 社のうち，実際に融

---

(22)　同様の研究として Kroszner and Strahan（2001）がある。

資を受けたのは38.2%，2000年第2四半期には33.6%に過ぎないという結果が報告されている。そこで1990年代後半には，特に小規模企業の間では，銀行貸出に代わる資金調達手段として専らサプライヤーズ・クレジットが使われていることが知られている。これもバンコ・デ・メヒコの調査に対し，小規模企業500社のうちサプライヤーズ・クレジットが資金調達の第一手段と解答したのは1999年第4四半期で56.9%，2000年第2四半期でも53.3%で，同時期に中企業では46.3%，大企業では35.9%であった[23]。逆にAAAランクの大企業では61.3%が第一の資金調達手段として銀行融資を利用している。そして彼らの77%が取引相手の中小企業に対してサプライヤーズ・クレジットを供給している。

　以上の調査結果から考察すれば，サプライヤーズ・クレジットとは，マクロ的に見れば必ずしも銀行貸出を代替しているとはいえないことがわかる。つまり大企業が銀行部門から融資を受け，その資金を「原資」に，傘下の中小企業にサプライヤーズ・クレジットを供給するのであれば，銀行貸出によって供給されたマネーが間接的に中小企業に分配されていることになるのである。その意味で1990年代後半からのメキシコでは，企業グループ内の系列融資と大企業―中小企業間のサプライヤーズ・クレジットによって金融の階層化，ハイラーキー化と呼べる構造ができあがっていると考えられる。

---

(23)　*Jornada* 紙 2000年2月17日，2001年6月11日。

メキシコで現在流通している5ペソ硬貨（約0.6ドル相当）。
鷲がサボテンの上で蛇をくわえるメキシコのシンボルが刻まれている。

第3章 為替管理とベース・マネー
；為替アンカー政策からインフレ目標へ？

はじめに

　本章では新自由主義政策の第2段階ともいえる為替アンカー型インフレ対策を紹介し、これを通貨管理面で支えたメキシコ中央銀行バンコ・デ・メヒコ（Banco de México）による不胎化政策の意義を検討する。サリーナス政権（Carlos Salinas de Gortari；1988年12月～1994年11月）下では、通貨当局は不胎化政策による金融引き締め、ベース・マネーの一定の伸び率維持といった政策手段をもってインフレ率を引き下げ、同時に短期外資の流入を促し為替過大評価の維持を図った。一方セディージョ政権（Ernesto Zedillo Ponce de León；1994年12月～2000年11月）は金融政策に関してはベース・マネー供給ルールからインフレ・ターゲティング、そして中央銀行の貸出制限による量的引き締めへと政策手段を変更したというが、実際は同政権の政策スタンスは明確でない。また為替政策ではドル＝オプション取引の方法を取り入れて、国内金融政策との分離を図った。

　本章ではベース・マネー管理の理論的基礎を成す信用乗数理論を1990年代メキシコに適用することの妥当性を検証したい。なお筆者の見解は章の最後にまとめて述べることとし、まずバンコ・デ・メヒコの『年次報告』（*Informe Anual*、各年版）、『金融政策報告』（*Exposición sobre la Política Monetaria*、各年版）等で示される説明と、同中央銀行所属のエコノミストによる研究論文にしたがって通貨・金融政策の枠組みを検討する。

1　為替アンカー型インフレ対策の意義

（1）為替制度の変遷

　メキシコでは1980年代の安定化政策の一環として発表された、1987年12月から1988年12月まで6回の「経済連帯協定」（PSE：Pacto de Solidaridad Económica）、1989年1月から1994年12月まで8回の「経済の安定と成長のための協定」（PECE：Pacto para la Estabilidad y el Crecimiento Económico）において、インフレ対策として為替過大評価を維持する固定相場制が制度化され

表3.1 メキシコ為替相場制度の変遷

1989年	毎日1（旧）ペソ予告切り下げ
1990年	毎日80センターボ予告切り下げ
1990年12月—1991年11月	毎日40センターボ以内の名目変動幅クローリングペッグ
1991年11月—1992年10月	為替バンド制：下限1ドル3050（旧）ペソ，上限は毎日20センターボ切下げ
1992年11月—1994年12月19日	バンド上限切り下げ毎日40センターボ切り下げ，93年1月に通貨単位をヌエボ（新）ペソに切り替え，94年3月より切り下げ上限を「信用の置ける範囲内」に維持するため中央銀行が介入
1994年12月20，21日	切り下げ上限を15センターボ切り下げ
12月22日	完全変動相場制に移行
1997年7月	中央銀行が為替市場介入スキームを発表，「緩やかな管理レート制」に移行

出所：Banco de México (1994, b) pp. 51–52 を参照し筆者作成。

た[1]。1982年の債務危機以来，管理レートと自由レートの二重相場制が採られたが，PSEで定められた為替管理では固定レートと管理レートの二重相場制に変更され，1989年から管理レートは毎日の予告切り下げ制となって切下げ率は徐々に縮小された。1991年には資本流出入規制が大幅に自由化され，同時に二重相場制も改められ，変動の下限を固定し上限は日々切下げる為替バンド制が採用された[2]。

理論的には，インフレ率が先進諸国よりも高いラテンアメリカ諸国で固定，もしくは対ドルペッグ制を維持するためには，通貨当局は外為市場に対してドル売り・自国通貨買い介入を続けねばならない。メキシコでは毎年1月中にバンコ・デ・メヒコが議会に，1年間に発行する通貨量の上限を発表する。このとき同時に1年間の為替市場介入の上限も定められてきた。

1992年10月のPECE改訂において，バンド下限は1994年まで3.0512（新）ペソ，上限は同月の3.155ペソから日々0.0004ペソずつの切下げと定められてこれは1994年まで維持されたので，1993年10月に3.2944ペソとなった。現実のレートは1993年10月までは1ドル＝3.1ペソ前後で安定していたが，同月に一度3.29ペソまで下落してから市場では不安が生じ，1994年1月以来政

（1） 石黒（2001）pp. 212.
（2） Schwartz（1998）.

治的混乱を受けてレートは上限ぎりぎりの1ドル＝3.4ペソ台で推移した。

シュワルツ（Schwartz, 1998）はこの変動幅の段階的拡張が計画通りに実現できた結果，為替アンカー型インフレ対策と国内のマネー・サプライ，名目金利調整が数年に渡って両立可能となったと評価している。つまり一定幅の為替変動を認めたことでバンコ・デ・メヒコのドル売り介入の必要性がある程度軽減され，したがって売りオペレーションによる不胎化政策も，国内のマクロ経済指標を基準にして調整するだけの自由度が保たれたというのである。しかし現実には，バンド変動幅が徐々に拡張されても実際の名目レートの変動幅は1992，1993年を通じてほぼ3.1～3.15ペソの間に制限されていた。

（2）　為替アンカー型インフレ対策の理論と実際

為替アンカー型インフレ対策とは，名目・実質レートを過大評価に保つことで；①期待インフレ率を下方修正し，②輸入資本財，基礎食料品の国内価格を低位安定させることでインフレ沈静化（国内インフレ率の国際市場インフレ率水準までの引き下げ）を図る政策である。理論的には ①の効果は短期，②は中期的に現れる。

1990年代のメキシコでは実際に1980年代に比べてインフレ率が劇的に引き下げられた。ここでアスペ（Aspe, 1994），ヴェルネル（Werner, 1997），シュワルツ（Schwartz, 1994），サンチェス（Sánchez, 1999）ら政府，中央銀行エコノミストらが為替アンカー政策の成功を強調するのに対し，エドワーズ（Edwards, 1996, a, b）は否定的である。つまり同政策は採用当初の1987年にはインフレ率低下への寄与が大きかったが，その後1989年から1994年まではインフレ率の自己相関係数は1980年代のそれと比べて目立った変化は無く，1990年代には為替アンカー政策の効果は小さいという。またライダーマン他（Leidermann 他, 1995），ハマン（Hamann, 1999），ターナー（Tanner, 2002）は新興市場諸国の実証研究から，為替アンカー政策が実物投資やGDP成長率に負の効果を及ぼすことを指摘する。ハマン（1999）によれば為替アンカー政策はインフレ率が低下した後に初めて実質為替レートの過大評価をもたらすのではなく，同政策が必然的に金融引き締め政策と同時に実施されることから，インフレ率低下のプロセスで既に為替は過大評価になる。したがって同政策自

図3.1 インフレ率と実質為替レート

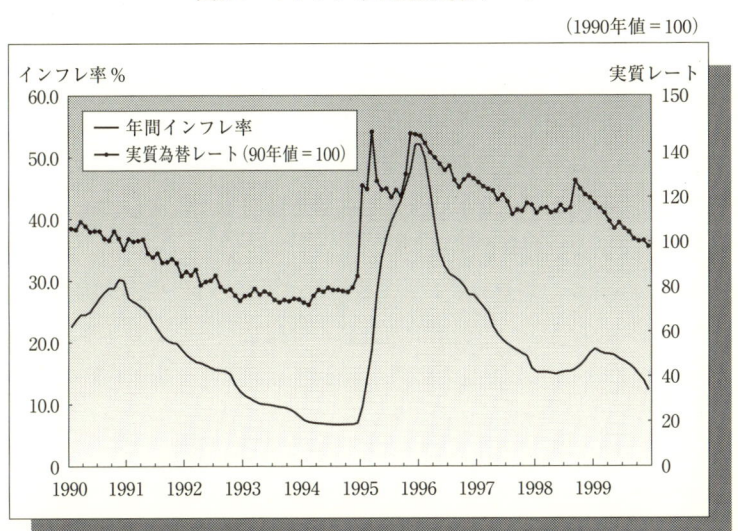

(1990年値＝100)

出所：Banco de México, *Indicadores Económicos*, 各月版。

体が通貨アタックが経済危機に発展する原因を作るので，極めて危険な政策であるという。

図3.1のとおり，1990年代を通じてインフレ率の推移は実質為替相場とほぼ並行した趨勢を示しており，為替アンカー型インフレ対策はインフレ率低下と為替過大評価を同時に実現したといえる。ただし，同政策はインフレ率の短期的引き下げには有効でもインフレ率をゼロにすることは不可能であるので，適切な金融政策，所得再分配政策と組み合わされねばならない。そして1993年には既に過大評価によるリセッション，設備投資減退という効果が現れていた[3]。

まず上述の①のメカニズムである期待インフレ率の修正に基づく短期的効果の理論的根拠を紹介しておこう。ドーンブッシュ＝ヴェルネル（Dornbusch and Werner, 1994）は，為替レートのオーバーシューティングモデルで用いたのと同じ仮定を置いて，a) 貨幣の超過需給に反応して利子率が瞬時に変化し貨

---

(3) Dornbusch and Werner（1994），安原（1995）．

幣市場は均衡する，b) 財市場では価格の調整は遅く，購買力平価は短期的には成立しない，という経済を考える。高インフレ下の小国開放経済で固定相場制実施が発表されれば，期待インフレ率が下方修正され自国の名目金利が引き下げられて総需要が増加する。しかしインフレ率はゼロにはならないので，やがて為替は過大評価となり，最初の総需要増加の効果は消滅し，さらに実質高金利の結果からも経常赤字・資本収支黒字の構造になる。こうしてインフレ率が低下した状態で新たな均衡が実現する。

1990年代のメキシコの為替アンカー政策は，為替バンド制が1994年末まで維持されたことからも②の中長期的視野にたつ政策だったと考えられる。つまり輸入総額の50%以上を製造業部門の資本財・中間財と基礎食料品が占める同国にあっては，切下げによる輸入財の国内価格上昇が直ちに全般的な物価上昇に繋がることは，1980年代の経験から明らかだったのである[4]。

ここで②のメカニズムに則って資本市場開放化の中で為替過大評価を中長期的に維持するためには，貿易財と非貿易財の相対価格等の指標が安定的に維持されねばならず，また政策的には各国通貨当局はドル売り・自国通貨買い介入を継続せねばならない。そしてこれら双方の見地から，継続的な外資流入によって外貨準備が確保されねばならない[5]。こうした文脈で重要になるのが不胎化政策である。

---

(4) 逆に貿易財部門の対GDP比が低い場合でも，高インフレを経験した経済では切り下げ予想は自国通貨建て資産の実質価値の目減りと受け取られ，価格設定変更，預金引き出し，ドル資産への転換が行われる。為替アンカー政策はこうした混乱を食い止める効果もある。

(5) Dabós and Juan-Ramón (2000) はメキシコにおける外資流入から為替過大評価への影響を測定し，1994年通貨危機直前にはペソはトレンドに比べて12%，産出・雇用への影響を含めて計算すれば25%の過大評価水準にあったと結論している。一般論としては実質過大評価を長期的に維持するには外資流入・外貨準備確保の他にも経常収支，外国金利とのスプレッド等の変数も重要といえるが，この点についてはCalvo他 (1993) が実証的に検証している。同論文は実質相場と外貨準備の増減が密接に相関していることを確認した上で，外的要因 (米国の金利上昇，交易条件の変化による経常収支赤字の拡大他) が実質レートに及ぼす影響の重要性を検証する。その結果これら外的要因が特に重要なのはボリビア，エクアドル，チリと言った比較的規模の小さい諸国で，アルゼンチン，ブラジル，メキシコについては外的要因と実質レートとの間には有意な関係は検出されないという。

2　バンコ・デ・メヒコの不胎化政策

　1925年の「中央銀行法」（*Ley del Banco de México*）は国内流通通貨の50%相当の外貨準備保有を義務付け、これは1936年に25%に引き下げられたが1984年の自由化以来この規制は廃止され、1994年の同改正法により中央銀行の裁量による通貨調整が法的に認められた。また国債流通市場が拡大した結果、1991年には公開市場操作が政策の中心に位置付けられた。

（1）　不胎化政策の理論的根拠

一般的に、多量の外資流入に直面する経済において通貨当局が取るべき姿勢とは；
1) 流入外資がベース・マネー増、流動性供給増をもたらして、外貨市場において自国通貨価値が下落し実質為替相場が調整されるのを待つ非不胎化政策、
2) 外資によってベース・マネーが実体経済に無関係に増加した影響を打ち消してインフレ圧力、自国通貨減価圧力の発生を抑制する不胎化政策、

の2通りがある。ここでベース・マネーとは需要面では流通通貨・現金プラス公衆が保有する貯蓄預金で、供給面では外貨準備残高プラス通貨当局による国内信用供与で、メキシコのごとき小国開放経済では外貨準備の変化がベース・マネーに及ぼす影響が特に重要であることから、専ら供給面の定義が用いられる。為替アンカー政策を続けたサリーナス政権にとっては為替過大評価維持が最優先課題であったし、通貨危機後のセディージョ政権にとってはインフレ率の早急な引き下げが緊急課題であった。こうしてメキシコでは通貨危機を経て1997年末まで、中央銀行による不胎化介入が続けられたのである。

　バンコ・デ・メヒコの年次報告などに見られる不胎化政策の説明とは以下の通りである。資本移動が自由化され為替レートが固定、もしくはクローリング・ペッグ制の状況では、理論的には中央銀行は貨幣供給残高をコントロールする能力を失うことになる。また実際に通貨当局が外国為替市場介入を実施する場合、同時に当局が保有する外貨準備残高が変化しベース・マネー残高も変

化するので，ベース・マネー→マネー・サプライ の因果関係を前提とするならば，貨幣供給残高の調整が為替政策に依存することになる。

ここで例えば日本の例などでは，通貨当局がドル売り・自国通貨買い介入を行う場合には，この介入によって外貨準備残高の減少に伴ないベース・マネーが減少するのを防ぐため，国内信用供給は政策的に拡張される。これは普通，公開市場操作の買いオペレーションによって行われる。しかし 1990 年代のメキシコのように，まずインフレ圧力除去があらゆる政策に優先すると位置付けられ，加えて急速に拡大した経常収支赤字を埋め合わせる目的から資本移動の自由化が推進された場合，不胎化の意味が異なってくる。つまり大量の外資流入の一方で通貨当局は為替過大評価維持のためにドル売り・自国通貨買い介入を継続し，そのために一方で更なる外貨準備の積み増しが必要でありながら，他方で外貨準備残高の増加がベース・マネーの拡大によってインフレ圧力となるのを食い止めねばならないという二律背反が発生する。こうして外貨準備残高の増加がベース・マネー増加をもたらすのを打ち消すだけの国内信用供与の削減，つまり不胎化政策が必要となる[6]。

また外貨準備残高の変化に着目すれば異なるメカニズムが考えられる。民間部門が通貨当局に対してドル売り・自国通貨買いを希望する場合にも，同様に外貨準備残高が増えると同時にベース・マネー残高も増加する。こうした取引が実体経済面の大きな変化が無い場合に大量に行われれば，単純な貨幣数量説的な見地ではインフレ圧力が発生することになり，不胎化介入が必要とされるのである。

不胎化政策，あるいは中央銀行の国内信用供与削減には，一般的に公開市場操作のほか準備率引き上げ，政府公債を商業銀行に強制的に買い受けさせるなどの方法が有り得，マレーシア，韓国，インドネシア等における不胎化政策で

---

(6) 通貨当局のバランスシートを単純化すれば，資産項目では純対外資産，国内資産（公的部門や市中銀行への貸付），その他があり，負債側はベース・マネー残高他から成る。外貨準備残高が増加し続ける場合，ベース・マネー残高の増加率を抑制しようとするならば国内資産を削減する政策を実施せねばならない。取り合えず貨幣需要を一定と仮定すれば，これは中央銀行の国内信用供与を減少させる不胎化政策となる。Khamis（1996），Sobolev（2000）も参照。

図3.2　ベース・マネー，外貨準備残高，中央銀行国内信用供与

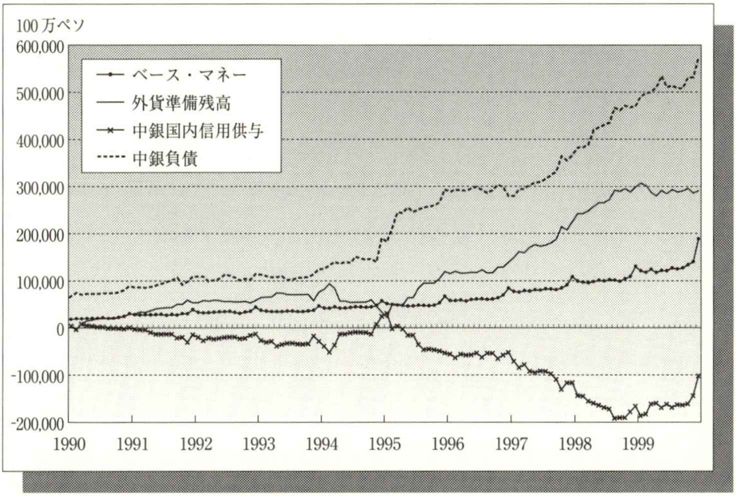

出所：Banco de México, *Indicadores Económicos*, 各月版。

は預金準備率の引き上げが実施された。メキシコでは金融自由化の過程で流動性準備規制が廃止され，銀行の国債保有義務も緩和されていたため，1994年までは不胎化は専ら公開市場操作によって実施された。

（２）　不胎化政策が及ぼす影響

1990年代を通じた不胎化政策の結果は図3.2を見れば明らかで，ベース・マネー伸び率から見ても厳格な金融引き締めが1994年まで維持されたことがわかる。通貨危機に際してバンコ・デ・メヒコの保有する外貨準備が急減したが，1996年８月には準備の蓄積が政策目標として確認され，通貨当局によるオプション売り，ドル買いによって１ヶ月平均約１億3000万ドルが獲得され，準備残高は同年９月の20億ドルから12月には30億ドルまで増加した。

バンコ・デ・メヒコが毎年提出した国内信用供与額の名目上限額は1991年で2546億4300万ペソ，翌1992年は415億4200万ペソであり[7]，実際信用供与残高は1993年には191億6900万ペソ削減され，1989年から1993年末まで

（７）　*Ibid*. pp. 200.

の削減額は451億6500万ペソに上った[8]。こうしてベース・マネー伸び率は各年末の変動を除けば1994年後半まで厳密に一定に保たれた。グスマン（Guzmán, 1993）は資本収支勘定の開放と同時並行してベース・マネー伸び率を維持したことをもって，サリーナス政権下の不胎化政策は成功だったと述べている。

　しかしここで不胎化政策がもたらす副次的効果も見ておかねばならない。この介入によって売却される公債はほぼ全額が国内商業銀行によって保有されるので，銀行部門のバランスシートの資産構成が変化する。この時銀行が保有しようと望む資産（対民間貸付や債券等）と不胎化に用いられる公債とは多くの場合同一商品ではないため，発行残高が大きくなればその価格が低下して名目金利の上昇圧力が発生する。ポスト・インフレ経済において適正な実質金利水準を実現しようとしている時，同時に不胎化政策によって名目金利の上昇圧力が発生すれば，設備投資はじめ実体経済が少なからず影響を受けると考えられる。また初期条件として財政赤字が存在する経済において不胎化政策を長期間継続すれば，金利の上昇圧力はそれだけ政府の利払い負担となって一層財政を圧迫する。特にこの点を回避しようとしたメキシコ政府は1993年以後，自国通貨建てのセテスから事実上の対ドル連動債券テソボノスへの借り換えを進め，この償還の行き詰まりが1994年の通貨危機の直接の原因になったといわれる。

　不胎化政策が名目金利の上昇圧力をもたらすメカニズムを整理すれば，次のようになる。まず古典的な貨幣理論に則るなら，非不胎化政策は自国通貨と外貨の貨幣ストックの比率を変化させて為替相場に影響するが，これは自国通貨供給量の外生ショックによる変化の場合と同じ結果をもたらす。それに対して不胎化によって両通貨の貨幣ストック比率が一定に保たれる場合には，為替レート水準は影響を受けることはない。

　これに対して近年の研究で指摘される不胎化政策の名目為替レート，名目金利への影響のチャンネルとは資産構成の変化を通じるものである。売りオペレーションによる不胎化政策の場合，市場に売却される公債残高が増加し，他の条件が等しければこの公債の額面価格が低下し金利が上昇する。また変動相

---

(8)　Banco de México（1993, b）pp. 52.

場制のもとでは自国通貨建て債券とドル建て債券の裁定から名目レートも変化する。この関係は金利裁定を考慮した次式で定式化できる：

$$i - i^* - (S^e_{t+1} - S_t) = f(B/B^*).$$

i, i^* は自国と外国の名目金利, S_t は名目レートの対数値, S^e_{t+1} は1期後の名目レート対数値の期待値, B/B^* は自国と外国の債券供給残高の比である。この式から, 自国債券 B が増加すれば市場で均衡が保たれるには自国金利の上昇か為替の減価が生じることがわかる[9]。ところで, 先進諸国では自国債券と外国債券の代替性が高いので, B の増加は B^* の同方向への変化によって打ち消され, 必ずしも自国金利の上昇や為替相場の減価をもたらすとは限らない。しかしメキシコはじめ新興市場の場合には, 自国債券とドル建て債券が代替的ではないので, ここで金利上昇, 為替減価が発生する。したがって公開市場操作による不胎化政策は順調に進めば進むほど一層自国の名目金利上昇, 短期外資の流入増加をもたらす。そのためベース・マネー残高の実体経済からかけ離れた拡張を防ぐためには, 更なる不胎化が実施されねばならない, という循環に陥ってしまう。メキシコにおける実質為替レートと実質金利, 名目金利, 外貨準備残高の関係は次頁図3.3-1, 2より明らかである。

　この点は通貨当局の立場で見れば, 為替アンカー政策としての過大評価維持のための外貨流入確保の政策と, インフレ率等を基準とするベース・マネー管理との間の乖離となる。つまり外資流入が急速に拡大して外貨準備が増加すれば, ベース・マネー残高の予期せざる増加となる[10]。この場合高率インフレを経験してきたメキシコ, ラテンアメリカ諸国では, 外貨流入による流動性増加がインフレ圧力となるのを防ぐという目的が優先される。以上の結果, バンコ・デ・メヒコは外貨準備残高増加分を相殺するため, 公開市場操作の売りオペで国内信用供給を削減し, ベース・マネー伸び率を一定に保つ通貨供給管理を続けた。

（9） Werner（1997）.

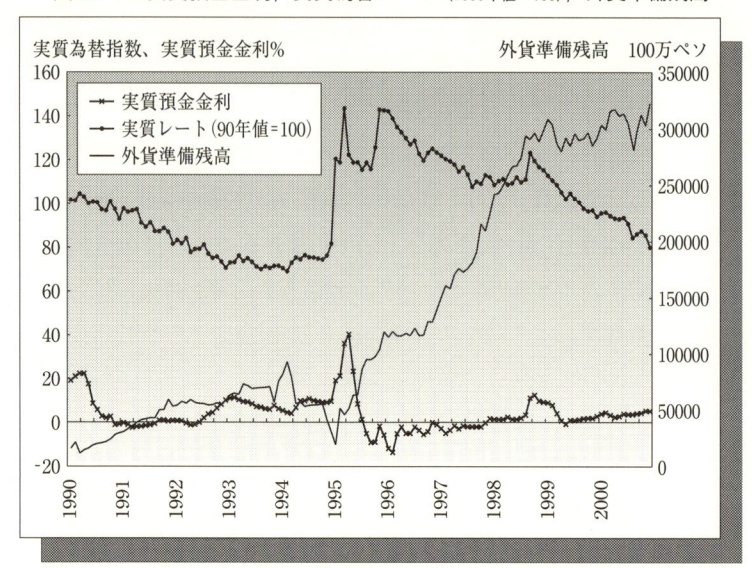

図3.3-1　実質預金金利，実質為替レート（1990年値=100），外貨準備残高

出所：Banco de México, *Indicadores Económicos*, 各月版．

(10)　1990年代の資本流入はポートフォリオ投資中心で，債務以外の資金の比率が高まった。証券投資は国際資本市場での資金調達と国内資本市場への外国投資とに分けられる。国際市場での資金調達は'80年代の証券化の影響を受け，ブレディプラン適用による市場ベースの債務削減手法と結びついている。ブレディボンドは債務危機において利払いが止まった過去の銀行債務を転換した，債務国が発行する政府公債で，新発行債券に比べて遥かに大規模，長期，高流動性である。期限が長いためボンド価格はカントリーリスクの判断に敏感に反応し，その市場価格が新たに発行される債券の条件も規定する。

　他方で外国投資は1988年からの金融自由化，1989年からの外国投資規制緩和によって加速された。1973年外資法が1989年8月改正され，多くの分野で49%の上限が廃止されて100%までの外国人株式保有が認められた。また外国人投資が禁止されていた分野では信託を介した外国資本参加が認められた。

　1990年から1993年までは経常赤字を超える規模の資本流入が生じた。株式投資では米国で流通するADRsが中心である。また投資銀行のドル建て短期債務も1991年に増加したが，1992年4月，外貨建て債務は前四半期の内外通貨建て預金残高の10%を上限とし，そのうち15%は国外流動資産に投資されねばならないという規定が導入され，後者は11月に20%に引き上げられた。

第3章 為替管理とベース・マネー；為替アンカー政策からインフレ目標へ？ 65

図3.3-2 名目預金金利，実質預金金利

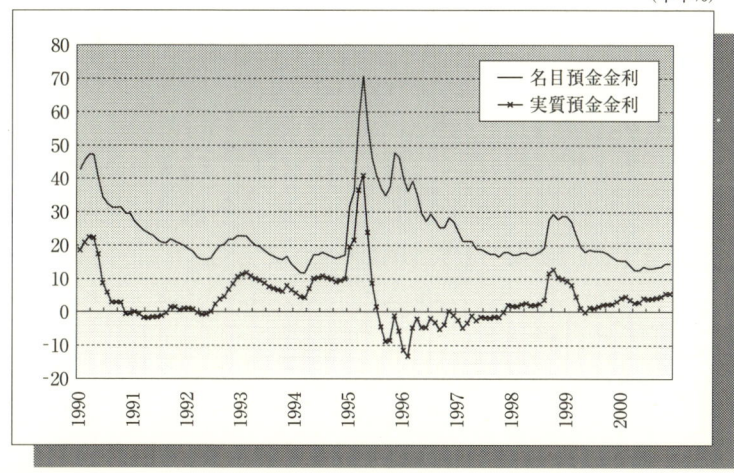

出所：Banco de México, *Indicadores Económicos*, 各月版。

3 通貨危機後のインフレ・ターゲティング政策

（1） ドル＝オプション取引と為替市場介入

　1994年12月に成立したセディージョ政権は段階的な為替切り下げに続いて完全変動相場制への移行を発表し[11]，名目レートは1ドル＝3.38ペソから一気に6.42ペソまで下落した。この時の通貨危機は米国政府やIMFからの緊急融資によって一旦は収まったが，外貨準備残高は自国通貨建てで1994年2月に935億ペソ，1995年1月には198億ペソまで減少し，その後増減を繰り返して同年10月には1000億ペソとなった。
　こうした事態を受け，1996年7月に財務省とバンコ・デ・メヒコのそれぞれの機能の一部を統合した為替委員会（Comisión de Cambios）によって，外貨

---

[11] 公式にバンコ・デ・メヒコの外為市場介入が再開されるのは1998年だが，実際は1995年にも1月に7回計23億7400万ドル，2月に7回計11億100万ドル，3月に6回計9億4000万ドルの介入が行われ，以後も5月，11月，12月にわずかずつ介入がなされて，結局年間で介入に充てられたドル残高は49億3490万ドルに達した。Banco de México（1995, b）pp. 192-197.

買取りを自国通貨供給の増加に繋げることなく外貨準備を積み増す方法としてドル＝オプション取引の方法が採用された。オプションとはあらかじめ設定された一定の期日あるいは一定の期間内に，あらかじめ定められた価格で株式，債券等の金融商品を購入・販売する権利のことであり，オプション取引とはこの権利の売買取引のことで[12]，このドル＝オプション取引は次の手順で行われる。バンコ・デ・メヒコは毎月末に市中銀行に対し，本来中央銀行が保有するドル売却権利を入札によって売却する。落札した銀行は，この権利は売却後1ヶ月以内に全て，あるいは一部を行使しなければならない。ドル売却権を買い取った市中銀行はバンコ・デ・メヒコに対してドルを売却し，これが中央銀行の外貨準備として蓄積される。このドル売却に際して用いられる為替レートは，オプション売却直前時点のインターバンクレートが用いられるので，実際にはオプションはペソの対ドル相場の上昇局面においてのみ行使される。そして権利行使のためには市中銀行は中央銀行に売却するドルをあらかじめ市場で購入する必要があるので，この制度自体が自国通貨の過度の過大評価を防止する効果も期待される。特に1996年の改訂で，過度のペソ過大評価を防止する目的から，オプション売却後の翌月16日までに権利の80％以上が行使された場合には，追加的に3億ドルの入札を行うことが定められた。

　バンコ・デ・メヒコはこのオプション売りの方法について，通貨当局と市中銀行との間でオプション売却とドル売却が逆方向に実施されるため，外貨市場介入の場合とは異なり外貨準備の積み増しが直接にベース・マネーの追加的供給につながる可能性が抑制されると説明している。またヴェルネル（Werner, 1997）は，1995年以後のオプションによるドル買いは外貨準備確保という目的には有効であった一方，実質為替相場にも実質金利にも直接は影響はしなかったと結論している。

　他方で為替管理については，1997年2月にバンコ・デ・メヒコは以下の介入スキームを発動して相場の過度の変動防止に努めると発表した。つまり為替相場が前日の終値相場から2％以上の下落となった場合，前日終値を2％以上下回る相場を最低レートとして，同行が市中銀行向けに2億ドルのドル売却入

---

(12)　Banco de México（1996 ,b）pp. 102, 103.

表3.2 ドル=オプション取引：オプション売り実績
(単位100万ドル)

		競売総額	売却総額	プレミアム			競売総額	売却総額	プレミアム
1996	8月	130	130	0.01168	1998	1月	250	0	
	9月	200	200	0.00465		2月	250	250	
	10月	200	179	0.01018		3月	250	250	
	11月	200	200	0.01032		4月	250	210	
	12月	200	200	0.01443			250	149	
小計		930	909			5月	250	0	
						6月	250	250	
1997	1月	300	300	0.01375		7月	250	0	
	2月	300	300	0.01614			250	250	
		300	148	0.1508		8月	250	20	
	3月	300	120	0.0104		12月	250	210	
	4月	300	300	0.02186	1999	2月	250	250	
		300	263	0.01386		3月	250	250	
	5月	300	20		累計		9830	7778	
	6月	300	300						
	7月	800	800						
	8月	500	500						
	9月	400	375						
	10月	250	250						
	11月	250	250						
	12月	500	299						
小計		5150	4476						

出所：Banco de México, *The Mexican Economy 1997* (1998) pp. 96, Werner (1999).

札（オプションではない）を実施する，という方法である[13]。この市場介入についてバンコ・デ・メヒコは，原則は市場実勢に委ねた変動相場制を維持しつつも，具体的な目標相場水準を明示するのではなく，緩やかな相場誘導を行うことで相場変動を上下双方とも安定化させる政策であるとしている。さらに1998年の「金融政策報告」においてバンコ・デ・メヒコは，市場に圧力をかけず，またシグナルも出さない範囲内で外為市場でドルを調達する可能性があると発表した。こうして市場で著しい需給不均衡が見られる時，バンコ・デ・メヒコは為替相場誘導の目的で，オプション取引ではない直接的な外為市場介入を行うこととなった。

---

(13) 『東京三菱銀行調査月報』1997年5月，No.14。

（2） インフレ・ターゲティング；ベース・マネー管理から金利調整へ？

1995年の経済危機に直面し，通貨当局は従来の固定相場制の下での貨幣供給ルールには；

- ・通貨危機あるいはそれに近い状況では貨幣の流通速度が不安定になる，
- ・為替切下げに伴なうインフレ期待には貨幣供給ルールでは対応できない，
- ・中央銀行はごく短期においてはベース・マネー残高を完全にコントロールすることはできず，短期外資の流出入に対して同政策は後追いにならざるを得ない，

との点で限界があるとの認識に至った。加えて変動相場制に移行したこともあり，1995年半ばにベース・マネー供給ルール政策から，ベース・マネー管理と名目金利誘導（つまり貨幣需要コントロール）とを併用する通貨政策への移行を発表し，これは貨幣需要の変化に適合するアコモデイトなベース・マネー供給を目指すための政策転換と位置付けられた[14]。

まず通貨供給管理では，1年毎にインフレ率引き下げの達成目標水準を発表し，それに合わせてベース・マネー残高を調整するインフレ・ターゲティングが採用された。事前発表のインフレ率目標値とは，1995年9月までが年率42%，続いて1996年9月までは20.5%，その後毎年9月までの1年間の達成目標水準は順に15%，12%，13%，10.0%，6.5%であった[15]。

通貨危機直後にはインフレ期待抑制が急務であり，そのためベース・マネー残高の増加率抑制は依然重要な中間目標と位置付けられた。つまり1995,'96年にはコルト（Corto；「短い」の意味のスペイン語）と同時並行で，通貨危機以前の不胎化政策と同じ公開市場操作による国内信用供与削減が継続されたのである（図3.4）。そしてオプション取引によって外貨準備が大幅に増加していたため，バンコ・デ・メヒコは国内信用供与の一層の削減を続けねばならな

---

(14) Copelman and Werner (1997), Carstens and Werner (1999), Mishkin and Savastano (2001).
(15) この目標インフレ率の設定には連邦政府代表とバンコ・デ・メヒコの担当者が共同で携わったので，同政策の実施においてバンコ・デ・メヒコの自律性は制限されていたと考えられる。

図3.4 バンコ・デ・メヒコ　国内信用供与の推移；ベース・マネーのうち，対銀行，政府貸出

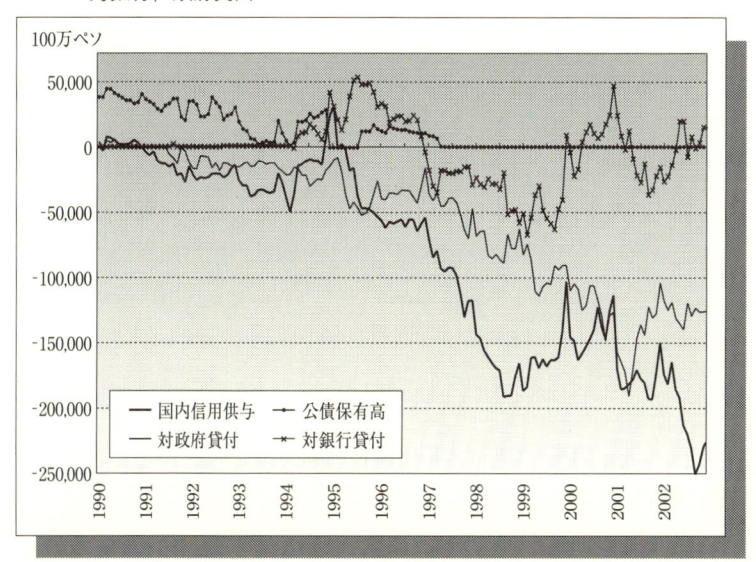

出所：Banco de México, *Indicadores Económicos*, 各月版．

かった。そこで通貨供給管理の手段は，インフレ・ターゲティングにより適した方法として，1998年にはベース・マネー供給ルールからコルトによるベース・マネーの数量コントロールに転換された。ただしこの数量規制はあくまでも名目金利調整の手段と位置付けられ，ベース・マネー調整におけるスタンスは全くといって良いほど説明されていない[16]。

確かに政策手段の変更は図3.4でも確認できる。しかし国内信用供与削減の手段は，1994年以前の公開市場操作から，1997年以後には対銀行貸出と対政府貸付の削減へと変更されたものの，国内信用供与削減→ベース・マネーの一定の伸び率コントロール　という政策目標は1999年度初頭まで一貫しており，ベース・マネー供給を貨幣需要に適応させるアコモデイトな金融政策，という政策スタンスが実現されたとは言い難い。そして対銀行貸出のみが1999年から2000年第3四半期まで増加に転じ，それに伴なって国内信用供与が増加し

---

(16) Schmidt-Hebbel and Werner（2002）．

たが，これは 2000 年 9 月の大統領選挙を見越した政治的配慮の意味合いが強かったといえる。

　コルトとは 1995 年から従来の公開市場操作に代えて新たに開始されたマネー・サプライ調整の方法で，バンコ・デ・メヒコから市中銀行への純貸出資金残高をマイナスに設定する「数量規制」である。ただし 1995, '96 年には通貨危機，資本逃避に対する対処療法的性格が強かったが，実際にはコルトでは当時の為替下落傾向を食い止められないと判断され，市中金利は目立った反応を示さなかった。これは各銀行が実際には 1 日限度の緊急融資という名目で中央銀行から多額の信用供与を受けており，コルトによる貸出制限が打ち消されたためであった。さらに資本流出と為替市場の動揺を抑制する目的から，同年 8 月にバンコ・デ・メヒコは中央銀行貸出の名目金利の最低限を 27% と定めたが，為替市場にもインフレ期待にも目立った変化は無かった。このとおり 1995, '96 年には従来の公開市場操作による信用供与削減が継続されていたのであり，コルトによる対市中銀行貸出の数量規制と公開市場操作，そして緊急融資といった異なるスタンスの通貨政策が併用されていたことになる[17]。

　次に 1998 年 5 月から実施されたコルトは，1995 年当時のような為替市場・資本逃避対策ではなく名目金利を間接的に調整する政策手段と位置付けられ，ここで金融政策の政策手段が公開市場操作からコルトによる数量規制に転換された[18]。そして政策目標も，バンコ・デ・メヒコの公式発表ではベース・マネー管理から金利コントロールに変更された。特にアジア通貨危機後から為替相場の下落がすすみインフレ圧力となることが予測されると再びコルトが必要

---

(17)　この指摘は Edwards and Savastano（1998）による。実際 1995 年の金融政策計画においてバンコ・デ・メヒコは，従来のインフレ対策を継続して次の政策を発表した（Banco de México, 1996, c）。
　　1) 1995 年 1 月に同中央銀行の国内信用供与の上限を 100 億ペソと定めた。この金額は，たとえ外貨準備が増額しないとしてもベース・マネー需要の増加予想額を十分満たす額と考えられた。
　　2) 中央銀行の信用供与は日々ベース・マネー需要予想に基づいて充分な同マネー供給を満たし得るだけの金額に調整される。ただしこの基準は幾つかの条件の変化——ベース・マネー残高の予期せぬ変化，為替レートの変化，公衆のインフレ期待によって生じる変化——を考慮して変更され得る。

(18)　Banco de México（1998, b）pp. 112.

表3.3 コルトによるベース・マネーの削減目標水準

	残高（100万ペソ）	対ベース・マネー比率		残高	対ベース・マネー比率
1995年7月9日	25	0.05%	25日	20	0.04%
10月30日	25	0.05			
11月9日	−200	0.41	13日	−100	0.2
15日	75	0.15	16日	65	0.13
17日	55	0.11	21日	25	0.05
23日	15	0.03			
12月8日	− 5	0.01	14日	50	0.08
20日	25	0.04			
1996年1月23日	− 5	0.01	25日	− 20	0.04
6月7日	− 30	0.05	21日	− 40	0.07
8月5日	− 30	0.05	10月14日	− 20	0.03
1998年3月11日	− 20	0.02	6月25日	− 30	0.03
8月10日	− 50	0.05	17日	− 70	0.07
9月11日	−100	0.1	11月30日	−130	0.12
1999年1月13日	−160	0.13			
2000年1月18日	−180	0.13	3月	−200	
6月26日	−230				

出所：Castellanos (2000).

となり，中央銀行貸出は8月に7000万ペソ，9月に1億ペソ，11月には1億3000万ペソ削減された。確かにインターバンク金利もセテス金利も8月10日から上昇し始め，22％前後から9月20日前後に50％（インターバンク金利）まで上昇したが，その後低下し11月には35％前後となった。

バンコ・デ・メヒコはコルトについて「名目貸出金利が名目為替相場の動向と合致しない変動を示しそうな時にその変化を調整する政策」[19]と位置付ける。そして1997年にはコルトを発動する機会がなかったが，1998年には為替相場が下落しインフレ期待が高まると，名目金利引き上げによってインフレ期待の下方修正を図るために必要になったという。1998，'99年のバンコ・デ・メヒコの公式発表（1998, b, c, d）（1999, b, c）はこのようにコルトによる金利調整→インフレ期待修正 のメカニズムのみ説明している[20]が，これらにおい

---

(19) Banco de México（1998, d）pp. 101–115.

てはベース・マネー供給の手段や目的は明らかにされていない。

（3） バンコ・デ・メヒコによる金融政策のスタンス；ベース・マネーか金利か？

とはいえ，もちろんベース・マネーが通貨当局の操作変数から除外されたわけではない。例えばヴェルネル（Werner, 1999）も1996年以来のバンコ・デ・メヒコの通貨政策の3要素とは，インフレ・ターゲティング，ベース・マネー供給残高の数量調整によるルール，そして不測の事態の貨幣需要に適応しうるベース・マネーの供給体制づくりであると述べ，ベース・マネー増加率とインフレ率，名目為替相場他の相互の関係をVARモデルを用いて計測している。

中央銀行からの資金供給を銀行貸出の「原資」と見る立場では，理論的にはコルトは名目金利引き上げやベース・マネー増加率の抑制といった効果だけでなく，銀行のバランスシートを通じて貸出行動を制限して信用収縮に拍車をかける効果も持つ。実際1998年8月のコルト発動の際にはインターバンク取引も5％縮小した[21]。ということは1997，'98年にはマクロ的リセッションが明らかだったにも拘わらず，通貨当局はインフレ期待下方修正を優先するために

---

(20) 回帰分析の結果，国内信用供与残高 $\Delta BANXICO$ と名目金利 $\Delta INTRS$，実質金利 $\Delta INTRS^*$ の間には有意な相関関係は検出されない。ダミーFは1995年第1四半期から第3四半期まで1，その他は0。

名目，実質金利対数モデル，最小自乗法，推定期間：1990年第1四半期～2000年第4四半期，

$\log\Delta INTRS_t = -0.04047 + 0.3124\,F + 0.0521\,\log\Delta BANXICO_t + 0.01092\,\log\Delta BANXICO_{t-1}$

  $R^2=0.233$，自由度調整済み $R^2=0.173$，

  ダービン・ワトソン比＝1.69 [.287]，F値＝3.858。

$\log\Delta INTRS^*_t = 0.0411 - 0.218\,F + 0.1334\,\log\Delta BANXICO_t + 0.008\,\log\Delta BANXICO_{t-1} - 0.0066\,\log\Delta BANXICO_{t-2}$

  $R^2=0.302$，自由度調整済み $R^2=0.224$，

  ダービン・ワトソン比＝2.18 [.882]，F値＝3.90。

ただしこうした政策には市場における期待，予想を変化させるシグナルとしての意味もあるので，推定結果のみでその効果を判断することはできない。

(21) Instituto de Investigación Económica (UNAM), *Momento Económico*, http://www.iiiec.unam.mx, 1998年8月検索。

コルトと対政府貸付削減によって一層の流動性供給制限を行ったことになる。

加えて1998年9月2日，バンコ・デ・メヒコは従来の各商業銀行に対する中銀預入れ規制（Depósito Obligatorio，従来の名称はエンカヘ；Encaje Legal）を復活し，義務預金を最低で12億5000万ペソ，最高は25億ペソと規定した。そしてこの義務預金で吸収された流動性は公開市場操作によるベース・マネー供給で補うとした。

ここで図3.1，図3.2によって金融引き締めの政策手段が変更された1998年以降のベース・マネーの動向を見ておこう。図3.2より1998年以後，バンコ・デ・メヒコの国内信用供与が制限されベース・マネーの増加率には依然として一定のルールが保持されているものの，その増加率は1996, '97年に比べて僅かずつ上昇している。これは多くの研究において，FOBAPROA, IPABによる商業銀行の不良債権買取による救済措置の結果と考えられているが，詳しくは第8章で検討する[22]。

以上より，政策手段が公開市場操作から数量調整に変更される中でバンコ・デ・メヒコは政策目標をベース・マネー管理と金利コントロールのどちらにおいていたと考えられるであろうか。公式文書での説明と各エコノミストの研究論文，そして図3.1，図3.2の結果から判断するならば，ベース・マネーの一定の増加率維持という政策スタンスは少なくとも1999年までは継続されていたが，ただしそこで目標とされる増加率が度々上方修正された，と結論できる。そして名目金利体系は，確かにコルトが無かった場合に比べれば高めに維持されたかもしれないが趨勢的に低下しているのであって，金利操作によって貨幣需要をコントロールするというメカニズムが1996年以降に作用していたとは考えがたい。なおコルトは国民行動党PANのフォックス政権（Vicente Fox；2000年12月〜現在）に引き継がれ，何回か緩和されたものの基本的に維持されている。

---

(22) 例えばManrique Campos (2002).

4　ベース・マネー管理政策の有効性の検証

　1994年11月まではベース・マネー伸び率が一定に維持されたという結果に限れば，為替アンカー政策を裏側で支えた不胎化政策は成功したといえる。ここで不胎化介入が更なる名目金利の上昇圧力を形成して一層の外資流入をもたらすという問題点も，バンコ・デ・メヒコが当初から認識していた通りであった。そして政策手段がコルトによる数量規制に変更された1998年以後においても，1994年以前のような通貨供給ルールではないとはいえ，ベース・マネー供給の管理が金融政策の中心に位置付けられていることに変わりは無いといえる。

　しかしここで視点を変えて，不胎化政策をインフレ対策としてのマネー・サプライ・ルール政策として捉えた場合，この政策がいわゆる信用乗数理論を前提としていることに着目せねばならない。つまりベース・マネー伸び率を一定に維持する金融政策においては，ベース・マネー残高→マネー・サプライ残高→実体経済　という因果関係が前提とされている。そしてベース・マネーがマネー・サプライ残高に影響を及ぼす過程は；①中央銀行が市中銀行にベース・マネーを供給する金融調節段階，②銀行が非金融部門に資金を貸出す信用供給段階，③非金融部門が銀行に預金を保有する貨幣需要段階，の3つに整理できる[23]。ここで専らベース・マネー伸び率維持を重視する立場とは，同マネー残高の変動がマネー・サプライ残高に全く同方向の増減を帰結するという前提に立つことであり，したがって信用乗数が安定的であるかせめて予見可能であることを議論の前提としている。この前提に立つならば，ベース・マネーを管理すればその信用乗数倍だけのマネー・サプライが発生し，その結果成長率もインフレ率も管理できることになる。

　ならば現実にベース・マネー残高とマネー・サプライ残高M2との間には，安定的な比率が維持されているのだろうか。ベース・マネー残高とM2のそれぞれの1990年から2002年までの名目値を散布図に示した図3.5でこの対応関

---

(23)　細野他（2001）pp. 92.

図3.5　散布図；ベースマネー ― マネーサプライＭ2（1990年～2002年）

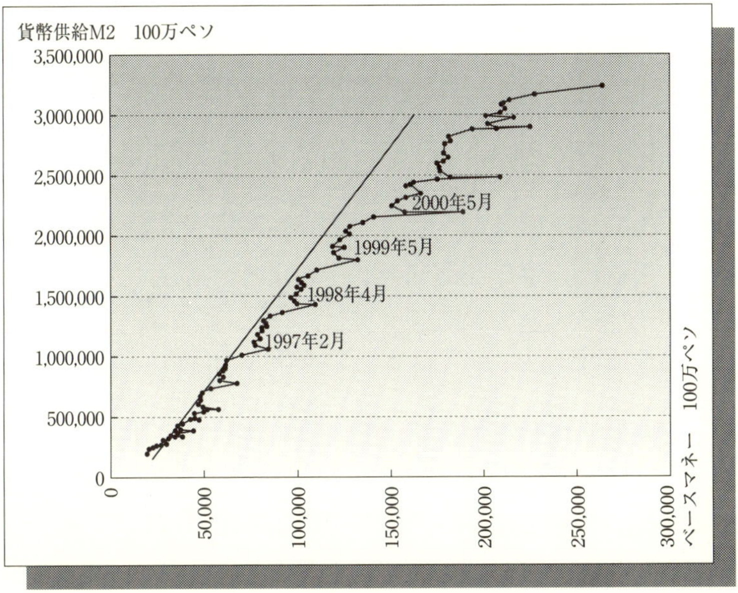
貨幣供給M2　100万ペソ
3,500,000
3,000,000
2,500,000
2,000,000
1,500,000
1,000,000
500,000
0
2000年5月
1999年5月
1998年4月
1997年2月
0
50,000
100,000
150,000
200,000
250,000
300,000
ベースマネー　100万ペソ

出所：Banco de México, *Indicadores Económicos*, 各月版より筆者作成。

係を見ておこう。ベース・マネー残高には季節変動があるが，1997年からそのM2に比べた増加幅が大きくなり始め，1998，’99年にはこの2変数の対応関係は明らかにそれまでのトレンドから乖離し始めて現在に至っている。これは**図3.2**でみたようにベース・マネーの増加率が1997年から段階的に上昇し始めたことの現われである。つまり1998，’99年にはコルトと中央銀行預入れ規制によって金融引き締め，ベース・マネーの追加的供給の抑制が図られたにも拘わらず，同マネーはそれまでの増加率から乖離した膨張を示し始め，マネー・サプライM2との対応関係も変化しているのである。したがって1997年以後のメキシコでは，ベース・マネーを調整すればその信用乗数倍のマネーが供給される，といった単純な信用乗数論の関係は成り立たないのであり，この観察結果は政策手段が公開市場操作であれ中央銀行による対市中銀行貸付の削減であれ，ベース・マネー残高を金融政策の指標とする政策スタンスそのものに疑問を提示することになる。

ならば何故ベース・マネーとマネー・サプライの間にこのような乖離が生じ

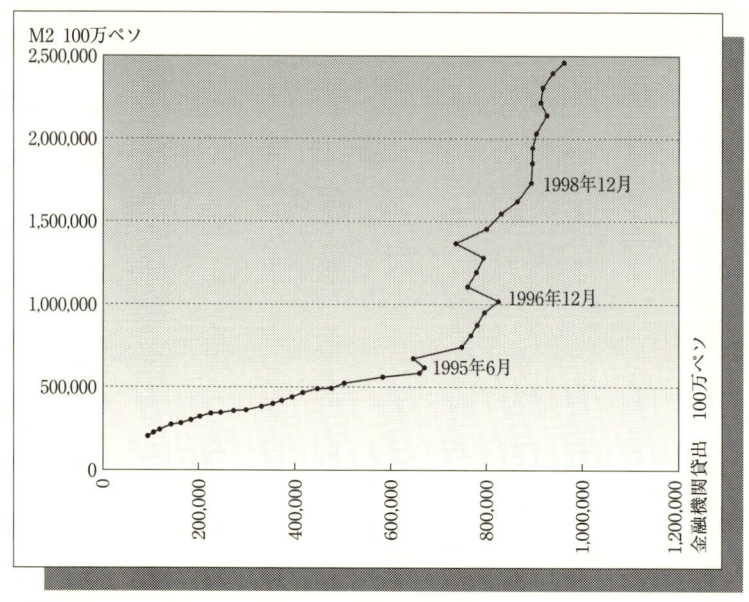

図3.6 散布図；マネーサプライ M2 ― 金融機関貸出（1990年〜2002年）

出所：Banco de México, *Indicadores Económicos*, 各月版より筆者作成。

ているのかが問題となる。詳しくは第4章以下で検討するが，取り合えず図3.6で金融部門（商業銀行プラス ノンバンク）の総貸出残高（不良債権とFOBAPROAへの売却分も含む）とマネー・サプライM2との名目値の対応関係を見ておけば，ここでも1995年，'96年を境に顕著な構造変化があったことがわかる。1996年以後，特に1998年末以後にはM2の増加のトレンドには変化が無いにも拘わらず，金融機関貸出の増加幅は極めて小さくなっている。もっとも1994年前後の貸出の増加幅の大きさの方がむしろ異常な水準なのであるが，ここから金融機関の貸出行動とマネー残高との間にも構造変化があったことがわかるのである。

　本章で検討してきたバンコ・デ・メヒコの金融政策の変化を踏まえて以上の観察結果をまとめれば，1998年以後現在に至るメキシコ経済の現状とは，メキシコ政府，通貨当局がしばしば説明するように；

　　「コントロールされたベース・マネー残高と名目為替レートによってイン

フレが充分に抑制されているが，その反面で不況効果が見られ信用収縮に陥っている」[24]

のではなく，

「国内信用供与削減が継続されているにも拘わらずベース・マネー残高は膨張しており，さらにそれにも拘わらずマネー・サプライ増加率は上昇していない。それほどリセッション，金融部門の機能低下は深刻」

という二重の逆説の状態にあると結論できる。

5 むすび

標準的な信用乗数論に従えば，不胎化政策による通貨当局の国内信用供与削減は信用創造の逆のメカニズムによって預金通貨も減少させるため，実際のマネー・サプライ残高の減少額は介入額に信用乗数を乗じた水準になる。したがって不胎化によって通貨発行過剰がインフレ圧力となるのを防ぐ，という議論は，信用乗数が所与の定数であるかあるいは事前に予測可能であることを前提としている。

ところで1990年代以後の日本でも図3.5と同様のベース・マネーとマネー・サプライ残高の関係の変化が生じていることが服部（2003）によって検証されている。通貨当局が量的緩和策を続ける日本と，実質的に量的引き締めが行われるメキシコとで，貨幣供給に関して同様の結果が観察されるのは極めて興味深い。

現代の日本では現金選好が増加して現金／預金比率が上昇し，その結果信用乗数が低下して量的緩和政策の効果が相殺されている，といった議論は近年ではしばしば見受けられる。また2001年以後には銀行部門の超過準備保有が増加したため信用乗数が急落した，という実証結果もある。しかしデフレの期間

---

(24) この文章は筆者の創作だが，Banco de México（各年版b, c）をまとめれば確かにこうなる。バンコ・デ・メヒコはあらゆる金融政策，通貨政策の大義名分をインフレ期待抑制に求めるが，実際にはメキシコでも通常の状況ではインフレ期待は十分低下しており，こうした政策スタンス自体が恣意的に歪められたものである。Huerta（2002）参照。

にのみ信用乗数は内生変数となる一方で，好景気時には外生変数となって一定値を取り中央銀行のベース・マネー管理が有効に働く，という議論は明らかに無理がある。信用乗数を規定する要因である銀行部門の貸出行動がどのようなメカニズムで変化し，更に中央銀行の金融政策がそれに対してどういった影響を及ぼしているのかを分析することが以下の本書の課題である。

6　補論　信用乗数理論の検討

　ベース・マネー伸び率の管理の重要性を説いた伝統的なマネタリストにとっては，まずベース・マネーが操作可能な政策変数であること，そして信用乗数が安定的でかつ他の変数から影響を受けない外生変数であることがその論拠となる。もちろんベース・マネーの大部分を占める流通通貨の動きは民間の取引需要に依存するところが大きいので（預金引出し停止などを行わない限り），短期的にはコントロール外にあることはいうまでもないので，この議論はある程度中長期の時間を前提とする。

　信用乗数とは，ベース・マネー1単位の増加がマクロ経済レベルの貨幣供給残高に如何ほどの影響を与えるかを示す指標であるが，預金歩留率と支払準備率から導く定義と貨幣供給量の定義から直接導く定義の2通りがある[25]。まず銀行全体の貯蓄預金額 DD の貸出総額に対する比率を a_1，銀行の支払準備率を a_2 と表せば，定義より $0<a_1<1$, $0<a_2<1$ である。金融部門全体に対して使途自由な追加的資金 ΔHs がベース・マネーの形で供給されたとする。ΔHs の結果として形成される追加的預金が $a_1 \cdot \Delta H$，またこの預金形成を受けて金融部門が保有する準備が $a_2 a_1 \Delta Hs$，同じく追加的に行われる貸出が $(1-a_2) a_1 \cdot \Delta Hs$ であるから，この貸出からさらに追加的預金 $(1-a_2) \cdot (a_1)^2 \Delta Hs$ が形成される。この計算を無限に続ければ，追加的ベース・マネー供給の結果として形成される貨幣供給量増加分 ΔMs が以下のように定義できる。

$$\Delta Ms = [1/(1-a_1 \cdot (1-a_2))] \cdot \Delta Hs = [1/(1-a_1+a_1 a_2)] \cdot \Delta Hs. \quad (3.2)$$

---

[25]　池尾他（1993）pp. 101–114.

この式で $1/(1-a_1+a_1a_2)$ が預金歩留率と支払準備率から定義される信用乗数である。ここから明らかな様に，この定義で得られる信用乗数とは一定のベース・マネー供給の下で金融部門はどれだけ貸出が可能かという貸出の技術的上限を示すものであり，事後的に得られる貨幣供給量とは意味が異なる。

またここで社会全体で保有される現金を M^*，M^* の預金 DD に対する比率を m^* と表すと，以上から $m^*=(1-a_1)/a_1$，$a_1=1/(1+m^*)$ である。これを用いて (3.7.1) を変形すれば，

$$\Delta Ms = [(m^*+1)/(m^*+a_2)] \cdot \Delta Hs, \qquad (3.3)$$

となり，ここで得られる $(m^*+1)/(m^*+a_2)$ が通貨供給のメカニズムを表した信用乗数である。(3.3) の信用乗数は通貨供給の定義から求めることもできる。金融部門の準備額を R^*，支払準備率を $a_2=R^*/DD$ と表わせば，ベース・マネー残高は Hs，貨幣供給残高は Ms だから，

$$\begin{aligned}Ms &= (Ms/Hs)Hs = [(M^*/DD+1)/(M^*/DD+R^*/DD)] \cdot Hs \\ &= [(m^*+1)/(m^*+a_2)] \cdot Hs, \end{aligned} \qquad (3.4)$$

で，$(m^*+1)/(m^*+a_2)$ は (3.3) の信用乗数と同一である。

以上の説明は全て定義から導いたものばかりだが，(3.2) と (3.4) の間に議論のずれがあることがわかろう。(3.2) では ΔH から得られる追加的貸出が $(1-a_2)a_1 \cdot \Delta Hs$，さらに形成される預金が $(1-a_2) \cdot (a_1)^2 \Delta Hs$ と貸出額自体が預金歩留率と支払準備率から内生的に決定される。これは信用乗数の理論的性格を考えれば当然のことである。しかし (3.4) ではこの貸出総額を所与の外生変数として現金 M^* を定義し，そこから信用乗数を求めるという逆の手順になっている。標準的なテキストでは (3.4) が信用乗数の定義として紹介されているが，二木 (1992) が詳しく分析している通り，以上の2つの信用乗数の定義は決して同一のものではありえず[26]，そして (3.2) の信用乗数とは貸付市場の供給側の行動を表すものであって需給均衡を示すものではない。

ここで信用乗数理論で用いられる本源的貯蓄の概念を検討しておこう。個別

---

[26] 二木 (1992) pp.169–181.

の銀行行動についての議論では，顧客である家計からの預金の獲得，つまり本源的預金の獲得が一連の貸出・預金獲得の連鎖の出発点になると考えることは重要である。しかしマクロレベルでは，家計部門の貯蓄とは元をただせば賃金所得であり，これは企業・生産者部門が支払うものである。したがってこの企業の賃金支払の資金が同部門の保有する貯蓄から支出される場合には，企業部門が所有する貯蓄と家計部門の貯蓄とを区別することは経済学的には意味がない[27]。つまり企業がその貯蓄の一部または全部を取り崩す時，金融部門のバランスシート上は流動資産と預金とが一旦減少する。その後支払われた賃金が本源的預金となって銀行に預け入れるなら，同部門のバランスシートは再び元に戻るだけである。

　同様に企業が銀行からの借入によって賃金コストを支払う場合を考えておこう。この場合金融部門のバランスシートでは最終的には貸出残高と預金とが両方とも増えることになる。この様にマクロ経済におけるマネー・サプライの起源を調べるという観点からは，金融部門全体のバランスシートの変化を見なければならないのである。マネー・サプライ残高が増加するのは，定義からいって，金融部門全体の資産残高が増加するか，あるいは預金を除いた負債残高が減少するかの2つのケースに限られる。つまりマネー・サプライ変化の要因となるのは非金融部門の預金ではなく，金融部門の貸出，信用供給なのである。

---

(27)　吉川（1996）pp. 167.

第2部

メキシコ市のシンボル「独立記念塔」、通称アンヘル（Ángel:「天使」の意味）。

第4章　資本蓄積における貯蓄－投資バランスの意味

はじめに

　経済成長から停滞，不況に至る変動の原因は総需要要因に帰せられるというのは，大半の経済学者の一致した見解である。しかし従来の新古典派経済学では需要不足で説明される不況は短期的なものに限定されており，長期的には市場メカニズムによる価格調整が作用して需要不足は解消され，また同時に実質金利が調整されて貯蓄と投資の均衡が実現されると考えられてきた。従って長期的停滞の原因は，企業の生産性の低下や独占による市場メカニズムの阻害といった供給サイドに帰されることになった。これに対して特に収穫逓増を強調するネオ・ケインジアン経済学，内生的成長論では，たとえ価格が伸縮的であっても長期的に非効率的な状態が続く可能性が示される。

　需要サイド重視か供給サイド重視かという対立軸は，ラテンアメリカはじめ低開発諸国の開発政策を巡る論争にもそのまま当てはまる。IMFコンディショナリティーの短期安定化政策では総需要抑制によるインフレ率引き下げが最優先課題とされ，その上で自由化，民営化を進めれば民間貯蓄，投資が促進されて資本蓄積が保証されると考えられた。これに対し国連ラテンアメリカ・カリブ経済委員会（CEPAL ; Comisión Económica para América Latina）に代表される構造学派は，低開発国のインフレは大土地所有構造や伝統的寡占といった供給側の要因が根底にあることを強調した。そして貯蓄の増強とその生産的投資への仲介も，またインフレ対策も，こうした構造的異質性の克服がなければ実現できないと主張された。

　資本蓄積を議論するうえで供給側の要因を重視する議論とは，単純化すれば貯蓄が全て投資ファイナンスに廻されるという関係を前提条件と考えるものといえる。つまり資本蓄積の条件である投資を増やすためにまず国内金融システムにおける貯蓄の確保が必要であり，そして貯蓄が投資に廻される供給側のメカニズムが保証されねばならないという理論である。また構造学派においても，蓄積の阻害要因は国内貯蓄が充分に形成されず，またそれが投資に廻されるメカニズムが機能しないことにあると考えられたのであり，貯蓄から投資への金融仲介を整備することがすなわち開発政策であるという結論になった。こうした見解は構造学派から1980年代以後の新構造学派に至るまで共通したもので

ある。

　本章では，近年展開されてきた内生的成長理論とポスト・ケインジアン理論を，以上のような短期と長期，需要サイドと供給サイド，という単純な二分法を克服しようとする試みと位置付ける。まず既に定着しているソロー・モデルと内生的成長理論を簡単に紹介し，次に構造学派，新構造学派の議論の弱点を克服することがそのままポスト・ケインジアンの投資，資本蓄積理論につながることを示したい。もっともこうした問題意識は決して新しいものではなく，理論分析の分野では 1970 年代から既に，「マクロ経済モデルの動学化」と「マクロ経済学のミクロ理論的基礎付け」が大きな方向性として打ち出されてきた[1]。特に「新しい経済成長論」（内生的成長論）においてはケインズ経済学的側面と新古典派的側面が一つに統合され，もはや旧来のケインズ学派，マネタリスト，新古典派といった区分は無意味となっている。しかし本章と第 5 章で順に示すように，内生的成長論においても結局は貯蓄と投資の事前的均衡が暗黙の前提となっているし，また「ミクロ的基礎付け」の作業とは各主体の利潤（あるいは効用）極大化行動を明示的に取りいれることであった。

　本書全体を通じて扱うテーマとは，こうした標準的（となっている）理論とは異なる視点から「マクロ経済モデルの動学化」と「マクロ経済学のミクロ的基礎付け」を試みることであり，そこでは貯蓄と投資の事前的均衡を前提とはしない動学モデルと，主体の利潤極大化行動を前提とはしないミクロ的基礎付けが主たる関心事となる。そしてこうした目的のためには，ポスト・ケインジアン理論でいう投資・企業行動モデルと内生的貨幣供給論，金融不安定性仮説が特に有用と考えるのである。

1　貯蓄と投資の不一致，数量調整の議論

　マクロ動学モデルとして景気循環，経済成長を理論化した先駆的業績としては，古典的な国民所得決定の乗数理論と投資の加速度原理を組み合わせた景気循環論，ハロッドの経済成長モデル，カルドアの景気循環論が挙げられる。こ

---

(1)　岩本他（1999）pp. 32.

れらの論者は理論的立場が異なるにも拘わらず，後の新古典派成長理論と対比した時共通の方法論が共有されているのである[2]。

まず国民所得決定の乗数理論とは，ごく標準的な次の方程式体系で示される。

$$Y_t = C_t + I_t + A_t, \quad C_t = cY_{t-1} + C', \quad (0 < c < 1, \ C' > 0),$$
$$I_t = v(Y_{t-1} - Y_{t-2}). \quad (v > 0) \quad (4.1)$$

以上において Y は国民所得，I は設備投資のうち可変部分，A は独立投資，C は消費で C' は固定的消費である。このモデルの特徴は投資の可変部分 I_t が前期までの国民所得の変化によって決定されると仮定されている点で，これは加速度原理に基づく投資関数と呼ばれる。(4.1) の3式を互いに代入すれば次式を得る。

$$Y_t = (c+v)Y_{t-1} - vY_{t-2} + (C' + A_t). \quad (4.2)$$

ここで独立投資 A_t は時間を通じて一定 A' であるとしておく。この時，均衡国民所得 Y^* は $Y_t = Y_{t-1} = Y_{t-2} = Y^*$ を満たす値と定義できるので，

$$Y^* = (c+v)Y^* - vY^* + (C' + A') = [c/(1-c)] \cdot (C' + A'). \quad (4.3)$$

この $c/(1-c)$ が国民所得決定における乗数である。

一方カルドア（1940）は，投資と貯蓄，あるいは財市場における総需要と総供給の乖離が国民所得の変化を誘発するという不均衡モデルを提唱した[3]。同モデルではまず投資関数は

$$I = f(P, K), \quad \partial I/\partial P > 0, \ \partial I/\partial K < 0. \quad (4.4)$$

つまり投資は実質利潤と実物資本ストックに依存するが，実物資本の蓄積は企業家の投資意欲を減退させると想定されているのである。そして貯蓄関数は単純な線型関数；$S = sY$ で表わされるとすれば，貯蓄と投資の不一致はそのまま国民所得の増加・減少と，相互に原因であり結果であるという関係が導かれる。

---

(2) 浅田 (1997) pp. 2–20. 本節のサーヴェイは基本的に同書に依拠している。
(3) Kaldor (1940).

以上の議論の特徴を次に見る新古典派成長理論との対比でまとめれば，まず家計の貯蓄関数から独立した企業の投資関数が定式化される点，その上で投資の変化は有効需要，実質国民所得を変化させさらに有効需要の変化は投資水準の増減を帰結するという，投資と有効需要の数量調整による相互作用が明示されている点が挙げられる。確かにこれらの議論には問題点もあった。まず在庫投資の変化が明示的に取り入れられていないし，また投資に導かれた成長が一旦均衡経路から乖離してしまうと景気はそのまま際限なく上方または下方へ突き進んでしまうという，単調な発散モデルの形になっている。

2　「貯蓄＝投資」の議論；新古典派成長理論から内生的成長理論へ

（1）　ソロー・モデル

　ソロー・モデルに代表される新古典派成長理論では資本 K と労働 T によって所得 Y を生産するという一次同次生産関数を想定し；$Y/T = f(K/T, T/T) = f(K/T, 1)$ とする。ここで $y = Y/T$，$k = K/T$ と置けば：y（単位労働あたり産出量）$= f(k)$ と表わされる。これは y–k 座標平面上で右上がりの曲線で描かれる関係である。収穫一定を仮定するので，資本ストック K と Y の増加は $\dot{k}$ によって；$\dot{k} = \Delta k/k = \Delta K/K - \Delta T/T$ と書きなおされる。

　この $\dot{k}$ で表わされる資本蓄積関数は，先述の乗数理論やカルドア型の景気循環論でも用いられたものであった。しかしこうしたケインジアンの潮流に属する理論においては，この資本蓄積の定式化に際して，たとえ投資と貯蓄が不一致であったとしても常に投資需要が実現されると仮定されていた[4]。これは財市場における需給不一致は在庫の変動によって数量調整されるというメカニズムを想定していたことになるが，ただし在庫投資の調整は理論的に明確化されなかった。ソロー，スワンによる新古典派成長理論では在庫調整は無視した上で，財市場の需給不一致は価格と利子率を媒介として瞬時に調整され一致させられると想定することによって，この論点を回避した。

（4）　浅田（前掲書）pp. 230.

ソロー・モデルでは以下の仮定を置いて k を書きかえる。まず，資本増加率 ΔK は投資 I から減価償却 dK を引いたものに等しく，また貯蓄の対所得比 (S/Y) と労働増加率 $\Delta T/T$ $(=t)$ は共に一定とする。さらに貯蓄 S と投資 I（ここには「意図せざる在庫投資」は含まない）は市場において価格と利子率の変化によって互いに調整されて等しくなると考え，$s=S/Y$ とする。以上より；

$$\dot{k} = (I-dK)/K - \Delta T/T = S(Y/T)/Y(K/T) - d(K/K) - t$$
$$= s\ (f(k)/k) - d - t = (1/k)\cdot[s\cdot f(k) - k(t+d)]. \qquad (4.5)$$

括弧内左辺は資本労働比率変化率で右辺の $f(k)$ は上記の生産関数であるから，$s\cdot f(k)$ と $k(t+d)$ の大小関係によって k の増減が定まる。ここで $s\cdot f(k)$ とは単位労働当り産出高のうち貯蓄に充てられる分量で，これは全て投資に廻されると仮定する。つまり企業部門の投資関数は常に家計部門の貯蓄関数に依存しているのである。そして $k(t+d)$ は現行の k の水準を維持するために必要な投資量，言いかえれば減価償却も含めて労働人口増加率と同等の資本増加率を維持するだけの投資量である。こうして $s\cdot f(k)=k(t+d)$ を満たす k の水準において資本労働比率と一人当り所得が長期的に安定するので，この $k=k^*$ が定常解となる。結局このモデルは財市場の均衡により与えられる貯蓄，投資，資本形成が労働人口増加率プラス減価償却に見合うよう均衡するまでの貯蓄と投資の調整経路を示すのである。

ソロー・モデルにおいて定常解 y^* を大きくする政策とは，技術革新による $f(k)$ の上方シフト，貯蓄率 s の上昇，人口増加率 t の抑制の3つが考えられる。しかし同モデルでは資本構成，技術革新と人口増加は所与の外生変数として扱うので，貯蓄の増加による資金ファンドの蓄積が成長の必要条件という結論になる。この議論は「金融抑圧」を除去すれば貯蓄が促進され投資ファンドが増加するとしたマッキノン＝ショウ仮説に通じるものといえる。

(2) 内生的成長理論

ソロー・モデルでは均斉成長経路を示す点が一意的に定まるばかりでなく，そこに至るまでのプロセスも1本の曲線上に限定された。しかし現実には先進諸国と低開発諸国との経済成長率は一向に縮小していないばかりか，資本労働

比率の変化のパターンも多様である。またソロー・モデルでは技術進歩は一定の外生要因として扱われるが，成長過程で技術進歩が重要な説明変数となることが多くの実証研究で明らかにされた。こうした旧来のモデルの限界を克服しようとする問題意識にたって展開されてきたのが内生的成長理論である。例えば，投資に伴ない学習効果が発

図4.1　学習効果を伴なう内生的成長モデル

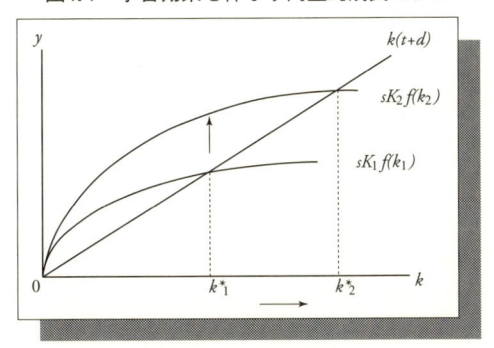

縦軸 y は効率労働単位当りの産出，横軸 k は効率労働単位当りの資本。
出所：Romer（1996）pp. 141，奥田＝黒柳（1998）pp. 23.

生して生産性上昇，収穫逓増が見られる場合をソロー・モデルと同じ図4.1で考える。追加的投資が行われると資本の限界生産性は低下し，資本ストックが均斉成長点 k^* を超えれば資本は過剰となる。しかしここで投資に伴ない学習効果，収穫逓増が発生して生産関数が $sK_1 f(k_1)$ から $sK_2 f(k_2)$ に上方シフトすれば新たな均斉成長点 k^*_2 が実現される。

この学習効果を金融部門の制度の発達に置きかえれば，金融仲介機能の発達を「内生化」した成長理論が考えられる。これは具体的には金融部門の発達による貯蓄額，投資ファイナンス資金の量的拡大と投資に充てられる資金の長期化が考えられ，前者の場合は投資の学習効果や人的資本の蓄積を伴なって更なる生産性の上昇が期待できる。また後者の場合は，一般的に長期的投資は短期投資に比べて収益率が高く，多くの技術開発を伴なうと考えられるため，より大きい学習効果があると考えられる[5]。

投資の学習効果や金融部門の制度的発達を取り入れた内生的成長理論では，資本蓄積の増加に伴なって均斉成長点が移動するため，そこに至るまでの調整過程も無数に存在することになる。こうしてソロー・モデルを動学モデルに拡張したのは，同理論の功績である。しかし上述の奥田＝黒柳（1998）が紹介するモデルでは，均斉成長点は如何に移動しても $k(t+d)$ 線上から離れるこ

（5）　奥田＝黒柳（1998）pp. 24.

となく，この $k(t+d)$ 線が曲線になる可能性も考えられない。ローマーの人的資本蓄積を取り入れたモデルでも唯一の均斉成長点が事前的に与えられ，両モデルにおいて動学的調整過程は必ず収束的である[6]。

このように均斉点が唯一に定まりかつ調整過程が常に収束的であるという結論になるのは何故であろうか。貯蓄率をあらかじめ定義して物的資本の増加分（すなわち新規設備投資）K を $\Delta K = sY$ とおくことは，ここで既に"貯蓄＝投資"を仮定していることになる。あるいはローマー（1996）に限らずほぼ全ての動学理論まで含めて；$Y_t = C_t + I_t$, $S_t = Y_t - C_t = sY_t$, の関係による資本ストックと貯蓄の決定をモデルにとり入れる。しかし浅田（1997）も指摘するとおり，この2式においては貯蓄が完全雇用所得に貯蓄率を乗じて，つまり投資とは独立に決定されると想定され，さらにこの貯蓄が全て投資に廻されることが前提となっている[7]。こうして"貯蓄＝投資"と一次同次の生産関数とを仮定すれば，物的資本蓄積と人的資本蓄積の安定均衡条件 $\dot{k}=0$ と $\dot{h}=0$ は必ず存在が保証され，両曲線は h–k 平面上で必ず右上がりに描かれる。このように内生的成長理論にあっても事後的関係であるはずの貯蓄・投資均衡が事前的関係として設定されており，そのため財市場は常に均衡していることになり，長期的停滞の可能性がモデルから排除されている。しかしケインズ（Keynes, J. M., 1937）[8]が示したとおり，定常状態においてのみ投資が全額「あらかじめ存在する」貯蓄によってファイナンスされるのであり，追加的投資は自動的には満たされない追加的貨幣需要を必ず伴なうのである。

3　貯蓄－投資バランスの異論；構造学派とポスト・ケインジアン理論

ソロー・モデルも内生的成長理論も，資本増加分 K ＝投資 I ＝貯蓄 $S = sY$ を事前的に前提とすることによって投資関数の定式化に深く立ち入ることなく「成長モデル」を扱うことができた。これに対して本章でテーマとする「貯蓄

---

(6) Romer（1996）pp. 128–131（邦訳 pp. 142–148）.
(7) 浅田（1997）pp.57, 他に内生的成長論を批判的に検討したものとして Fine（2000）がある。
(8) Moggridge D. E.（ed.）(1971) vol. XIV, pp. 201–215.

と投資の均衡を前提としないマクロ動学モデル」においては，まず家計部門貯蓄と独立に決定される設備投資を定式化し，それを動学モデルに拡張するという方法が必要になる．さらにここで扱うのは先進国経済を対象とする「成長理論」ではなく，低開発経済を対象にした「開発理論」であるので，制度的，政治的要因によって決定される異なる資本蓄積レジームにおける，投資や稼働率，賃金率の動学的調整過程のパターンを検討せねばならない．

こうした観点から，本節ではまず新古典派理論と対極を為すCEPAL構造学派と新構造学派の理論を紹介する．構造学派が重視したラテンアメリカ経済の「構造的」問題とは，次の4点に要約できる．

1) 伝統的寡頭支配層・大土地所有者層は特に輸入奢侈財に対する消費性向が高く，そのため製造業部門の投資に廻されるべき貯蓄が国内で形成されにくい，

2) 寡頭支配層によって営まれる一次産品部門では単位面積・労働当り生産性は低いまま，20世紀初頭まで大量の労働力が土地に拘束され移動を許されなかった一方で，同世紀半ば以後は農業の機械化によって大量の偽装失業が発生しこれが都市に移動した．こうして工業部門から見れば，工業化初期段階に必要な労働力が充分に供給されず，輸入代替工業化の限界が露呈した時期に労働力供給の過剰が問題となった．

3) 寡頭支配層並びに彼らと利害を一致させた製造業独占企業家層は生産性の低い資本設備を残したまま消費財の価格引き上げによって利潤を確保しようとし，その結果実質賃金率も低下する，

4) 国際競争力が改善されないため経常収支赤字が成長のボトルネックとなる，

こうした構造的問題の克服には政治的介入と産業政策・開発政策による誘導が必要不可欠であるとの認識に立って，IMFコンディショナリティーの安定化理論を批判した．

構造学派を引き継ぐ新構造学派の代表的論客であるスンケル（Sunkel）によれば，ラテンアメリカ経済の低開発の原因はまず統合された同質的な国内市場が存在しないこと，そして一次産品輸出への過度の依存から来る対外脆弱性に帰される．そこから，ラテンアメリカに自力成長能力を発展させることを可能

にする技術進歩の蓄積と創出の内発的メカニズムを如何に作り出すか，を論じる。ここで強調されたのは需要の役割ではなく，生産資源の質と弾力性，効率的な組合せと利用，技術進歩とその成果の「社会的」活用，貯蓄の増強，国際競争力の強化といった供給サイドの経済構造の問題であった。特に長期資本市場は多くの国で存在しないし，生産構造の異質性や所有の集中，不公正な分配によって多くの市場は構造的に歪みを抱えている。従ってこれらの欠陥を補う手段として積極的な産業政策・所得再分配政策が必要と考えられた。このとおり構造学派，新構造学派が低開発の根本原因を供給側に求めたといっても，その意味するところは価格の調整メカニズムを前提とする新古典派成長理論とは全く異なる。スンケルは国内企業の資本蓄積性向の改善が雇用を拡大させ，併せて所得分配が改善されれば国内労働者層による有効需要の増加が期待できると考えたのである。

（1） 投資と貯蓄の連関について

構造学派，新構造学派の議論を新古典派成長論，内生的成長論と比較すれば，積極的な産業政策・開発政策の必要性を説く「開発理論」としての特徴が明確である。しかし一方で，スンケルはかつて構造学派が指摘した伝統的寡頭支配層の行動様式——利潤の大部分を国外送金や奢侈財輸入に充てるため国内の貯蓄率が低く，そのため投資・資本蓄積が阻害される——から現代の諸企業の行動を帰納的に導いているため，理論分析としては不足点がある。

まず第一の問題は貯蓄と投資の連関に関する議論である。構造学派，新構造学派の主張では，ラテンアメリカ経済の最大の問題は生産的投資に廻されるべき充分な貯蓄が形成されず，そのため国外貯蓄への依存が恒常化してしまう点にある。この認識に立てば，「国内貯蓄と投資の引き上げ，そして中長期的視野に合致するマクロ経済政策の策定，同時に安定的で強固な国内金融システムの構築，これらが開発金融の実現可能な戦略に課せられた根本的課題でありつづけている」。[9]つまり資本市場が長期資金をファイナンスする機能が欠如している経済においては，開発銀行システムを整備して「現存の」貯蓄を設備投資

（9） CEPAL（2000）pp. 1.

に振り向けるチャンネルを確立せねばならない。ここでは問題は貯蓄自体の不足よりは，むしろ貯蓄を投資に振り向ける金融仲介機能の欠如にあると考えられている[10]のだが，これは内生的成長論が提示した，金融部門の発達が投資の「学習効果」と同等の効果を持つという議論と同じ問題認識といえる。

ただし新古典派成長理論や内生的成長論において貯蓄＝投資の均衡関係が事前的に前提とされたのに対し，新構造学派はそれ自体が重要な政策目標であると指摘する。この問題意識は首肯できるとしても，逆に国内貯蓄が形成され国内金融システムが確立されればそれだけで追加的投資が確保されるのか，という問題が残る。つまり新構造学派の理論では投資関数の定式化に関心が向けられておらず，貯蓄の蓄積もその投資ファイナンスへの振り向けも産業政策，開発金融政策によって政策的に実現すべきものと考えられている。この枠組みでは，貯蓄と投資（つまり財市場の需給）の均衡条件も，また均衡に至る動学的調整過程も議論できない。

そのため CEPAL 理論，新構造学派においては，1990 年代の通貨危機の原因も専ら国際金融市場の投機的性格，不安定性にのみ帰される。CEPAL の通貨危機研究においても，国内の投資，金融仲介システムから内発的に危機が発生したという認識が見られない。つまりこの議論によれば，「国外資金による（投資）ファイナンスが相当の可能性を持って孕む脆弱性の問題を今以上深刻化させないためにも，投資の増進は国内貯蓄の拡張に由来するものでなくてはならない。そのために，企業部門，家計部門，公的部門全ての貯蓄が同時に，一層生産的投資に貢献することが必要となる」[11]。「(1980 年代から 1990 年代を通じて) 投資率の増加は国内貯蓄率の上昇を伴なわなかった。これは投資の大部分が国外貯蓄に依存してきたことを示しており，また対外均衡の問題がしばしば国内投資に負の影響を及ぼしてきたために，この対外均衡を再現するための調整プログラムの実現が極めて重要であることを意味している」[12]。

ここで挙げた貯蓄，投資に関する問題意識は，ケインズ並びにポスト・ケイ

---

(10) Ricardo, Ffrench-Davis (1993) pp. 154.
(11) CEPAL, *ibid.* pp. 8.
(12) CEPAL, *ibid.* pp. 29.

ンジアンの投資理論が課題として取り上げた点である[13]。ケインズによれば，投資水準は第一に生産主体の収益期待によって決定されるもので，貯蓄フォンドの存在とは事前的には関係付けられない。たとえ金融仲介が完全に機能したとしても，（意図された）投資が過不足無く貯蓄によってファイナンスされる保証は無い。このことは利子率が預金や債券市場などのストックレベルで決定され，さらに制度的諸要因が加わる場合には，利子率が両者を調整する媒介とはなり得ないことからも理解される[14]。この場合短期はもちろん長期的にも投資が利子率の変化を介して貯蓄に等しくなるよう調整されるという関係は成立しないし，そもそも貯蓄の形成を前提として投資が行われるという議論の前提が否定される。

そして利子率が投資に影響するメカニズムとしては，「資本の限界効率」から説明されるのが一般的だが，他にも債券市場における金融資産価格，証券指数の変化や，非金融部門の過去の債務ストックの利払い負担を通じて投資主体のバランスシートを変化させるというチャンネルも考えられる。

以上を踏まえて，「カレツキ＝シュタインドル型投資関数」と呼ばれる投資関数を紹介しておこう[15]。これは投資を線形の資本蓄積率関数の形で表わす。

$$g_i(=I/K) = g_0 + g_\pi \cdot (r - i_R) + g_u \cdot u - d, \quad I = \Delta K,$$
$$\text{資本減耗率}\ d = D/K. \quad (4.6)$$

(4.2) においては資本蓄積は利潤率 π^* と稼働率（＝実質産出高／潜在的実質産出量）u の増加関数で，実質利子率 i_R と固定資本減耗率 d の減少関数である。また g_0 はカレツキが粗貯蓄のうち恒常的に投資にあてられる部分として aS と置いたものだが，ここでは投資の固定的部分として定数と考える。

次に，労働者階級は貯蓄せず全ての貯蓄は企業家利潤から発生すると仮定すれば

$$\text{貯蓄}\ S = s\Pi, \quad (\Pi\ ;\ \text{利潤},\ s\ ;\ \text{貯蓄率}) \quad (4.7)$$

---

(13) Mott, T. and E. Slattery (1994) および Halevi and R. Taouil (2002) 参照。
(14) 植村＝磯谷＝海老塚（前掲書）pp.73.
(15) Kalecki (1971)（邦訳 1984 pp. 120, 124），植村＝磯谷＝海老塚（前掲書）pp. 179 より

となる。ここで意図された純投資を I_N とすれば $I_N = s\Pi$ が成立するが、この因果関係が問題である。ミクロレベルでは利潤フローは投資支出の結果として発生するもので、この利潤から貯蓄が形成される。従って純投資が貯蓄を決定するという因果関係が成り立つのであり、これは先ず貯蓄が形成されてそれが投資に廻されるという新古典派的理解と逆の因果関係である。この関係を集計したマクロ・レベルでは、確かに総貯蓄ストックが金融部門のバランスシート制約を介して投資の制約条件となる可能性も考えられるかもしれない。しかし追加的投資→利潤フロー→追加的貯蓄 のメカニズムが機能する限りにおいてこの制約は順次緩和されるので、マクロ・レベルでも 投資→貯蓄 の因果関係が重要になる。

次に pY を価格タームの国民所得とし、総需要 pY^d と総供給 pY^s は次のように表わされる。

$$pY^d = wN + pI, \quad I = g_i K,$$
$$pY^s = wN + pS, \quad S = g_s K = s\Pi. \tag{4.8}$$

投資関数 (4.4) において投資に影響するチャンネルを明示的に想定できる説明変数は稼働率 u である。よって稼働率によって投資が調整されて（つまり在庫調整を無視して）$I = S$ の均衡条件が成立すると考えると、

$$g_i K = s\Pi, \quad \text{つまり} \quad g_i = s\pi^*, \tag{4.9}$$

が得られる。これは利潤に対する貯蓄率 s が与えられる時に、蓄積率 g が利潤率 π^* を決定する関係を示している。(4.5) が成り立つ時、在庫投資が変化しないとすれば財市場の需給が均衡して $pY^d = pY^s$, $g_i = g_s = g$ が成立する。そして (4.5) を (4.2) に代入すれば

$$g_0 + g_\pi \cdot (\pi^* - i_R) + g_u \cdot u - d = s\pi^*. \tag{4.10}$$

これを利潤率 π^* について解けば u–π^* 平面上での財市場の均衡条件（IS 曲線）が得られる。

$$\pi^* = \frac{g_u}{s - g_\pi} \cdot \frac{u + g_0 - g_\pi i_R - d}{s - g_\pi}. \tag{4.11}$$

ここで (4.2) と (4.6) から g_0 や g_u が極度に増加しない限り $s-g_\pi>0$ が成り立つと考えられ，また g_u も通常は正であるので，$u-\pi^*$ 上の IS 曲線は u 軸に対して右上がりになる。一方で投資が利潤シェアに過度に感応的になる場合には $g_u<0$ に成り得るので，このとき IS 曲線は u 軸に対し右下がりになる。

(2) 投資による有効需要創出の意味

スンケルの理論のもう一つの問題点として，追加的投資による有効需要創出の効果が考慮されておらず，そのため蓄積レジームが賃金主導型蓄積のみに限定されてその維持困難が強調されていることが挙げられる。いかに寡占企業・外資系企業の再投資率が低いとはいえ，また投資財に占める輸入財の割合が高くとも，資源産業や製造業部門の設備投資は投資財に対する有効需要を創出する。従って産業連関も考慮すればこの短期的な有効需要創出は無視できず，この点に着目して資本蓄積の動学モデルを展開することによって，近年ポスト・ケインジアンによって試みられている需要主導型蓄積モデルが定式化できるのである。

以下のモデル[16]では実質賃金は外生的に与えられると考え，貯蓄は次の様に定義する。

$$貯蓄\ S = s\Pi = s\cdot(\Pi/Y)\cdot(Y/Y^*)\cdot Y^*, \qquad (4.12)$$

Π；利潤，Y；所得，Y^*；最大稼働率時の潜在産出高．

ここでも全ての貯蓄は企業家利潤から発生すると仮定するので，所得分配の変化・賃金率上昇は消費の増加，貯蓄の減少をもたらす。
$Y^*=1$ とおけば (4.8) は

$$S = s\Pi = s\pi y, \qquad (4.13)$$

と書きなおせる。ここで $\pi=\Pi/Y$ は利潤シェア，$y=Y/Y^*$ は資本稼働率で，これは投資が総産出高をどれだけ拡大させるかを示す。

---

(16) これは Bhaduri and Marglin (1990) を参考にしている。

次に企業部門の生産行動だが，中間財が全て生産に当てられる場合を考える。技術水準を所与とすれば労働投入量も一定と考えられるので賃金水準も所与となる。マークアップ原理による価格決定を考えて，

$$p = (1+m) \cdot TW, \quad T；単位産出高当り必要労働量,$$
$$1/T；労働生産性, \quad m；マークアップ率,$$
$$W；名目賃金. \qquad (4.14)$$

ここでマークアップ率と利潤シェアの関係は；

$$\pi = m/(1+m), \quad d\pi/dm > 0, \qquad (4.15)$$

であり，利潤率/シェアと実質賃金との分配関係は，労働生産性を一定とすれば

$$(1+m) \cdot (W/p) = [1/(1-\pi)] \cdot (W/p) = 1/T. \qquad (4.16)$$

実質賃金上昇は (4.8) (4.11) より利潤シェアを減少させ，貯蓄率を低下させて消費を増加させる。ただし総需要の増減は，投資が次のように利潤シェアに依存すると考えれば特定されない。こうして (4.2) の利潤率 π^* に代えて利潤シェア π をとった投資関数が定義できる。

$$I = I(\pi, i_R, u). \quad (ただし Y^* = 1 と置いてある) \qquad (4.17)$$

(4.8) から (4.13) までから，貯蓄と投資の均衡関係；$I(\pi, i_R, u) = s\pi y$ を得る。ここで同均衡関係の意味を説明しておかねばならない。以上の議論では，投資は企業部門の価格設定と実質賃金，分配の決定によって定まると想定されており，これは投資率が直接に資本蓄積率，投資率を決定すると考えるソロー・モデルや内生的成長論とは袂を分かつものである。また貯蓄率の決定にも所得分配と資本稼働率が説明変数として取り入れられており，これは家計部門の効用極大化を基準とした選択の結果として得られるものではない。こうして各々独立に導かれた貯蓄関数と投資関数の均衡条件とは，一つの位相図上で一義的には定められず複数の組合せが存在するし，さらに均衡点の近傍での動学的調整仮定も必ずしも収束的・安定的ではなく逆に発散的になる場合もある。

以上を踏まえて，$f(\pi, i_R, u, s, y) = I(\pi, i_R, u) - s\pi y$ とおいて，利潤シェア π をとった y-π 平面上で財市場の均衡条件（IS 曲線）が定式化できる。

IS； $\quad df(s, \pi, y)/d\pi = I_\pi - sy, \quad I_\pi = dI/d\pi > 0.$ \quad (4.18)

この時 I_π と sy の大小により IS 曲線の傾きの正負が定まるが，$sy = I(\pi)/\pi$ であるから，$df/d\pi \gtreqless 0$ は $\dfrac{dI/I}{d\pi/\pi} \gtreqless 1$，つまり投資の利潤シェアに対する弾力性が 1 以上か以下かと同義になる。この含意は次の通りである。不完全稼動状態で投資の利潤シェアに対する弾力性が 1 以下と小さく，むしろ稼働率に対して大きく反応する時，賃金主導型蓄積が実現される。これは y の上昇に伴ない賃金率が上昇するため利潤シェアの拡大幅が小さく，それに反応する投資の増加幅も小さい場合である。そして賃金主導型蓄積のレジームにおいては賃金シェアと利潤率とが同時に上昇することが可能となり，労使協調の環境が形成され得る。

逆に賃金率が低下する状況でも，投資の利潤シェアに対する弾力性が 1 以上でかつその結果総産出高が増加するならば，総需要増加→経済成長 が実現される。これは所得分配が極度に悪く賃金率が低下する経済においても，企業家の投資決定次第で総需要が増大する利潤主導型（または投資主導型）蓄積のケースである。これは資本稼働率 y の上昇，つまり単位投資当りの産出高増加分が増大する時に賃金率は十分上昇せずに利潤シェアが拡大し，それに対して投資が大きく反応して増加する場合である。利潤主導型蓄積レジームの時 y-π 平面上の IS 曲線は y 軸に対して右上がりとなり，利潤シェアと投資，稼働率が累積的に上昇して賃金シェアは低下し続ける累積過程が進行する。図 4.1, 4.2, 4.3 は 4 章 3 節(1)で検討した u-π 平面上の IS 曲線と y-π 平面上の IS 曲線とを一つにまとめたもので，賃金主導型蓄積レジームと利潤主導型蓄積レジームでは利潤率 π^* と利潤シェア π の対応関係が異なる。

ここで国民所得勘定 pY は $pY = \pi^* pK + wN + D$ だからこれを π^* について解いて

$$\begin{aligned}\pi^* &= [1 - (D/pY) - (w/p)/(Y/N)] \cdot (Y/K) \quad (4.19)\\ &= [1 - (D/pY) - (w/p)/(Y/N)] \cdot (Y/Y^*) \cdot (Y^*/K),\end{aligned}$$

図4.2 賃金主導型蓄積（$df(s, \pi, y)/d\pi < 0$）における財市場の均衡条件

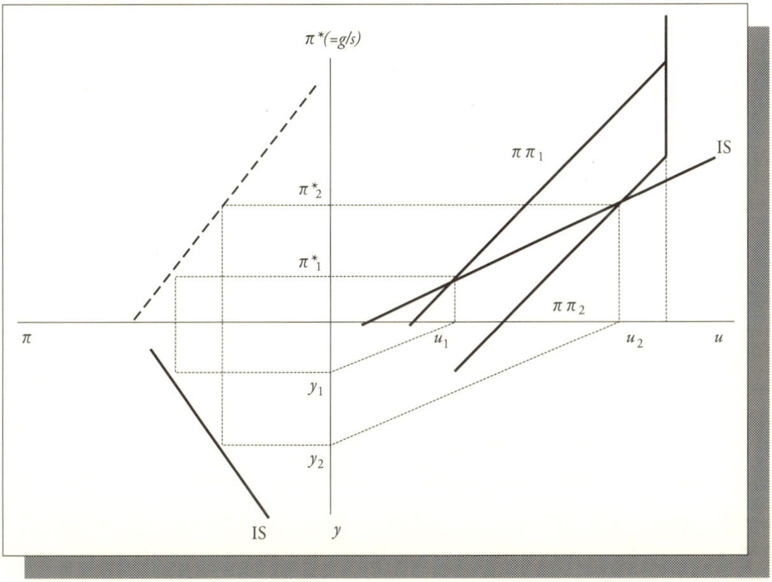

出所：植村＝磯谷＝海老塚（1998）pp. 186-188, Bhaduri, A. and S. Marglin（1990）を参考に筆者作成。

が得られる。ここで $(w/p)/(Y/N)$ は賃金シェア，(Y/Y^*) は稼働率 u で，(D/pY) は減価償却のシェアでこれは一定と考えると利潤率 π^* を稼働率 u の増加関数として図示できる（曲線 $\pi\pi$）。これは u 軸に対し右上がりで u の範囲は 1 を上限とする。u–π^* 上の IS 曲線は，賃金主導型蓄積においては (4.7) 式で g_u が充分に大きく g_π が小さい場合なので，傾きは利潤曲線 $\pi\pi^*$ よりも小さくなる。この賃金主導型蓄積において賃金シェアが上昇すれば $\pi\pi_1$ から $\pi\pi_2$ に下方シフトするが，この時資本蓄積，追加的投資が促進されて稼働率と利潤率は共に u_1 から u_2，π^*_1 から π^*_2 に移動する。そして利潤率の上昇が利潤シェアの低下に対応するため y–π 上の右下がりの IS 曲線では国民所得が y_1 から y_2 に移動する。

一方，図4.2，4.3の利潤主導型蓄積では g_u と g_r が共に大きいため u–r 上の IS 曲線の傾きが rr よりも大きくなり，$u=1$ の範囲において $\pi\pi$ 曲線と交わる。これは利潤率と稼働率が累積的に上昇する累積過程には必然的に限界があり，完全稼動に近づくにつれて労資対立が激化してレジームが不安定になるこ

100　第2部

図4.3, 4.4　利潤主導型蓄積 ($df(s, \pi, y)/d\pi > 0$) における財市場の均衡条件

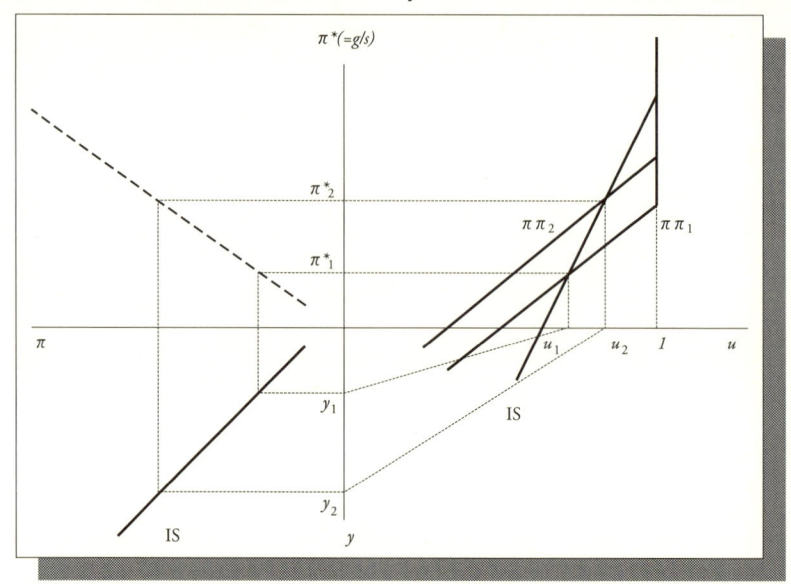

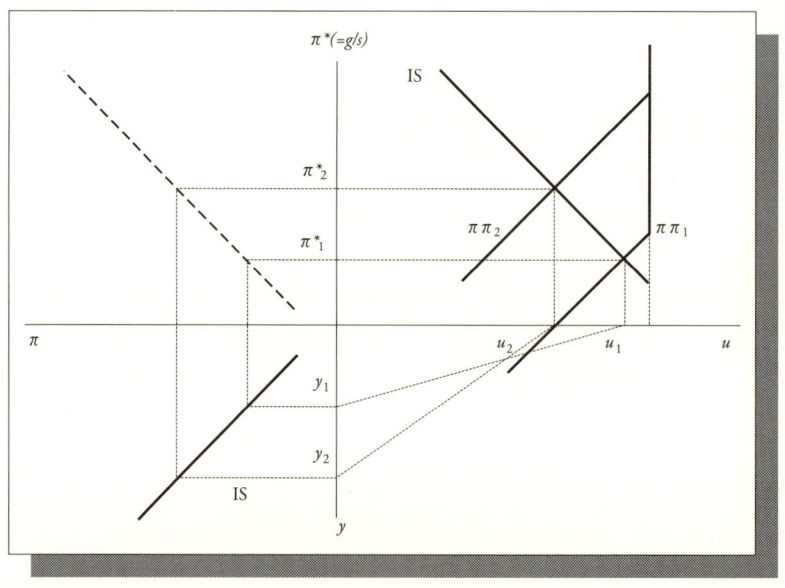

出所：図4.2に同じ。

とを示している。この時賃金シェアの低下に対して利潤率,利潤シェアが共に上昇して利潤曲線が $\pi\pi_1$ から $\pi\pi_2$ に上方シフトするので, $u-\pi^*$ 上の IS 曲線において u_1 と π^*_1 は各々 u_2, π^*_2 に移動する。そして $y-\pi$ 上の IS 曲線は右上がりであるので,より大きい利潤シェアに対応して国民所得も y_1 から y_2 に移動する。このレジームでは利潤シェア,利潤率,稼働率,国民所得が全て相互促進的に上昇する累積過程が進行するが,これは当然稼働率の上限 $u=1$ において限界に達する。現実にはこの稼働率の上限に至る以前に労使対立の激化から蓄積レジームの修正が必要となると考えられる。

最後に図4.4は投資が利潤シェアに過度に感応的になって $g_u<0$ となる場合である。この時も $s-g_\pi>0$ が満たされるとすれば,利潤主導型蓄積レジームの下で $u-\pi^*$ 上の IS 曲線は右下がり, $y-r$ 上のそれは右下がりとなる。このとき賃金シェアの減少に伴ない利潤曲線は $\pi\pi_1$ から $\pi\pi_2$ に上方シフトするが,利潤率上昇 (π^*_1 から π^*_2) と蓄積率低下 (u_1 から u_2) が同時に発生し,その結果投資が増加することになるので,財市場で需給不均衡が累積的に拡大する。そして $y-\pi$ 上の IS 曲線は図4.3と同じく右上がりであるので利潤シェアの上昇には国民所得の増加 (y_1 から y_2) が対応するので,稼働率が低下するときに投資,国民所得が増加するという結果になる。

(3) 開放経済における通貨切下げが及ぼす影響

開放経済においては輸出が有効需要の一部となり得るため,低い賃金率の下でも利潤主導型成長が実現される可能性が一層大きくなる。しかし国際価格を受動的に受け容れねばならない小国開放経済では,例えば為替切下げによる輸入中間財価格の上昇を輸出価格に上乗せすることはできないといった制約も加わる。この点を見るためまず輸出財の国際価格競争力 Φ を考えて;

$\Phi = (rp^*)/p,\quad r$;為替レート, p^*;輸出財の外貨建て価格,
$\qquad\qquad\qquad p$;自国通貨建て価格

$$(d\Phi/\Phi) = (dr/r) - (dp/p), \qquad\qquad (4.20)$$

次に中間財の一部が輸入財である場合を考えて(4.14)を修正すると次を得る。

価格；$p = (1+m)(Tw + \bar{r}p^{*\prime}r)$, $\quad p^{*\prime}$；輸入中間財価格,

$\bar{r}$；輸入中間財の比率（一定）

利潤シェア；$\pi = [p-(wT+\bar{r}p^{*\prime}r)]/p$, $\quad \pi = m/(1+m)$,

$\quad d\pi = (1-\pi)[(dp/p)-U(dw/w)-(1-U)(dr/r)]$,

$\quad U = (Tw)/(Tw+\bar{r}p^{*\prime}r)$. $\hfill$ (4.22)

また自国通貨建て輸出 $E' = pXe$，自国通貨建て輸入 $M' = rp^*-X_m$, (X_e, X_m は各々輸出，輸入の数量）と表わせば，輸出量の国際競争力に対する弾力性は $(\Phi/X_e)(dX_e/d\Phi) = n_e$ $(n_e>0)$ となる。同様に中間財, 最終財を含む輸入量は財の国際競争力と国内の稼動水準に依存するので，$X_m = X_m(\Phi, y)$, $\partial X_m/\partial\Phi<0, \partial X_m/\partial y>0$ であり，輸入量の Φ, y に対する弾力性は $(\Phi/X_m)(\partial X_m/\partial\Phi) = -n_m$, $(y/X_m)(\partial X_m/\partial y) = n_y$ と表わされる。

以上を用いて為替切下げが財価格と国内稼動水準に及ぼす影響を定式化する。初期時点における経常収支均衡 $E'=M'$ を仮定して，経常収支の限界的な変化は；

$$(dE'-dM') = yx^*(n_e+n_m-1)(d\Phi/\Phi)-(n_y x^*)dy. \quad (4.23)$$

x^*；初期時点の輸出入の対所得シェア

貯蓄と投資の均衡条件は，輸出入による所得を考慮して；

$$s\pi y + M' = I(\pi, y) + E'. \quad (4.24)$$

以上より通貨切下げが稼動水準に及ぼす影響を定式化できる。

$$dy = \frac{(I_\pi-sy)\,d\pi}{(x^*n_y+s\pi-I_y)} + \frac{yn_y(n_e+n_m-1)(d\Phi/\Phi)}{(x^*n_y+s\pi-I_y)}, \quad (4.25)$$

$x^*n_y+s\pi-I_y>0$.

(4.25) の第1項は通貨切下げが利潤シェア π を通じて稼動水準に及ぼす影響を表わし，閉鎖経済の場合と同様に I_π と sy の大小が $y-\pi$ 平面上の IS 曲線の傾きを定める要因であることを示す。第2項の (n_e+n_m-1) はマーシャル＝ラーナー条件で，これが正の時切り下げが経常収支の黒字化につながる。し

かし dy の符号の規定要因である $d\pi$, $d\Phi$ の正負は以上のモデルからは特定できない。(4.19) より $d\pi$ が正となるためには dw/w が dp/p に比べて充分小さいことが必要で，これは通貨切下げが実質賃金低下と利潤シェアの拡大，つまり利潤主導型蓄積の促進をもたらすことを意味する。以上より切下げが国内稼動水準の確実な上昇を帰結するための必要条件とは，実質賃金低下と利潤シェア拡大による利潤主導型蓄積が強化され，マーシャル＝ラーナー条件が満たされ，かつ財の価格競争力が改善されることである。つまり賃金主導型蓄積と通貨切下げを伴なう輸出促進策とは蓄積レジームとしては両立困難であり，また切下げが企業家，労働者双方にとって望ましい結果をもたらすためには，実質賃金低下をマクロ的に補うだけの国内稼動水準の上昇と経常収支の黒字化とが必要である。もちろんこの後者が実現されることは極めて稀で，実際には通貨切下げは実質賃金低下，利潤主導型蓄積の強化を帰結すると考えられる。

4　資金調達からみた投資関数；トービンのQ理論とミンスキー型投資関数

　最後に，実証研究でも仮説として用いられることが多いトービンのQ理論[17]について検討しておこう。トービンのQ（平均Q）理論では，投資を単純に実質利子率の関数とする生産関数は拒絶される。平均Qとは証券市場における企業の価値プラス企業の負債総額の合計（これは資産市場における企業の評価額である）を，既存の資本ストックを現在の投資財価格で表わした額（これは資本ストックの再取得価値と定義される）で除した数値である。このQが1より大であれば資本ストックの再取得価値よりも将来の投資収益の現在価値（企業の評価額）の方が大きいことを表わしているので，設備投資を増加させて経営を拡大すれば既存株主も利益を得る。そして被説明変数に　投資/固定資本形成　をとれば投資関数はこのQのみを説明変数とするシンプルな形で表わされる。

　しかし同理論では株式市場で決定される株価が企業の将来収益の割り引き現

---

(17)　Tobin (1969). さらにトービンのQを動学化する試みとして Blanchard (1981) があり，ポスト・ケインジアンの立場で資本市場の役割を積極的にとり入れた理論として Delli G. and Gallegatti (1990) がある。

在価値を正確に反映することが前提とされて,この株価を基準に現在の投資が決定されると考えられている。パリー (Palley, 2001) はこの点について,トービンのQ理論においては株価は資産所有者が企業の物的資本を評価する際のヴェールとして位置付けられているとしている。逆にいえば過度の投機等によって株価が実体経済と乖離した水準に決定される場合はもちろん,資本市場での取引の大半が政府公債売買で占められて民間の参入が制度的に整備途上にあるラテンアメリカ諸国では,この理論をそのまま適用することはできない。

他方,先進国企業を分析したアイクナー (Eichner, 1979) は,資本市場が不完全な場合企業は内部留保による投資ファイナンスを優先すると考える。しかし製造業から金融部門まで含めた企業グループが経済を支配するラテンアメリカ諸国では,大企業ほど間接金融への依存が極めて高いことも知られている。メキシコでは間接金融による企業側の機会費用は経営規模が大きいほど,またより高い利潤率を期待する投資計画であるほど比例的に上昇するのに対し,債券発行によるコストは経営規模や期待利潤の大きさに比例して上昇する度合いは小さい。したがって大企業,グループ企業ほど大規模な投資ファイナンスは間接金融に依存し,債券発行は短期的な利益の埋合わせに利用するケースが多い[18]。こうした現実に対応し得るモデルとして,直接金融と間接金融双方のメカニズムを考慮しかつ不確実性の概念を採り入れるミンスキー (Minsky) の投資理論を紹介する。

ミンスキー・モデルは横軸は固定資本投資の残高,縦軸は資本財の需要・供給価格の座標で描かれる (図4.5)。ここで P_K は投資財の需要価格関数,つまり投資主体が実際に支払得る投資財価格の上限を示す。この投資財の需要価格は,投資から得られるであろう将来の期待収益の割り引き現在価値のことであり,割引率つまり長期金利の逆関数である。投資の必要資金が全て内部資金で賄われる領域 (FF の左方) ではこの需要価格は P_K で一定であるが,投資主体が外部資金にも依存する,つまり投資ファイナンスのために債務を負う領域では同関数は右下がりに描かれる。この P_K が右下がりの領域では,投資主体が支払得る投資財需要価格とは投資の期待収益の割り引き現在価値マイナス追

---

[18] Castaingts Teillery (1996).

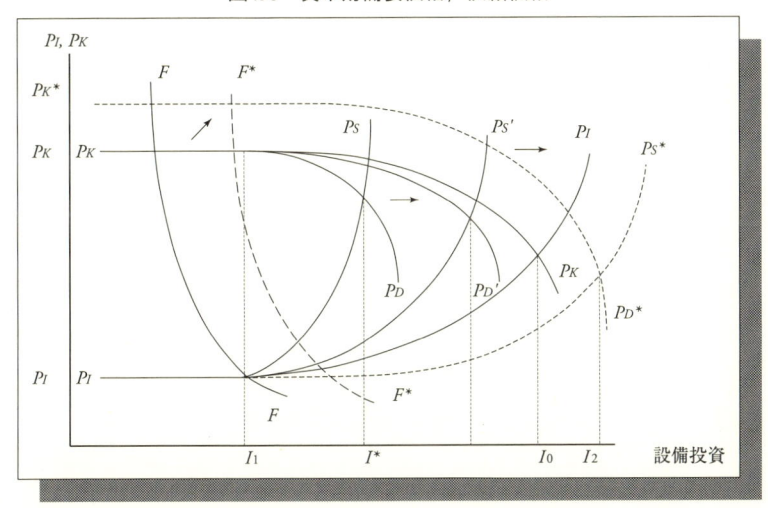

図4.5 資本財需要価格，供給価格

出所：Minsky (1986) pp.191, Blecker, R. (1997).

加的資金調達にかかるコストに等しくなると考えられる。

一方 P_I は粗固定資本投資の供給関数を示し，この曲線の位置は投資財生産部門の生産コストと資金調達コストとの合計に当る。つまり P_I 曲線は投資財生産者が受け入れ得る最低限の投資財並びに投資金融の価格（コスト）を意味する。P_I 曲線は資本財生産部門が需要に比べて余剰生産設備，余剰生産能力を保有する領域では水平で，その右方ではより大きい投資に対してより大きい P_I が対応する。この領域では資本財供給価格とは生産者の債務利払いコストであり，貸し手側が設定する短期金利のマークアップ率に相当する。

投資は投資財，投資金融の割引需要価格（需要コスト）P_K（これは投資から生じる期待所得と割り引き率との関数）と，資本財の供給価格 P_I（これは製造部門の生産コストと債務コスト）とが一致する点を上限として行われると考えられる。しかしミンスキー・モデルでは投資は必ず I_0 の水準まで行われるとは限らない。P_K が水平の領域でも，投資が自己資本 FF との交点を超える領域では外部金融に対する将来の利払い負担の予想，さらには極端な場合債務不履行に陥る可能性等から，投資主体や経営者は現実の資金調達コスト以上に自己のバランスシートに余裕を確保する必要に迫られる。これが借り手リス

クの発生であり[19]，借り手リスクも考慮した投資の需要関数が投資財に対する有効需要に相当する。こうして現実の投資財需要価格 P_D は，借り手リスクを反映して P_K よりも低く抑えられて左下方にシフトする。つまり現実の投資財需要関数は，水平部分は P_K と同じでも右下がり部分かその左下方に位置する P_D で示される。

同様に投資財の供給関数では貸し手リスクが考慮されるが，この貸し手リスクとは投資財生産者の立場では技術的制約から発生する「右上がりの供給曲線」にあたるものであり，資金の貸し手の立場では債務不履行の可能性などから発生するものである。こうして貸し手リスクを考慮すれば P_I 曲線よりも左上方の P_S になる。P_D，P_K の形状を規定する借り手リスク，貸し手リスクは投資水準が増加するに伴なって加速的に上昇すると考えられるから，各々右下がり，右上がり部分は上に凸，下に凸の曲線になる。そして FF 曲線は生産者部門の自己資本による投資金融を示し，図4.5では FF と P_I との交点に対応する投資水準 I_1 が自己資本でファイナンスされる。

こうして現実の投資は借り手リスクを考慮した投資財需要関数 P_D と貸し手リスクを考慮した投資財供給関数 P_S との交点に対応する I^* で実行されることになる。この投資のうち $I^* - I_1$ は外部資金でファイナンスされる。投資水準を変化させる要因としては，まず実物資産・金融資産家の将来の期待収益フローの変化と外部資金調達コストの変化とがある。企業家の期待が（特に客観的な根拠も無いのに）楽観的になれば，投資財需要曲線 P_D は P_D' まで右上方シフトし P_K に近づく。この時もしも貸し手リスクに変化が無く P_S 曲線が元のままの位置にあれば，実現される投資財価格は上昇するし投資水準 I^* の増加分は僅かである。しかし P_D と P_S が同時に右方シフトすれば（P_S'），投資の増え方は大きくなる。

これに対して資本蓄積か或いは株価上昇等の結果，投資主体の手持ちの内部資金が増加した場合は，図4.5において先ず FF 曲線が F^*F^* まで右方シフトする。この時投資主体が受け入れる投資財需要価格も P_K^* まで上昇し，投資の

---

(19) ここでいう借り手リスクとは金利，株価といった客観的指標に表されるものではなく，投資主体が将来の不確実性に基づいて判断する主観的な予測である。

有効需要も P_D^* にシフトする。またこの時他の条件が変化しなければ，内部資金の積み増しはその投資主体のバランスシートの健全化と判断されるから貸し手リスクも低下し，投資財供給曲線も P_S^* に右方シフトする。こうして実現される投資は I_2 まで増加するが，単に企業家の期待だけが変化した P_D', P_S' の場合に比べて投資の増加幅は大きくなると考えられる。

以上のミンスキー・モデルにおいては株価の変化は借り手リスク，貸し手リスクを通じて投資水準に影響を及ぼす。証券市場の動向が実物投資に影響するメカニズムを強調しているという意味で，同モデルはしばしばトービンのQ理論との類似が指摘される。しかしパリー（2001）も指摘するように，ミンスキー・モデルでは株価は現在におけるリスクを表わすだけであって将来に渡るシグナルを示すものとしては位置付けられていないので，むしろ投機などによって株価が実体から乖離した水準に定まる場合の影響こそが主たる関心事となるのである。

またミンスキーによる投資モデルは基本的には企業レベルの議論であり，これをマクロレベルに集計する際にはシェイバーグ（Schaberg, 1999）も指摘するように注意が必要になる[20]。自己資本を超える水準の投資を行う投資主体が外部資金を調達する場合，これが全て銀行貸出でファイナンスされるなら追加的マネー・サプライが発生する。しかしこのファイナンスが，内部資金が余っている企業から不足する企業への移転，つまり非金融部門間での資金の移転である場合には，マクロでは投資ファイナンスに伴なう追加的マネー・サプライは発生しない。この場合には借り手リスク，貸し手リスクも発生しないと考える方が適切であろう。

ミンスキー・モデルでは投資財市場と金融市場・資本市場のみを取り入れて短期金利も長期金利も外生変数として扱ったが，小国開放経済を同じ方法でモデル化するためには金利や資本移動を内生変数として採り込む必要がある。まず資本収支勘定の自由化・開放化が進めば投資主体は内外の（投機的）資本を容易に調達できるから，上記モデルと同様に内部資金と外部資金の存在を前提とした議論が成立する。ここで外国資本の順調な流入が維持される期間には長

---

[20] Schaberg (1999) pp. 59–61.（邦訳 pp. 65–66）

108 第2部

図4.6 資本財需要価格，供給価格

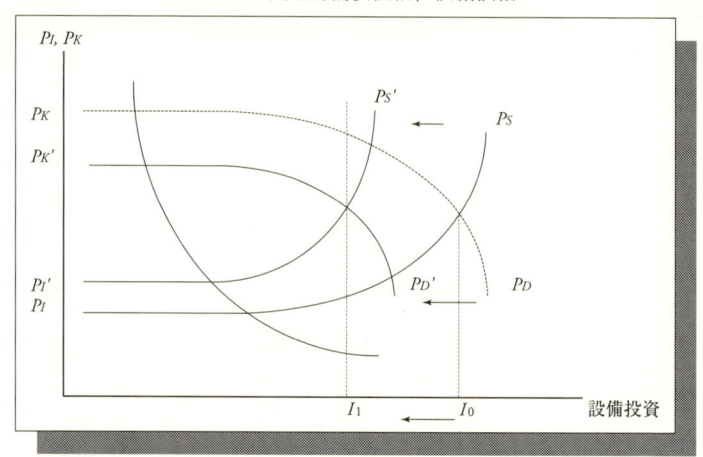

出所：Blecker, *op. cit.* を参照し筆者作成.

図4.7 資本財需要価格，供給価格

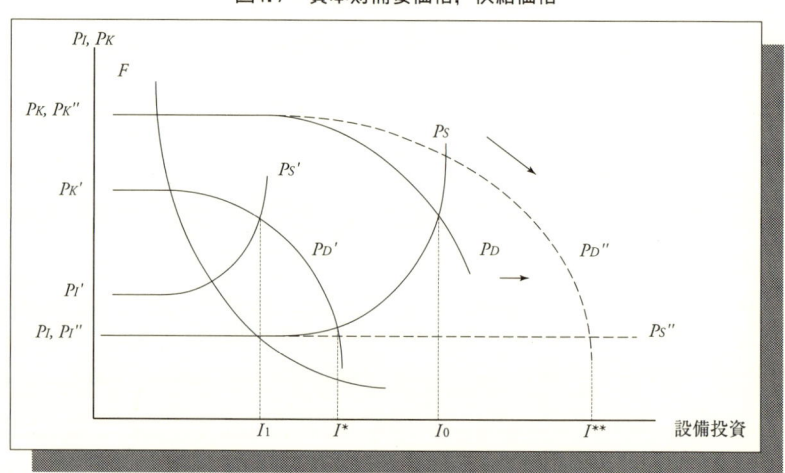

出所：Minsky (1986) pp.193, Blecker, *op. cit.* を参照し筆者作成。

短金利は安定する。しかしこれが行き詰まって通貨当局が金利の引き上げ（金融引き締め）政策をとれば、長期金利の上昇から投資財需要価格が P_K' に低下し需要曲線 P_D も P_D' まで左方シフトする。一方で短期金利が上昇すれば、現実の資金調達コストの増加から投資財供給価格も P_I' に上昇し、同時に貸し手リスクから P_S も P_S' までシフトする。こうして小国開放経済において資本流出入に反応して国内の設備投資状況・資本蓄積に関係無く金利が引き上げられれば、投資財の需要・供給価格が共に変化する結果、現実の設備投資は大きく減少する（図4.6）。

また急激な金融自由化・開放化を実現した新興市場諸国の場合、P_S' と P_D' の交点で I_1 が実現される状況とは別に、異なる要因が付け加わる。金融自由化の結果、市場では金融部門での顧客獲得競争、融資競争が高まり、各銀行は充分な借り手審査を行わないまま資金需要に応じて貸出を拡張する場合が多い。この傾向は、銀行、証券部門が企業グループに統合されて系列融資の割合が増える場合には、さらに顕著になる。この時貸し手リスクは、消滅するわけではないが事実上無視され、投資財供給曲線は最初の P_I、P_S から右下方に移動して水平な P_S'' となる（図4.7）。一方投資主体の側では、国内が比較的高金利の状態にあれば、外国市場での起債等により国外資金を調達すれば良いから借り手リスクも軽減され、投資財需要関数は P_K、P_D よりも右方の P_D'' になる。ただしこの時、為替切下げリスクが新たに借り手リスクの中に含まれるため P_K''、P_D'' は極めて不安定で、一旦為替切下げ期待が高まりそれに対応して通貨当局が金利引き上げで応じれば、P_K''、P_D'' は直ちに P_K'、P_D' まで左方シフトすると考えられる。こうして市場での要因を中心に考えれば、水平の投資財供給関数 P_S'' が実現される一方で投資財需要関数は大きく移動する可能性が生じ、実現される設備投資も I^* と I^{**} の間で揺れ動くことになる。これは通貨当局による金融政策の企図から独立に発生する現象で、言いかえれば当局による金融引き締めや資本移動管理は P_S が右上がりの場合に比べて設備投資により大きい変化をもたらす結果になる。

5 むすび

メキシコではバンコ・デ・メヒコの年次報告（*Informe Annual* 各年版）や大統領教書においても，国内貯蓄の増強が安定的成長の唯一の手段，といった主張が繰り返され，その文脈において FOBAPROA による銀行救済が開始された。他方で自由化，民営化政策の問題点を指摘する立場にあっても，民営化を進めれば民間貯蓄が公的部門に移転されてしまうため，長期的に安定した投資，成長を確保するためには貯蓄を確保する制度的改革が必要であるという議論が展開される[21]。

本章では CEPAL の構造学派，新構造学派理論の問題提起を継承しつつ投資関数を定式化する試みによって，新古典派からネオ・ケインジアンに至るまで広く共有されている投資と貯蓄の均衡概念を克服するヒントが得られた。貯蓄保有とは独立に定式化される企業部門の投資関数を設定することにより，貯蓄と投資の事後的均衡の条件にもさまざまの組合せがあり得，さらにその内の幾つかにおいては均衡が安定的でなくなる場合もあることがわかった。そこで貯蓄から独立の投資関数を設定するという方法においては，当然にその投資は如何にしてファイナンスされるのか，という問題が発生する。確かにケインズは投資はそれ自身をファイナンスするキャッシュ・フローを生み出すと述べたが，現実にはこれはいかなるメカニズムによって行われるのか。この点が次章のテーマである。

---

(21) 例えば Casillas（1993）.

中央銀行バンコ・デ・メヒコ本社ビル正面玄関。この向かいと隣に新館がある。

第5章　内生的貨幣供給論と金融不安定性理論

はじめに

　本書で分析手段とするポスト・ケインジアン経済学による内生的貨幣供給論とは，伝統的な一般均衡分析による貨幣供給論，金融理論に対する批判から出発した。一般均衡分析においては金融部門は黒字部門と赤字部門を仲介して貸出フォンドの需給を調整する役割を担い，そこで異なるリスクを伴なう金融資産を互いに交換する。つまりこの理解では金融機関は貨幣，金融資産の流通を仲介するものであり，非金融部門に対する投資ファイナンスには銀行が保有する貯蓄預金が充てられることになる。

　貯蓄が投資を規定するという「投資基金説」を批判したのはケインズ (Keynes, J. M.) であった。ケインズによれば投資はそれ自体をファイナンスするだけのキャッシュ・フローを生み出すのであり，あらかじめ存在する貯蓄によって投資がファイナンスされる関係は定常状態においてしか成り立たない。したがって先ず流動性選好によって利子率が与えられ，それを基準として投資需要が決定されて更にその結果貯蓄が形成されるのである。

1　内生的貨幣供給論

　ポスト・ケインジアン信用理論では，貸出と貯蓄預金の間に，一般均衡論とは逆の因果関係が想定される。つまり同理論では，銀行部門は利潤を追求する信用の売り手で，貸出とはあらかじめ獲得された預金を貸し出すことではなく，借り手が将来に追加的預金を供給することを前提として資金を提供することである。したがって貸出が預金を形成するのである[1]。

　極端なケースとして流動性準備規制が全く存在しない場合には，一金融機関にとっては貸出を行った相手が同時にその資金を預金として預け入れればバランスシート制約は克服されるのであり，全く手持ち資金も預金も所持していない状況でも貸出を行うことができる。そして預金を受け入れるのが別の金融機関であったとしても，インターバンク市場が充分発達していれば即座に資金が配分される。

　したがって，貸出と預金受け入れの機能とインターバンク市場が全社会的に

機能していれば，マクロ・レベルに集計しても，預金は貸出の結果として発生する資金フローであるとの関係が導かれる。この時，金融部門が事前に保有する預金残高は貸出の制約とはならず，ポスト・ケインジアンの立場では，信用割当や系列融資をとりあえず無視すれば，貸出を規定する要因は借り手の資金需要である。こうして 非金融部門の経済活動→同部門の資金需要→信用供給→金融機関への預金供給 という因果関係が仮説として提示される。したがってマネー・サプライは銀行部門が追加的貸出を行うことによって形成されるもので，通貨当局が供給するベース・マネーがその信用乗数倍だけのマネー・サプライになるという関係は否定される。

更に金融資産保有やあるいは保険への拠出金に充てられる資金は，マクロ的には保有主体が移動するだけで最終的に預金として金融部門に還流する[2]。したがって，以上の議論における預金残高はマクロ・レベルの貯蓄に置き換えて解釈でき，内生的貨幣供給論においては投資が貯蓄を決定するという因果関係が想定される。

新古典派から現在の内生的成長論に至る議論では因果関係のベクトルは貯蓄→投資と想定され，貯蓄の不足が投資の困難を引き起こす。つまり主に家計部門で形成される追加的貯蓄が"フォーマルな"金融仲介機関を通じて追加的投資を可能にし，所得の成長を実現する源になる。これに対して，ケインズが『貨幣論』『一般理論』で展開し，ポスト・ケインジアンによってまとめられた内生的貨幣供給論の中心論点は，投資→貯蓄 の因果関係にある。特にケインズによる投資理論のポイントは，投資は内部資金でファイナンスされるものであれ外部資金によるものであれ，将来においてそれ自身をファイナンスする

---

(1) Asimakopulos (1986), Pollin (1997), Arestis (1988,b) 参照。この「内生的」とは固定相場制，資本収支勘定の自由化，金融政策の自律性の3つは両立しない，という意味での貨幣供給決定の内生性とは意味が異なる。ポスト・ケインジアンとは異なるケインジアンの立場でも通貨当局の政策スタンスによって貨幣供給は内生的にも外生的にもなるという議論もある (吉川〔編〕1996 pp. 39-42)。こうした議論はポスト・ケインジアンの内生的貨幣供給論とは議論の出発点となる仮説が異なるが，結論として導かれる政策提言には近いものがあると思われる。
(2) 但し公債購入に充てられる資金は公的部門に吸収され貨幣供給から除かれることになる。本節の議論では取り合えず公的部門の役割は無視している。

キャッシュ・フローを生み出すという点にある[3]。ここで金融機関による投資金融とは，将来において発生するであろうキャッシュ・フローを前提として資金を貸し出すことであるから，本質的にある程度の不安定性を含んでいる。また投資→貯蓄 の因果関係を想定するなら，一定数量の資金ストックに対する需給で名目金利が決定されるとする投資基金説は成り立たない[4]。こうしてケインズ理論では流動性選好論が利子論として必要になる。

とはいえポスト・ケインジアンを自称するエコノミストの間でも，一致した理論が共有されているわけではない。本章ではまずムーア（Moore）とレイ（Wray）を手がかりに内生的貨幣供給論の基本概念を整理し，その上でパリー（Palley）のモデルとミンスキー（Minsky）による金融不安定性仮説を紹介し，さらにそれを異なる見方から展開した議論を検討する。

2　貨幣供給ホリゾンタリスト（Horizontalist）のモデル

（1）ムーア・モデルによる内生的貨幣供給論

近年の内生的貨幣供給論の議論の発端を創ったのはムーア（Moore, 1988, 1991）だったといえる。ムーア（1991）はまず，要求払預金やインターバンク取引を扱うリテール市場と，主に企業部門を中心に譲渡性預金を扱うホールセール市場とを区別し，特にインターバンク市場の発達によって銀行活動は支払準備に制約されない自由なものになったと強調する。金融部門の負債項目では，支払準備が一時的に不足する銀行はインターバンク市場でいつでも必要額を調達でき，そのため支払準備率規制は実質的に意味を持たない。また銀行は所与の資産残高の制限内でポートフォリオ選択を考えるのではなく，投資ファイナンスが将来的に追加的預金を形成するという信用にもとづいて，資金需要に受動的に応じて貸出を行う。つまり，銀行が予期せず貸出を拡張せねばならない場合でも事前に準備に充てるだけの預金を調達する必要はなく，預金フ

---

(3) こうした議論の原点は Keynes（1930）第 1 章，2 章，pp. 3–33, Keynes（1973）Vol. xiv, pp. 201–214 である。
(4) Mántey de Anguiano（1994），（1995）pp. 156–157 を参照。

第5章　内生的貨幣供給論と金融不安定性理論　115

図5.1　ムーア・モデル

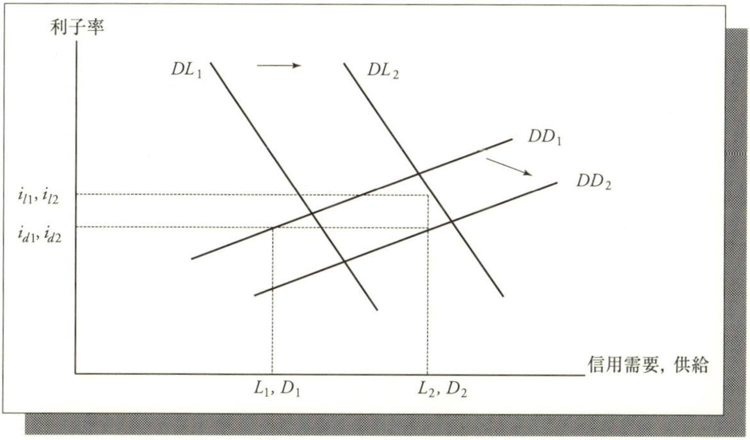

出所：Moore, B. (1989).

ロー獲得を前提として貸出を行えばよい。

　こうして同モデルに則れば，リテール市場で金融機関は非金融部門からの資金需要に受動的に対応して貸出を行い，追加的預金を受け入れる。しかし一方で銀行は無数の資金需要者に比べてある程度寡占的地位にあるので，貸出金利，預金金利は共に自己の判断で決定する立場にある。これに対して企業部門を取引相手とするホールセール市場では銀行は寡占的地位にはなく，銀行は市場で与えられた金利水準を受動的に受け入れる一方で，貸出残高は自己裁量で決定することができると考える。ただしここで紹介するのはすべてリテール市場のモデルである。

　こうして図5.1のように，信用需給残高と利子率の座標軸上で，銀行貸出に対する需要曲線 DL と非金融部門による預金の供給曲線 DD とが描かれる。資金需要が低下するのは銀行が設定する貸出金利が高すぎる場合であるから DL 曲線は右下がり，逆に銀行が提示する預金金利の高低によって非金融部門は保有する資産内容を選択するから DD 曲線は右上がりである。リテール市場では銀行は貸出金利 i_l と預金金利 i_d を各々ホールセール市場で与えられる金利にマークアップ率，マークダウン率を加算して設定するが，マークアップ，マークダウン率とは金融機関がその寡占度を前提に，資金の限界コストから決

定する。以上より，利子率は DL と DD の交点ではなく交点から外れた DL 上の点で貸出金利 i_l が，DD 上の点で預金金利 i_d が表わされる。こうして同市場では銀行は貸出金利と預金金利のリストを提示した上で資金需要に応じて貸出を行い（DL_1），供給される預金を受け入れる（DD_1）。もちろん貸出においては支払準備率規制や自己資本比率規制が制約条件となり，貨幣供給の内生性にもある程度制約があるが，この図では明示していない。

　図5.1においては曲線 DL，DD の位置が各々貸出，預金のストック残高を示し，右方，左方へのシフト幅がそれぞれフローを示している。追加的貸付の結果として追加的預金が形成されるプロセスは DL_1 と DD_1 の各々 DL_2 と DD_2 へのシフトによって示され，この時貸出と預金の残高は L_1 と D_1 である。そして貸出が預金を形成するという因果関係を想定するとしても，ミクロ・レベルでは貸出のフロー，ストックが預金のそれに一致するという保証は無い。しかしインターバンク市場が充分発達していれば，マクロ・レベルでは金融機関相互に支払準備の余剰主体から不足主体へ直ちに資金が移転されるし，ホールセール市場で得られた資金も簡単に他行に貸付けられる。こうして金融部門全体を考えれば，貸出に充てられた資金はすべて必ず金融部門に預金として還流するので，ムーアは追加的貸付は必ずそれと同額の追加的預金を創造すると主張する。例えば，資金の借り手である企業側が公債や証券の金融資産を保有する場合でも，この資産購入に充てられた資金は別の主体に渡った後に預金として還流させられる。また企業が何らかの事情で銀行融資を受けられない場合には手持ちの金融資産を市場で売却すれば良いが，この場合も資産売買のために金融部門の貸出が充てられ，それが預金として還流させられる。

　この主張に従うなら，図において DL 曲線と DD 曲線のシフト幅，つまり追加的貸出と預金フローは常に一致しなければならない。ムーア・モデルを紹介した幾つかの文献では DL_1-DL_2 幅が DD_1-DD_2 幅よりも大きく描かれているものもあるが，追加的貸付と追加的預金の間に恒等関係を認めるならば両極線のシフト幅も等しくなければならないのであり，さもなければ貨幣供給曲線が貸出金利 i_l の水準で常に水平になるという命題も成立しなくなる。

　以上のムーア・モデルにおいては，ケインズ理論で言う流動性選好の概念がとり入れられず，投資ファイナンスを目的とする貨幣需要と，主に家計部門の

流動性選好による貨幣需要とが同一視されている。ムーアは（1989）に続く論文でこの点に触れ，積極的に流動性選好論を拒否して，金融部門がマークアップ，マークダウンによって名目金利を決定すると想定することが自身の理論の特徴であると述べている。しかしケインズにおいては，古典派の貸出基金説を批判して新たな利子率決定を定式化するために流動性選好論が必要であったことが想起されるべきである。レイ（Wray, 1992, a）は流動性選好，信用乗数論，そして内生的貨幣供給論は同じコインの3つの側面であるとしている。

（2） ムーア・モデルの修正；貸し手と借り手のリスク概念

ムーア・モデルをメキシコ経済に適用するためには，幾つかの点で修正が必要である。第一に，同モデルでは追加的貸出は必ず同額の追加的預金を形成すると考えられ，したがって初期時点で双方のストック残高が等しければその後も常に貸出と預金のストックは同額でなければならないことになる。ムーア（1988）はこの点について，マクロ・レベルでは投資と貯蓄は事後的には必ず一致することから，投資金融としての銀行貸出も必ず預金（この場合は金融部門の貯蓄預金プラス インターバンク預金に限られる）と一致すると説明している。このとおりムーアは信用需要と貨幣需要を同一視しているのである[5]。

しかし金融仲介の発達が歴史的に遅れてきた経済では，インターバンク市場はいかに近年発達したとはいえ未だ不完全で，銀行間の連携も完全ではない。また高率インフレを長年経験したメキシコでは企業も家計もごく僅かな動機で流動性の高い資産を多量に確保しようとする。さらに同じ理由からインフォーマル部門に保有される貨幣も存在することを考えれば，貸出は必ずしもそれと同額の追加的預金を形成するとは考えられず，むしろ後者は恒常的に前者を下

---

(5) ムーア・モデルでは貸付は常にそれに同額の銀行預金を形成すると想定され，これを投資と貯蓄が事後的に恒等関係にあることの論理的根拠としている（Moore, 1988 pp. 314）。しかし銀行信用を需要するのは投資主体のみではなく個人・家計部門も含まれ，特にインフレ期待が高まる場合預金よりも現金保有が選好される場合が多い。詳しくは Yasuhara（1997），Cottrell（1994），Wray（1992,a,b）を参照。Pollin（1991）はこの二種の内生的貨幣供給論をアコモデイショニスト（Moore）と構造主義（Wray, Cottrel）とに分類している。合わせて Sikorsky（1996）pp.125–210, Palley（1996）pp. 103–124,（1996,c）, Heise（1992），渡辺良夫（1998）pp. 167–191 も参照されたい。

回ると考えるのが現実的である。これは図示すれば DD の右方シフト幅が DL のそれよりも小さく描かれる[6]。確かにホリゾンタリストは，非金融部門の流動性選好とは単に貨幣と金融資産の分配，交換で，供給された貨幣は最終的には預金として金融部門に預け入れられると主張する。しかしこの流動性選好の過程において名目金利が決定され，それによって資金需要や預金形成がまた影響される関係を無視すべきではない。

　第二に，ムーアはホールセール市場とリテール市場を分離して後者のみを扱う。この方法自体誤りではないが，銀行の集中・合併と再民営化を経たメキシコにおいては，寡占的商業銀行が活動する市場とは第一にホールセール市場であり，そこでは系列融資も扱われる。そしてホールセール市場では貸出の形態や期間の設定が銀行にとっては重要な戦略となるため，モデルでは金融部門は市場で決定される名目利子率を受動的に受け入れる一方で，貸出残高はある程度能動的に決定する立場にあると想定すべきである[7]。さらには貸し手と借り手が金融グループを構成する場合には，両者の間で情報を共有し合意したうえで貸出が決定されると考えられ，金融部門の行動が受動的か能動的かという議論は余り意味が無い。

　この点を踏まえれば第三に，資金需要・貸出と預金供給の利子率に対する弾力性（図においては DL，DD 曲線の傾き）の程度が問題となる。資本収支勘定が自由化されれば企業部門は外国資本市場での起債・借入れが容易になり，自国が高金利にある際にはより金利の低い国外での起債（ADR債など）が有利となる。従って金融自由化後のメキシコでは資金需要の利子弾力性は相当に大きいと考えられ，曲線 DL は比較的水平に描かれる。他方で金融自由化が進めば資産保有形態が多様化して統計上で預金が減少することが知られていることから，預金供給の利子弾力性も大きくなる可能性も考えられる。しかしこの場合の資産とは金融部門が扱う商品で，銀行預金以外の資産の購入に当てられた資金はマクロ的には結局銀行預金を構成する。以上より，**図5.2**（120頁）では曲線 DL は水平に近く，DD は垂直に近く描かれる。

---

(6) Wray（1992,a），Cottrel（1994），Dow（1996）が説明している。ムーアの反論（Moore, 1994）も参照されたい。
(7) Wray（1992,b），Studart（1995）pp. 39-45.

以上の仮説に基づいてムーア・モデルを修正したのが図5.2である。金融部門が資金需要に応じて貸出を行うという前提は同じだが、銀行側にもある程度融資相手を選別する信用割当の能力があり、また銀行間の競争から名目金利は基本的に市場で決定され、それに応じて貸出需要曲線と預金供給曲線が設定される状況を示している。初期時点において資金需要＝貸出残高は DL_1、預金供給＝獲得残高は DD_1 でそれぞれ名目金利 il_1, id_1 に対応して貸出と預金が等しくなっているとする。ここで金融部門が資金需要増加に完全に応じて DL_1 が DL_2 まで右方シフトする一方、預金供給は DD_2 までしかシフトしない場合には DL_2 と DD_2 の交点は il_1, id_1 の水準よりも上方に移動する。つまり寡占的市場で決定される金利が変化しない場合には、貸出は点 B、預金は点 C で実現され、両者の残高は著しく乖離するだけでなく2点とも DL_2, DD_2 の交点よりも大きく下方に位置する状態になる。また金融部門側が貸出残高に応じて貸出金利を引き上げるとすれば、これは il_2 まで上昇することになる。

しかしこのような状態が市場において中長期的に維持されるとは考えられず、先ず金融部門は貸出先を選別する信用割当を行い、そのため貸出供給額は減少し、中央銀行は通貨政策を発動し名目金利を引き上げて預金供給の増加を図る。こうして DL_2 と DD_2 は再び DL_3, DD_3 までシフトし、貸出金利は il_3、預金金利は id_3 まで上昇して貸出は点 D、預金は点 E で実現される。図5.2では最終的な均衡点は存在せず、貸出残高 L_3 と預金残高 D_3 も乖離したままの状態が示してある。こうして貸出、預金の拡大局面、設備投資の増加局面にも名目金利は上昇することになる。とすれば高金利が借り手の利払い負担となって不良債権問題が表面化しつつある段階にも、金融部門は顧客獲得競争から貸出を増加しつづけ、市場で貸出金利も上昇するという事態があり得ることになる。

同じモデルを用いて逆の信用収縮、景気後退局面を示したのが図5.3である。ここでは資本逃避等に代表される急激な預金の流出と、経済危機下での資金需要の低下や不良債権の増大等から金融部門の貸し渋りなどによる信用収縮とが同時に起こると考えられる。この時 DL, DD 両曲線は左方シフトするが、予備的動機による貨幣保有の増加やさらに金融部門に対する公衆の不安の高まりなどを考慮すれば DD のシフト幅の方が DL のそれよりも大きい。この時、図のとおり貸出金利、預金金利ともに il_1, id_1 のまま変化が無ければ貸出行動は

図5.2 修正したムーアモデル

図5.3 修正したムーア・モデル，信用収縮局面

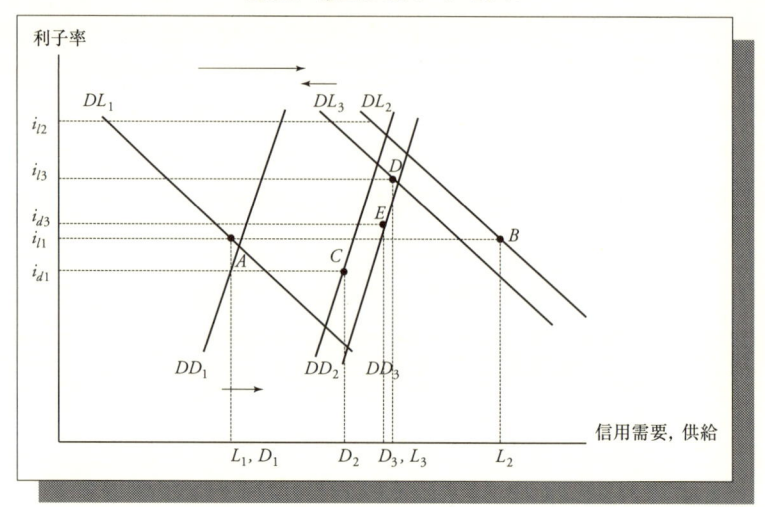

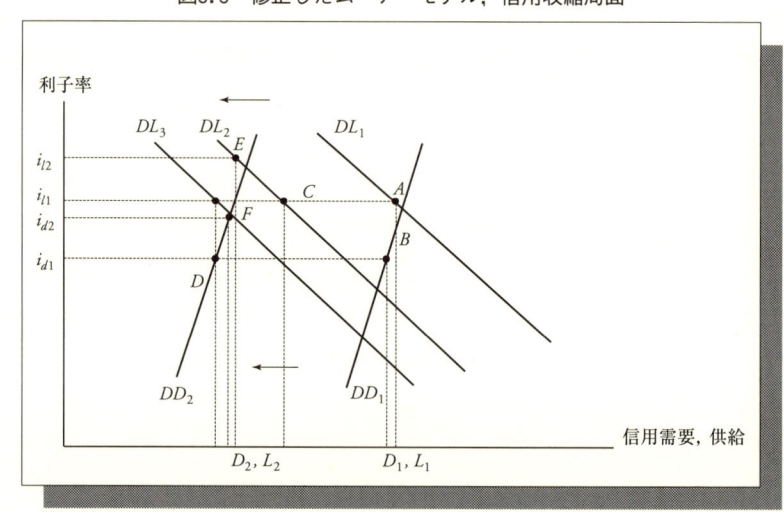

出所：Moore, B., *op. cit.* を参照し筆者作成。

点 C，預金獲得は点 D で実現され，金融部門の経常利益は極めて大きくなる。しかし貸出残高と預金残高が余りにも大きく乖離した状態は長期的には維持不可能であり，そのため金利が一定に保たれるならば貸出需要＝供給が DL_3 まで減少するか，あるいは貸出が DL_2 に留まるなら貸出金利，預金金利ともに il_2, id_2 まで上昇しなければならない。いずれにせよ貸出需給の減少と金利の上昇とがスパイラル的に継続することになる。

ところで以上指摘した点の他にも，内生的貨幣供給論をメキシコに適用することに対する疑問の根拠としてあげられる点が幾つかある。まず1990年代のラテンアメリカの特徴として直接金融の比率の上昇があり，メキシコでは債券市場での資金調達の対 GDP 比が1990年の13.5％から1996年には37.1％まで上昇した[8]。果たして債券発行による資金調達がこれだけの比重を占める経済において，銀行部門の役割を中心と考える内生的貨幣供給論は妥当するのか。これは確かに重要な論点だが，実は内生的貨幣供給論が現在の形でモデル化されたのは主に米国であり，当然米国経済を主たる対象としている。そこで同理論の見地から債券市場の役割を考えるとすれば，債券発行によって資金が調達される場合，その資金とは元をただせばどこから供給されたものであるのかが問題となる。つまり債券を買取る投資家の期首における所得が，何らかの経済活動から発生したキャッシュ・フローから分配されたものであるならば，そこで既に銀行部門からの信用供給を受けているのである。ただしこの債券投資の段階で流動性選好が問題となるし，また他方でもしこの投資家が国外居住者であれば，自国内のみでは内生的貨幣供給は成立しないことになる。

もう一つ考えられる疑問として，特に中小企業金融において重要なサプライヤーズ・クレジットを同理論でモデル化できるかという点がある。メキシコにおけるサプライヤーズ・クレジットの拡大はロペス（López, A., 1999），久松＝佐藤（2002）が指摘するとおり，1990年代前半に資金調達手段の20％強，2001年には52％に達すると推定され，それだけ商業銀行貸出の比重が低下している。しかし内生的貨幣供給論の立場では，このサプライヤーの資金はどこから供給されたのかが問題となる。一般的にサプライヤーズ・クレジットを提

---

(8) 西島（1999）．

供するのは企業グループ内の上位に位置する取引企業，持ち株会社であり，これらは系列融資への依存が高いことは既に見たとおりである。したがってサプライヤーズ・クレジットの拡大とはマクロ的には企業金融の階層化，ハイラーキー化とでも理解すべきものといえる。もちろんこの場合も，国外から借入等の手段で調達される場合は内生的貨幣供給論ではモデル化できないのであり，その意味で現代の新興市場諸国では内生的貨幣供給論がどこまで適用できるかを検討することがまず第一義的な問題になると考えられる。

3 パリーによる中央銀行の貨幣供給コントロール・モデル

次に，修正したムーア・モデルをパリー（Palley 1991, 1996,c）のモデルと接合し，金融部門の行動と通貨当局によるベース・マネー管理の相互連関を理論化する。取り合えず仮説として，通貨当局は市場での信用需給の状況を斟酌してプライム・レートを設定し，逆に寡占的市場では金融部門はプライム・レートにマークアップ率，マークダウン率を加重して貸出金利，預金金利を決定すると考える。つまり名目金利には市場で決定される側面と銀行のイニシアティブで決定される側面，さらに政策的にコントロールされる側面があると考える。

モデルを構成する変数は次の通りである。

1) 信用需要； $DL = DL(i_l, i_t, PY, \pi \cdots)$
2) 名目貸出金利； $i_l = (1 + i_m) i_t$
3) 金融部門のバランスシート； $L + R_r + R_e + G = DD + MM + BR + II$
4) 金融部門の超過準備保有； $R_e = k \cdot DD_{t-a}$
5) 非金融部門の貨幣需要； $M_d = m \cdot DD$
6) ベース・マネーに対する需要； $H_d = R_R(i_t, i_l, PY) + R_E(i_t, i_d, PY)$
7) 貨幣市場の需給均衡； $M_s = M_d$
8) 銀行貸出の需給均衡； $L_s(i_t, i_l, DL) = DL$
9) 通貨供給の定義； $M_1 = DL + DD$

DL：銀行信用に対する需要， L_s：銀行信用供給，

i_l：名目貸出金利, i_m：名目金利マークアップ率,
i_p：プライム・レート, R_e：銀行の法定準備保有,
R_e：超過準備保有, G：銀行部門の公債保有高,
DD：現実の預金残高, i_t：公債金利,
i_d：預金金利, H_d：ベース・マネーに対する需要,
M_1：通貨需要, H_s：ベース・マネー供給,

銀行部門は信用需要に応じて貸出を行いマークアップ原理で金利を設定するという仮定は，修正したムーア・モデルと同じである。ここでバランスシート3）では右辺に貯蓄預金，インターバンク預金，中央銀行借入れに加えて自己資本（これは前期までの貸出から得られた純利益が主たる構成要素）を含め，これは事後的均衡であって事前の制約条件ではない。

1) —5) 式と 8) 式より，

$$DD = DL[(1+i_m)\cdot i_p, i_t, PY, \underline{\pi}\cdots]/(1-K). \tag{5.3.1}$$

6) 式と 7) 式より；

$$M_d = M_s = (m+k)\cdot DL[(1+i_m)\cdot i_f, i_t, PY, \underline{\pi}\cdots]/(1-k). \tag{5.3.2}$$

9) 式より；

$$M_1 = (1+m)\cdot DL[(i+i_m)\cdot i_f, i_t, PY, \underline{\pi}\cdots]/(1-k). \tag{5.3.3}$$

図5.4の第1象限には修正したムーア・モデルの資金需要＝貸出供給曲線と預金需要＝供給曲線を当てはめ，DL は信用需要残高，DD は（非金融部門から銀行への）預金供給，i_{l1} と i_{l2} は貸出金利である。追加的貸出は DL の右方シフト，預金増加は DD の右方シフトで示され，この時同時に流動性準備も増加する（第2象限）。公衆の流動性選好が高い経済においては DD のシフト幅は DL のそれより小さく，従って新規信用が追加されるに伴い貸出金利，預金金利は上昇する。この時貨幣需要も増加するが，切り下げ期待等から自国通貨に対する信認が低い経済においては貨幣需要残高には上限があり，同関数は第3象限で描かれる形になる。

124　第2部

図5.4　パリー・モデル（1）

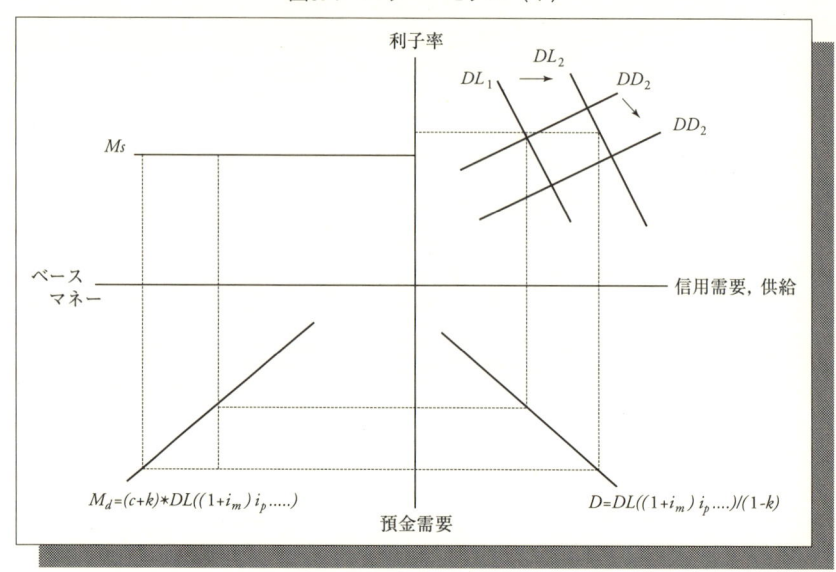

$M_d=(c+k)*DL((1+i_m)i_p.....)$　　預金需要　　$D=DL((1+i_m)i_p.....)/(1-k)$

出所：Palley, T.（1996）p.110 を参照し筆者作成。

図5.5　パリー・モデル（2）

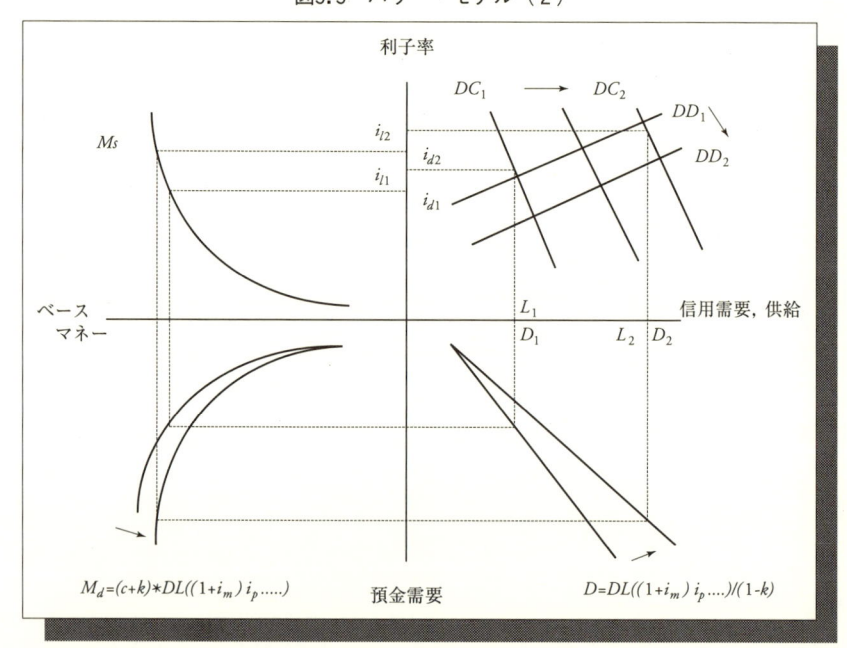

$M_d=(c+k)*DL((1+i_m)i_p.....)$　　預金需要　　$D=DL((1+i_m)i_p.....)/(1-k)$

出所：Palley, T.（1996）p.111 を参照し筆者作成。

ここでは追加的マネー・サプライを決定するのは資金需要の拡張で，これは第1象限でDL, DD曲線の右方シフトによって示される。そして貸出Lと預金Dがどれだけ増加するかは(5.3.1)式の係数によって表わされる。預金残高の増加によって金融部門は超過準備高を積み増しでき（4)式より），この結果6), 7), 9)式よりベース・マネーの需給が拡大する。ここでベース・マネー需要増に対して通貨当局が完全に受動的に反応して同額の追加的マネーを供給するなら，第2象限の貨幣供給曲線は一定のプライム・レート水準で水平になる。これはムーアのオリジナルで描かれたホリゾンタリストのモデルである。

現実にはベース・マネー需要増に対し通貨当局が同額の貨幣供給で応じることは稀で，特に信用拡張局面では金融引き締めがとられ，この手段としてはプライム・レートの引き上げか必要準備率の引き上げがある。前者の場合，通貨当局の行動は図5.5の第2象限のようにベース・マネー軸に対して右上がりの貨幣供給曲線で示される。特に金融自由化，開放化を経た小国開放経済では通貨当局は，外資流入確保・為替過大評価維持の目的から為替市場介入を行い，またベース・マネー管理のために不胎化介入することは第3章で見たが，こうした政策は2つの伝播経路を通じて市場で貸出金利を上昇させる。第1に公衆が公債購入のために預金を取り崩せば第1象限でDD曲線が左方シフトする。第2に金融部門が超過準備を取り崩して公債購入に充てるならば，銀行は信用割当を行って追加的貸出供給を抑制しようとし，市場では貸出金利が上昇する。

第1象限で貸出と預金の拡大が，第2象限で中央銀行によるプライム・レート引き上げが表され，これに第3，第4象限のベース・マネー需要と銀行準備需要のシフトが対応する。ムーア・モデルの修正で見たように貸出の増加に比べて預金の増加幅が小さい場合，銀行部門全体で超過準備を取り崩して貸出に充て4)式のkが低下し，(5.3.1)式より準備需要曲線は右上方シフトする。このときベース・マネー需要も低下するので，第3象限でベース・マネー需要曲線が右方シフトする。これら2つの曲線のシフトにより第2象限で表されるプライム・レートが追加的に変更されざるを得なくなる場合もあり得る。以上において，中央銀行によるマネー・サプライ管理，金利調整は，貸出と預金の変化に応じて準備を調整しようとする銀行部門のバランスシート管理を通じて

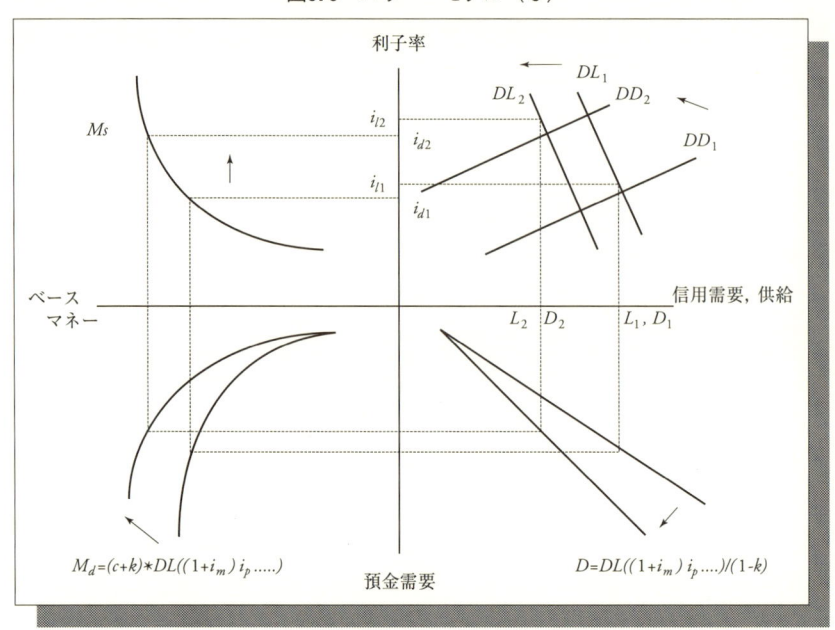

図5.6 パリー・モデル（3）

（図中のラベル：利子率、M_s、DL_1、DL_2、DD_2、DD_1、i_{l2}、i_{d2}、i_{l1}、i_{d1}、ベースマネー、信用需要, 供給、L_2、D_2、L_1, D_1、$M_d=(c+k)*DL((1+i_m)i_p\ldots)$、預金需要、$D=DL((1+i_m)i_p\ldots)/(1-k)$）

出所：Palley, T.（1996）p. 111 を参照し筆者作成。

市場に伝播される点がこのモデルの特徴である。

　図5.6は同様の関係を，恒常的に通貨代替が存在し，そのため自国通貨に対する需要が不安定になっている小国開放経済について示したものである。こうした自国通貨の売り圧力は主として利子率の変動期待や為替相場の切り下げ期待によって発生する。固定相場制もしくは対ドルペッグ制の下で切り下げ期待が高まれば，直ちに外貨需要が高まり自国通貨に対する需要は相対的に低下する。名目金利が市場で決定されるとすれば，この時直ちに諸金利が上昇する。この時中央銀行の外貨準備が充分な水準で維持されれば市場での切り下げ期待は抑制され，現実に資本逃避・通貨代替がストップされれば切り下げは回避され得る。しかし市場金利のシグナルだけで切り下げ期待が払拭されることはあり得ず，通常は中央銀行が為替市場，資金市場に介入して金利引き上げに努めようとする。

　以上を踏まえて，図5.6では貸出と預金が共に減少する状況で，預金の減少

のほうが大きく，DD_1 から DD_2 への左方シフトが DL_1 から DL_2 へのシフトよりも大きい場合を示してある。この第1象限で決定される金利は図5.5と同様に上昇するが，プライム・レートが引き上げられるか否かは第3，4象限の貨幣需要，準備需要曲線のシフト幅と形状に依存して定まることが図から理解できる。特に第3象限のベース・マネー需要曲線が横軸に対してより大きく凸の形状で，かつ左上方へのシフトが大きいほど，プライム・レートは引き上げられる。

4　金融不安定性理論と信用割当の定式化

　内生的貨幣供給論の中でもホリゾンタリストと対立する構造主義内生的貨幣供給論の立場では，貨幣供給残高とは非金融部門の貨幣・信用需要，金融部門の貸出行動と預金獲得，そして中央銀行による金融政策の三者の複雑な力学関係の結果として決定されると考えられる。この時ベース・マネーの乗数倍が貨幣ストックになるという関係は，事後的に観察されるに過ぎない。こうした見方をとる代表的な研究としては，レイ（Wray, 1990, pp. 193–213, 1992 a, 1993），パリー（Palley, 1996 d, pp. 107–120），エプスタイン（Epstein, 1990），ナイグル（Niggle, 1991），アレスティス＝ホーウェルス（Arestis and Howells, 1992），などがある。ここで金融部門の貸出行動について，同部門がある程度能動的に貸出額や融資相手を決定すると認めるならば，それはすなわち信用割当の発生をモデルに組み入れることになる。また他方で非金融部門の投資ファイナンスと信用需要との関係が一義的ではなく，企業の内部留保による投資ファイナンスや，あるいは必ずしも設備投資のためではない信用需要が発生することを理論的に重視したモデルがミンスキーの金融不安定性仮説である。

　ミンスキーの言葉では，貨幣とは非金融部門の支出が金融機関を通じて負債としてファイナンス（debt finance）される時「創造」され，過去の銀行債務が償還される時「破壊」される。ここでいう支出としてマクロ経済的に最も重要であるのが設備投資コストであり，投資が実現されるのはそれがファイナンスされる場合に限られる。つまり「投資の分析は，実物資産の価格決定によって始まる。貨幣量，貨幣の流動性の価値，そして実物資産や金融資産が将来的に

もたらす所得や流動性によって,実物資産や金融資産の各々の価格が決定される。実物資産や金融資産の価格は,さまざまの種類の投資財の需要価格を決定する。……しかし投資財の需要価格は,投資の速度を決定しない。実物資産の市場価格とそれに対応する投資財の需要価格が決定されても,それだけでは投資財に対する有効需要は確保されない。投資に対する有効需要は,金融を必要とする」。(9)

しかし負債の返済に充てられるべき将来の利潤キャッシュ・フローは,投資が計画されファイナンスされる時点では投資主体にとっても金融主体にとっても「不確定要素」に過ぎない。こうして将来のキャッシュ・フローの現在価値が現時点の債務利払いの必要額を確実に上回るならば,この投資ファイナンスによる貨幣の創造とその返済による破壊は順調に進むと期待され,金融システムは安定的となる。これが掛け繋ぎ金融 (hedge finance) の状態である。しかし前者が後者を下回ることが予想されるか,あるいは過去の債務について現実に下回っている場合,利払いのために新たな債務を取りつける投機的金融 (speculative finance),さらに現存の資本設備を売却して利払いに充てるポンツィ金融(Ponzi finance) の状態に陥る。こうして貸し手借り手双方が著しいリスクを負い,追加的ファイナンスによってこれを先送りする結果一層リスクを高めてしまう状況が,金融不安定性の発現である。

ミンスキーが定義した金融不安定性とは,金融部門の錯乱に対して非金融部門が利潤を確保し,投資を継続することが困難になる可能性が高まることである(10)。米国では金融不安定性は設備投資ファイナンスにおける直接金融と間接金融との比率の急激な変化によって観察されるが,直接金融,間接金融の比率は各国毎にその制度的条件によって様々であるし,金融自由化の途上にある新興市場諸国では投資ファイナンスの手段は常に変化する。したがって金融不安定性といっても,制度的諸条件によってその発現の仕方は異なる(11)。

---

(9) 　Minsky (1982).
(10) 　Minsky (1982) pp. 36 (邦訳 pp. 41), (1986) pp. 229 (邦訳 pp. 286).
(11) 　Epstein (1994) が主に OECD 諸国を対象にこの点を分析し,また Crotty and Dymski (2001), Schroeder (2002) は金融不安定性論をアジア通貨危機に適用する試みである。

第7章でも検討するが，メキシコでは投機的金融やポンツィ金融の段階において，不良債権の表面化を先送りする目的で，利払いが滞っている借り手に対して「追い貸し」が行われてきたといえる。これは商業銀行，証券会社が統合された金融グループがGDPの約30%を産出し，貸し手と借り手の間に様々の結合が形成されている現実を踏まえた仮説である。また金融グループ内の大手企業と金融機関との間では情報の非対称性はまず存在せず，それ以外の中小企業との間で信用市場は分断されているのである。以下のモデルは宇恵（2000），渡辺（1995），テイラー＝オコンネル（Taylor and O'Connel, 1985），アイゼンマン＝パウエル（Aizenman and Powell, 1997）を参考に，この追い貸しの仮説をとり入れて作成したものである。

（1）設備投資とそのファイナンス

ミンスキーにしたがって，企業は投資の需要価格と供給価格が一致する水準に投資を決定すると考える。投資需要価格 P_d とは投資によって発生するキャッシュ・フロー Q の現在価値であり，このキャッシュ・フローは稼働率 u，投資 I に依存し，毎期 g の比率で増加する。また割引率を ρ として，

$$P_d = Q(u, I)/\rho, \quad \partial Q/\partial u > 0, \quad \partial Q/\partial I < 0. \tag{5.4.1}$$

一方，投資 I をファイナンスする手段としては内部留保，銀行貸出，証券発行，対外債務の4つが考えられる。ここで証券にはさらに国内証券市場での発行分 N と国際市場での発行分 X とに分けられるが，この点は後述する。以上より割引率 ρ は，銀行貸出金利 i_L，株式配当率 δ，対外債務金利 i_{ex} の，銀行貸出 L，株式資本の価値 peE，対外債務残高の自国通貨建て金額 rF の合計による加重平均として決定される，資本コストである。

$$\rho = (i_L L + \delta peE + i_{ex}rF)/(L + peE + rF). \tag{5.4.2}$$

pe；証券指数，E；既発行株式の額面価格，
F；対外債務残高の外貨建て金額，

これを L，E，F を全て資本ストック価値 pK に対する比率で表わせば次の

結果を得る。

$$\rho = il/(l+pee+rf) + \delta pee/(l+pee+rf) + iexf/(l+pee+rf)$$
$$= \rho(\underset{+}{il}, \underset{+}{\delta}, \underset{-}{l}, \underset{-}{pee}, iex, \underset{+}{rf}). \tag{5.4.3}$$

　　l；期首までの銀行融資残高 L/資本ストック価値 pK,
　　pee；株主資本価値 peE/資本ストック価値 pK,
　　f；対外債務残高 F/資本ストック価値 pK,
　　r；名目為替レート（自国通貨/米ドル）

ここで株主資本コストはマクロ経済動向を示す稼働率と負債残高（企業のビジネスリスク）によって定まると考えると，

$$\delta = \delta\ (\underset{-}{pee}, \underset{+}{u}, \underset{+}{l}). \tag{5.4.4}$$

次に投資の供給価格は，産出財の市場価格に等しいとすれば，投資 I は

$$Q(u,I) = [\rho(i,\delta,l,pee,iex,rf) - g] \cdot p, \tag{5.4.5}$$

で決定される。(5.4.1) から (5.4.5) までを I について解けば投資水準と蓄積率の説明変数が求められる[12]が，これを展開すると極めて複雑な式になるので一般形で表わしておく。

$$I = (\underset{+}{u}, \underset{-}{\delta}, \underset{-}{il}, \underset{-}{l}, \underset{-}{pee}, \underset{+}{g}, id, ex, iex, \underset{-}{rf}),$$
$$k = I/pK = k(\underset{+}{u}, \underset{-}{\delta}, \underset{-}{il}, \underset{-}{l}, \underset{-}{pee}, \underset{+}{g}, id, ex, iex, rf). \tag{5.4.6}$$

次に投資の資金調達を考える。企業は投資の一定割合 α 相当分を内部留保でファイナンスすると考えれば，計画される「観念的な」資本蓄積率 k^s に対応する内部留保資金額は αk^s で表わされ，$(1-\alpha)k^s$ が企業の「観念的な」資金需要の上限となる。ここで s の添字で示される「観念的」という概念は，制約条件は考慮せずに計画されうる各変数の水準を意味する。信用割当が発生していない場合には企業部門の新規の観念的な信用需要 $(1-\alpha)k^s$ はそのまま実

---

[12]　Minsky (1986) pp. 142–147, Mántey (1994) pp. 178–179.

現可能な有効信用需要（*で表わす）となり（$l^* = (1-\alpha)k^*$），したがって有効蓄積率 k^* も観念的な蓄積率 ks に一致する。しかし信用割当が発生している場合には，実現可能な有効信用需要は観念的な信用需要を下回り，銀行部門による観念的な信用供給マイナス株式発行高マイナス純対外債務の水準に一致させられる。つまり有効信用需要 c^* は，

$$(1-\alpha)k^* = c^* + pee + rfu = l^s, \quad c^* = l^s - pee - rfu. \quad (5.4.7)$$

で表わされる。ただし資金需要側から見て銀行借入れと株式発行は全く代替的であるのに対し，対外債務残高は稼働率の上昇に伴なって（例えば資本財輸入等の支払のための外貨獲得の必要性の高まりによって）比例的に増大するものと考えてある。

（2） 銀行部門の貸出行動

1）信用割当：金融不安定性仮説の文脈で信用割当を理論化するにあたっては，これを単に貸し手と借り手の間の資金分配関係として捉えるのではなく，信用割当が発生する条件とその影響をマクロ・レベルで理解することが重要になる。信用割当の研究としてはスティグリッツ＝ワイス（Stiglitz and Weiss, 1981），ブラインダー（Blinder, 1987），ハラミージョ他（Jaramillo 他，1996），ウォルフォンソン（Wolfonson, 1996）がある。スティグリッツ＝ワイス（1981）は，高リスクの借り手と低リスクの借り手が存在し，彼らと銀行の間に情報の非対称性を前提として銀行が期待収益を最大化するよう金利を設定する場合を考えるが，ここで銀行の期待収益は貸出リスクの減少関数，貸出リスクは利子率の増加関数であるから，銀行にとっての「最適利子率」を上回る利子率上昇は却って期待収益を減少させる。そして銀行は低リスクの借り手も顧客として確保しようとすれば彼らが受け入れる上限までしか金利を引き上げられず，この時資金需要が貸出供給を上回れば信用割当が発生する。

ブラインダー（1987）はこうした議論をマクロ動学に拡張し，企業部門が将来に関する正しい予見をもって産出計画を立て資金需要を計画すると仮定する。しかし銀行部門の貸出可能資金額がこのマクロ的な資金需要を下回り，さらに情報の非対称性からそのことが企業部門には知られない場合に信用割当が発生

する。この結果，稼動資本総額が制限され総供給も低減する。こうして総供給が総需要を下回れば社会的にインフレ圧力が発生するが，この時体系の調整過程は発散的となる。ハラミージョ他（1996）も同様に情報の非対称性から信用割当の可能性をモデル化するが，貸出残高の制限や利子率の変化が及ぼす影響が大企業と零細企業では異なることを実証的に示した。そしてエクアドルでは1980年代からの金融改革が小規模企業に対する金融的制約をほとんど緩和していないと結論している。

　これに対してポスト・ケインジアンの視点から信用割当を理論化しようとするウォルフォンソン（1996）は，まず情報の多少にかかわらず将来を予知できないことでは貸し手も借り手も条件は対等であると強調する。したがって問題は情報の非対称性ではなく双方にとっての「根本的不確実性」(fundamental uncertainty)であり，さらに貸し手と借り手の立場の違いは「予想の非対称性」(asymmetric expectations)として表れる。こうしてウォルフォンソン（1996）は銀行による信用割当を四段階に分類する；①予見されるリスクに基づいた，銀行による借り手の分類，②系列融資等の例外的ケースを除けば，銀行は高リスクが予想される借り手に対しより高い金利スプレッドを課す，③銀行は金利以外の融資条件についても差別化を検討し，さらに継続されてきた融資の一部を打ち切る，④銀行は最終的に，特別緊密な関係にある借り手に対してのみ融資を続ける。つまり信用割当とは銀行側と借り手企業側との関係において問題となるのであり，貸出資金ファンドと資金需要との数量比較は中心的な問題ではない。

　2）銀行は基本的には非金融部門の資金需要に応じて貸出を行うが，その際貸出が不良債権化するリスクを考慮して名目貸出利子率を決定し，更には信用割当かあるいは「追い貸し」を実施するかという貸出行動も能動的に選択すると考える。

$$i_l = i(pee, u, l, ex), \qquad (5.4.8)$$

ここで銀行は貸し出した資金がマクロ・レベルでは将来的に預金として還流させられることを前提として貸出にあたると考えれば，今期期首における預金残高は貸出の制約とはならない。さらに銀行の自己資本としては，株式発行分は

単純化のため一定と考えて，利子収益から積み立てられる剰余金（日本で言う任意積立金と当期未処分利益金）のみを考えれば，通常理解されるバランスシート制約とはむしろ利潤制約として理解できる。

$$R+L=D+\Pi, \quad \Pi=il(1-\theta)\cdot L. \tag{5.4.9}$$

そして銀行は実現預金残高に比例して必要準備を保有し，また非金融部門全体の稼動資本量の変化（つまり景気動向）に応じて超過準備を保有するので，

$$R=R_r+R_e, \quad R_r=\lambda D^s=\lambda(\beta L^*), \quad u；非金融部門の稼働率 \tag{5.4.10}$$

$$R_e=-vupK, \quad pK；資本ストックの価値. \tag{5.4.11}$$

(5.4.12) では銀行の観念的な貸出はその動機，あるいは貸出決定の基準によって3つに分類できると考えてある。まず①銀行は非金融部門の稼動資本ストック upK，つまりそれによって定まる資金需要に応じて $bupK$ を貸し出し，②加えて貸出 L^s に対して一定の基準レベルの期待経常利益 Π^s に対応して $\gamma\Pi^s$ を貸し出し，③さらに不良債権あるいは不良債権化する確率の高い債権を抱える貸出先に対して $q\theta L^s$ の追い貸しを行うと考える。

$$\begin{aligned}L^s &= \gamma\Pi^s + q\theta L^s + bupK \\ &= \gamma[(1-\theta)ilL^s - idD^s - j\theta L^s] + q\theta L^s + (bup-urf)\cdot K, \\ &= [\gamma(1-\theta)il + q\theta - \gamma j]\cdot L^s - (\gamma id/\lambda)\cdot(R+vupK) + (b-rf)upK. \end{aligned} \tag{5.4.12}$$

$$\theta\text{（貸出が不良債権化する確率）}=f(\sum_{i=1}^{t-1}L_i, il_1, il_2 \ldots il_{t-1}, \pi^* \ldots).$$

$0<\theta<1,$

$v, \gamma, b>0,$

π^*；非金融部門の利潤率，

$j\theta L^s$；不良債権から発生する銀行の機会費用，

(5.4.12) では観念的な貸出から期待される預金 D^s は含まれるが，期首における預金残高は貸出の制約には含まれない。ここで貸出から期待される利潤

とは回収可能（と考えられる）債権の利子収益から預金の利払い負担と不良債権による機会費用を差し引いたもので，γ と b は銀行の貸出意欲にあたる。

　通常では利潤極大化を目的とする銀行は，貸倒れの可能性が高い借り手に対してはあえて貸出は行わず，信用割当を実施すると考えられる。しかし金融グループ内の系列融資が重要になる場合，銀行は必ずしも利潤極大化のみをその目的とするとは限らない。特に借り手側の不良債権，あるいは不良債権化する危険の高い債権に対して機会費用率 j を伴なってもあえて「追い貸し」を行い，バランスシート上で損失が顕在化するのを先送りしようとする可能性が高い。顕在化した不良債権に加えて潜在的な不良債権まで含めて，このように銀行部門の貸出行動における対応は必ずしも利潤極大化行動のごとくに一義的には定まらないのであり，$q\theta L^s$ はこの追い貸しの可能性を示している。そしてこの追い貸しによる機会費用が過大となる場合には，貸出リスクを少しでも軽減したい銀行は本来なら中程度の危険度である借り手に対する追加的貸出を削減せざるを得なくなる。こうして追い貸しが行われる下での信用割当とは，危険度の高い借り手に対して銀行側の裁量で貸出が行われ，比較的危険度の低い相手に対して貸出が打ち切られるという歪んだ構造になり得る。

　(5.4.12) より L^s の項をまとめて整理すれば次の (5.4.13) を得る。

$$L^s = \frac{1}{1-\gamma(1-\theta)il-q\theta+\gamma j} \cdot [-(\gamma id/\lambda)\cdot R + \{(vaid/\lambda)+b-rf\}\cdot upK]. \tag{5.4.13}$$

ここで $1-\gamma(1-\theta)il-q\theta+\gamma j$ は正負双方の符号を取りうるが，$q\theta$ と j とは通常は同方向に変化するし，γ は比較的変化は少ないと考えられるので，これは通常の状態では正値をとると考えられるが，この点は再度検討する。

(5.4.13) において；

$$m = R/pK, \quad A = (\gamma id/\lambda)/[1-\gamma(1-\theta)il-q\theta+\gamma j],$$
$$B = \{(v\gamma id/\lambda)+b-rf\}/[1-\gamma(1-\theta)il-q\theta+\gamma j],$$

と置き換えれば銀行部門の観念的な信用供給は；

と表わされる。そして信用割当が発生する状態においては観念的な信用供給に一致する水準の有効信用供給が，金融部門側の判断により実現される。

$$l^s(=L^s/pK) = -Am + Bu, \qquad (5.4.14)$$

$$l^*(=L^*/pK) = -Am + Bu - \pi^*. \qquad (5.4.15)$$

ここから形成される有効預金供給は，バランスシートの関係から次のように表わされる。

$$d^*(=D^*/pK) = m - Am + Bu - \pi^*. \qquad (5.4.16)$$

（3） 資産所有部門

国内居住者の資産所有者は期首において，資産として国内市場発行分の証券 p_eN と貯蓄預金 D のみを保有していると仮定し，この2つは互いに代替的と考える。

$$\begin{aligned}
pen &= (p_eN/pK) = \mu(u,\delta) \cdot (pen + d), \\
d &= (D/pK) = \eta(u,\delta) \cdot (pen + d), \\
\mu(u,\delta) &+ \eta(u,\delta) = 1.
\end{aligned} \qquad (5.4.17)$$

（4） 財市場と金融市場の均衡条件

企業部門の収益は賃金所得と利潤に分配され，利潤は更に内部留保と金融部門への利払い，そして配当と対外債務の利払いに分配される。ここで単純化のために家計部門は賃金所得を全て消費して貯蓄せず，また銀行の利子収益と配当とは全て貯蓄に廻されるとすれば，マクロ・レベルの貯蓄とは企業部門の全利潤マイナス対外債務利払いに等しくなる。w を貨幣賃金，n を労働産出比率，ε をマークアップ率として，

$$s(=S/pK) = \varepsilon wnu - iex(rfu), \qquad (5.4.18)$$

信用割当が発生する場合には財市場の均衡条件とは内部留保プラス新規の有効

信用供給プラス国内市場での証券発行高の合計が，貯蓄マイナス対外債務利払い（貯蓄の国外への移転）に等しくなることであるから，

  財市場均衡条件：$ak - Am + Bu + pen = \varepsilon wnu - iex(rfu)$. (5.4.19)

以上を用いて，為替レートの動学的調整がある場合と無い場合に分けて体系の安定性を検討する。

1) 為替レートの動学的調整を考えない固定レートあるいは管理レートの場合，各市場の均衡条件は；

  株式市場　$\mu(u, \delta) \cdot (pen + d) + rpexx = pee$, (5.4.20)
  預金市場　$\eta(u, \delta) \cdot (pen + d) = m - Am + Bu - \pi^*$,
  　　　　　　　　　　$(\mu + \eta = 1)$ (5.4.21)
  信用市場　$-Am + Bu = c^* = l^s - pee - rf$.
  　　　　　　　　　　$i = i(pee, u, l)$ (5.4.22)

ここで pex は国際市場における証券指数，x は同市場での額面価格を資本ストック価値 pK で除した値である。$e = x + n$ に注意し，またここで $rpex = pe$ とすれば，d を消去して次を得る。

  株式市場均衡条件：$[1 - \mu(u, \delta)] \cdot pen = \mu(u, \delta) \cdot (m - Am + Bu - \pi^*)$.
  (5.4.23)

以上よりモデルを構成する方程式を整理すると；

  蓄積関数　　　　$k = I/pK = k(u, \delta, il, l, pee, g, id)$, (5.4.24-1)
  株主資本コスト　$\delta = \delta(pee, u, l)$, (5.4.24-2)
  貸出利子率　　　$i = i(pee, u, l)$, (5.4.24-3)
  財市場均衡条件　$\alpha k - Am + Bu + pen = (\varepsilon wn - ierf) \cdot u$, (5.4.24-4)
  株式市場均衡条件　$[1 - \mu(u, \delta)] \cdot pen =$
  　　　　　　　　　$\mu(u, \delta) \cdot (m - Am + Bu - \pi^*)$. (5.4.24-5)

為替レートの変化が外生的であると仮定して，内生変数を k, δ, i, u, pe, に限定して稼働率 u と証券指数 pe の動学的調整過程を検討する。

$$\dot{u} = h_1[\alpha k - Am + Bu + pen - (\varepsilon wn - ierf)u], \quad (5.4.25)$$

$$\dot{pe} = h_2[\mu(u, \delta) \cdot (m - Am + Bu - \pi^*) - pen \cdot (1 - \mu(u, \delta))]. \quad (5.4.26)$$

ただし h_1, h_2 は各市場の正の調整速度である。この調整方程式の均衡値 (u', pe') の安定性を調べるため均衡値の近傍で線形化した方程式を考える。

$$\begin{pmatrix} \dot{u} \\ \dot{pe} \end{pmatrix} = \begin{pmatrix} b_{11} & b_{12} \\ b_{21} & b_{22} \end{pmatrix} \begin{pmatrix} u - u' \\ pe - pe' \end{pmatrix} \quad (5.4.27)$$

$b_{11} = \partial u/\partial u = h_1(\alpha Q_1 + B - \varepsilon wn + ierf)$,
$b_{12} = \partial u/\partial pe = h_1 \alpha Q_2 + n > 0$,
$b_{21} = \partial pe/\partial u = h_2[(Q_3 \cdot (m - Am + Bu - \pi^* + pen) + \mu B) > 0$,
$b_{22} = \partial pe/\partial pe = h_2[Q_4 \cdot (m - Am + Bu - \pi^* + pen) - (1 - \mu)n] < 0$.

ただし

$$\begin{aligned} Q_1 &= \partial k/\partial u + (\partial k/\partial \delta) \cdot (\partial \delta/\partial u) + (\partial k/\partial i) \cdot (\partial i/\partial u) > 0, \\ Q_2 &= (\partial k/\partial \delta) \cdot (\partial \delta/\partial pe) + (\partial k/\partial i) \cdot (\partial i/\partial pe) + \partial k/\partial pe > 0, \\ Q_3 &= (\partial \mu/\partial u) + (\partial \mu/\partial \delta) \cdot (\partial \delta/\partial u) > 0, \\ Q_4 &= (\partial \mu/\partial \delta) \cdot (\partial \delta/\partial pe) < 0. \end{aligned} \quad (5.4.28)$$

(5.4.27) のうち $m - Am + Bu - \pi^* + pen$ は (5.4.16) より必ず正で，また (5.4.27)，(5.4.28) の正負は全て $B > 0$ の場合に成り立つものである。この体系で安定的均衡が成立する必要条件は；

$$\begin{aligned} \text{Trace} &= b_{11} + b_{22} < 0, \\ \text{Det.} &= b_{11}b_{22} - b_{21}b_{12} > 0. \end{aligned} \quad (5.4.29)$$

さらに体系の安定性を検討するため曲線 $\dot{u} = 0$ と $\dot{pe} = 0$ の傾きを調べておくと，

図5.7

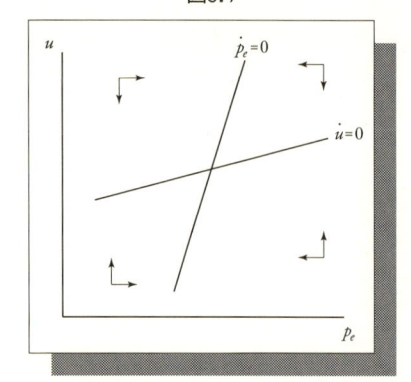

図5.8

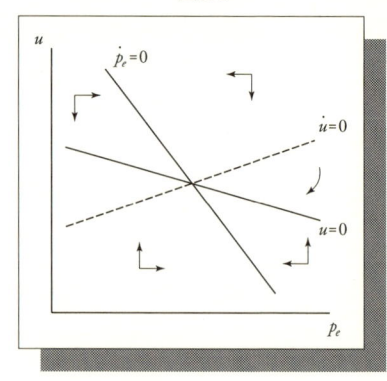

出所：筆者作成。

出所：筆者作成。

$$\frac{du}{dpe}\bigg|_{\dot{u}=0} = -b_{12}/b_{11} \gtrless 0,$$
$$\frac{du}{dpe}\bigg|_{\dot{p}e=0} = -b_{22}/b_{21} > 0. \tag{5.4.30}$$

$B>0$ を前提として $b_{21}>0$ が満たされる限りにおいて曲線 $\dot{p}e=0$ は右上がりであるが，一方で b_{12} は常に正であるので，この時デターミナントの符号条件が満たされるためには b_{11} は必ず負でかつ十分小さい値を取らねばならない。これはつまり曲線 $\dot{u}=0$ が右上がりの傾きを持つことである（図5.7）。またこの時トレースの符号も必ず負になる。

次に B が負値でかつ十分に小さければ $b_{21}<0$ となり，この時；
$\frac{du}{dpe}\bigg|_{\dot{p}e=0} = -b_{22}/b_{21}<0$ となるので曲線 $\dot{p}e=0$ は右下がりとなる。この時 b_{11} は必ずしも負である必要はなくトレースとデターミナントの符号条件を満たすぎりぎりで正値を取り得る。この時曲線 $\dot{u}=0$ は pe 軸に対し比較的緩やかな右下がりになり得る。以上より図5.8のように $\dot{u}=0$ が右上がりかまたは $\dot{p}e=0$ に比べて緩やかな右下がりである場合，調整過程は収束的で体系は安定的である。

しかし①b_{21}（<0）が比較的小さな値ではなく，したがって $\dot{p}e=0$ の傾きが緩やかな右下がりであるか，あるいは②b_{21} が過大な正値を取りそのために $\dot{u}=0$ が著しく右下がりに描かれる場合が図5.9の場合である。これはトレースとデターミナントの一方，あるいは両方の符号条件が満たされない場合にあたり，図の通り体系は鞍点均衡の状態になる。

図5.9 図5.10

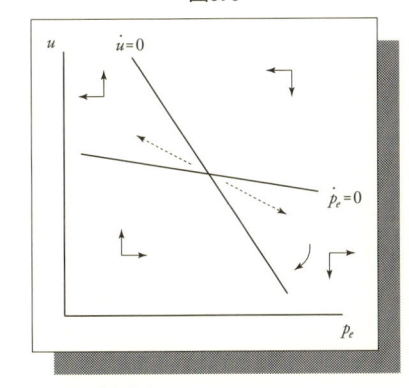

出所：筆者作成。　　　　　　　　　出所：筆者作成。

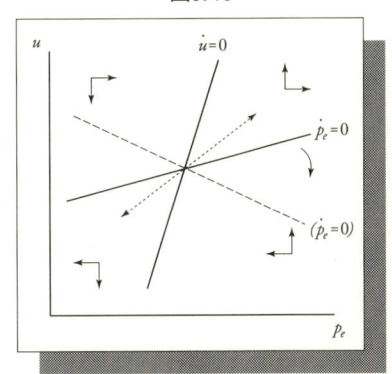

　ここで改めて各々の条件を検討すれば，$b_{11}<0$ とは $\alpha Q_1+B-\varepsilon wn+ierf<0$，つまり銀行の貸出意欲と企業の内部留保率が充分小さく，かつ対外債務の利払い負担も小さいことであるが，実際にはこの3つが同時に満たされることはあり得ない。更に εwn が充分に大きいことも $\alpha Q_1+B-\varepsilon wn+ierf<0$ の条件となるが，現実にはマークアップ率 ε と貨幣賃金率 w とは互いに逆方向に変化すると考えられる。結局以上より，$b_{11}<0$ が満たされるための条件とは銀行貸出と企業内部留保，対外債務の間で適切なバランスが保たれ，かつ労働産出比率 n が充分に大きいことである。換言すれば $\dot{u}=0$ が著しく右下がりになる図5.9のケースとは，銀行の貸出意欲か企業の内部留保率が著しく高いか，あるいは対外債務の利払い負担が過大である場合，そして労働産出比率が小さい場合である。以上の分析では体系が不安定化するための必要条件を基準値などで表すことはできないが，ここで挙げた4条件のうち最初のものはメキシコでは1994年以前に，後の2条件は1998年以後のバンコ・デ・メヒコが為替市場介入した期間に成立していた可能性が高い。

　次に先述の $1-\gamma(1-\theta)\dot{u}-q\theta+\gamma j$ が十分に小さい負値を取り，そのために B が負値となる場合を考える。この時 $b_{11}<0$ は満たされる可能性が一層高まり，したがって $\dot{u}=0$ が右上がりである条件は他の変数の制約を受けにくくなるが，しかし一方で $b_{21}<0$ となる可能性が発生する。このとき $\dot{p}_e=0$ の傾きが小さくなって $\dot{u}=0$ よりも緩やかであるかあるいは右下がりになると，図5.10

のようにやはり体系は鞍点均衡の状態となり,しかもこの場合調整過程が発散的になる可能性が図5.9の場合に比べて大きくなる。

ところで $1-\gamma(1-\theta)il-q\theta+\gamma j<0$ とは現実には;政府,通貨当局による不良債権買取り等の外生的要因によって θ が一時的に大きく低下させられる場合;またマクロ経済状況の変化等により銀行の貸出意欲が急速に変化して γ が著しく増大する場合,が考えられる。この2つのうち特に前者は留意が必要である。公的資金による不良債権買取り,銀行救済は近年では各国で試みられているが,金融システムを安定化,健全化させるための措置が,マクロ的には体系の不安定化を帰結する要因となり得るのである。

2) 次に証券指数 pee に代えて為替レート r を内生変数として動学的調整過程を定式化する。定義より pe と pex は互いに独立に決定される。

株式市場　　$\mu(u,\delta)(pen+d)+rpexx=pee$,
預金市場　　$\eta(u,\delta)(pen+d)=m-Am+Bu-\pi^*,(\mu+\eta=1)$
信用市場　　$-Am+Bu=c^*=ls-pee-rf$,
　　　　　　$i=i(pee,u,l).(e=x+n)$

以上より d を消去して,

株式市場均衡条件 $(1-\mu)\cdot[-\{pex(e-n)/\mu\}\cdot r+(pe/\mu)\cdot e]$
$\qquad\qquad =m-Am+Bu-\pi^*$,
$[-Z(1-\mu)/\mu]\cdot r=m-Am+Bu-\pi^*-W(1-\mu)/\mu$. (5.4.31)

モデルを構成する方程式は次のようになる。

蓄積関数　　　　　$k=I/pK=k(u,\delta,il,l,pee,g,id)$,　　(5.4.32-1)
株主資本コスト　　$\delta=\delta(pee,u,l)$,　　(5.4.32-2)
貸出利子率　　　　$i=i(pee,u,l)$,　　(5.4.32-3)
財市場均衡条件　　$\alpha k-Am+Bu+pen=(\varepsilon wn-ierf)\cdot u$,　　(5.4.32-4)
株式市場均衡条件　$-Z(1-\mu)\cdot r=$

第5章　内生的貨幣供給論と金融不安定性理論　141

$$\mu(m-Am+Bu-\pi^*)-W(1-\mu). \qquad (5.4.32\text{-}5)$$

ここでは内生変数は k, δ, i, u, r であり，稼働率 u と為替レート r の動学的調整を考える。

$$\dot{u}=h_3[\alpha k-Am+Bu+pen-(\varepsilon wn-ierf)\cdot u], \qquad (5.4.33)$$

$$\dot{r}=h_4[\mu(u,\delta)\cdot(m-Am+Bu-\pi^*)+(1-\mu(u,\delta))\cdot(Zr-W)]. \qquad (5.4.34)$$

$$\begin{pmatrix} \dot{u} \\ \dot{r} \end{pmatrix} = \begin{pmatrix} g_{11} & g_{12} \\ g_{21} & g_{22} \end{pmatrix} \cdot \begin{pmatrix} u-u' \\ r-r' \end{pmatrix} \qquad (5.4.35)$$

$g_{11}=\partial\dot{u}/\partial u=h_3(\alpha Q_5+B-\varepsilon wn+ierf),$
$g_{12}=\partial\dot{u}/\partial r=-Q_6 ief u<0,$
$g_{21}=\partial\dot{r}/\partial u=h_4[Q_7\cdot(m-Am+Bu-\pi^*-Zr+W)+\mu B]>0,$
$g_{22}=\partial\dot{r}/\partial r=h_4[Q_8\cdot(m-Am+Bu-\pi^*-Zr+W)+(1-\mu)Z].$

ただし

$$\begin{aligned} Q_5 &= \partial k/\partial u+(\partial k/\partial\delta)\cdot(\partial\delta/\partial u)+(\partial k/\partial i)\cdot(\partial i/\partial u)>0, \\ Q_6 &= (\partial k/\partial\delta)\cdot(\partial\delta/\partial r)+(\partial k/\partial i)\cdot(\partial i/\partial r)+\partial k/\partial r>0, \\ Q_7 &= (\partial\mu/\partial u)+(\partial\mu/\partial\delta)\cdot(\partial\delta/\partial u)>0, \\ Q_8 &= (\partial\mu/\partial\delta)\cdot(\partial\delta/\partial r)<0. \end{aligned} \qquad (5.4.36)$$

先の場合と同様に正負は全て $B>0$ の場合に成り立つものである。この体系において安定的均衡が成立する必要条件は；

$$\begin{aligned} \text{Trace} &= g_{11}+g_{22}=<0, \\ \text{Det.} &= g_{11}g_{22}-g_{21}g_{12}>0. \end{aligned} \qquad (5.4.37)$$

曲線 $\dot{u}=0$ と $\dot{r}=0$ の傾きは，

図5.11

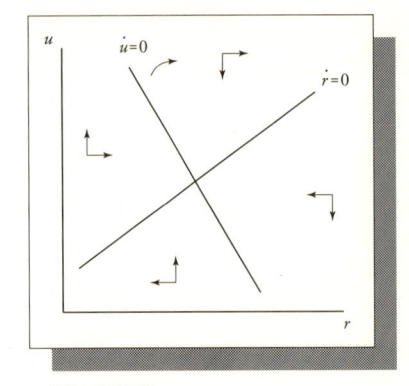

図5.12

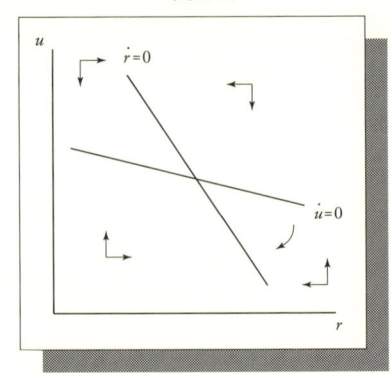

図5.13

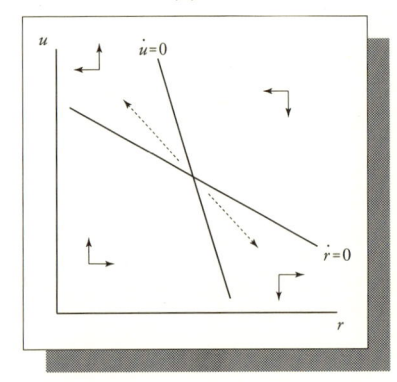

出所：筆者作成。

$$\frac{du}{dr}\Big|_{\dot{u}=0} = -g_{12}/g_{11} \gtrless 0, \qquad (5.4.38)$$
$$\frac{du}{dr}\Big|_{\dot{r}=0} = -g_{22}/g_{21} \gtrless 0,$$

1)のケースと比べても一層符合の確定が困難であるので，まず $B>0$ の場合について g_{22} と g_{11} の値を検討しよう。$g_{11}<0$ と $g_{22}<0$ が共に満たされるならば，トレースとデターミナントの符合条件は必ず成立するため体系は安定的となるが，この時曲線 $\dot{u}=0$ は右下がり，$\dot{r}=0$ は右上がりである（図5.11）。そして $g_{11}<0$ が成立する条件とは 1)と同様に，銀行の貸出意欲と企業の内部留

保率が充分小さく,かつ対外債務の利払い負担も小さく,εwn が充分に大きいことである。$g_{22}<0$ が満たされる場合とは $Z(=p_{ex}(e-n)>0)$ が十分小さい場合であるが,国際市場で市場決定される p_{ex} は外生的に与えられるので結局 $e-n(=x)$ が小さいこと,すなわち自国企業による起債のうち,国際市場で実行される割合が小さく大部分が自国市場で発行されるケースを意味する。

g_{11} と g_{22} が互いに正負の相異なる値を取るときにはデターミナントの条件が成立しにくく,また両者が共に正値を取る場合にはトレースの条件が成立し難くなる。前者は2曲線が共に右上がりかあるいは右下がりとなる場合である(図5.12,5.13)。このとき $\dot{u}=0$ と $\dot{r}=0$ の傾きの大きさによって体系は安定的になるかあるいは鞍点均衡の状態になるかが定まる。

次に $1-\gamma(1-\theta)i_i-q\theta+\gamma j$ が十分に小さい負値をとるため B が負値となる場合を考える。先の例と同様に g_{11} は負値を取る可能性が一層高まり,$g_{11}<0$ が成立しやすくなる。ここで問題となるのは B が十分小さい結果 $g_{21}<0$ となる場合である。この時 $g_{22}<0$ が成り立てばトレースとデターミナントの条件は共に満たされ体系は安定的となるが,これは $\dot{u}=0$,$\dot{r}=0$ が共に右下がりでかつ $\dot{u}=0$ の方が比較的緩やかな傾きを持つ場合である(図5.13)。

さらに g_{22} が正値でも十分小さければ安定性条件は共に満たされるが,これは $\dot{r}=0$ が右上がり,$\dot{u}=0$ が右下がりとなる図5.11のケースになる。ところで g_{22} が正値でかつ十分小さい場合とは $(1-\mu)Z$ が極めて限定された水準の値に落ち着く場合のことであるが,これは現実には国際市場での起債が過多でも過小でもない限られたレベルで推移することを意味する。特に変動相場制の下では,これは極めて稀なケースと考えられる。

変動相場制の場合には,調整過程が収束的となって体系の安定性が保証される条件には固定相場制の場合よりも一層さまざまの組合せがある。そしてこの時 $1-\gamma(1-\theta)i_i-q\theta+\gamma j$ が十分に小さい負値をとることによって $B<0$ となる場合,理論的には二曲線が共に右下がりであって体系が安定的となる場合があり得るため,安定化の可能性が高まることになる。つまり政府による銀行救済,不良債権買取り措置による θ の短期的な低下,あるいは銀行部門の貸出意欲の急速な高まりによる γ の上昇によって,体系が安定的となる可能性が高まるのである。これは固定相場制の場合と異なる結果であるが,ただしこの

メカニズムが成立するためには，国際資本市場での証券発行における 証券指数×額面価格 の自国通貨建て価値が限定された水準で維持されるという極めて厳しい条件が満たされねばならない。

5　むすび

　貸出が預金を決定し，投資ファイナンスが貯蓄を決定するという因果関係を想定することによって，実にさまざまの形の理論モデルが提示できる。しかしここで，貸出は決して自動的にそれと同額の貯蓄預金を発生させるものではなく，投資はキャッシュ・フローを生み出すとしても自動的にそれ自身をファイナンスするわけではない。したがって資産保有形態や投資のための資金調達手段に依存して，体系の動学的調整過程にはさまざまの場合が存在し得ることになる。また本章で紹介した信用割当の理論モデルは，どちらかといえばサプライ・サイドの議論と考えられ，ケインズ経済学とは相容れないと分類される場合が多いが，レイやパリー等の構造主義的内生的貨幣供給論の方法では充分に取りいれることができる。

　第6章，7章では，ここで導いた金融不安定性のメカニズムと，ムーア，パリーによる内生的貨幣供給論モデルを作業仮説として，経験的モデルを構築する。そうすることで，本章ではやや抽象的な表現に留まった金融不安定性の具体的な意味内容が明らかになるし，また銀行システムの構造変化と中央銀行による金融政策との関係も明らかにできる。

第 3 部

メキシコ最大手銀行バナメックス本社ビル。現在通常の銀行業務は隣の新館で行い、この旧館は1階が美術館になっている。

第6章　資本蓄積，設備投資モデルの推定

はじめに

マクロ経済分析において設備投資関数の定式化が重要な意義をもつことは言うまでもない。第4章で見たとおり，資本蓄積 (I_t/K_{t-1}) が賃金主導型であるか利潤主導型であるかによって，財市場における調整過程が収束的にも発散的にもなり得る。そして内生的貨幣供給論の見地からは，設備投資による資金需要が銀行貸出，ひいてはマネー・サプライの主たる決定要因になるはずである。

まずメキシコの設備投資とGDP成長率の趨勢を図6.1, 6.2, 6.3で確認しておこう。設備投資のうち製造業が占める比率は1988年から1997年の平均で30％で，これは債務危機直前の1980, '81年に比べて16ポイントの低下であり，他方で商業，サービス業の比率が上がっている[1]。そして1996年から2000年にかけて，GDPは実質値でプラス成長を続けているにも関わらず金融部門の貸出総額が低下を続けているという現象は幾つかの研究が指摘している[2]。この原因としては幾つかの仮説があるが，図6.2の部門別の産出高の趨勢から重要な点が観察できる。図6.2は指数であるから物価上昇の影響が含まれることも考慮すれば，1990年代後半にメキシコ製造業部門全体，資本財生産部門全体では産出高の増加は決して高くはない一方で，マキラドーラだけは2000年末までは高成長を維持してきた。実質GDPの成長率にはこのマキラドーラ企業の産出が寄与する部分が大きいのだが，元来外資系企業であるマキラドーラ企業は資金調達も国外での銀行貸出や債券発行に依存することが多く，国内の商業銀行の貸出には依存度が低い[3]。したがって数字の上では商業銀行貸出が低下している反面でGDPはプラス成長を続けるという逆説が現れたのだが，こうした国外での資金調達による投資ファイナンスは内生的貨幣供給論を適用できない限界である。ただしマキラドーラ企業が貯蓄預金も国外銀行に保有すれば，彼らが形成するキャッシュ・フローはメキシコのマネー・サプライM2残高には含まれないはずであるが，図6.3のとおり実質GDP成長率に比べて実質タームのM2残高の増加率は著しく高い。この点は第7章で検討

---

(1) Mátter (2000), Caballero (2000).
(2) Clavijo and Boltvinik (2000), 久松＝佐藤 (2002).
(3) Clavijo and Boltvinik, *ibid*.

第6章 資本蓄積，設備投資モデルの推定　149

図6.1　実質GDP
四半期ベース，単位100万ペソ（1993年価格）

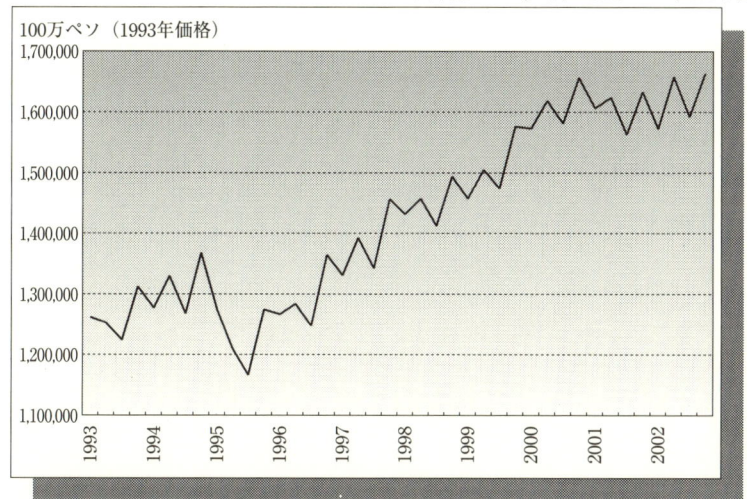

出所：Banco de México, *Indicadores Económicos*, 各月版。

図6.2　製造業，資本財部門，マキラドーラ産出高指数

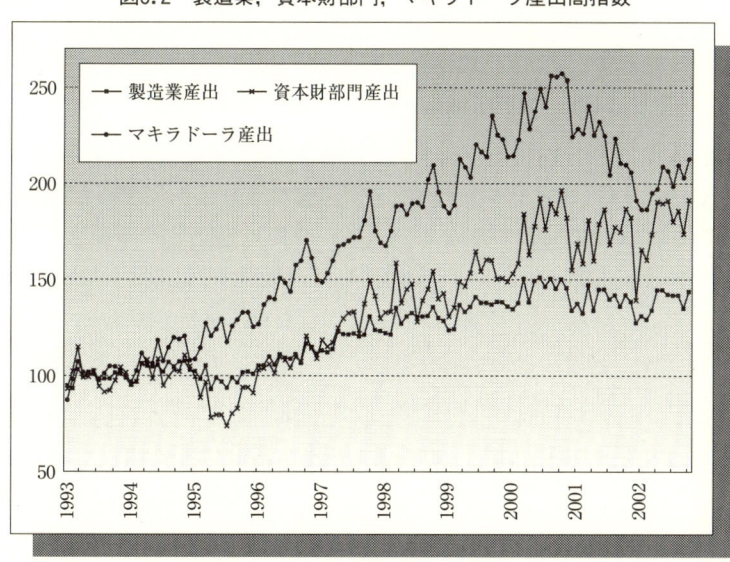

凡例：製造業産出　資本財部門産出　マキラドーラ産出

出所：Banco de México, *Indicadores Económicos*, 各月版。

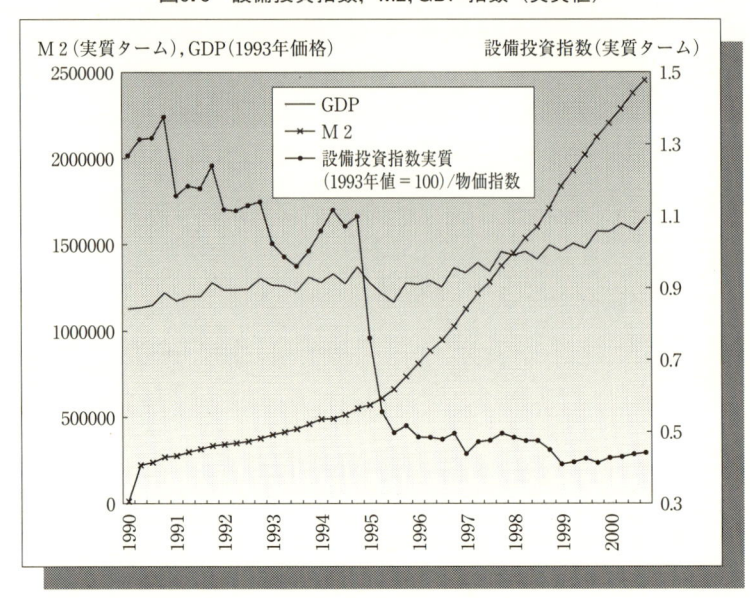

図6.3 設備投資指数，M2，GDP 指数（実質値）

出所：Banco de México, *Indicadores Económicos*, 各月版。

する。

　本章では第4章で検討した設備投資理論と第5章で紹介した内生的貨幣供給論を作業仮説として，1990年代のメキシコにおける投資率と投資水準，証券指数，名目利子率の決定に関する推定モデルを構築する[4]．なお本章で用いる統計数値は，商業銀行と投資銀行部門の貸出総額（回収可能債権，不良債権プラス再割引）（*CRED*）は可能な限り信憑性の高い国立金融証券庁（CNBV；Comisión Naiconal Bancaria y de Valores）の『商業銀行統計報告』（*Boletín Estadístico de Banca Múltiple*）の数値を用い，実質為替レート指数（*EXCH*），設備投資指数（*INV*），粗固定資本形成指数（*K*），輸出（*EXP*），輸入（*IMP*），消費者物価指数，資本財物価指数（*PRC*），名目預金金利（*INTRS*），国債セテス名目金利（*CETES*），証券指数（*IPYC*），証券流通残高（*VALR*），公債を含む

---

(4) 投資関数の推定として López（1994），Castro, Loría, and Mendoza（1997）pp. 99, Mátter（2000）がある。

表6.1 ディキー＝フラー・テスト検定値
推定期間：1990年第1四半期～2000年第4四半期
定数項，トレンド有りのモデル：
$Y_t = C + (トレンド) + a \cdot Y_{t-1}, \Delta^1 Y (= Y_t - Y_{t-1}) = C + (トレンド) + b \cdot \Delta^1 Y_{t-1}$,
定数項有り，トレンド無しのモデル：
$Y_t = C + a \cdot Y_{t-1}, \Delta^1 Y = C + b \cdot \Delta^1 Y_{t-1}$.

	定数項・トレンド有り	定数項有り，トレンド無し		定数項・トレンド有り	定数項有り，トレンド無し
PRCt	−1.84	−2.02	ΔPRCt	−4.21	−4.08
IPYCt	−2.708	−0.0059	ΔIPYCt	−6.514	−6.56
INTRS t	−2.587	−1.6585	ΔINTRS t	−5.9615	−6.0375
CETES t	−2.725	−1.630	ΔCETES t	−6.164	−6.285
INVt	−1.669	−1.942	ΔINVt	−5.755	−5.478
Kt	−1.496	−2.280	ΔKt	−6.464	−5.943
CREDt	−1.0569	−0.0092	ΔCREDt	−5.227	−4.7528
DEPOSt	−1.700	0.8743	ΔDEPOSt	−5.444	−4.785
VALRt	−1.852	−0.0017	ΔVALRt	−5.173	−4.978
ASSETt	0.3424	1.444	ΔASSETt	−5.059	−4.2707
LQUIDt	−2.358	0.2091	ΔLQUIDt	−6.188	−6.256
BILLt	−1.967	1.106	ΔBILLt	−6.4946	−6.401
M 2 t	−1.290	3.9563	ΔM 2 t	−5.2322	−4.2073
BSMRt	−1.8323	0.778	ΔBSMRt	−7.1137	−7.0583
EXt	−1.166	4.929	ΔEXt	−11.25	−5.96
WAGEt	−3.315	0.1904	ΔWAGEt	−9.673	−9.895
EXCHt	−1.393	−0.5701	ΔEXCHt	−6.3631	−6.4899
GDPt	−6.525	−0.330	ΔGDPt	−11.822	−12.05

定数項とトレンド有りのモデル：1%有意水準；−4.15, 5%有意水準；−3.50,
定数項有りトレンド無しのモデル：1%有意水準；−3.58, 5%有意水準；−2.93.

金融商品流通残高（*ASSET*），マネー・サプライ（*M 2*），流通現金残高（*BILL*）はバンコ・デ・メヒコ（Banco de México）の『統計月報』（*Indicadores Económicos*）からとった。なおこの設備投資指数 *INV* は製造業部門に加えて建設業，サービス業，運輸業他全産業部門について集計した数値である。

本章と第7章で扱う推定モデルは，次章の一部を除いて全て推定期間は1990年第1四半期から2000年第4四半期までであり，用いたデータは全て四半期ベースのものである。また本章で扱う設備投資 *INV* は全て減価償却を含む粗固定資本投資であるが，減価償却の正確な数値が公表されないのでこの数値を用いてある。推定を行うに先立って使用する統計値についてディキー＝フ

ラー・テストの単位根検定を行う必要がある (**表6.1参照**)。

単位根検定の結果,ここで取上げる変数は全て1階和分に従うことがわかるので,次のように消費者物価指数 ($INDPRC$) で割り引いて実質化したうえで1階の階差をとる。

$\Delta INV =$ (粗固定資本投資指数$_t$/$INDPRC_t$)/(粗固定資本投資指数$_{t-1}$/$INDPRC_{t-1}$),

$\Delta IPYC =$ (証券指数$_t$/$INDPRC_t$)/(証券指数$_{t-1}$/$INDPRC_{t-1}$),

$\Delta PRC =$ (生産者物価指数$_t$/$INDPRC_t$)/(生産財物価指数$_{t-1}$/$INDPRC_{t-1}$),

$\Delta EX =$ (輸出総額$_t$/$INDPRC_t$)/(輸出総額$_{t-1}$/$INDPRC_{t-1}$),

$\Delta INTRS =$ 名目預金金利$_t$/名目預金金利$_{t-1}$,

$\Delta CETES =$ 国債セテス金利$_t$/国債セテス金利$_{t-1}$,

$\Delta CRED =$ (金融部門貸出残高$_t$/$INDPRC_t$)/(金融部門貸出残高$_{t-1}$/$INDPRC_{t-1}$),

$\Delta DEPOS =$ (商業銀行の預金獲得高$_t$/$INDPRC_t$)/(商業銀行の預金獲得高$_{t-1}$/$INDPRC_{t-1}$),

$\Delta BILL =$ (流通現金$_t$/$INDPRC_t$)/(流通現金$_{t-1}$/$INDPRC_{t-1}$),

$\Delta LQUID =$ (銀行流動性準備残高$_t$/$INDPRC_t$)/(銀行流動性準備残高$_{t-1}$/$INDPRC_{t-1}$),

$\Delta M2 =$ (マネー・サプライ$M2_t$/$INDPRC_t$)/(マネー・サプライ$M2_{t-1}$/$INDPRC_{t-1}$),

$\Delta ASSET =$ (公債+民間非金融部門債券発行+流通高$_t$/$INDPRC_t$)/(公債+民間非金融部門債券発行+流通高$_{t-1}$/$INDPRC_{t-1}$),

$\Delta K =$ (粗固定資本形成$_t$/$INDPRC_t$)/(粗固定資本形成$_{t-1}$/$INDPRC_{t-1}$),

$\Delta WAGE =$ 平均実質賃金指数$_t$/平均実質賃金指数$_{t-1}$,

$\Delta VALOR =$ (民間部門債券流通高$_t$/$INDPRC_t$)/(民間部門債券流通高$_{t-1}$/$INDPRC_{t-1}$),

$\Delta EXCH =$ 実質為替レート指数$_t$/実質為替レート指数$_{t-1}$,

$\Delta GDP =$ (1993年価格のGDP$_t$/$INDPRC_t$)/(1993年価格のGDP$_{t-1}$/$INDPRC_{t-1}$).

1 資本蓄積関数の推定

まず標準的な投資，資本蓄積理論に基づき被説明変数に 設備投資指数 $I_t/1$ 期前の固定資本形成 K_{t-1} を取り，最小自乗法とグリッド・サーチ最尤法とを用いて回帰モデルを推定する。説明変数としては順に GDP 成長率，固定資本形成指数，実質賃金指数平均値，国債セテス名目金利，輸出，輸入である。推定期間は全て 1990 年第 1 四半期から 2000 年第 4 四半期までで，また定数項について次のダミー変数を用いた。

ダミー A ＝ 1； 1995 年第 1 四半期のみ， 0； その他の期間，
ダミー B ＝ 1； 毎年第 4 四半期， 0； その他の期間，
ダミー C ＝ 1； 毎年第 1 四半期， 0； その他の期間，

各回帰式において全て，係数の下のカギ括弧 [ ] 内の数字は推定係数の標準誤差，括弧（ ）内は t 値である。新古典派型投資関数では新規設備投資を「望ましい資本ストック水準への調整」と捉える視点から，説明変数には国内総生産 GDP と固定資本形成を過去に遡って取る。そうした方法に従ったのが推定結果（5.1.1）だが，結果は有意ではない。

(6.1.1) 新古典派型投資関数；最小自乗法，

$\Delta(INV_t/K_{t-1})$ ＝ 0.9963 － 0.3069 A － 0.02297 logΔGDP_{t-1} ＋
　　　　　　　 [0.011]　　 [0.07]　　　 [0.02]
　　　　　　　 (83.8)　　　(－4.3)　　　(－0.93)

　　　　 0.0075 logΔGDP_{t-2} － 0.7290 logΔK_{t-1} ＋ 0.05538 logΔK_{t-2}.
　　　　　 [0.02]　　　　　　　 [0.12]　　　　　　　 [0.12]
　　　　　 (0.3)　　　　　　　　(－6.1)　　　　　　　(0.47)

　　R^2 ＝ 0.661，　 自由度調整済み R^2 ＝ 0.613,
　　ダービン・ワトソン比＝ 2.69[.99]，　 S.＝ 0.069,　　 F 値＝ 13.7.

次に第 4 章 3 節（2）で検討した賃金主導型蓄積と利潤主導型蓄積のいずれが妥当するか検証する。利潤率の統計は公表されないので，説明変数としてはコスト動機の基準となる名目あるいは実質貸出金利を採用し，さらに実質賃金

率を用いる。但しメキシコでは貸出金利は各銀行で個別に発表するだけでマクロの統計としては公表されないので，28日物国債セテス金利で代用する。賃金シェアや稼働率は統計が存在しないので平均実質賃金指数（WAGE）を説明変数にとり，利子率が利潤率の逆のトレンドを示すと考えて推定した結果が(6.1.2)である。また実質賃金指数は季節変動を伴なうので季節調整ダミーを加えてある。この結果から判断すれば，資本蓄積が実質賃金に対し負，利潤率に対し正の反応を示す利潤主導型蓄積が実現されていたといえる。また(6.1.1)の説明変数に実質賃金指数（WAGE）を加えても，有意な結果は得られなかった。これはメキシコでは1990年代から2000年以降まで通じて設備投資，資本蓄積そのものが趨勢的に低下傾向にあるため，いずれのレジームとも判別しがたい状況が続いていることを示していると考えられよう。

(6.1.2)　利潤主導型蓄積関数，グリッド・サーチ最尤法，

$$\Delta(INV_t/K_{t-1}) = 1.001 + 0.0442\,B - 0.02556\,C - 0.73169\log\Delta WAGE_{t-1} -$$
　　　　　　　　　[0.016]　[0.03]　　[0.036]　　　　[0.19]
　　　　　　　　　(62.9)　(1.46)　　(−7.0)　　　　(−3.89)

　　　　　$0.133556\log\Delta CETES_t.$
　　　　　[0.034]
　　　　　(−3.98)

$R^2 = 0.781$,　　自由度調整済み $R^2 = 0.757$,

ダービン・ワトソン比＝2.031，　S.＝0.062，　F値＝32.84，

自己相関係数 $\rho = -0.40$（標準誤差＝0.148, t値＝−2.696）．

(6.1.2)で検出された利潤主導型蓄積とは第4章図4.2, 4.3で示した蓄積レジームにあたるので，続いてu−r平面上で描かれる財市場均衡条件，すなわち(4.2)式のカレツキ＝シュタインドル型蓄積関数を可能な限り実証したい。ただしメキシコでは利潤率も資本減耗率も統計が発表されないため，(4.2)式の右辺第2項を代表する説明変数として国債セテス名目金利をとり，稼働率 u を表わす説明変数として1期前の固定資本形成指数を用いる。そして小国開放経済としてのメキシコ経済の特性を踏まえ，(6.1.3)から(6.1.5)式では粗輸出と粗輸入を順に説明変数に加えてある。

(6.1.3) 輸出入を加えたカレツキ=シュタインドル型蓄積関数；最小自乗法，

$\Delta(INV_t/K_{t-1}) = 0.9827 - 0.2784\,A - 0.032\log\Delta\,(EX_t/IM_t) -$
[0.008]　　[0.08]　　　[0.23]
(115.7)　　(-3.3)　　　(-0.14)

　　　　$0.9607\log\Delta\,K_{t-1} - 0.1889\log\Delta\,CETES_{t-1}.$
　　　　[0.09]　　　　　　[0.03]
　　　　(-10.4)　　　　　(-5.57)

$R^2 = 0.817$，　自由度調整済み $R^2 = 0.798$，
ダービン・ワトソン比 = 2.375 [.966]，
1 階 Ljung Box Q 統計値 = 1.63 [.201]，
2 階 Ljung Box Q 統計値 = 2.967 [.227]，
S. = 0.049，　F 値 = 41.44，　ARCH 検定 = 0.0383 [.845]，
Chow 検定 = 0.9693 [.451]，White 検定 = 18.08 [.054]，
Breusch-Pagan 分散不均一検定 = 5.950 [.203]，
Schwarz Bayes 情報量基準 = -5.692.

(6.1.4) 輸出を加えたカレツキ=シュタインドル型蓄積関数；最小自乗法，

$\Delta\,(INV_t/K_{t-1}) = 0.9701 - 0.3286A + 0.48408\log\Delta\,EX_t - 0.82707\Delta\log K_{t-1} -$
[0.007]　　[0.04]　　[0.1]　　　　　　[0.08]
(134.6)　　(-7.9)　　(4.6)　　　　　　(-10.7)

　　　　$0.15563\log\Delta\,CETES_{t-1}.$
　　　　[0.026]
　　　　(-5.85)

$R^2 = 0.884$，　自由度調整済み $R^2 = 0.871$，
ダービン・ワトソン比 = 2.11 [.832]，
1 階 Ljung Box Q 統計値 = 0.499 [.832]，
2 階 Ljung Box Q 統計値 = 2.165 [.339]，
S. = 0.039，　F 値 = 70.27，　ARCH 検定 = 1.09 [.296]，
Chow 検定 = 0.764 [.583]，　White 不均一分散検定 = 8.97 [.535]，
Breusch-Pagan 不均一分散検定 = 2.716 [.606]，
Schwarz Bayes 情報量基準 = -6.142.

(6.1.5) 輸入を加えたカレツキ=シュタインドル型蓄積関数；最小自乗法，

$\Delta(INV_t/K_{t-1}) = 0.9609 - 0.1539\,A + 0.64537\,\log\Delta IM_t - 0.83587\,\log\Delta K_{t-1} -$
　　　　　　　　[0.007]　　[0.04]　　　[0.1]　　　　　　　[0.07]
　　　　　　　　(138.2)　　(−3.6)　　　(6.02)　　　　　　(−12.4)
　　　　　　　　　　　$0.11175\,\log\Delta CETES_{t-1}$.
　　　　　　　　　　　[0.026]
　　　　　　　　　　　(−4.26)

　　$R^2 = 0.908$,　　　自由度調整済み $R^2 = 0.898$,
　　ダービン・ワトソン比 $= 2.16[.871]$,
　　1階 Ljung Box Q 統計値 $= 0.463[.496]$,
　　2階 Ljung Box Q 統計値 $= 2.02[.363]$,
　　S. $= 0.035$,　　F値 $= 90.96$,　　ARCH検定 $= 0.0009[.992]$,
　　Chow検定 $= 1.962[.111]$,　　White検定 $= 9.42[.493]$,
　　Breusch-Pagan 分散不均一検定 $= 4.11[.493]$,
　　Schwarz Bayes 情報量基準 $= -6.373$.

輸出を単独で説明変数に取り入れた (6.1.4) は，(6.1.3) よりもモデル全体の有意水準が高く，かつ (6.1.4) の $+0.48408\,\log\Delta EX_t$ は (6.1.3) の $-0.032\,\log\Delta(EX_t/IM_t)$ に比べて t 値の水準も高い。さらに (6.1.3) から (6.1.5) までの $\log\Delta K_{t-1}$ と $\log\Delta CETES_{t-1}$ の項を比較すれば，いずれも係数も t 値の水準も極めて近い値で推定されている。これは資本蓄積の決定要因のうち国内要因である固定資本形成と名目金利は，国外要因である輸出，輸入とは無関係であることを示している。以上だけでは断言はできないが，この結果は，メキシコではマキラドーラに代表される貿易財部門と国内市場向けの非貿易財部門との間には顕著な産業連関が存在しないという経験的事実と整合的といえよう。そして (6.1.4) で用いた固定資本形成，名目金利，輸出はグレンジャー因果性検定の結果，全て 設備投資/固定資本 に対して有意な因果関係を示している。ここでグレンジャー因果性検定の期間ラグは，Schwarz Bayes 情報量基準で判定して選んである。また (6.1.5) で輸入を説明変数に加えたことについては，次のグレンジャー因果性検定の結果と合わせて次節で説明する。

表6.2　グレンジャー因果性検定；F値
推定期間：1990年第2四半期～2000年第4四半期

(期間ラグ＝1)			
固定資本形成→設備投資/固定資本；	17.50*	設備投資/固定資本→固定資本形成；	0.13
名目セテス金利→設備投資/固定資本；	5.63*	設備投資/固定資本→名目セテス金利；	0.16
実質賃金→設備投資/固定資本；	26.54*	設備投資/固定資本→実質賃金；	0.50
輸入→設備投資/固定資本；	10.40*	設備投資/固定資本→輸入；	0.23
輸出→設備投資/固定資本；	5.04*	設備投資/固定資本→輸出；	2.52
実質GDP→設備投資/固定資本；	1.77	設備投資/固定資本→実質GDP；	0.002

＊：5％有意性を満たす値。

2　平均Q理論とミンスキー型投資関数

　前節の結果を受けて以下では，まずトービンのQ（平均Q）理論に基づいて設備投資関数を推定する。平均Qとは証券市場における企業の価値プラス企業の負債総額の合計（資産市場における企業の評価額）を，既存の資本ストックを現在の投資財価格で表わした額（資本ストックの再取得価値）で除した数値である。被説明変数に投資／固定資本形成をとれば投資関数はこのQのみを説明変数とするシンプルな形で表わされるが[5]，メキシコでは企業部門の負債総額の集計値は公表されないため，資産市場における企業の評価額を表わす変数として証券指数（IPyC；Índice de Precios y Cotizaciones）と資本財価格指数とを用いる。また同理論からはやや逸脱するが，前節と同様に輸出を説明変数に加えたモデルも推定しておく。

　資本市場の設備投資への影響については，マンテイ（Mántey, 1996）が，1990年代にはメキシコ証券市場（BMV）における証券指数と設備投資との間に正の相関関係があることを指摘している。また資本ストックの再取得価値に関しては，小国開放経済としての性格を考えれば自国の資本財価格指数（PRC）に加えて，輸入資本財の国内価格を表わすために実質為替レートも説明変数に加えるべきと考えられるが，これは以下の推定ではモデルの有意性

（5）　トービンのQ理論とキャッシュ・フローを中心とした実証研究としてFazzari他（1988）がある。

には貢献しないという結果が得られたため除去してある。

通貨危機直後の数ヶ月間に固定資本形成と設備投資が共に急減したため，被説明変数に $\Delta(INV_t/K_{t-1})$ を採ると1995年第1四半期のみに値が大きく低下する。以下のモデルでは同時期の変化を被説明変数の異常値と考え，ダミー変数を入れて調整してある。

1) 設備投資/固定資本形成，推定期間：1990年第2四半期～2000年第4四半期，
   ダミー $A=1$；1995年第1四半期のみ，0；その他の期間，

   (6.2.1) 平均Qモデル；最小自乗法，
   $\Delta(INV_t/K_{t-1}) = 0.9875 - 0.3013 A + 0.11775 \log \Delta PREC_t -$
   　　　　　　　　　　　　[0.012]　　　[0.09]　　　[0.57]
   　　　　　　　　　　　　(82.35)　　　(−3.28)　　　(0.20)
   $\qquad\qquad 0.85157 \log \Delta K_{t-1} + 0.2258 \log \Delta IPYC_{t-1}.$
   　　　　　　　　　[0.11]　　　　　　　　[0.065]
   　　　　　　　　　(−7.59)　　　　　　　(3.45)

   $R^2 = 0.731$,　　自由度調整済み $R^2 = 0.702$,

   ダービン・ワトソン比 $= 2.846 [1.00]$,

   1階 Ljung Box Q 統計値 $= 8.18 [.004]$,

   2階 Ljung Box Q 統計値 $= 9.937 [.007]$,

   S. $= 0.060$,　　F値 $= 25.11$,　　ARCH検定 $= 0.138 [.710]$,

   Chow 検定 $= 2.108 [.090]$,　　White 不均一分散検定 $= 18.65 [.045]$,

   Breusch–Pagan 不均一分散検定 $= 6.47 [.167]$,

   Schwarz Bayes 情報量基準 $= -5.30$.

   (6.2.2) 輸出を加えた平均Qモデル；最小自乗法，
   $\Delta(INV_t/K_{t-1}) = 0.9697 - 0.3360A + 0.58364 \log \Delta EX_t - 0.72617 \log \Delta K_{t-1} +$
   　　　　　　　　　　　　[0.008]　　[0.05]　　　[0.12]　　　　　　　　[0.09]
   　　　　　　　　　　　　(111.3)　　(−6.8)　　　(4.7)　　　　　　　　(−8.22)
   $\qquad\qquad 0.18006 \log \Delta IPYC_{t-1}.$
   　　　　　　　　　[0.05]
   　　　　　　　　　(3.51)

   $R^2 = 0.832$,　　自由度調整済み $R^2 = 0.814$,

ダービン・ワトソン比＝2.429 [.977],
1 階 Ljung Box Q 統計値＝3.37 [.066],
2 階 Ljung Box Q 統計値＝3.39 [.184],
S.＝0.047,　　F 値＝45.83,　　ARCH 検定＝0.092 [.762],
Chow 検定＝1.809 [.139],　　White 不均一分散検定＝13.01 [.223],
Breusch–Pagan 不均一分散検定＝6.69 [.153],
Schwarz Bayes 情報量基準＝－5.775.

(6.2.1) では資本財価格指数 $\Delta PREC_t$ は t 値が小さく係数符号が正で推定されることからも，説明変数として棄却される。(6.2.1) (6.2.2) はともに自己相関が検出されるためグリッド・サーチ最尤法でこれを除去したものが，各々 (6.2.3) (6.2.4) である。

(6.2.3)　平均 Q モデル；グリッド・サーチ最尤法,

$$\Delta(INV_t/K_{t-1}) = 1.002 - 0.4403 A + 0.83305 \log \Delta PREC_t -$$
　　　　　　　　　　[0.007]　　[0.07]　　　[0.42]
　　　　　　　　　　(142.5)　　(−6.04)　　(2.00)

$$0.63567 \log \Delta K_{t-1} + 0.23637 \log \Delta IPYC_{t-1}.$$
　　　　　　　[0.07]　　　　　　　[0.05]
　　　　　　　(−8.45)　　　　　　(4.71)

R^2＝0.919,　　自由度調整済み R^2＝0.911,
ダービン・ワトソン比＝2.316,　　S.＝0.048,　　F 値＝105.1,
自己相関係数 ρ＝−0.60（標準誤差＝0.1215, t 値＝−4.9394）.

(6.2.4)　輸出を加えた平均 Q モデル；グリッド・サーチ最尤法,

$$\Delta(INV_t/K_{t-1}) = 0.9774 - 0.3766 A + 0.47944 \log \Delta EX_t - 0.65442 \log \Delta K_{t-1} +$$
　　　　　　　　　　[0.007]　[0.04]　　　[0.1]　　　　　　[0.07]
　　　　　　　　　　(146.2)　(−8.56)　　(3.6)　　　　　　(−9.34)

$$0.16968 \log \Delta IPYC_{t-1}.$$
　　　　[0.04]
　　　　(3.73)

R^2＝0.9168,　　自由度調整済み R^2＝0.9078,
ダービン・ワトソン比＝1.926,　　S.＝0.044,　　F 値＝96.29,
自己相関係数 ρ＝−0.50（標準誤差＝0.1498, t 値＝−3.337）.

(6.2.3) は依然としてダービン・ワトソン比が低く，推定結果としては (6.1.4)が採用できる。但し表6.3のとおり証券指数 $\Delta IPYC_t$ から設備投資/固定資本形成 $\Delta(INV_t/K_{t-1})$ へは有意な因果関係は検出されない。また (6.2.4) の説明変数に資本財価格を加えれば，グリッド・サーチ最尤法推定の結果自由度調整済み $R^2=0.9315$，F値＝107.5 とモデルの有意性は向上するが，同価格の推定係数が最小自乗法では負，グリッド・サーチ最尤法では正値で推定され，やはり棄却される。更に民間非金融部門の対外債務残高を (6.2.4) の説明変数に加えればt値は2.34と有意だが，推定モデル全体の有意性は逆に低下した。

(6.2.4) の推定結果はどのように解釈されるであろうか。平均Q理論では，閉鎖経済においては一企業の資本市場での評価価値が設備投資に用いられる実物資本の更新費用を上回る時に，追加的設備投資が行われると考える。しかし企業の市場価値を証券指数で表わすなら，株式市場で決定される同指数が企業の将来収益の割り引き現在価値を正確に反映することを前提とすることになるため，過度の投機や短期外資流入によって証券指数が著しく変動する場合には，同理論をそのまま実証に適用することはできない。実際，通貨危機前後も1994年9月から1995年3月にかけて，証券指数は2750ペソから1700ペソまで下落し，同じ期間に銀行間取引の為替相場は100％の下落，3ヶ月物の国内短期金利は14％から71％までの上昇を記録した。

そこで (6.2.2)，(6.2.4) の結果を (6.1.4) と比較すれば，証券指数 $\log\Delta IPYC_{t-1}$ と公債セテス名目金利 $\log\Delta CETES_{t-1}$ との推定係数が正負逆である以外は各係数の推定値や有意性，モデルの有意性も極めて近いことが観察できる。

(6.1.4)　最小自乗法，
$$\Delta(INV_t/K_{t-1}) = 0.9701 - 0.3286\,A + 0.48408\,\log\Delta EX_t - 0.82707\,\log\Delta K_{t-1} -$$
[0.007]　　[0.04]　　　[0.1]　　　　　　　[0.08]
(134.6)　　(−7.9)　　　(4.6)　　　　　　　(−10.7)

$$0.15563\,\log\Delta CETES_{t-1}.$$
[0.026]
(−5.85)

　　$R^2=0.884$,　　自由度修正 $R^2=0.871$,
　　ダービン・ワトソン比. $=2.11[.832]$,

第6章　資本蓄積，設備投資モデルの推定　161

表6.3　グレンジャー因果性検定；F値
推定期間：1990年第2四半期2000年第4四半期

（期間ラグ＝1）			
固定資本形成→設備投資/固定資本；	17.50*	設備投資/固定資本→固定資本形成；	0.13
セテス金利→設備投資/固定資本；	5.63*	設備投資/固定資本→セテス金利；	0.16
実質賃金→設備投資/固定資本；	26.54*	設備投資/固定資本→実質賃金；	0.50
輸入→設備投資/固定資本；	10.40*	設備投資/固定資本→輸入；	0.23
輸出→設備投資/固定資本；	5.04*	設備投資/固定資本→輸出；	2.52
証券指数→設備投資/固定資本；	2.45	設備投資/固定資本→証券指数；	0.03
資本財価格→設備投資/固定資本；	0.026	設備投資/固定資本→資本財価格；	0.215
実質GDP→設備投資/固定資本；	1.77	設備投資/固定資本→実質GDP；	0.002
固定資本形成→設備投資；	0.004	設備投資→固定資本形成；	0.43
証券指数→設備投資；	8.88*	設備投資→証券指数；	0.44
名目セテス金利→設備投資；	16.9*	設備投資→名目セテス金利；	1.19

＊：5%有意水準。

1階 Ljung Box Q 統計値＝0.499[.832]，
2階 Ljung Box Q 統計値＝2.165[.339]，
S.＝0.039，　　F値＝70.27，　　ARCH検定＝1.09[.296]，
Chow検定＝0.764[.583]，　　White不均一分散検定＝8.97[.535]，
Breusch–Pagan不均一分散検定＝2.716[.606]，
Schwarz Bayes情報量基準＝－6.142.

　以上の結果について考察するためには，次節で検討する証券指数と名目金利の推定モデルを見る必要があるが，ここで結論のみ述べておく。証券指数（IPyC）はメキシコ証券市場における総取引額とほぼ重複するトレンドを示しており，したがって同指数は証券市場に反映された短期的な景気動向に対応していると考えられる。つまり証券指数は企業の市場価値を示すというよりは，むしろ短期的な総需要の変動とそれに関する企業家の期待を示すものとして，説明変数に加えられるべきであると考えられる。
　証券指数について以上の解釈をとるなら，(6.2.2) (6.2.4) で得られたトービンQ型投資モデルは同時に，第5章の (5.4.1) (5.4.6) 式で定式化したミンスキー型投資金融モデルとして解釈可能になる。証券指数 (p_e) の上昇は (5.4.4) より現在において株式配当率を相対的に低下させて株主資本コストに

マイナスの影響を及ぼし，その結果 (5.4.6) より投資水準，蓄積率に対してはプラスに作用する。しかし一方で証券指数が変化すれば(5.4.2)より，割り引き率も変化するが，この影響は正負を特定できない。したがって割引率 ρ の変化は投資財の需要価格に対してマイナスに，供給価格に対してプラスに作用する結果，投資水準の決定にも大きい影響を及ぼすと考えられるが，この経路による証券指数から投資への影響は特定できないことになる。

以上のミンスキーによる投資理論を前提として再度 (6.2.2) (6.2.4) の推定結果を検討すれば，1990年代のメキシコでは証券指数 (IPyC) の上昇（下落）が投資財の需要価格を上昇（下落），同供給価格を下落（上昇）させる方向で作用し，これに株主資本コストを増加（減少）させる効果が加わって，投資，蓄積率が上昇（下降）した，と解釈できる。

推定結果 (6.1.1)〜(6.1.4) については，輸出の代わりに輸入を説明変数にとっても係数は正値で推定され，モデルの有意性も僅かながら上昇した。更に因果性検定の結果も考慮すれば，供給サイドの要因である輸入が設備投資の決定要因として有意であることになるが，これは理論的には不合理である。メキシコでは輸入全体に占める資本財・中間財の比率が1995年に93％，1997年でも85％に上り，資本財供給に占める輸入財の比率も1990年代には市場開放と北米自由貿易協定NAFTAの影響から一層高まった[6]。したがって投資が実行される場合にはまず資本財が輸入されることが一般的で，輸入→設備投資/固定資本形成 という因果関係はむしろ時間的な先行性を示していると考えられるのである。

2) 設備投資関数，推定期間：1990年第2四半期〜2000年第4四半期，

次に被説明変数に設備投資水準の変化率をとり，投資ファイナンスの手段を中心に説明変数を選択したモデルを検討しておこう[7]。投資ファイナンスには時間的な先行性に加えて予測，期待の要素も相当に関係すると思われるため，

---

(6) NAFTAの影響については「輸出関連輸入」(Importaciones asociadas a Exportaciones) の比率が1993年の40.5％から1995年に60.5％，1997年に58.6％に達したことは注目に値する。Banco de México (1997,b) pp. 62.
(7) 投資ファイナンスを実証した研究としてVillagómez (1995) がある。

ここでは因果関係は取り合えず無視して推定モデルのみを示してある。
(6.2.5)(6.2.6) において $\Delta CRED_t$ は商業銀行とノンバンク部門の貸出総額（不良債権，差割引，FOBAPROA への売却分を含む），$\Delta(CRED-FOB)_t$ は同左より銀行預金救済基金 FOBAPROA への売却債権分を除いた数値で，このFOBAPROA への売却分が CNBV の『商業銀行統計報告』に現れるのは1995年以降である。

ダミー $D=1$；1995年第2四半期～2000年第4四半期，
0；その他の期間，

(6.2.5)　資金調達制約からみた投資関数；グリッド・サーチ最尤法，

$\Delta INV_t = -1.043 + 0.8743D + 0.29888\Delta EX_t + 1.28214\Delta CRED_t -$
　　　　　[0.34]　　[0.38]　　　[0.09]　　　　[0.34]
　　　　　(-3.1)　　(2.3)　　　(3.04)　　　　(3.8)

　　　　　$0.742156D\Delta CRED_t + 0.153814\Delta DEBTNB_t + 0.15963D\Delta IPYC_{t-1}$.
　　　　　[0.36]　　　　　　　[0.06]　　　　　　　　[0.05]
　　　　　(-2.01)　　　　　　(2.4)　　　　　　　　(3.4)

　　$R^2=0.790$,　　自由度調整済み $R^2=0.754$,
　　ダービン・ワトソン比=1.81,　　S.=0.050,　　F値=21.94,
　　自己相関係数 $\rho=0.50$（標準誤差=0.1393, t値=3.588）.

(6.2.6)　資金調達制約からみた投資関数；グリッド・サーチ最尤法，

$\Delta INV_t = -1.018 + 1.0477D + 0.2889\Delta EX_t + 1.26065(\Delta CRED-FOB)_t -$
　　　　　[0.35]　　[0.38]　　　[0.10]　　　　[0.35]
　　　　　(-2.9)　　(2.7)　　　(2.82)　　　　(3.6)

　　　　　$0.922406D(\Delta CRED-FOB)_t + 0.15898\Delta DEBTNB_t +$
　　　　　[0.36]　　　　　　　　　　　　　[0.07]
　　　　　(-2.53)　　　　　　　　　　　　(2.36)

　　　　　$0.16398D\Delta IPYC_{t-1}$.
　　　　　[0.05]
　　　　　(3.39)

　　$R^2=0.776$,　　自由度調整済み $R^2=0.738$,
　　ダービン・ワトソン比=1.77,　　S.=0.050,　　F値=20.17,
　　自己相関係数 $\rho=0.50$（標準誤差=0.1393, t値=3.59）.

(6.2.5) と (6.2.6) の説明変数を比較すれば，ダミー D を伴なう貸出の推

164 第3部

図6.4 設備投資変化率に対する民間対外債務の寄与率

出所:筆者作成。

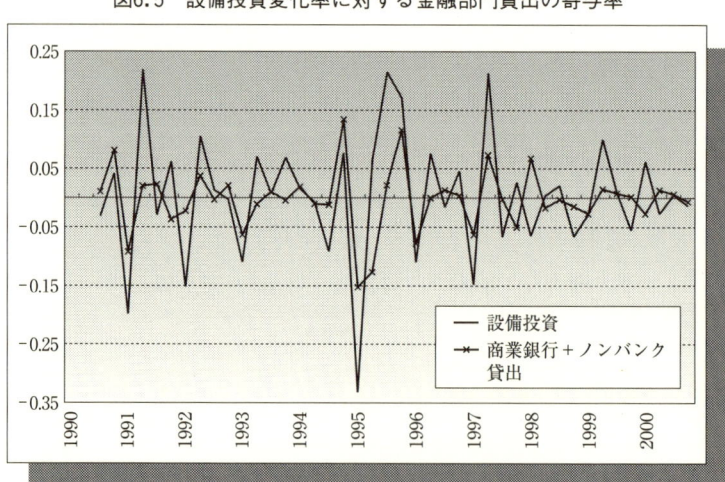

図6.5 設備投資変化率に対する金融部門貸出の寄与率

出所:筆者作成。

図6.6 設備投資変化率に対する証券指数の寄与率

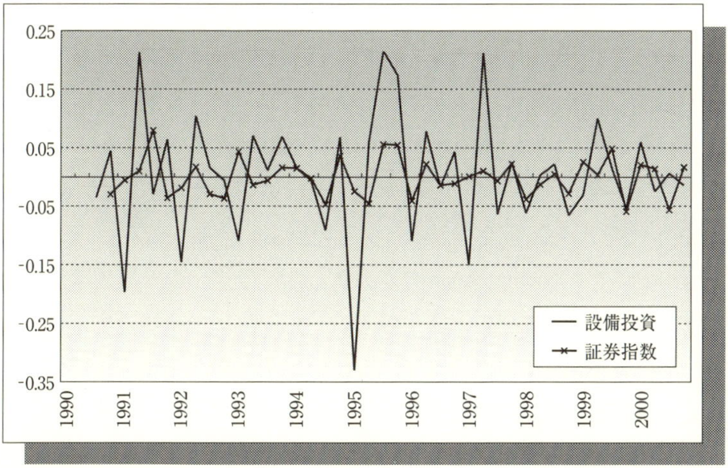

出所：筆者作成。

定係数 $-0.742156\ D\Delta CRED_t$ と $-0.922406\ D(\Delta CRED-FOB)_t$ の推定係数と t 値に開きがある以外，他は全て近い結果となった。FOBAPROA に売却された債権とは全て回収不能となった不良債権のはずで，銀行側は通常であればこうした借り手には追加的融資を打ち切るなどの対策を講ずるはずであるため，それを除いた $D(\Delta CRED-FOB)_t$ は $D\Delta CRED_t$ に比べて資金需要に対して一層有意に反応しているはずである。設備投資が減少しつづける 1995 年以降に推定係数がより小さい負値で有意性も高いという結果は，こうした仮説と整合的といえる。

次に (6.2.5), (6.2.6) の結果をもとに，設備投資の資金調達手段としての銀行貸出，対外債務，株式発行（証券指数）の 3 者の重要性を寄与度分解の方法を用いて表わしたのが図6.4～6.8である。まず (6.2.5) 式による図6.4～6.6では 3 変数ともに，1994 年末から 1995 年初頭にかけてと 1997 年半ばとを境に投資水準に対する寄与度が変化していることが観察できる。この 1994 年末とは為替バンド制の崩壊に始まる通貨危機，1997 年半ばは変動相場制のもとで生じた為替相場急落の時期に対応している。そして 1994 年以前には銀行貸出変化率も証券指数のそれも設備投資変化率とは乖離があり，トレンドも一致しない。この期間に最も寄与度が高いのは民間部門対外債務残高で，特に 1993

年から1994年半ばまでは寄与度が極めて高い。

しかし通貨危機後に設備投資変化率が大きく上下変動するのを機に対外債務の寄与度は低下し，かわって1997年半ばまでは銀行貸出変化率が設備投資のそれに近いトレンドを示し寄与度も高くなる。そして同年半ば以降は貸出の寄与度は再び低下し，証券指数の寄与度が極めて高くなる。

以上の観察結果は通説的な理解と対比すれば若干の相違がある。多くの研究は，1990年代のメキシコでは金融と貿易の自由化の結果貸出ブーム（credit-driven-boom または lending boom）が発生し，このブームの加熱によって累積された金融部門，企業，家計全ての債務の利払い負担が為替切り下げ，通貨危機以後に各部門のバランスシートを圧迫して投資減退，信用収縮（credit crunch または credit stagnation）をもたらしたと分析する[8]。特にバラハス＝スタイナー（Barajas and Steiner, 2002），カタオ＝ロドリゲス（Catao ans Rodriguez, 2000）は，1994年までは順調に蓄積された貯蓄預金が貸出に廻されて設備投資を牽引したが，1995年以後貯蓄が国外に資本逃避したため貸出が減少し投資も低減したと結論する。またこれ以外に，貸出ブームにおいて短期間のうちにGDP成長率を上回る増加率で銀行貸出が増加することに着目する研究では，同ブームの原因としてはディス・インフレ過程での企業活動の正常化と消費ブーム，銀行の貸出競争等が指摘される。しかし本章で得られた結論は；

1) 1994年以前には実質値で比較的高水準にあった設備投資を牽引していたのは，金融部門貸出ではなくむしろ民間対外債務であった。たしかにCNBVの統計によれば，被介入銀行を除く商業銀行の貸出総額は，名目値で1990年第1四半期の901億9000万ペソから1994年第4四半期には5096億6800万ペソまで増加し，これは同期間の設備投資指数の名目増加率60.97％，GDP年平均実質成長率19.2％という数値と比較すれば明らかに貸出ブームの状態にあったといえる。しかしこれだけでは事実の一面である。金融部門貸出はこの期間には設備投資への寄与が低く，これを牽引するだけの役割を果たしたとは

---

(8) Eichengreen and Mody (2000), Hernández. L. and Landerretche (2000), Barajas and Steiner (2002), Catao and Rodriguez (2000) がある。

考えられないし，まして蓄積された貯蓄預金が貸出によって投資ファイナンスに廻されたという関係は成立しない[9]。むしろ1994年以前には，投資ファイナンス以外の目的で実施された貸出が多かったのである。そして設備投資ファイナンスに最も寄与したのが民間対外債務であったことから，通貨危機以前のメキシコ経済は貸出ブーム（credit-driven-boom）に加えて債務ブーム（debt-driven-boom）にあったといえる。

　もちろん1994年前の段階における短期対外債務の重要性は知られているが，多くの研究はエルナンデス＝ランドレッチェ（Hernández and Landerretche, 2000）のように，1993，'94年には公的部門を中心に対外債務が急増して外貨準備が増加した結果ベース・マネー残高が過剰となり，需要面では消費ブーム，供給面では金融部門のバランスシートの変化を通じて貸出ブームが発生したという結論を導いている。しかし1994年末までは厳格な不胎化政策が維持されたし，またベース・マネー残高と銀行貸出との間には有意な相関関係は検出されない。

　2) 本書の検討の結果で最も重要であるのは，一般に信用収縮過程にあったと考えられる1995年以降のメキシコにおいて，金融部門貸出が設備投資に対する寄与度が最も高いということである。多くの研究では，通貨危機以降現在に至るまで企業部門は内部資金やサプライヤーズ・クレジット等の銀行以外の資金調達手段への依存を高め，貸出と投資，GDP成長率との間の関係は有意でなくなっているとされる。先に挙げたものの他には，アトケソン＝リオス－ラル（Atkeson and Ríos-Rull, 1996）は，メキシコの非金融民間部門は1994年以降外国市場での借入と金融資産売却によって資金を調達する方向に向かい，それだけ国内金融機関貸出と固定資本投資との間の関係が希薄になったとしている。

　また銀行側については，貸出意欲の低下やバランスシート制約によって追加的貸出に消極的になる例が多かったと説明される。バラハス＝シュタイナー（Barajas and Steiner, 2002）はアルゼンチン，ボリビア，コロンビア，ペルーの4国では貯蓄預金の傾向的増加・減少が貸出ブームと信用収縮の最も重要な原因であり，他方で1995年以後のメキシコでは中央銀行から市中銀行への貸

---

(9)　この点は次章で検証する貸出と貯蓄預金の因果関係を参照されたい。

168　第3部

図6.7　設備投資ファイナンス変化率に対する金融部門貸出
　　　（対 FOBAPROA 売却分除く）の寄与率

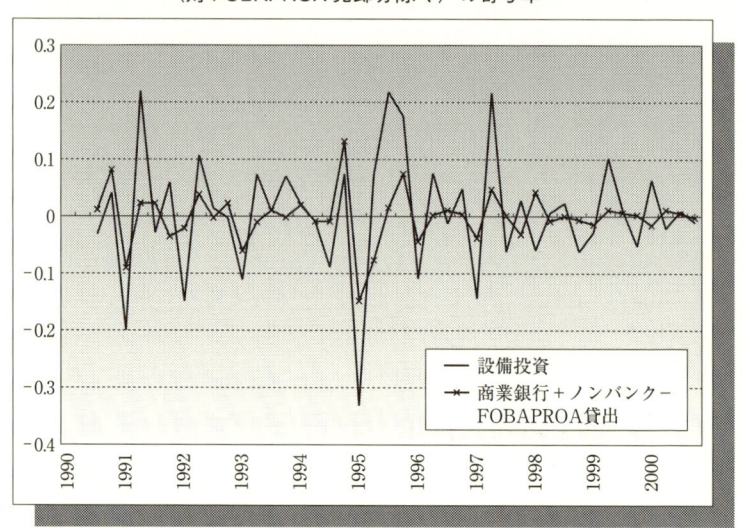

凡例：設備投資／商業銀行＋ノンバンク－FOBAPROA貸出

出所：筆者作成。

図6.8　設備投資ファイナンス変化率に対する証券指数の寄与率

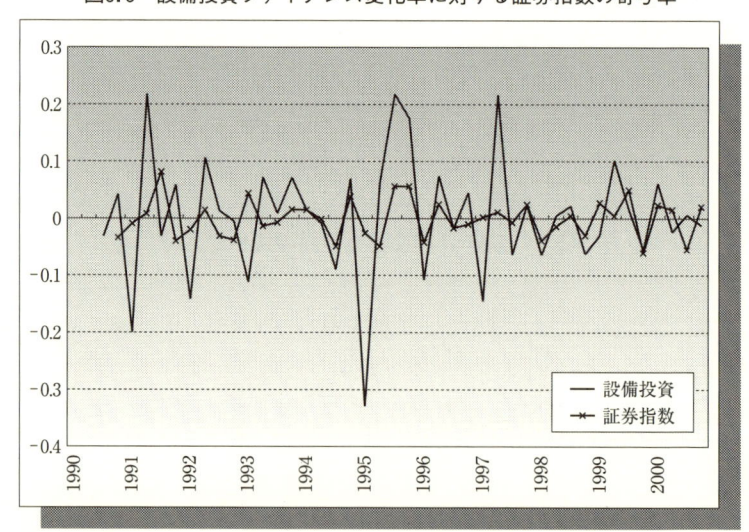

凡例：設備投資／証券指数

出所：筆者作成。

出の削減が信用収縮を招いた主要因であると結論している。

しかし本書の推定と寄与度分解の結果，1995年以後にも1997年半ばまでは設備投資を最も有意に説明する変数は金融部門貸出であることがわかった。これは通貨切り下げによって新規対外債務の調達が困難となった段階において，相対的に国内間接金融への依存度が高まったことを表わしていると考えられる。そして循環的な景気後退に加えて幾つかの政治的要因により資本逃避が拡大し，さらにアジアとロシアの経済危機の影響が及んだ1997年後半以降には，投資のための資金調達手段は間接金融から資本市場における短期的な利益へと移行したのである。

(6.2.6) 式をもとに描いた図6.7, 6.8でも全く同様の結果が観察できる。更に1997年以降に金融部門の寄与度が低下し証券指数のそれが上昇する点も同じであることから，先述のFOBAPROAに関する仮説にやや修正が必要になる。つまりFOBAPROAに売却された債権を除いた追加的貸出はそれだけ設備投資ファイナンスのための資金需要に対する反応が有意なはずであり，(6.2.6) の結果は一応これを裏付けた。しかしこの「回収可能債権」に限ってみても，1997年以後設備投資に対する寄与度が下がることに変わりは無いのであれば，この期間にはいよいよ銀行貸出と設備投資ファイナンスの間の関係が低下していることになる。あるいは裏を返せば，対FOBAPROA売却分の債権が不良債権，残りが回収可能債権という区別が現実には妥当しない，という可能性も考えられる。

いずれにせよ，1997年半ばからは証券指数と証券流通高が特に接近したトレンドをとりながら著しく上下変動していることから，特に投機的な証券売買による資金調達が設備投資ファイナンスに寄与していると考えられる。これはミンスキーが提示したポンツィ金融の、メキシコ型の発現形態といえる。ただしミンスキーの言うポンツィ金融は投資の加熱が極限に至るまで増加する景気上昇末期において発生するものであるのに対し，1997年以降のメキシコでは明らかに設備投資は低位安定しており景気は沈滞状態にある。

この最後の点は次章で詳しく検討するが，1997年以降メキシコ証券市場では発行残高，取引残高ともにかつてない急速な増加がみられ，一方で銀行貸出は実質値では1995年以後一貫して低下しつづけているのに対し，貯蓄預金残

高の推移はほぼ横ばいとなっている。もっとも設備投資も1995年に急減したままほとんど増減がないことから，1997年以降に証券市場において調達された資金のうち設備投資ファイナンスに廻された部分はごく一部で，大部分は他の取引に充てられていたことも推測される。

3 証券指数と名目・実質預金金利の決定

次に本節では，設備投資モデルの推定結果を補強するものとして証券指数と名目・実質金利について推定を行う。1993年と1994年第1四半期には名目金利体系が全て低下したが，これにはインフレ率，期待インフレ率の低下と為替相場の安定が大きく寄与したと考えられる。とはいえ外国市場の金利水準に比べれば依然として高金利状態にあったので，メキシコ資本市場は外国投資家にとっては投機的資金の有利な運用先と考えられていた。そして名目貸付金利の低下は現実のインフレ率の低下に比べて小さかったので，実質金利は逆に上昇していた。

バンコ・デ・メヒコ（1993）によれば，貸付可能な資金量を一定とすれば実質金利上昇を説明する要因は3つある；①期待インフレ率と現実インフレ率との乖離，②特に1992年以降，外資流入の増加に対して実施された中央銀行の不胎化介入（公開市場操作の買いオペによるベース・マネー管理），③不良債権の増加に対して各銀行が取った経営利潤確保のための対策。1993年には粗固定資本投資は横ばいの状態で非金融部門の資金需要も停滞していた。加えて銀行，金融グループ間の競争は各銀行にとっては強い圧力で[10]，銀行としては

表6.4 チョウ検定
推定期間：1990年第2四半期～2000年第4四半期

$\log \Delta IPYC = a \cdot \log \Delta VALOR,$				
	a	t値		
1990, II－1993, II:	0.90	10.14	$R^2=0.89$	DW=1.21
1993, III－2000, IV:	1.221	11.5	$R^2=0.83$	DW=2.45
1990, II－2000, IV:	1.02	13.2	$R^2=0.81$	DW=2.09
F値(2, 39)=54.416, 有意確率=0.019, 5%臨界値=3.238.				

新たな顧客開拓と利潤確保が緊急課題であった。

チョウ検定の結果より次のダミー変数を用いる。

ダミー $E=1$；1993年第4四半期〜2000年第4四半期，0；その他の期間，

ダミー $F=1$；1995年第1四半期〜同年第3四半期，　0；その他の期間，

1) 実質ターム証券指数，推定期間：1990年第1四半期2000年第4四半期，

(6.3.1)　対数モデル；最小自乗法，

$\log \Delta IPYC_t = 0.90576 \log \Delta VALOR_t + 0.35010E \log \Delta VALOR_t -$
　　　　　　　　[0.99]　　　　　　　　　　[0.13]
　　　　　　　　(9.1)　　　　　　　　　　　(2.7)

　　0.21726 $\log \Delta VALOR_{t-1}$.
　　[0.07]
　　(−3.11)

$R^2 = 0.872$,　　自由度調整済み $R^2 = 0.866$,

ダービン・ワトソン比＝2.34[.916],

1階 Ljung Box Q 統計値＝1.60[.205],

2階 Ljung Box Q 統計値＝7.87[.020],

S.＝0.05,　　F値＝133.07,　　ARCH検定＝7.93[0.06],

Chow検定＝0.31[0.82],　　Breusch-Pagan 不均一分散検定＝2.17[0.53],

Schwarz Bayes 情報量基準＝−5.561.

(6.3.2)　対数モデル；グリッド・サーチ最尤法,

$\log \Delta IPYC_t = 0.89594 \log \Delta VALOR_t + 0.341827E \log \Delta VALOR_t -$
　　　　　　　　[0.09]　　　　　　　　　　[0.12]
　　　　　　　　(9.70)　　　　　　　　　　(2.9)

　　0.219998 $\log \Delta VALOR_{t-1}$.
　　[0.07]
　　(−3.23)

$R^2 = 0.882$,　　自由度調整済み $R^2 = 0.876$,

ダービン・ワトソン比＝2.149,

自己相関係数 $\rho = -0.20$（標準誤差＝0.1574, t値＝−1.270）.

---

(10)　Rojas（1997）.

この通り証券指数（IPyC）の変化は，市場における公債を含まない証券の流通残高のみを変数とするモデルで極めて有意なレベルで説明される。但し因果性検定の結果は双方の因果関係が同水準でかつ5％有意水準に達しない。

2) 名目国債金利，預金金利，推定期間：1990年第1四半期～2000年第4四半期．

次に市場金利として預金金利と国債セテス金利を，共に名目値で推定する。ここでメキシコの資金市場の特徴を確認しておけば，名目金利は上昇時には短期間に急上昇するのに対し，下落の際には比較的長期にわたって僅かずつ下落することが知られている[11]。名目金利体系の中でインターバンク金利が公表されるのは1994年以降で，1990年から2000年現在まで通じて公表されているのは国債セテスの金利と商業銀行の預金金利のみである。そこでこの2種の金利は一貫して極めて近い数値を示しており，相関関係も次のような単純な形で推定されるうえに因果性検定の結果も相互規定的である。よって本節では名目預金金利の推定結果を扱い，内生的貨幣供給論との整合性を検討する。

(6.3.3) 国債金利対数モデル；　グリッド・サーチ最尤法，

$\log \Delta CETES_t = -0.0049 + 1.21886 \log \Delta INTRS_t - 0.21108 \log \Delta INTRS_{t-1}$.
　　　　　　　　　[0.006]　　[0.04]　　　　　　　　　　[0.03]
　　　　　　　　　(8.19)　　(32.4)　　　　　　　　　　(−5.63)

　　$R^2 = 0.967$,　　自由度調整済み $R^2 = 0.965$,

　　ダービン・ワトソン比＝2.069，

　　自己相関係数 $\rho = -0.4365$（標準誤差＝0.1457, t値＝2.996）．

各国の例では中央銀行のプライムレートは貨幣供給と名目市場金利の双方をコントロールする手段となる。特に現在の先進諸国では名目金利は資金のフロー・レベルではなく，このプライムレートを基準としつつ債券等のストック・レベルで決定されるというのがほぼ共通の理解である。たしかに一定額の資金が調達される場合，それが新規債務や追加的内部資金の形成による場合と，

---

(11)　Menchaca Trejo (1998) pp.126.

既存の金融資産の流動化による場合とでは、そのマクロ的意味合いが異なるであろうことは十分理解できる。そして後者のストック市場における金利決定が支配的である場合、金利とは既存の資産・負債の市場価格を媒介として決定されるため、そもそもストック市場が制度的に整備され十分に機能していなければならないし、さらに市場参加者の期待・予想といった要因も関係してくる。したがって現在の先進諸国を基準としてみれば、金利がフロー・レベルで決定されている経済とは制度的に市場形成が遅れた経済ということになるが、しかし資産ストックの売買高はフローの資金循環に比べてより多額であることが一般的であることを考慮すれば、フロー・レベルで決定される金利の方が安定的である可能性も考えられる[12]。

他方で内生的貨幣供給論、特にホリゾンタリストの見地では、金融部門はその信用供給と貯蓄預金プラス インターバンク預金の残高に応じて能動的に貸出金利、預金金利を設定すると考えられる。この仮説に従えば、第5章で見たとおり預金金利、貸出金利ともに預金、貸出ストック残高を基準としつつも各期毎の変動はこれらのフローによって決定されることになる。しかし (6.3.4) のように、こうした金融関係の指標を説明変数にとっても推定結果は有意ではなかった。

(6.3.4) 名目預金金利対数モデル；グリッド・サーチ最尤法，

$\log \Delta INTRS_t = 0.6019E - 0.2987 \log \Delta M2_{t-1} + 1.11205 \log \Delta CRED_t +$
　　　　　　　[0.11]　　　　[1.15]　　　　　　[0.73]
　　　　　　　(2.29)　　　　(−0.53)　　　　　(−1.95)

$1.66041 \log \Delta CRED_{t-1} + 0.23994 \log \Delta DEPOS_t +$
　[0.76]　　　　　　　　　[0.81]
　(1.4)　　　　　　　　　 (−0.03)

$1.13638 \log \Delta DEPOS_{t-1}.$
[0.88]
(0.92)

$R^2 = 0.567$, 　自由度調整済み $R^2 = 0.507$,

ダービン・ワトソン比 $= 2.373$, 　F値 $= 8.892$,

自己相関係数 $\rho = 0.732$（標準誤差 $= 0.1173$, t値 $= 6.242$）．

---

[12] 岩佐（2002）pp. 22–24.

コー゠ロハス‐スアレス（Khor and Rojas-Suares, 1991）は，メキシコの国債名目金利の決定が名目為替レートの変動期待と対外債務の市場におけるデフォルト・リスク（つまりカントリー・リスク）に密接にリンクしているという実証結果を得たが，しかし同研究は1980年代を対象としており，1990年代の金融自由化後にはある程度の変化が予想される。他方で中央銀行エコノミストであるヴェルネル（Werner, 1997）はバンコ・デ・メヒコによる不胎化介入が為替市場と名目金利，国債金利に及ぼした影響を1996年と1997年について計測し，いずれも有意な水準では検出できないと結論した。これは推定期間は短いが，バンコ・デ・メヒコによるベース・マネー管理政策が為替相場や金利には影響せず，その限りで市場に対して中立的であると主張している。

以下では名目預金金利のモデルを推定するに際して，説明変数にはまず金融関連の指標として実質タームの証券指数と実質為替レート指数をとりいれる。証券指数の変化は（6.3.1），（6.3.2）の結果より大部分が民間証券流通残高によって規定されているから，これを用いることで間接的に証券流通残高ストックの変化が預金金利に及ぼす影響を示すことができる。そして政府公債まで含めた発行・流通残高合計額も，変数に加えてある。

(6.3.5) 名目預金金利対数モデル；最小自乗法，

$\log \Delta INTRS_t = -0.098\ F - 0.65231 \log \Delta ASSET_t - 0.34626 \log \Delta IPYC_t -$
　　　　　　[0.07]　　　[0.28]　　　　　　　　　[1.2]
　　　　　　(−1.43)　　(−2.3)　　　　　　　　　(−2.81)

　　　$0.28866 \log \Delta IPYC_{t-1} - 2.01712\ F \log \Delta IPYC_t +$
　　　　　[0.11]　　　　　　　　　　[0.55]
　　　　　(−2.67)　　　　　　　　　(−3.65)

　　　$1.39557 \log \Delta EXCH_t - 1.30833\ F \log \Delta EXCH_t.$
　　　　　[0.5]　　　　　　　　　[0.75]
　　　　　(2.76)　　　　　　　　　(−1.73)

$R^2 = 0.832$, 　自由度調整済み $R^2 = 0.803$,

ダービン・ワトソン比 $= 1.405[0.161]$,

1階 Ljung Box Q 統計値 $= 2.683[.161]$,

2階 Ljung Box Q 統計値 $= 3.05[.218]$,

S. $= 0.098$,　 F値 $= 28.48$,　 ARCH検定 $= 0.0156[0.90]$,

Chow 検定＝0.548［0.791］, 　　White 不均一分散検定＝10.514［0.914］,
Breusch–Pagan 不均一分散検定＝0.209［1.00］,
Schwarz Bayes 情報量基準＝－4.200.

（6.3.6）　名目預金金利対数モデル；グリッド－サーチ最尤法,

$\log\Delta INTRS_t =$ －0.074 F －0.71484 $\log\Delta ASSET_t$－0.33199 $\log\Delta IPYC_t$－
　　　　　　　　［0.07］　　［0.29］　　　　　　　［0.11］
　　　　　　　　（－0.96）　（－2.44）　　　　　　（－2.8）

　　　　　　0.26762 $\log\Delta IPYC_{t-1}$－2.1108 $F \log\Delta IPYC_t$＋
　　　　　　［0.1］　　　　　　　　　　　［0.49］
　　　　　　（－2.6）　　　　　　　　　　（－4.31）

　　　　　　1.47196 $\log\Delta EXCH_t$－1.43845$F \log\Delta EXCH_t$.
　　　　　　［0.52］　　　　　　　　　［0.69］
　　　　　　（2.79）　　　　　　　　　（－2.06）

R^2＝0.844,　　自由度調整済み R^2＝0.817,
ダービン・ワトソン比＝1.848, 　　S.＝0.094, 　　F 値＝31.33,
自己相関係数 ρ＝－0.3059（標準誤差＝0.16767, t 値＝－1.8249）.

（6.3.6）は各推定係数もモデル全体の有意性も満たしているが，3つの説明変数は銀行部門の貸出行動とは直接関係ないものばかりである。そして（6.3.6）の推定係数の中ではダミー F を伴なう－2.1108 $F \log\Delta IPYC_t$ が係数としても最大で t 値の有意性も最も高い。この結果から 1995 年以降には証券指数，ひいては証券流通残高と名目預金金利との間の相関関係が高まったことが理解されるが，ただしグレンジャー因果性検定の結果からは証券指数と預金金利との間には有意な因果関係は検出されない。

（6.3.6）の説明変数のうちダミー E を伴なわない項の中では実質為替レート指数 1.47196 $\log\Delta EXCH_t$ の推定係数が最大の値である。また因果性検定の結果からも実質為替レートから名目預金金利へ有意な因果性が検出される。もちろんこの結果の現実的含意は，実質レートが直接的に名目金利を決定するということではない。実質レートが過大評価水準で安定する場合には短期資本収支が黒字基調で安定して増減が小さくなり，その結果国内貨幣市場で決定される名目金利も低下するのである。またこのとき通貨当局も，資本流出防止を目的とした無理な金利誘導やベース・マネー供給引き締めを行う必要は無くなる。

表6.5 グレンジャー因果性検定；F値
推定期間：1990年第2四半期～2000年第4四半期

（期間ラグ＝1）
log（名目セテス金利）→log（名目預金金利）； 9.38*
　　　　　　　　　　　　log（名目預金金利）→log（名目セテス金利）； 5.35*
log（金融資産流通高）→log（名目預金金利）； 4.02*
　　　　　　　　　　　　log（名目預金金利）→log（金融資産流通高）； 4.25
log（証券指数）→log（名目預金金利）； 2.31　　log（名目預金金利）→log（証券指数）； 0.27
log（実質為替）→log（名目預金金利）； 4.04*　log（名目預金金利）→log（実質為替）； 1.65
log（証券取引高）→log（証券指数）； 3.59　　log（証券取引高）→log（証券指数）； 3.56

＊；5％有意水準。

逆に実質レートが下落して$\log \Delta EXCH_t$の値が急激に増加する際には，市場の混乱に加えて通貨当局も金融引き締めを実施するため名目金利が上昇するのである。そして実際には短期資本流出入はごく短期の増減があまりにも激しいため推定に用いるには適さず，実質レートで表した方が有意な結果が得られたと考えられる。

　ところで実質為替指数と名目金利を同一の推定モデルの中で扱う（6.3.5）（6.3.6）は，結果だけを見れば実質為替レートもマネタリーなレベルで決まる内生変数であると主張するホリゾンタリストの見解を支持するように思われる。つまりラヴォア（Lavoie, 2000），スミシン（Smithin, 2003）らによれば名目金利とは通貨当局が設定するプライム・レートにマークアップ率を加味して決定されるので，他のマクロ経済指標とは全く独立に人為的に定められる操作変数であり，このことは資本移動が完全でも不完全でも変わりはないという。こうして与えられる名目金利の内外格差を基準に資本移動，対外債務の定常水準が決まるが，資本移動，対外債務は一方で国内の産出水準や雇用といった実体経済の変数によっても定まるものであるから，これは実質為替レートに直接に反映される。こうして外生的に設定される名目金利が実質為替レートを決定するという関係が導かれるのだが，表6.5のとおり，（6.3.5）（6.3.6）と因果性検定から名目金利は決して外生的に与えられるものではないことが示されるので，これはホリゾンタリストの主張を裏付けるものではない。

4　むすび

　最後に本章の推定と因果性検定から得られた結論をまとめておこう。設備投資の対固定資本形成比率を被説明変数とするモデルでは，説明変数に証券指数をとっても名目金利をとっても結果の有意性はほとんど同じである。そして証券指数は民間証券流通残高のみによって極めて有意に推定され，一方名目金利は債券発行プラス流通残高，証券指数，実質為替レートといった指標で説明される。以上より，メキシコでは実体経済レベルの設備投資，実質為替レートと金融レベルの指標である名目金利，証券指数とが証券市場の動向を媒介として密接に繋がっているが，ただしこれらはごく短期的な市場の動向を反映することによって相互に関連しているのである。その意味でトービンのQ理論が前提とする株価が企業の市場価値を表わすという仮定は妥当しないのであり，むしろミンスキー・モデルにおいて想定される借り手リスク，貸し手リスクを通じた株価と投資の関係が現実的といえる。

　その上で投資ファイナンスの手段を見れば，寄与度の高い説明変数は1990年代を通じて対外債務，銀行貸出，証券指数と推移してきた。特に1997年において銀行貸出の投資ファイナンスに対する寄与度が低下するメカニズムが，次章で分析する金融不安定性の発現を表わしているのである。

	1990			
	3月	6月	9月	12月
金融関連指標　　単位；100万ペソ				
1　商業銀行貸出総額	93,190.0	103,226.0	115,726.0	135,675.0
2　商業銀行＋ノンバンク貸出総額	96,290.4	107,382.0	120,855.2	144,642.8
3　商業銀行＋投資銀行＋ノンバンク貸出	181,348.4	184,791.0	203,661.2	231,568.8
4　商業銀行貯蓄金＋インターバンク預金	106,291.3	119,235.7	130,807.0	154,314.7
5　商業銀，投資銀，貯蓄＋インターバンク預金	185,745.0	177,079.0	191,108.0	216,726.0
マネーサプライ M2（広義）	200,929.3	222,523.8	240,929.3	267,638.3
ベース・マネー	19,268.6	20,470.7	20,551.8	25,700.8
外資準備残高	16,863.2	16,613.3	21,318.0	27,627.0
中央銀行　国内信用供与残高	2,405.4	3,857.5	−766.2	−1,926.3
流通現金残高	16,043.1	18,061.1	18,457.2	22,817.2
民間債券流通高	65,687.0	80,502.3	86,220.7	93,546.7
公債＋民間債券発行プラス流通高	94,033.8	106,304.9	117,316.5	120,473.3
各種指数				
GDP（100万ペソ，1993年価格）	1,126,446	1,135,976	1,147,412	1,223,652
粗固定資本投資（1993年値＝100）	70.14	76.59	81.06	89.76
粗固定資本形成指数	179.80	193.30	195.70	209.10
証券指数 IPyC	469.12	586.64	608.73	610.53
実質為替レート	102.87	101.53	98.37	97.30
実質賃金指数	22.60	23.26	23.12	26.23
％				
国債セテス名目金利	44.38	37.98	30.17	26.50
名目預金金利	44.70	41.59	32.62	30.10
消費者物価指数	55.30	58.33	61.59	65.22
一般物価上昇率	23.48	25.14	27.95	29.59
1000 U.S.$				
粗輸出	3,157,855.7	3,001,373.7	3,531,409.3	3,879,673.3
粗輸入	2,977.2	3,297.7	3,641.3	3,948.2

第6章 資本蓄積，設備投資モデルの推定　179

付表

1991				1992			
3月	6月	9月	12月	3月	6月	9月	12月
148,401.7	166,713.3	183,631.0	202,942.7	221,890.0	243,891.7	265,629.3	295,000.7
164,055.6	184,493.0	203,726.7	226,085.4	248,472.4	272,954.1	297,359.6	331,070.9
253,641.6	277,418.0	300,574.7	327,404.4	350,853.4	383,834.1	415,143.6	455,522.9
169,397.0	189,188.3	207,954.3	242,722.3	243,893.0	247,736.3	254,292.0	279,112.0
233,153.0	254,188.0	274,716.0	316,323.0	317,415.0	324,615.0	336,756.0	369,019.0
278,018.1	298,431.8	316,028.7	335,192.6	342,156.0	351,241.3	355,364.7	375,880.9
27,456.5	28,457.9	28,368.1	33,462.9	33,167.3	34,704.3	33,817.8	38,067.2
32,554.8	40,787.0	45,501.6	54,996.2	56,881.0	57,794.7	55,813.8	55,772.6
−5,098.4	−12,329.1	−17,133.5	−21,533.3	−23,713.7	−23,090.5	−21,996.0	−17,705.4
24,331.6	25,160.4	25,922.4	30,729.3	31,241.5	32,368.4	32,073.6	36,026.1
104,991.7	163,165.0	219,104.0	276,393.7	372,551.0	419,917.0	369,249.0	413,047.3
127,956.9	135,200.1	132,164.6	121,330.8	126,544.9	132,875.3	139,407.4	138,032.1
1,173,143	1,198,874	1,196,015	1,276,067	1,234,135	1,236,041	1,241,759	1,302,751
80.91	86.99	87.52	96.64	91.77	93.99	97.09	100.44
200.90	220.90	209.00	232.50	227.20	241.20	242.60	245.80
660.46	994.04	1,204.74	1,365.36	1,711.85	1,803.39	1,471.30	1,621.66
97.00	92.87	88.90	86.13	83.53	79.03	78.13	73.60
23.50	24.11	25.03	28.42	25.15	26.71	27.26	31.31
22.94	19.54	17.78	17.05	13.90	13.69	16.75	18.14
25.71	22.84	21.09	20.55	17.95	15.75	19.26	22.14
70.00	73.50	74.50	77.90	79.65	81.07	82.15	82.99
26.54	24.35	20.99	19.47	17.36	16.26	15.45	13.24
3,258,803.7	3,623,764.3	3,573,929.7	3,772,675.7	3,523,933.7	3,858,922.3	3,906,674.3	4,109,010.7
3,579.5	4,129.9	4,284.5	4,661.7	4,649.3	5,187.3	5,267.8	5,605.3

	1993			
	3月	6月	9月	12月
金融関連指標　　単位；100万ペソ				
1　商業銀行貸出総額	316,038.7	333,116.0	352,071.0	370,860.3
2　商業銀行＋ノンバンク貸出総額	354,480.5	372,161.0	392,774.8	415,130.3
3　商業銀行＋投資銀行＋ノンバンク貸出	485,866.5	514,909.0	544,825.8	575,032.3
4　商業銀行貯蓄金＋インターバンク預金	294,902.7	311,607.3	317,782.7	330,144.0
5　商業銀，投資銀，貯蓄＋インターバンク預金	394,928.0	421,316.0	429,458.0	446,136.0
マネーサプライM2（広義）	394,498.5	413,108.0	429,642.3	459,653.1
ベース・マネー	36,179.1	35,794.9	35,704.8	40,858.5
外資準備残高	65,153.0	72,127.0	70,633.2	68,714.1
中央銀行　国内信用供与残高	−28,973.9	−36,332.1	−34,928.3	−27,855.6
流通現金残高	35,754.2	35,751.2	35,681.8	40,858.4
民間債券流通高	404,706.7	399,642.3	444,004.7	542,224.0
公債＋民間債券発行プラス流通高	160,259.8	173,413.9	191,238.4	208,140.9
各種指数				
GDP（100万ペソ、1993年価格）	1,263,678	1,254,148	1,225,558	1,314,187
粗固定資本投資（1993年値＝100）	93.12	91.41	90.34	95.99
粗固定資本形成指数	231.40	230.80	230.70	239.70
証券指数 IPyC	1,671.41	1,655.16	1,811.86	2,169.04
実質為替レート	74.57	74.43	71.30	71.70
実質賃金指数	27.75	28.44	28.87	33.39
％				
国債セテス名目金利	17.31	15.57	13.97	13.09
名目預金金利	22.23	19.57	16.80	15.63
消費者物価指数	83.70	84.36	84.91	84.57
一般物価上昇率	10.89	9.99	9.60	8.62
1000 U.S.$				
粗輸出	3,923,097.3	4,348,847.7	4,272,734.3	4,750,642.3
粗輸入	5,128.2	5,439.8	5,442.1	5,778.7

第6章 資本蓄積, 設備投資モデルの推定　181

1994				1995			
3月	6月	9月	12月	3月	6月	9月	12月
397,594.0	423,193.0	448,481.0	527,759.0	593,741.0	603,934.0	584,880.0	690,142.1
446,715.6	475,644.2	502,409.6	583,972.1	653,906.5	667,429.4	641,926.2	748,390.4
623,159.6	671,108.2	704,170.6	845,323.1	934,657.5	954,299.7	934,793.9	1,084,024.4
353,827.0	386,979.0	400,475.0	487,384.0	534,240.0	577,207.0	585,868.0	653,019.5
478,482.0	521,512.0	538,765.0	665,825.0	719,327.0	758,700.0	772,277.0	890,238.5
487,548.3	486,906.9	513,286.5	550,879.2	571,318.2	606,541.4	660,512.8	741,560.2
43,088.9	42,620.8	44,354.3	50,285.4	49,931.8	46,928.3	47,661.0	56,306.1
85,981.4	55,865.2	55,137.5	44,967.4	39,646.7	59,481.0	91,303.9	107,035.0
−42,892.5	−13,244.4	−10,783.2	5,318.0	10,285.0	−12,552.7	−43,642.9	−50,728.9
42,906.2	42,620.8	44,354.3	50,280.4	49,826.6	46,928.3	47,624.5	56,306.1
647,938.0	603,697.3	668,935.7	662,284.3	515,563.0	545,708.3	654,579.0	664,729.0
238,923.8	222,109.1	233,748.0	258,814.2	271,938.0	260,620.3	260,251.6	270,388.5
1,277,838	1,331,435	1,267,386	1,372,142	1,272,566	1,209,170	1,165,594	1,275,557
103.73	110.80	107.60	112.53	84.57	73.40	70.40	78.63
239.50	255.20	251.60	264.70	192.80	168.40	166.80	189.70
2,615.32	2,289.56	2,577.71	2,521.90	1,848.25	1,989.92	2,487.99	2,474.47
71.10	76.00	75.73	78.00	127.83	120.17	116.80	137.17
29.27	29.48	29.74	34.30	28.07	25.73	24.95	27.44
9.90	16.11	15.10	15.28	49.50	60.39	36.51	47.36
12.24	16.12	17.24	16.42	40.89	58.17	37.71	43.72
86.03	86.67	87.36	88.22	89.26	90.3	91.09	91.69
7.26	6.93	6.75	6.94	14.99	33.75	41.65	48.7
4,591,973.7	5,022,580.7	5,021,388.3	5,658,130.0	6,262,246.3	6,543,820.3	6,695,722.7	7,012,061.3
6,024.4	6,539.3	6,619.5	7,265.4	6,063.3	5,677.5	5,957.5	6,452.6

	1996			
	3月	6月	9月	12月
金融関連指標　単位；100万ペソ				
1　商業銀行貸出総額	716,514.1	733,566.9	752,883.6	787,092.9
2　商業銀行＋ノンバンク貸出総額	769,318.2	779,416.1	795,590.0	823,688.1
3　商業銀行＋投資銀行＋ノンバンク貸出	1,103,356.5	1,111,637.1	1,140,012.0	1,174,748.5
4　商業銀行貯蓄金＋インターバンク預金	663,535.9	683,777.0	714,605.0	765,875.4
5　商業銀，投資銀，貯蓄＋インターバンク預金	899,423.9	924,828.0	975,462.0	1,042,856.4
マネーサプライM2（広義）	809,645.4	880,390.4	942,525.9	1,019,786.5
ベース・マネー	58,420.4	59,761.3	61,368.4	72,508.3
外資準備残高	117,356.1	117,211.9	119,397.3	132,038.0
中央銀行　国内信用供与残高	−58,935.7	−57,450.7	−58,028.8	−59,529.6
流通現金残高	58,245.9	59,687.0	61,189.2	72,508.3
民間債券流通高	742,827.0	822,326.3	845,978.3	827,535.3
公債＋民間債券発行プラス流通高	284,285.9	310,887.5	330,485.2	358,964.1
各種指数				
GDP（100万ペソ，1993年価格）	1,267,774	1,286,283	1,246,844	1,366,659
粗固定資本投資（1993年値＝100）	79.80	85.70	88.63	96.37
粗固定資本形成指数	185.40	197.70	210.70	241.60
証券指数 IPyC	2,966.12	3,205.81	3,213.19	3,305.12
実質為替レート	138.60	130.00	123.93	124.07
実質賃金指数	23.11	22.95	22.78	25.60
％				
国債セテス名目金利	40.34	30.49	27.22	27.52
名目預金金利	38.40	30.55	27.21	26.68
消費者物価指数	92.22	92.7	93.09	93.59
一般物価上昇率	48.14	34.19	30.54	28.15
1000 U.S.$				
粗輸出	7,290,125.0	7,868,961.7	8,082,362.3	8,758,463.0
粗輸入	6,645.4	7,136.5	7,611.7	8,429.3

第6章 資本蓄積, 設備投資モデルの推定　183

1997				1998			
3月	6月	9月	12月	3月	6月	9月	12月
734,354.0	752,222.0	768,957.0	711,890.0	781,217.0	812,949.0	844,945.0	872,484.0
760,555.8	778,057.8	793,803.6	736,934.0	800,375.4	832,471.9	866,158.0	895,059.9
,101,871.7	1,118,320.3	1,133,629.1	1,074,975.3	1,153,348.1	1,196,110.8	1,264,451.6	1,301,624.0
831,061.2	828,882.7	863,121.3	943,909.5	977,735.4	1,023,844.7	1,097,357.5	1,098,912.4
,066,885.7	1,087,099.7	1,048,234.1	1,075,371.7	1,112,928.3	1,158,254.6	1,253,597.6	1,299,066.5
,123,421.1	1,212,438.2	1,276,392.3	1,371,762.2	1,446,862.4	1,534,116.7	1,602,813.8	1,715,150.9
77,412.4	79,660.0	82,040.4	94,911.9	97,558.8	99,746.2	101,330.0	115,282.5
156,008.8	173,313.8	182,395.5	217,106.6	245,549.5	264,256.4	286,195.7	294,165.9
−78,596.4	−93,654.0	−100,355.1	−122,194.7	−147,990.8	−164,510.2	−184,865.7	−178,883.4
77,316.0	79,660.0	81,932.3	94,825.9	97,447.6	99,670.7	101,321.9	114,903.7
909,020.3	1,061,244.0	1,181,286.0	1,195,465.7	1,160,342.3	1,136,598.0	912,631.7	908,406.3
391,562.7	456,216.0	518,727.1	547,692.8	598,911.0	636,514.3	645,067.6	667,811.6
,331,508	1,394,930	1,341,824	1,457,144	1,431,201	1,456,914	1,408,712	1,494,955
91.13	101.50	105.27	112.90	115.73	117.37	121.67	120.20
220.50	247.50	258.60	284.60	269.8	273.7	283.6	288
3,738.95	3,985.57	4,932.08	4,969.16	4,750.78	4,693.45	3,816.73	3,875.72
120.63	116.77	110.67	111.83	110.33	110.30	114.90	117.30
22.24	22.73	22.89	25.98	23.04	23.39	23.35	26.13
21.67	19.98	18.58	18.98	18.85	18.81	27.84	33.55
22.08	19.53	17.52	17.36	17.13	17.25	21.45	28.53
94.1	94.8	95.3	95.83	96.46	97.12	97.7	98.2
25.51	21.3	19.21	17.24	15.3	15.13	15.61	17.56
8,366,173.3	9,146,800.0	9,392,059.3	9,905,428.3	9,380,218.7	9,945,688.3	9,528,903.3	10,298,375.3
7,843.0	8,933.2	9,495.0	10,331.4	9,958.1	10,340.9	10,341.8	11,150.3

	1999			
	3月	6月	9月	12月
金融関連指標　　単位；100万ペソ				
1　商業銀行貸出総額	874,234.0	876,776.0	885,365.0	906,035.0
2　商業銀行＋ノンバンク貸出総額	896,077.7	897,696.3	906,073.9	927,533.7
3　商業銀行＋投資銀行＋ノンバンク貸出	1,293,875.5	1,292,758.5	1,302,715.3	1,332,512.6
4　商業銀行貯蓄金＋インターバンク預金	1,141,949.3	1,145,007.4	1,156,993.7	1,227,499.1
5　商業銀，投資銀，貯蓄＋インターバンク預金	1,351,159.4	1,342,792.6	1,391,496.1	1,385,371.7
マネーサプライM2（広義）	1,835,703.9	1,928,870.6	2,019,343.5	2,123,132.4
ベース・マネー	121,674.4	120,802.2	126,745.4	154,349.5
外資準備残高	299,348.0	285,623.2	292,216.1	291,277.8
中央銀行　国内信用供与残高	−177,673.7	−164,821.1	−165,470.7	−136,928.3
流通現金残高	121,639.1	120,745.3	126,724.9	154,328.4
民間債券流通高	975,390.3	1,167,473.7	1,091,430.3	1,290,031.0
公債＋民間債券発行プラス流通高	707,467.7	785,550.6	821,567.3	881,675.8
各種指数				
GDP（100万ペソ，1993年価格）	1,457,856	1,505,813	1,474,955	1,576,989
粗固定資本投資（1993年値＝100）	116.80	121.13	126.60	125.83
粗固定資本形成指数	285.5	295.5	302.9	317
証券指数 IPyC	4,146.62	5,528.52	5,307.04	5,982.38
実質為替レート	111.00	104.37	100.50	96.23
実質賃金指数	23.03	23.54	23.63	27.01
％				
国債セテス名目金利	28.12	20.42	20.01	17.09
名目預金金利	26.02	18.53	18.06	16.31
消費者物価指数	98.68	99.17	99.64	100.11
一般物価上昇率	18.61	17.88	16.48	13.72
1000 U.S.$				
粗輸出	9,974,118.0	11,213,699.7	11,764,333.0	12,511,549.0
粗輸入	10,382.3	11,539.2	12,085.0	13,318.4

第6章 資本蓄積,設備投資モデルの推定　185

	2000		
3月	6月	9月	12月
895,369.0	899,737.0	918,939.0	941,170.0
914,183.0	919,259.7	939,226.3	962,956.5
1,311,982.8	1,333,442.3	1,342,719.5	1,346,301.8
1,127,739.2	1,152,325.7	1,148,213.6	1,213,624.5
1,418,422.6	1,396,100.9	1,404,969.2	1,420,351.1
2,203,820.4	2,286,983.3	2,380,357.0	2,450,253.2
153,427.7	160,704.4	160,432.0	182,292.7
306,040.5	314,144.4	294,850.8	312,490.4
−152,612.0	−153,439.7	−134,418.3	−130,197.0
153,402.4	160,685.1	160,413.9	182,271.6
1,435,545.7	1,338,492.7	1,350,584.3	1,246,259.0
953,443.2	1,051,043.5	1,149,145.8	1,208,261.0
1,573,415	1,620,529	1,583,121	1,657,487
134.07	137.60	142.07	146.30
316.6	326.5	336.6	341.1
7,447.41	6,509.28	6,533.30	5,929.49
95.60	93.67	87.47	84.70
24.18	24.92	24.94	28.60
15.22	14.25	14.67	16.83
14.71	12.84	13.11	14.11
100.65	101.22	101.82	102.48
10.55	9.54	9.02	8.91
12,690,778.7	13,703,240.7	14,342,577.0	14,748,343.0
13,073.0	14,159.3	14,959.1	15,961.1

出所；Banco de México, *Indicadores Económicos*, 各月版。
CNBV, *Boletín Estadístico*…, 各年版。

　1から5は,1990年から1994年については1995年以降の被介入銀行の数値を除いて計算,貸出総額とは回収可能債権,不良債権,再割引の合計である。

　また1997年からの新会計基準に従い,それまでは負債に計上されている「貸出リスクに対する準備積立金」を不良債権額に含めて計算し,貸出総額に含めてある。

「近代的」メキシコ経済のシンボル、メキシコ証券取引所。日本大使館やアメリカ大使館があるレフォルマ通りにある。

第7章 金融部門の貸出行動と金融不安定性の検証

はじめに

　本章では第4章，5章で検討した内生的貨幣供給論を仮説としてメキシコ経済に当てはめて推計モデルを構築する。まず銀行貸出，貯蓄プラス インターバンク預金額の間の関係を推定モデルを用いて検証し，あわせてグレンジャー因果性検定を用いて理論との整合性を検証する。続いて不良債権比率とマネー・サプライ M2 についても推定を行い，メキシコにおける金融不安定性の検証を試みる。ここでいう金融不安定性とは，非金融部門の信用需要よりもむしろ金融部門側のイニシアティブによって行われる貸出が増加し，その結果マクロ的に設備投資，金融部門貸出と貯蓄預金，マネー・サプライ残高の間の安定的均衡が消滅することである。そして通常の信用需要と関係の無い貸出とは，メキシコの例では増加した不良債権に対して銀行側がさらに追加的貸付を行う「追い貸し」であり，これには金融グループ内の系列融資が関係していると考えられる。

　推定に用いる統計数値は第6章で用いたものと同じだが，商業銀行とノンバンクの貸出総額（回収可能債権，不良債権プラス再割引，FOBAPROAへ売却された債権も含む）を CRED で表わし，これから対 FOBAPROA 売却分の債権を除いたものを (CRED–FOB)，CRED に投資銀行部門の貸出も加算したものを CRED* で表わす。加えて貯蓄預金プラス インターバンク預金 (DEPOS)，流動性準備 (LQUID) は国立金融証券庁 CNBV の『商業銀行統計報告』(*Boletín Estadístico de Banca Múltiple*)，『投資銀行統計報告』(*Boletín Estadístico de Banca de Desarrollo*) の数値を用い[1]，ノンバンクの貸出残高はバンコ・デ・メヒコの『統計月報』(*Indicadores Económicos*) からとった。また貯蓄預金 (captación directa) とは要求払預金，定期性預金，その他の銀行部門が受け入

（1）　ただしこのCNBVの統計の「商業銀行部門」の項目には，1994年以降はCNBVの介入を受けた銀行の数値が含まれていない。本章ではこの介入を受けた12行——インヴェルラット Inverlat，ウニオン Unión，クレミ Cremi，バンパイス Banpaís，バンセントロ Bancentro，バノーロ Banoro，バノリエンテ Banoriente，インテルエスタタル Interestatal，カピタル CAPITAL，プロムノルテ Promnorte，スルエステ SURESTE，コンフィア CONFÍA——の数値を1993年までの統計から除いて計算した。

れる負債項目の合計であり，断らない限りこの貯蓄預金にインターバンク預金を加えた金額を商業銀行プラス ノンバンクの預金として扱う。

　最初に次頁表7.1により商業銀行部門全体の貸出の種別分類と，融資先の部門別分類を見ておこう。貸出種別分類では1996年末までの担保付き融資（préstmos quiografarios），無担保融資プラス当座勘定貸出（créditos simples y créditos en cuenta corriente）の合計が1997年以降の商業貸出にほぼ相当し，1994年末には外貨建ても含む総貸出額の49.4％，回収可能債権のうちの61.9％を占め，同年までは貸出の中で最大部分であった。しかし1995年以後は新たに計上される対FOBAPROA資産売却額が急増し，1996年12月には1820億7164万ペソに上って先述の貸出部門の計1944億ペソに匹敵する割合となり，1999年以後には3000億ペソを上回った。一方でメキシコの銀行貸出といえば消費ブームに先導された個人向け融資や住宅融資が大部分を占めるといった指摘が多いが，この2部門を合計しても貸出総額に占める比率は1994年末に22.4％，最高の1995年6月でも23.7％で，1996年以後は15％を下回っている。

　他方で融資先別の分類では最大部門は一貫して商業・レストラン・ホテル部門であり，1996年6月には回収可能債権全体の35.6％に達した。これに次ぐのが製造業部門で，1996年以降比率は低下しているものの15％から18％を占めている。ただし1999年6月から「その他の不特定部門」向け融資が製造業部門向けを凌駕するという状態になっている。

1　金融部門の貸出行動と貯蓄預金

　本節では商業銀行部門とノンバンク，投資銀行まで含めて非金融部門に対する貸出と貯蓄預金，インターバンク預金の残高の間の関係を推定する。ここでの目的は，内生的貨幣供給論が仮説として提唱する「非金融部門の資金需要→金融部門の貸出供給→金融部門による預金獲得（非金融部門による預金の供給）」の因果関係がメキシコにおいて成立するか否かを検証することにある。まず粗固定資本投資，金融機関の貸出，貯蓄預金を各々消費者物価指数で割り引いた実質値の推移は第6章の図6.3と本章図7.1の通りである。1992年初頭

表7.1 貸出種類別，融資先別

	1991	1992	1993	1994	1995年6月	1995年12月	1996年6月
貸出総額（外貨建てを含む）	248,422	365,218	450,007	509,667	569,232	656,595.14	689,542.94
回収可能債権	212,194	294,848	363,269	407,345	453,378	556,454.17	592,969.45
対商業産業貸出							
担保付き融資	91,751	112,474	136,528	140,709	140,277	125,471.86	96,029.80
無担保融資，当座勘定貸出	43,348	63,030	78,878	111,565	118,988	110,056.30	99,004.98
住宅購入向け融資	29,041	50,126	73,411	83,632	109,435	90,048.41	84,070.76
個人消費向け貸出	23,102	35,887	34,902	31,329	25,611	24,239.38	19,225.89
耐久消費財購入向け	3,726	9,069	7,869	5,338	3,753	2,824.35	1,714.96
クレジット・カード	18,491	25,446	25,469	24,875	21,437	21,128.15	17,253.64
借り換え融資	0	0	0	0	1,825	93,661.81	143,588.21
対FOBAPROA売却分の債権					10,122	68,516.22	114,213.61
不良債権	10,250	19,591	32,681	37,254	57,671	46,326.38	50,386.55
再割引	28,396	41,780	54,056	65,068	58,183	53,814.59	46,186.95
UDIs建て貸出							
貸出総額				452,585	481,480	552,394.83	567,019.96
対民間部門（1-5,他）				393,228	409,338	437,042.56	476,265.01
1,農牧漁業				16,734	16,619	15,802.31	17,727.17
2,製造業				78,790	78,272	88,963.96	100,862.33
3,建設業				78,869	78,197	86,289.33	101,368.25
4,商業，レストラン，ホテル				164,118	162,631	188,742.21	202,956.65
5,サービス業他				52,336	51,944	55,710.42	51,710.07
6,金融部門				20,532	20,421	17,884.52	11,598.35
7,公的部門				18,912	18,911	31,379.41	35,751.60
8,対外部門				8,205	8,205	10,995.62	17,958.14
9,その他不特定部門				1	0	34,630.50	8,686.31
10,インターバンク貸出				11,706	19,511	20,462.22	16,760.53

出所：CNBV, *Boletín Estadístico*…, 各年版。

第7章 金融部門の貸出行動と金融不安定性の検証 191

商業銀行貸出

(単位100万ペソ)

1996年12月	1997年6月	1997年12月	1998年6月	1998年12月	1999年6月	1999年12月	2000年6月	2000年12月
739,401.92	752,221.89	711,890.13	812,948.95	872,484.81	874,775.95	906,034.69	899,737.89	917,026
655,980.42	654,716.73	632,735.59	724,741.97	772,973.81	774,331.60	825,280.44	842,051.08	869,875
	256,112.08	232,557.88	284,455.82	279,794.40	255,551.23	243,744.76	251,638.24	265,842
94,606.06								
99,822.78								
48,981.58	33,213.97	84,491.64	90,161.45	99,345.39	96,935.82	105,792.99	107,620.34	108,354
16,916.33	13,449.81	19,716.26	21,317.05	22,011.31	21,903.32	26,542.18	28,762.39	51,481
1,396.61								
15,337.05								
168,523.36								
182,071.64	217,493.36	229,495.27	255,239.45	279,716.37	304,549.34	348,331.68	316,196.17	27,754
43,001.78	97,505.16	79,154.55	88,206.98	99,511.00	100,444.35	80,754.25	57,686.81	47,150
40,419.72								
	0	132,521.15	139,915.62	154,181.14	155,319.09	148,237.32	130,307.71	
621,604.00	638,196.78	597,220.10	698,435.61	748,539.08	751,473.89	782,177.03	819,871.33	
544,899.01	490,961.59	470,621.03	546,819.81	583,323.53	551,531.15	559,769.71	565,115.43	
24,263.50	28,926.86	24,728.86	33,220.29	28,323.07	27,248.41	27,888.72	23,438.04	
170,973.71	114,892.53	99,440.57	113,769.20	130,580.08	114,675.87	116,741.60	110,978.64	
101,754.44	99,406.23	93,005.10	106,882.44	103,772.27	69,637.86	75,577.68	78,494.97	
183,302.88	166,483.06	171,227.56	190,004.33	211,207.00	227,144.87	235,045.27	245,481.59	
62,972.72	66,438.17	70,150.17	85,823.31	92,605.28	94,246.74	82,909.26	74,328.47	
11,801.13	12,273.36	8,938.49	12,512.16	12,249.88	14,322.84	18,788.97	28,564.39	
35,242.40	39,155.54	37,893.54	54,099.74	57,633.42	73,020.52	78,505.81	84,708.90	
12,737.60	9,042.72	8,948.83	8,509.37	12,782.10	13,437.81	940.55	1,328.42	
0.00	88,614.78	69,773.34	71,993.16	75,997.15	98,249.48	128,385.47	154,730.03	
16,923.85	10,422.15	9,983.36	17,013.54	18,802.88	15,234.93	14,575.50	13,988.54	

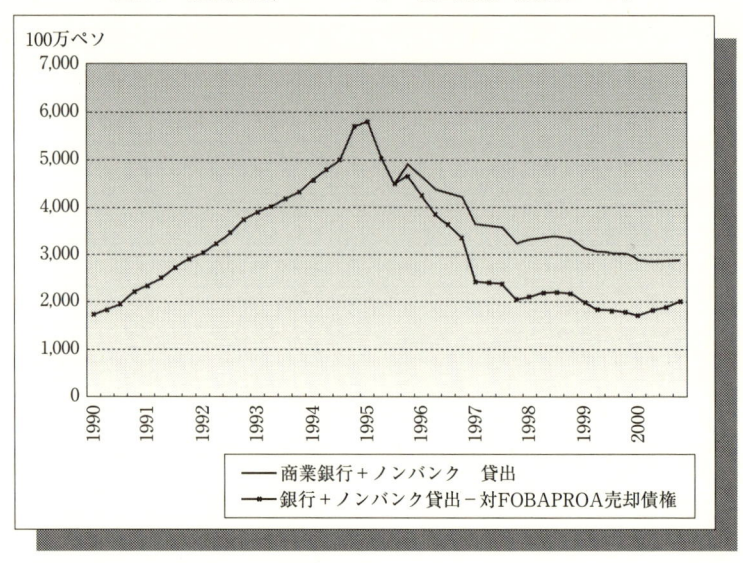

図7.1 商業銀行，ノンバンク 貸出総額（実質ターム）

凡例：
― 商業銀行＋ノンバンク 貸出
─●─ 銀行＋ノンバンク貸出－対FOBAPROA売却債権

出所：CNBV, *Boletín Estadístico*…，各年版。

から貸出残高は，回収可能債権のみに限っても貯蓄預金残高を上回って増加し，1993年半ばからは貯蓄プラス インターバンク預金額をも上回るに至った。この「貸出ブーム」は1994年末まで続き，その後は貸出，預金，設備投資全て減少する信用収縮の状態となったが，貯蓄預金は1996年以降ほぼ一定となっている。そしてFOBAPROAが買い上げた不良債権総額は1997，'98年には貸出総額の数10％に達し，そのマクロ経済に及ぼす影響の大きさが伺われる。

（1） 金融部門貸出の推計モデル

モデルの推定においては先述の $CRED$，（$CRED-FOB$），$CRED^*$ を区別し，また信用需要を示す説明変数として，消費指数（$CONS$）と実質ターム設備投資指数（INV），金融部門のバランスシート制約を示すものとして銀行の流動性準備プラス短期公債保有高（$LQUID$）と名目預金金利（$INTRS$）を取り上げる。またノンバンクとはバンコ・デ・メヒコの公式サイト www.banxico.org.mx/eInfoFinanciera/FSinfoFinanciera.html の統計のうち「その他非銀行金融仲介部門の資産，負債」（recursos y obligaciones de otros intermediarios no bancarios）

第7章 金融部門の貸出行動と金融不安定性の検証 193

図7.2 散布図；設備投資―金融部門貸出（名目値），1990年～2000年

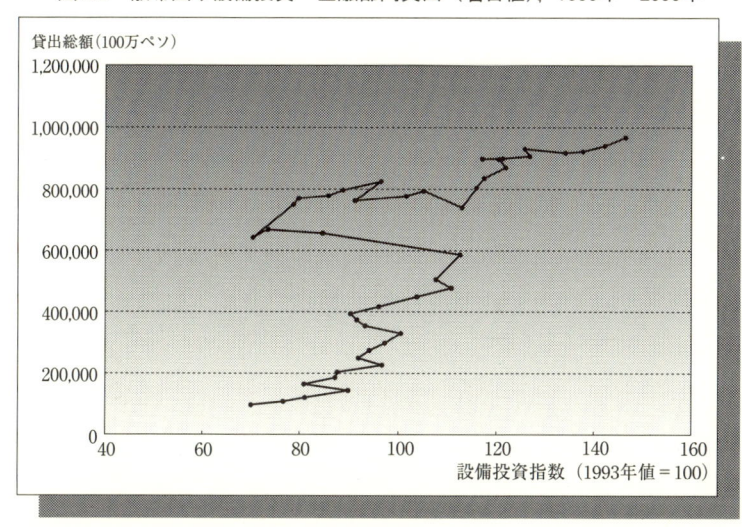

貸出総額(100万ペソ)

設備投資指数（1993年値＝100）

出所：Banco de México, *Indicadores Económicos*, 各月版。
　　　CNBV, *Boletín Estadístico*…, 各年版。

図7.3 散布図；設備投資―金融部門貸出（実質値），1990年～2000年

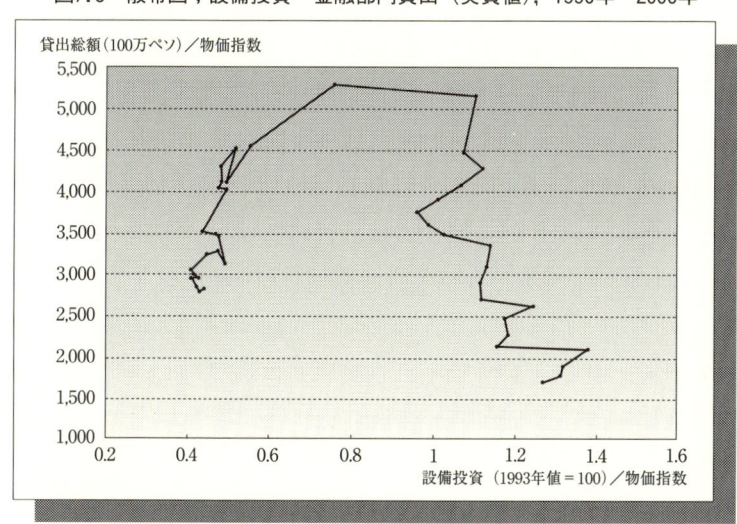

貸出総額(100万ペソ)／物価指数

設備投資（1993年値＝100）／物価指数

出所：Banco de México, *Indicadores Económicos*, 各月版。
　　　CNBV, *Boletín Estadístico*…, 各年版。

図7.4 散布図；金融部門貸出―貯蓄預金（名目値），1990年～2000年

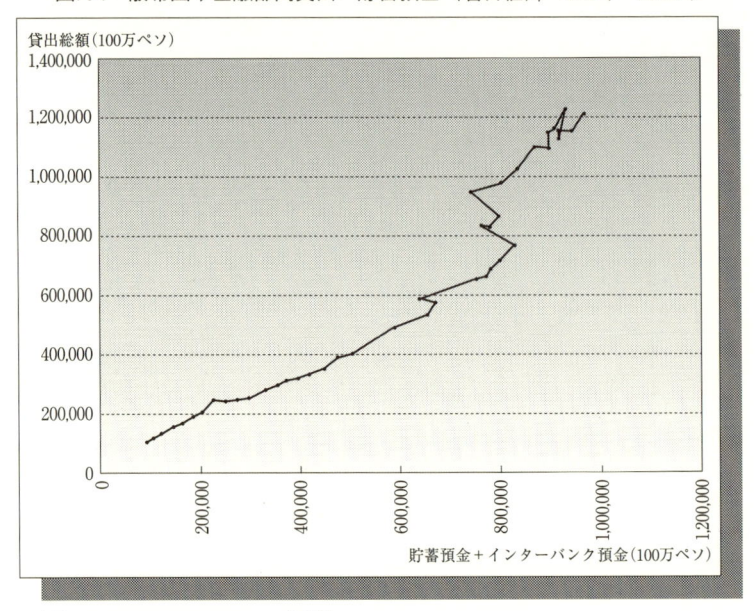

出所：CNBV, *Boletín Estadístico*…，各年版。

図7.5 散布図；金融部門貸出―貯蓄預金（実質値），1990年～2000年

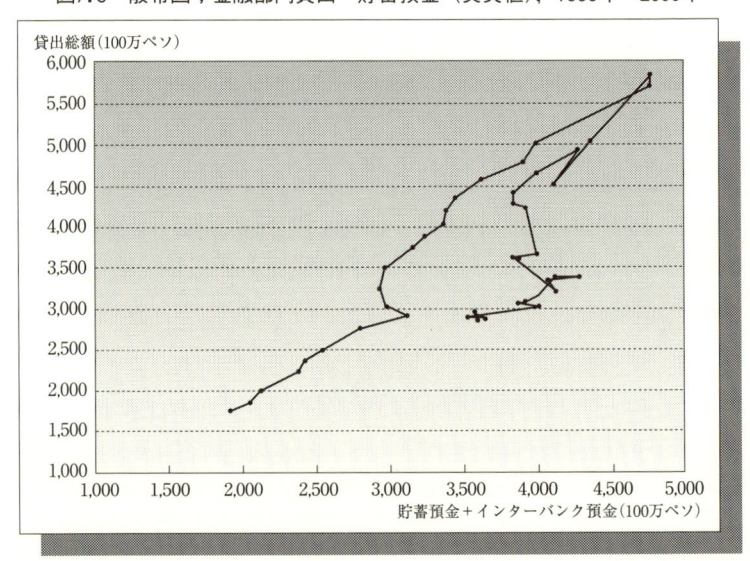

出所：CNBV, *Boletín Estadístico*…，各年版。

に分類される諸機関のうち，当該期間を通じてデータがそろうローン会社（arrendadoras financieras），金融代理業（factoraje financiero），経済振興基金（fondos de fomento económico）の3者である。

まず設備投資と商業銀行プラス ノンバンクの貸出総額，並びに商業銀行プラス ノンバンクの貸出と同貯蓄預金プラス インターバンク預金の合計額とのそれぞれの対応関係を散布図7.2〜7.5で確認しておく。なお以上の金融機関に投資銀行を含めた場合にもほぼ同一の結果が得られた。図の通り通貨危機後の1995年前半を境に全ての関係に変化が見られるので，この構造変化をチョウ検定によって確認しておこう。

表7.2 チョウ検定 推定期間：1990年第1四半期〜2000年第4四半期

$\log \Delta CRED = a + b \cdot \log \Delta INV + c \cdot \log \Delta INTRS$								
	a	t値	b	t値	c	t値		
1990, I − 1995, I :	0.06	(9.9)	0.18	(2.37)	0.025	(0.84)	$R^2=0.27$	DW=1.81
1995, II − 2000, IV :	−0.001	(−1.1)	0.51	(4.8)	0.11	(2.3)	$R^2=0.55$	DW=2.4
1990, II − 2000, IV :	0.02	(2.66)	0.37	(3.5)	0.10	(2.3)	$R^2=0.25$	DW=1.11
F値(2,37)=7.99, 有意確率=0.003, 5%臨界値=2.86.								

チョウ検定の結果より第6章のダミー D を用いる。また通貨危機を経る1994年末と1995年第1四半期には全ての変数が大きく変動するのでこれを異常値とみなして定数項ダミー G を用いる。

ダミー $D=1$；1995年第2四半期〜2000年第4四半期，
　　　　0；その他の期間，
ダミー $G=1$；1994年第4四半期と1995年第1四半期，
　　　　0；その他の期間，

1) 商業銀行＋ノンバンク貸出，
　　　　　　　　　推定期間：1990年第1四半期〜2000年第4四半期，
(7.1.1)　金融部門貸出対数モデル；最小自乗法，

$\log \Delta CRED_t = 0.064 \quad -0.076\, D + 0.13063 \log \Delta INV_t + 0.38367 D \, \log \Delta INV_t +$
　　　　　　　[0.007]　　[0.01]　　　[0.07]　　　　　　[0.11]
　　　　　　　(8.47)　　(−7.22)　　(1.81)　　　　　　(3.34)

$0.11727D \ \log\Delta \ INTRS_t$.
[0.04]
(3.01)

$R^2 = 0.763$,　　自由度調整済み $R^2 = 0.738$,

ダービン・ワトソン比 $= 2.196$ [.893],

1階 Ljung Box Q 統計値 $= 0.464$ [.496],

2階 Ljung Box Q 統計値 $= 0.633$ [.729],

S. $= 0.033$,　　F値 $= 30.64$,　　ARCH検定 $= 0.515$ [.473],

Chow検定 $= 0.123$　　[0.986],

Breusch-Pagan 不均一分散検定 $= 2.997$ [.558],

Schwarz Bayes 情報量基準 $= -6.538$.

(7.1.2)　金融部門貸出対数モデル；グリッド・サーチ最尤法,

$\log\Delta \ CRED_t = 0.063 \ -0.076 \ D + 0.1158 \ \log\Delta \ INV_t + 0.3969D \ \log\Delta \ INV_t +$
　　　　　　[0.007]　　[0.009]　　[0.07]　　　　　　[0.12]
　　　　　　(9.23)　　(−7.83)　　(1.59)　　　　　　(3.39)

$0.11919D \ \log\Delta \ INTRS_t$.
[0.04]
(3.03)

$R^2 = 0.786$,　　自由度調整済み $R^2 = 0.763$

ダービン・ワトソン比 $= 2.03$,　　S. $= 0.03$,　　F値 $= 34.87$,

自己相関係数 $\rho = -0.10$（標準誤差 $= 0.1597$,　t 値 $= -0.6262$）.

(7.1.3)　対 FOBAPROA 売却分を除く貸出　対数モデル；最小自乗法,

$\log\Delta \ (CRED-FOB)_t = 0.064 \ -0.085 \ D + 0.13063 \ \log\Delta \ INV_t +$
　　　　　　　　[0.013]　　[0.02]　　[0.12]
　　　　　　　　(4.95)　　(−4.7)　　(1.06)

$0.531125D \ \log\Delta \ INV_t + 0.194585D \ \log\Delta \ INTRS_t$.
　　[0.20]　　　　　　　[0.07]
　　(2.7)　　　　　　　(2.92)

$R^2 = 0.623$,　　自由度調整済み $R^2 = 0.584$,

ダービン・ワトソン比 $= 1.758$ [.423],　　S. $= 0.056$,

F値 $= 15.73$,　　ARCH検定 $= 0.143$ [0.705],

Chow検定 $= 0.026$ [1.0],

Breusch-Pagan 不均一分散検定 $= 5.77$ [0.217],

Schwarz Bayes 情報量基準＝－5.465.

　(7.1.2) はモデルの有意性としては決定係数がやや低いが，この点は次節で検討する。また FOBAPROA に売却した債権を除いて推定した (7.1.3) は全く有意でないが，この結果から「回収可能債権」に分類される債権でも必ずしも非金融部門の資金需要に対応するものではないと考えられる。また (7.1.2) の説明変数に銀行の流動性準備保有 (*DISP*) を加えても結果は有意でなかった。理論的には流動性準備，預金残高等の項目は貸出行動のバランスシート上の制約条件になるとされる場合が多いが，メキシコではこうした制約は働いていないのである。

グリッド・サーチ最尤法

$\log\Delta CRED_t = 0.063 - 0.084\,D + 0.00819\log\Delta DISP_t + 0.110826\log\Delta INV_t +$
　　　　　[0.008]　[0.01]　　[0.045]　　　　　　[0.08]
　　　　　(8.1)　(－7.96)　　(1.8)　　　　　　　(1.34)

$0.17319\,D\log\Delta INV_t + 0.06859\,D\log\Delta INTRS_t.$
　　　　　[0.17]　　　　　　　　　[0.05]
　　　　　(1.0)　　　　　　　　　　(1.45)

$R^2 = 0.749$,　　自由度調整済み $R^2 = 0.71$

ダービン・ワトソン比＝1.95,　　S.＝0.04,　　F 値＝22.03.

2)　商業銀行＋投資銀行＋ノンバンク貸出,

　　　　　推定期間：1990 年第 1 四半期～2000 年第 4 四半期,

(7.1.4)　金融部門貸出対数モデル；最小自乗法,

$\log\Delta CRED^*_t = 0.050 - 0.0653\,D + 0.08666\,G + 0.292931\log\Delta INV_t +$
　　　　　[0.006]　[0.009]　　[0.02]　　　[0.07]
　　　　　(7.43)　(－7.08)　　(3.65)　　　(4.08)

$0.194312\,D\log\Delta INV_t - 0.00374\log\Delta INV_{t-1} +$
　　　　　[0.11]　　　　　　　　　　[0.004]
　　　　　(1.64)　　　　　　　　　　(－0.07)

$0.10253\,D\log\Delta INTRS_t.$
　　　　　[0.03]
　　　　　(3.1)

$R^2 = 0.818$,　　自由度調整済み $R^2 = 0.786$,

ダービン・ワトソン比＝2.362 [.983],

1階 Ljung Box Q 統計値＝1.547 [.214],

2階 Ljung Box Q 統計値＝1.547 [.461],

S.＝0.027,　　F値＝26.17,　　ARCH検定＝1.084 [.298],

Chow 検定＝0.272 [.960],

Breusch-Pagan 不均一分散検定＝9.548 [.145],

Schwarz Bayes 情報量基準＝－6.745.

(7.1.5)　　金融部門貸出対数モデル；グリッド・サーチ最尤法,

$\log \Delta CRED^*_t$＝0.0499－0.0649 D＋0.08266 G＋0.286811 $\log \Delta INV_t$＋
　　　　　　　[0.005]　　[0.007]　　[0.02]　　　[0.08]
　　　　　　　(9.71)　　(－9.07)　　(3.87)　　　(3.77)

　　　　　　　0.26572 $D\log \Delta INV_t$－0.057812$\log \Delta INV_{t-1}$＋
　　　　　　　[0.13]　　　　　　　　　[0.057]
　　　　　　　(2.11)　　　　　　　　　(－1.01)

　　　　　　　0.11808$D \log \Delta INTRS_t$.
　　　　　　　[0.03]
　　　　　　　(3.56)

R^2＝0.867,　　自由度調整済み R^2＝0.844,

ダービン・ワトソン比＝1.95,　　S.＝0.03,　　F値＝38.08,

自己相関係数 ρ＝－0.30（標準誤差＝0.160, t値＝－1.874）.

以上の推定では第6章で推定した 設備投資／1期前の固定資本形成 よりも，実質タームの設備投資指数を用いた方が有意な結果が得られた。(7.1.1) から (7.1.5) では全て信用需要を示す説明変数として設備投資を，銀行の利潤動機を示すものとしては名目預金金利を用いてあるが，これ以外の輸入，消費指数については全て結果が有意ではなかった。また (7.1.1) から (7.1.5) では全て実質金利ではなく名目金利 $\log \Delta INTRS_t$ を用いるのは，第6章で示したように名目金利と実質為替レート指数や実質タームの証券指数との間に有意な相関関係が検出されるので，これらの変数の影響をモデルに反映させるためである。

$\log \Delta CRED^*_t$＝0.05　－0.071 D＋0.30931 $\log \Delta IM_t$－0.14239 $D \log \Delta IM_t$＋
　　　　　　　　[0.02]　　[0.03]　　[0.23]　　　　　　[0.37]
　　　　　　　　(2.4)　　(－2.6)　　(1.3)　　　　　　(0.4)

$0.07028 \log \Delta IM_{t-1} - 0.60732 \log \Delta CONS_t +$
[0.18]　　　　　　　　[0.27]
(−0.4)　　　　　　　(−0.23)
$0.15589 \log \Delta CONS_{t-1} + 0.35374 D \log \Delta CONS_t.$
[0.1]　　　　　　　　　　[0.36]
(0.8)　　　　　　　　　　(0.98)

$R^2 = 0.686$, 　自由度調整済み $R^2 = 0.621$,
ダービン・ワトソン比＝2.267 [.976]，　S.＝0.039，　F 値＝10.62,
ARCH 検定＝0.817 [.366]，　Chow 検定＝0.372 [.926],
Breusch-Pagan 不均一分散検定＝6.282 [.507].

表7.3　グレンジャー因果性検定：F 値
推定期間：1990 年第 2 四半期〜2000 年第 4 四半期

1) 商業銀行＋ノンバンク　（期間ラグ＝1）			
log(設備投資)→log(貸出);	1.92	log(貸出)→log(設備投資);	8.17*
log(名目預金金利)→log(貸出);	15.10*	log(貸出)→log(名目預金金利);	5.10*
(log(実質預金金利)→log(貸出);	2.58	log(貸出)→log(実質預金金利);	1.79
2) 商業銀行＋投資銀行＋ノンバンク　（期間ラグ＝1）			
log(設備投資)→log(貸出);	1.73	log(貸出)→log(設備投資);	11.28*
log(名目預金金利)→log(貸出);	12.74*	log(貸出)→log(名目預金金利);	13.81*

＊：5% 有意性を満たす値。

　設備投資と銀行貸出との間には後者から前者への一方的な因果関係が検出される。これは因果関係というよりは時間的な先行性と理解すべきであろうが，現実には銀行貸付を確保できるか否かが非金融企業部門の設備投資計画において重要な制約条件となっていることを意味しているとも考えられる。また名目預金金利と貸出との因果関係については，相互規定的ではあるものの商業銀行とノンバンクに限れば前者から後者への因果性の方が有意である。これは，名目金利による利潤期待の変化に対応して金融部門の貸出行動が変化することを示している。つまり現実には，商業銀行貸出とはホリゾンタリストが想定するように非金融部門の資金需要に完全に受動的に対応して実行されるものではなく，金融機関が貸出相手を選別する信用割当が発生していることになる。

（2）　貯蓄預金，インターバンク預金

　続いて金融部門の貸付と同部門の貯蓄預金プラス インターバンク預金残高

との因果関係に着目し，貯蓄預金残高のモデルを推定する。図7.1で観察される，貯蓄預金にインターバンク預金も加えた水準を超えて貸出が増加するという現象は，内生的貨幣供給論の見地ではどう説明されるであろうか。まず1992,'93年の消費ブームにおいて消費者の間で貯蓄の取り崩しが進んだ。マッキノン＝ショウ仮説に則るならば，インフレ率の低下と「金融抑圧」の解消はフォーマル金融部門の貯蓄増加につながるはずだが，実際はマンテイ（Mántey, 1999）も指摘するように，国内金融市場が寡占状態にあり金融グループが市場を支配するメキシコでは，銀行再民営化後に登場した新興金融機関は外国債券の運用による利益獲得を目指し，そのため貯蓄が国内には蓄積されにくい構造になっていた。

　第5章で説明した修正したムーア・モデルにおいては，非金融部門の流動性選好が高まって現金保有が増加したとき，追加的貸付に比べて追加的貯蓄預金のフローは小さくなるはずである。しかし現実には，ポスト・インフレ経済においては預金残高と公衆の現金保有・消費とが同時に増加することも考えられる。また同モデルに則るならば，充分な貯蓄預金フローを伴なわない追加的貸付が続く際には金利体系が引き上げられるため，貸付の不良債権化の可能性も高くなる。しかし第6章で推定した通り，メキシコでは名目金利の決定に商業銀行プラス ノンバンク部門の貸出，貯蓄預金は有意な関係を示さない。

表7.4　チョウ検定　推定期間：1990年第1四半期〜2000年第4四半期

$\log\Delta DEPOS = a + b \cdot \log\Delta CRED + c \cdot \log\Delta LQUID,$							
	a	t値	b	t値	c	t値	
1990, II − 1995, I :	−0.04	(−4.1)	1.29	(8.8)	0.24	(6.67)	R^2=0.88　DW=1.56
1995, II − 2000, IV :	−0.002	(−0.25)	0.29	(1.9)	0.09	(1.3)	R^2=0.21　DW=2.1
1990, II − 2000, IV :	0.07	(1.15)	0.52	(5.5)	0.15	(3.2)	R^2=0.55　DW=2.19
F値(2,37)=3.79,　有意確率=0.018,　5％臨界値=2.86.							

　本節の推定では説明変数には，金融機関のバランスシート条件を示すものとして，対応する部門の貸出総額（不良債権，再割引も含む）と流動性準備保有残高を，預金供給サイドの流動性選好を示す指標として公衆が保有する現金残高を用いる。チョウ検定の結果1995年第1四半期後に構造変化が検出されるので，前節と同じダミー D を用いてある。

1) 商業銀行＋ノンバンク　貯蓄預金モデル,
　　　　　　　　　推定期間：1990年第1四半期～2000年第4四半期,

(7.1.6)　貯蓄預金差分モデル；　最小自乗法,

$\Delta DEPOS_t = -0.2905 + 0.7841\ D + 0.10391\Delta LQUID_t + 0.916255\Delta CRED_t -$
　　　　　　[0.24]　　[0.28]　　[0.04]　　　　　　[0.13]
　　　　　　(-1.17)　(2.83)　　(2.51)　　　　　　(3.65)

　　　　$0.77252\ D\Delta CRED_t + 0.24978\ D\Delta BILL_t.$
　　　　　[0.26]　　　　　　　　[0.08]
　　　　　(-2.92)　　　　　　　 (3.22)

$R^2 = 0.7378$,　　自由度調整済み $R^2 = 0.7024$,

ダービン・ワトソン比＝1.784［.522］,

1階 Ljung Box Q 統計値＝0.504［.478］,

2階 Ljung Box Q 統計値＝0.507［.776］,

S.＝0.0306,　　F値＝20.83,　　ARCH検定＝1.134［.287］,

Chow検定＝0.6765［.670］,

Breusch-Pagan 不均一分散検定＝12.6［.027］,

Schwarz Bayes 情報量基準＝-6.602.

(7.1.7)　貯蓄預金差分モデル；　グリッド・サーチ最尤法,

$\Delta DEPOS_t = -0.316 + 0.8024\ D + 0.102231\Delta LQUID_t + 0.937636\Delta CRED_t -$
　　　　　　[0.24]　　[0.27]　　[0.04]　　　　　　[0.24]
　　　　　　(-1.31)　(2.98)　　(2.47)　　　　　　(3.81)

　　　　$0.78953\ D\Delta CRED_t + 0.254299\ D\Delta BILL_t.$
　　　　　[0.26]　　　　　　　　[0.076]
　　　　　(-3.07)　　　　　　　 (3.32)

$R^2 = 0.7677$,　　自由度調整済み $R^2 = 0.7364$,

ダービン・ワトソン比＝1.9677,　　S.＝0.030,　　F値＝24.446,

自己相関係数 ρ＝-0.10（標準誤差＝0.1617,　t値＝-0.6183）.

2)　対 FOBAPROA 売却債権を除く商業銀行＋ノンバンク貯蓄預金モデル,
　　　　　　　　　推定期間：1990年第1四半期～2000年第4四半期,

(7.1.8)　貯蓄預金差分モデル；　最小自乗法,

$\Delta DEPOS_t = 0.8934\,D + 0.0998\,\Delta LQUID_t + 0.88178\,\Delta(CRED-FOB)_t -$
[0.08]　　　[0.04]　　　　[0.04]
(10.55)　　(2.47)　　　　(22.02)

　　　　$0.88782\,D\Delta(CRED-FOB)_t + 0.287435\,\Delta BILL_t.$
　　　　[0.08]　　　　　　　　　[0.07]
　　　　(-10.17)　　　　　　　　(4.3)

$R^2 = 0.7311$,　　自由度調整済み $R^2 = 0.7028$,

ダービン・ワトソン比＝1.834 [.522],

1階 Ljung Box Q 統計値＝0.294 [.522],

2階 Ljung Box Q 統計値＝0.391 [.822],

S.＝0.031,　　F値＝25.83,　　ARCH検定＝0.843 [.358],

Chow検定＝0.823 [.542],

Breusch-Pagan 不均一分散検定＝6.24 [.283],

Schwarz Bayes 情報量基準＝－6.66.

(7.1.9)　　貯蓄預金差分モデル；　グリッド・サーチ最尤法,

$\Delta DEPOS_t = 0.8945\,D + 0.0956\,\Delta LQUID_t + 0.88593\,\Delta(CRED-FOB)_t -$
[0.08]　　　[0.04]　　　　[0.04]
(10.47)　　(2.38)　　　　(22.23)

　　　　$0.88893\,D\Delta(CRED-FOB)_t + 0.29502\,\Delta BILL_t.$
　　　　[0.09]　　　　　　　　　[0.07]
　　　　(-10.09)　　　　　　　　(4.48)

$R^2 = 0.7606$,　　自由度調整済み $R^2 = 0.7354$,

ダービン・ワトソン比＝2.012,　　S.＝0.030,　　F値＝30.16,

自己相関係数 $\rho = -0.10$（標準誤差＝0.160,　t値＝－0.625）.

　説明変数の金融機関貸出において対 FOBAPROA 売却分の債権を除いた (7.1.8) (7.1.9) の方が (7.1.6) (7.1.7) に比べモデルの有意性が高く，特に貸出の推定係数＋0.88593 $\Delta(CRED-FOB)_t$, －0.88893 $D\Delta(CRED-FOB)_t$ の t 値が大幅に高くなっている。つまり貯蓄預金と貸出の関連性は，売却分を除いた「回収可能債権」に限定した方が高いのであり，換言すれば FOBAPROA に売却されて商業銀行のバランスシートから切り離された「不良債権」は預金フロー形成には比較的繋がっていないことになる。特に (7.1.7) と (7.1.9) のダミーDを伴なう項の負の推定係数－0.78953 $D\Delta CRED_t$ と－0.88893 $D\Delta$

$(CRED-FOB)_t$ は貸出残高が実質値で減少するときに貯蓄預金はほぼ横ばいであったことに対応しているが，(7.1.9) の係数の方が有意性が高いということは FOBAPROA への債権売却はこうした貯蓄預金の減少が食い止められる効果をむしろ打ち消していたことになる。この点は因果性検定によっても裏付けられる。

3) 商業銀行＋投資銀行＋ノンバンク，

推定期間：1990 年第 1 四半期～2000 年第 4 四半期，

(7.1.10) 貯蓄預金差分モデル； 最小自乗法，

$\Delta DEPOS_t = -0.7164 + 1.169 D + 0.137231 \Delta LQUID_t - 0.11403 D\Delta LQUID_t +$
[0.16]　　[0.19]　　[0.048]　　　　　　[0.066]
(−4.46)　(5.91)　　(2.81)　　　　　　(−1.725)

$1.40251 \Delta CRED^*_t - 1.02043 D\Delta CRED_t + 0.135715 D\Delta BILL_t.$
[0.15]　　　　　　[0.18]　　　　　　　[0.06]
(9.10)　　　　　　(−5.42)　　　　　　(2.20)

$R^2 = 0.837$，　　自由度調整済み $R^2 = 0.810$，

ダービン・ワトソン比＝2.417 [0.989]，

1 階 Ljung Box Q 統計値＝2.07 [150]，

2 階 Ljung Box Q 統計値＝2.10 [.350]，

S.＝0.0259，　　F 値＝30.88，　　ARCH 検定＝0.243 [0.622]，

Chow 検定＝0.458 [0.856]，

Breusch-Pagan 不均一分散検定＝6.836 [0.336]，

Schwarz Bayes 情報量基準＝−6.872.

(7.1.11) 貯蓄預金差分モデル； グリッド・サーチ最尤法，

$\Delta DEPOS_t = -0.7222 + 1.1876 D + 0.14432 \Delta LQUID_t - 0.12973 D\Delta LQUID_t +$
[0.16]　　[0.19]　　[0.04]　　　　　　[0.06]
(−4.43)　(5.96)　　(3.17)　　　　　　(−2.06)

$1.40794 \Delta CRED^*_t - 1.02231 D\Delta CRED_t + 0.128485 D\Delta BILL_t.$
[0.155]　　　　　　[0.19]　　　　　　　[0.06]
(9.07)　　　　　　(−5.34)　　　　　　(2.13)

$R^2 = 0.9054$，　　自由度調整済み $R^2 = 0.8896$，

ダービン・ワトソン比＝2.075，　　S.＝0.025，　　F 値＝57.40，

自己相関係数 $\rho = -0.20$（標準誤差＝0.1607，　t 値＝−1.244）.

表7.5　グレンジャー因果性検定：F値
推定期間：1990年第2四半期～2000年第4四半期

1)　商業銀行＋ノンバンク（期間ラグ＝1）	
貸出総額→貯蓄＋銀行間預金；　　4.22*	貯蓄＋銀行間預金→貸出総額；　　0.17
流動性準備→貯蓄＋銀行間預金；　0.003	貯蓄＋銀行間預金→流動性準備；　0.7
現金流通高→貯蓄＋銀行間預金；　2.45	貯蓄＋銀行間預金→現金流通高；　1.78
2)　商業銀行＋ノンバンク，対FOBAPROA売却分を除く（期間ラグ＝1）	
貸出総額→貯蓄＋銀行間預金；　　4.69*	貯蓄＋銀行間預金→貸出総額；　　0.02
3)　商業銀行＋投資銀行＋ノンバンク（期間ラグ＝1）	
貸出総額→貯蓄＋銀行間預金；　　3.99	貯蓄＋銀行間預金→貸出総額；　　0.26
流動性準備→貯蓄＋銀行間預金；　0.18	貯蓄＋銀行間預金→流動性準備；　0.48
現金流通高→貯蓄＋銀行間預金；　0.24	貯蓄＋銀行間預金→現金流通高；　0.18

＊；5％有意性を満たす値。

　被介入行を除く商業銀行とノンバンク部門に限定すれば，当該期間に貸出から貯蓄プラス インターバンク預金残高への有意な因果関係が検出される。つまり内生的貨幣供給論の中核というべき貸出が預金を形成するという仮説が検証されるのである。さらにFOBAPROAへの売却債権を除いた推定結果では同因果性が一層有意な水準で検出される。つまり商業銀行のバランスシート上に残された「回収可能債権」に限った方が，貸出が貯蓄を形成するというメカニズムが有効に働いており，銀行バランスシートから切り離された不良債権は預金フロー形成に対する寄与が小さい。以上よりFOBAPROAによる不良債権処理が，貸出が預金フローを形成するというマクロ・レベルの関係に対しては貢献していないことになる。

　また同理論に則るならば，金融部門を可能な限り広範囲に定義すれば 貸出→預金 の因果関係は一層有意な水準で検出されるはずである。しかし予想に反して，投資銀行も含めた因果性検定の結果は5％有意性水準ぎりぎりではあるが棄却される。

　以上の結果を踏まえ，商業銀行とノンバンクにおいて内生的貨幣供給のメカニズムが成立するに至った制度的要因，そして投資銀行も含めた金融部門ではそれが検出されない根拠を検討しておこう。

　1）貸出から預金への因果関係の意味：アレスティス＝ビーファン‐フリサンショ（Arestis and Biefang-Frisancho, 1995）は流動性準備規制の緩和もしくは廃止によって金融部門が資金需要に完全に対応できるようになれば貨幣供給の

内生性がより深化されると分析したが，同じことがメキシコにも当てはまると考えられる。これは具体的には1991年9月に発表された，商業銀行の預金に対する流動性準備率規制の廃止が挙げられる。この時には自国通貨建て預金に対する準備率規制が廃止されたが，各銀行の裁量での流動性準備保有制度のみが残された。しかし一方で各銀行は預金プラス信託関連業務での獲得資金の25％を公債ボンデス（Bondes）購入に充てねばならないとされた。そしてこのボンデス債購入義務も'92年4月から段階的に廃止され，結果的に'91年末までこの国債義務保有に充てられていた資金3140万ペソが銀行部門の裁量で貸出に充てられ得るようになった。こうした自由化の結果'92年初頭以後，商業銀行は資金需要に対して自由に対応できるようになった。そして銀行再民営化，金融グループ再編の過程でバンコ・デ・メヒコは，銀行から同一法人への貸出に上限を設けて貸出が系列融資に集中するのを抑制する措置をとった[2]が，効果は無かった。

さらに1991年10月には商業銀行の自国通貨建て預金の増加を目的として，個人・法人名義の預金に対して預金金利が自由化され，各銀行は裁量で金利を設定することが許された。さらに利子支払の時期の決定や預金一口の最小金額の設定，預金の期間設定も各行の裁量に委ねられることになった[3]。

ただしこうした自由化の流れは通貨危機を経た1997年から一変され，セディージョ政権下で再び銀行貸出行動を制限する措置が導入された。まずバンコ・デ・メヒコから市中銀行への貸出を制限するコルトは，1997年から2003年現在に至るまで頻繁に発動され，また1998年9月に導入された市中銀行に対する中央銀行預入れ規制（下限は12億5000万ペソ）も翌年に強化された。

（2） Rojas（1997）は同時期の銀行間の貸出競争の激化を検証している。一連の自由化と貸出ブームの一方で，同一法人に対する商業銀行からの貸出額の上限が設定された。まず①1991年3月1日から8月31日まで，個人に対し6090万ペソ，法人に対し7億370万ペソ，②1991年9月1日より1992年2月29日まで，個人に7560万ペソ，法人に9億80万ペソ，③1992年3月1日より8月31日まで個人に8640万ペソ，法人に1億3700万ペソ，④1993年9月1日より1994年2月まで個人21億600万ペソ，法人に12億7200万ペソ（新ペソ単位）。Banco de México（1991, b）pp. 170,（1992, b）pp. 201.
（3） Banco de México（1991,b）pp. 171.

さらに FOBAPROA による不良債権処理がマクロ・レベルでは追加的貸出が貯蓄預金フローを形成するというメカニズムをむしろ妨げているということは，信用需要→追加的貸出→貯蓄預金フロー→マネー・サプライ M2 の増加 という因果関係が幾つかの段階において妨げられていることになる。

　以上の内生的貨幣供給論に基づく考察は，第3章の最後で提示した「ベース・マネーの膨張にも関わらず金融機関の貸出もマネー・サプライ M2 も増加率が低く，実質値では逆に低減している」という観察結果を裏付けるものである。つまり 1995 年以後設備投資が実質値で急減して信用需要が減少したのに加え，銀行部門が信用需要に対応できる自由度が政策的に制約され，さらに貸出が預金フローを形成するメカニズムも結果的に阻害されていることから，ベース・マネーだけが如何に増加しても銀行貸出もマネー・サプライも同様には増加しない構造になっているのである。

　2）内生的貨幣供給理論に則るならば，金融部門をより広く定義して投資銀行部門まで含めれば，内生的貨幣供給が一層有意な水準で検出されるはずである。しかし商業銀行，投資銀行とノンバンクを含めた推定では，モデルの有意性は投資銀行を含まない場合に比べて高まったが，貸出から預金への因果性は有意ではなかった。この点については，推測の域を出ないが次のように考えられる。投資銀行とはメキシコ政府，世界銀行，米州開発銀行の資金を各産業部門に分配することを目的とする国立銀行で，1990 年代に活動しているのは国立開発銀行（NAFIN；Nacional Financiera），外国貿易銀行（Bancomext；Banco Nacional de Comercio Exterior），労働・公共サービス銀行（Banobras；Banco Nacional de Obras y Servicios Públicos），地方信用銀行（Banrural；Banco Nacional de Crédito Rural），製糖業銀行（Financiera Nacional Azucarera），国防銀行（Banjercito；Banco Nacional del Ejército, Fuerza Aérea y Armada）がある。これら諸機関の業務は元来公的機関の資金の再分配という性格が強く，したがって貸出総額は一定の原資に制約されていると考えられるし，また国立開発銀行（NAFIN）や地方信用銀行（Banrural）の融資対象には地方の農業部門が多い。メキシコでは 2000 年代にもなお地方では銀行預金の普及率は低く現金流通が占める比重が高いことからも，こうした経済においては内生的貨幣供給論が妥当しないと考えられる。

(3) 内生的貨幣供給論の適用に関する考察

ここでこれまでの結論を整理しておこう。設備/固定資本形成 で表わされる資本蓄積モデルでは，説明変数に輸出，1期前の固定資本形成，証券指数を用いたが，資本財価格は棄却された。この推定結果において証券指数はごく短期的な景気動向かあるいは投機的な債券売買による資金調達の可能性を表わすと考えるべきであり，平均Q理論が妥当するとは考えにくい。次に設備投資指数を被説明変数として資金調達手段に着目した推定の結果，投資に対する寄与度が高いのは1994年末までは民間対外債務残高，1995年から1997年半ばまでは商業銀行プラス ノンバンクの貸出総額であり，以後2000年末までは証券指数で表わされる証券流通高が設備投資に対して最も寄与が大きいという結果が得られた。

名目金利の決定要因としては，通貨当局による貨幣供給コントロールや銀行部門の貸出，預金残高といった金融指標は有意でなく，公債プラス民間債券の流通残高，実質為替レート指数，証券指数の3つが説明変数として採用された。ここから，通貨危機直後の1995年を除く'90年代のメキシコにおいては実質レートの過大評価が比較的順調に維持され，その結果順調な短期外資流入が継続されていた時期には名目金利体系は低下した，というメカニズムが検出される。そして商業銀行，投資銀行，ノンバンク部門の貸出の推定結果と因果性検定から，名目預金金利が説明変数に採用された。以上から，通貨当局のドル売り介入による為替過大評価維持が順調に進めば名目金利体系が低下し，銀行側の期待利潤が低下して貸出意欲も減退し，信用収縮が発生するというメカニズムが特に1995年以降には観察される。さらに1997年以降は証券指数の方が設備投資の決定要因として有意であることから，金利が低下傾向にあるにも拘わらず設備投資，固定資本形成も同時に減退を続けておりそのため信用需要も低下しつづけているのである。

商業銀行プラス ノンバンク部門に限れば貸出→貯蓄プラス インターバンク預金残高の有意な因果関係が検出され，さらにFOBAPROAに売却された債権を除けば同因果関係の有意性は一層上昇するのであるから，貸出が預金を決定するという内生的貨幣供給論の仮説は1990年代のメキシコで妥当する。しか

しここに投資銀行部門も含めれば因果性が有意水準を下回ることから，内生的貨幣供給論とは金融部門の貸出，貯蓄預金獲得機能に加えインターバンク市場までが「全社会的」に発達している範囲内でしか妥当しないことがわかる。また名目金利が銀行部門の利潤期待を通じて貸出意欲を変化させる関係が検出されることから，銀行部門が能動的に貸出相手を選別すると考えられ，これは信用割当の存在を裏付ける結果といえる。実際1996年末には対非金融部門貸出総額は5579億900万ペソだったが，このうち40%に当る2283億ペソは金融グループ内での系列融資であったといわれる。

2 不良債権と「追い貸し」

　商業銀行部門の不良債権は，CNBVの経営介入を受けた銀行を除いても1992年末の208.7億ペソから翌年末には354.7億ペソまで増加し，1995年末には800億ペソに達した[4]。CNBVの統計では不良債権比率は1995年に10.2%に達し，これはバーゼル協定に定められた「危険水準（4%）」の3倍の水準であった。ところが一方で主要銀行は1992年第4四半期から1993年第1四半期にかけて，「信用機関法」で定められた自己資本比率8%をクリアーしていた。各行が自己資本比率を上昇させた期間に，部門全体で不良債権比率が1992年第3四半期の4.7%から同年末に5.6%，そして1993年半ばに7.2%と上昇したのである。そしてこの不良債権比率には銀行預金救済基金FOBAPROAに譲渡された不良債権は含まれていないので，実際の比率はさらに高かったと考えられる。そして1995年以降は最大手のバナメックス，バンコメールまで含めてほとんど全ての銀行がFOBAPROA，銀行預金保険機構IPABに不良債権を譲渡し，さらにIPABの仲介でその株式を外国銀行に売却するという事態に

（4）　この数値は1997年から採用された新会計基準に基づいて換算したものである。
（5）　1994年末時点ではメキシコ資本の銀行は33行存在し，内7行は外国銀行が経営を掌握していた。1997年末にはメキシコ資本の銀行は20行（CITIBANKに買い取られたCONFÍAは除く），外国銀行は19行でこの中には元メキシコ資本だったMERCANTIL PROBURSAを買収したスペインのBanco Bibao Vizcaya（以下BBV）とSantander Mexicano, INVERLATが含まれる。Amieva Huerta and Urriza G.（2000）pp.50, Cypher（1996）.

至っている[5]。本節では不良債権問題発生の原因には立ち入らず,バランスシート上に表面化した不良債権が金融部門の貸出行動にどのような影響を及ぼしたのかを考察する。

表7.6 ディキー＝フラー・テスト　推定期間：1992年第1四半期〜2000年第4四半期

	定数項・ トレンド有り	定数項有り, トレンド無し		定数項・ トレンド有り	定数項有り, トレンド無し
$VENC(t)$	−1.7065	−0.3297	$\Delta VENC(t)$	−5.100	−4.3198

定数項とトレンド有りのモデル：1％有意水準；−4.38,　5％有意水準；−3.60,
定数項有りトレンド無しのモデル：1％有意水準；−3.75,　5％有意水準；−3.0.

単位根検定の結果より,次のように1階の差分をとる。

$\Delta VENC_t = $ 不良債権残高$_t$/不良債権残高$_{t-1}$

$\Delta (VENC_t/CRED_t) = $ (不良債権残高$_t$/貸出総額$_t$)/(不良債権残高$_{t-1}$/貸出総額$_{t-1}$)

表7.7 チョウ検定；$\log(\Delta VENC) = c + d \log(\Delta CETES)$

	c	t値	d	t値		
1992, II − 1995, I：	0.096	(2.7)	0.1661	(1.83)	$R^2=0.25$	DW=2.11
1995, II − 2000, IV：	0.007	(0.3)	−0.098	(−0.84)	$R^2=0.03$	DW=1.28
1992, II − 2000, IV：	0.046	(2.2)	0.114	(1.5)	$R^2=0.067$	DW=1.55
F値(2,31)=3.317,　有意確率=0.055,　5％臨界値=3.305.						

チョウ検定により,不良債権残高と国債セテス金利の間には1995年第1四半期以後に構造変化が検出されるため,前節と同じダミー D を用いる。

ダミー $D = 1$；1995年第2四半期から2000年第4四半期まで,
　　　　0；その他の期間,

1)　不良債権残高,推定期間：1992年第2四半期〜2000年第4四半期,
　(7.2.1)　　不良債権残高　差分モデル；　最小自乗法,

$\Delta VENC_t = 1.32980 - 0.712393 \Delta K_t - 0.163359 D \Delta CETES_t + 0.48180 \Delta CRED_t$.
　　　　　　　[0.27]　　　[0.20]　　　　　　[0.037]　　　　　　　　[0.3]
　　　　　　　(4.92)　　　(−3.59)　　　　　(−4.44)　　　　　　　　(1.6)

　　$R^2=0.652$,　　自由度調整済み $R^2=0.616$,
　　ダービン・ワトソン比＝1.182 [0.931],

1 階 Ljung Box Q 統計値＝3.81 [.051]，
2 階 Ljung Box Q 統計値＝3.84 [.147]，
S.＝0.0842,　　F 値＝18.11,　　ARCH 検定＝0.773 [0.379]，
Chow 検定＝1.6259 [0.199]，
Breusch-Pagan 不均一分散検定＝2.784 [0.426]，
Schwarz Bayes 情報量基準＝−4.6528.

(7.2.2)　　不良債権残高　差分モデル；　グリッド・サーチ最尤法，

$\Delta VENC_t = 1.30185 - 0.7810 \Delta K_t - 0.164608 D\Delta CETES_t + 0.582509 \Delta CRED_t.$
　　　[0.22]　　　　[0.18]　　　　[0.04]　　　　　　　　[0.26]
　　　(5.82)　　　(−4.17)　　　(−4.04)　　　　　　　　(2.21)

$R^2 = 0.7638,$　　自由度調整済み $R^2 = 0.7393,$
ダービン・ワトソン比＝1.788,　　S.＝0.078,　　F 値＝30.18,
自己相関係数 $\rho = 0.40$ （標準誤差＝0.1807,　t 値＝2.213）.

　(7.2.2) の結果をもとに行った寄与度分解の結果が図7.6〜7.8である。1995年, 1996年, 1998年の不良債権額増加率の上昇には全て固定資本形成の変化率が極めて高い寄与度を示しているが, それ以外の同率の趨勢には1996年から1999年半ばまでは商業銀行プラス ノンバンクの貸出が比較的寄与度が高い。特に1997年半ば以後には同貸出は不良債権の増加率に対して寄与度が高いが, これは貸出の設備投資に対する寄与度が低下する期間に一致しているのである。これは金融機関の貸出の主たる対象が, 通貨危機以後に一旦設備投資ファイナンスに向けられた後に, 1997年半ばからは利払いが焦げ付いた借り手に対する「援助」, あるいは銀行バランスシート上で不良債権が表面化するのを先送りするための「追い貸し」に向けられたことを示している。この点を検討するためには次の不良債権比率の推定モデルを見なければならない。

第7章　金融部門の貸出行動と金融不安定性の検証　211

図7.6　不良債権額変化率に対する固定資本形成の寄与率

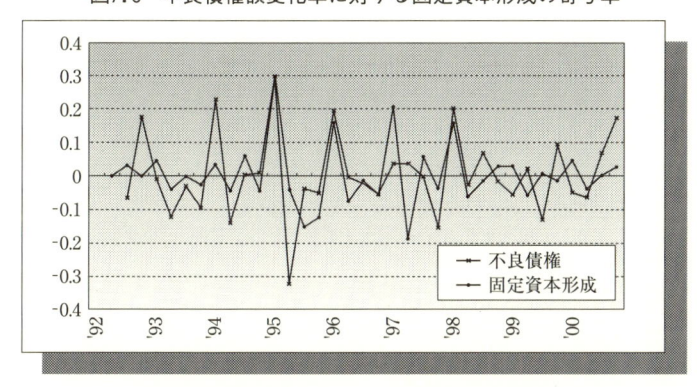

図7.7　不良債権額変化率に対する金融部門貸出総額の寄与率

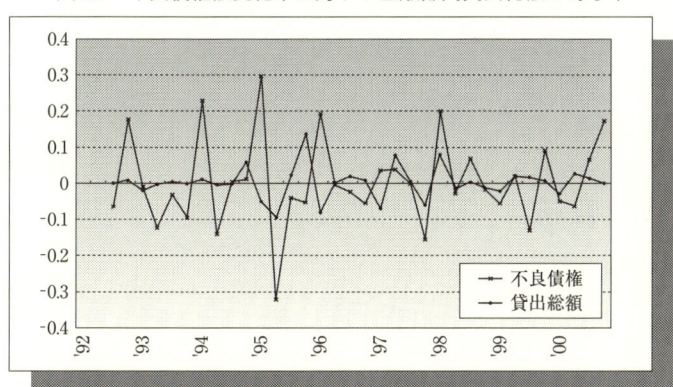

図7.8　不良債権額変化率に対する名目金利の寄与率

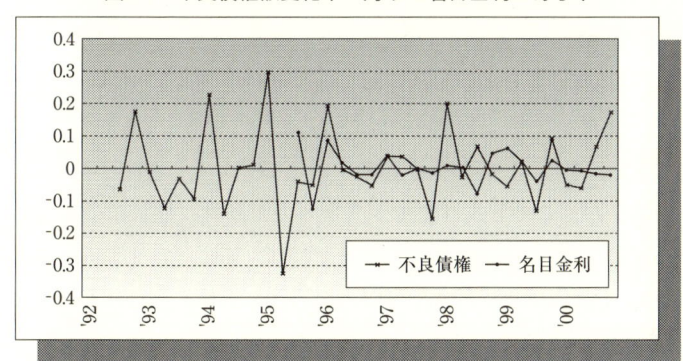

出所：筆者作成。

(7.2.3)　　不良債権比率差分モデル；最小自乗法,

$\Delta(VENC_t/CRED_t) = 2.5922 - 1.19968\,\Delta K_t - 0.09448\,D\Delta CETES_t -$
　　　　　　　　　　　[0.33]　　　　[0.16]　　　　　　[0.03]
　　　　　　　　　　　(7.74)　　　(−2.73)　　　　　(−7.5)

$0.310725\Delta CRED_{t-3},$
[0.26]
(−1.2)

$R^2 = 0.700,$　　自由度調整済み $R^2 = 0.669,$

ダービン・ワトソン比 = 1.158 [0.029],

1 階 Ljung Box Q 統計値 = 4.90 [.027],

2 階 Ljung Box Q 統計値 = 5.07 [.079],

S. = 0.078,　　F 値 = 21.87,　　ARCH 検定 = 0.098 [0.754],

Chow 検定 = 1.0706 [0.393],

Breusch-Pagan 不均一分散検定 = 3.347 [0.341],

Schwarz Bayes 情報量基準 = −4.7896.

(7.2.4)　　不良債権比率差分モデル；　グリッド・サーチ最尤法,

$\Delta(VENC_t/CRED_t) = 2.5931 - 1.16115\,\Delta K_t - 0.098917\,D\Delta CETES_t -$
　　　　　　　　　　　[0.27]　　　　[0.14]　　　　　　[0.04]
　　　　　　　　　　　(9.34)　　　(−8.22)　　　　　(−2.57)

$0.342925\Delta CRED_{t-3}.$
[0.22]
(1.55)

$R^2 = 0.8224,$　　自由度修正 $R^2 = 0.8034,$

ダービン・ワトソン比 = 1.8145,

S. = 0.072,　　F 値 = 42.28,

自己相関係数 ρ = 0.40 (標準誤差 = 0.177,　t 値 = 2.26).

　(7.2.2) と (7.2.4) の結果を比較すればモデルの有意性は明らかに (7.2.4) の方が高いが, この 2 式は意味が異なるので単純に比較はできない。グレンジャー因果性検定の結果もあわせて考えれば, まず (7.2.2) より固定資本形成の減退が不良債権の絶対額の増加の原因として最も有意であり, さらにこうした資本蓄積が後退する期間にも金融部門が貸出を増加させつづければ不良債権を一層増加させる要因となることがわかる。しかしその一方で名目金利が

説明変数として有意であるのは 1995 年第 2 四半期以降のみで,さらに同期間に推定係数は負値である。また名目金利と不良債権額の間には有意な因果性は検出できない。

ここで留意すべきことだが,商業銀行プラス ノンバンク部門の貸出の推定係数が (7.2.2) では＋0.582509 $\Delta CRED_t$,(7.2.4) では－0.342925 $\Delta CRED_{t-3}$ と符号が正負逆になっており,さらに因果性検定の結果では (7.2.2) の貸出から不良債権額への因果性は全く一方的であるのに比べて (7.2.4) の3期前の貸出と 不良債権/貸出総額 との間の因果関係はむしろ相互規定的である。銀行の貸出態度においては,現在の回収困難な債権が近い将来不良債権化するという予想に基づいて貸し手側のイニシアティブで実施される「追い貸し」があることを考慮すれば,(7.2.4) の因果性検定の結果は 不良債権/貸出総額→貸出 の関係が重要であることを示唆しているといえる。つまり不良債権比率がバランスシート上で上昇するかあるいは上昇すると予想されると,その表面化を先送りしようとする金融部門側が自身の判断で追い貸しを行い,それが結果的に不良債権残高を一層増加させてしまうのである。

表7.8 グレンジャー因果性検定：F 値
推定期間：1990 年第 2 四半期～2000 年第 4 四半期

（期間ラグ＝1）			
固定資本形成→不良債権；	7.29*	不良債権/貸出→固定資本形成；	1.58
不良債権を除く貸出→不良債権；	13.13*	不良債権/貸出→不良債権を除く貸出；	0.0015
預金金利→不良債権；	1.20	不良債権/貸出→セテス金利；	1.77
固定資本形成→不良債権/貸出；	1.21	不良債権/貸出→固定資本形成；	0.81
不良債権を除く貸出→不良債権；	16.46*	不良債権/貸出→不良債権を除く貸出；	0.49
預金金利→不良債権；	4.25*	不良債権/貸出→預金金利；	0.31
不良債権を除く貸出→不良債権；	5.31*	不良債権/貸出→不良債権を除く貸出；	3.92

＊；5% 有意性を満たす値。

したがって以上の結果から得られる考察は次の通りである。貸出総額に占める不良債権の割合,つまり不良債権比率が上昇しているという情報が金融部門に行き渡ると,各銀行はバランスシート上でこの比率を引き下げたいと考える。この時方法としては,融資審査を厳格化して追加的貸出を制限するか,あるいは貸出全体を増加させて不良債権「比率」を低下させるかの 2 通りがあるが,メキシコの各銀行は後者を選択した。ただしこうした情報の伝播から貸出態度

の決定までに3期のラグを要した。こうして実際に追加的貸出が行われれば不良債権/貸出 の比率は数字の上で低下するが，当然この貸出も不良債権化する確率が高いので不良債権の絶対額は逆に増加するのである[6]。

この追い貸しを大量に実施すれば銀行にとっては著しい機会費用となるはずであるが，ここで貸出が金融グループ内の系列融資である場合には結果は異なる。同一グループ内の金融機関と非金融部門は役員人事や資本所有などで結びついているため，それぞれの利害関係は相反しないどころかむしろ一致する。したがって不良債権の拡大にも拘わらず貸出を続けることによって，借り手側の破綻を回避させることが貸し手である銀行にとっても利益となるし，不良債権比率を数字の上で上昇させないことが借り手企業側の利益ともなる。そして銀行にとって不良債権額が保持不可能となるまで拡大した時点でこれを公的機関に売却してしまえば，双方にとって機会費用が帳消しとなって互いに利益を得ることができる。これが第8章で検討するFOBAPROAの問題である。

3　マネー・サプライ・モデルと金融不安定性の意味

本書で用いるマネー・サプライの定義である「広義M2」とは，1997年から採用されている新しい集計方法にしたがって，バンコ・デ・メヒコの『統計月報』(*Indicadores Económicos*) では以下のように定義される；M1 (流通通貨・紙幣と小切手の合計額) プラス国内居住者が所有する全ての金融資産・債券で，この金融資産・債券とは居住者の銀行預金 (要求払預金，当座預金他全て)，居住者が保有する連邦政府発行の全債券，同じく民間部門発行の債券，銀行預金保険機構IPAB発行の債券の合計である。

貨幣供給が完全に内生的である場合，マネー・サプライ増加の要因とは商業銀行部門の貸出残高の増加，同じく銀行部門の貯蓄預金プラス インターバンク預金残高の増加，そして銀行部門の流動性準備保有高の増加の3つである。

---

(6)　こうした追い貸しを規定する要因は銀行経営者や金融グループ所有者の主観的判断に負うところが大きく，モデルを推定することは困難である。商業銀行プラスノンバンクの貸出の推定モデルも決定係数とF値がやや低かったのは，こうした分析の限界を表わしているといえよう。

また民間の金融・非金融部門による債券発行は原則として貯蓄を移転させるだけでマネー・サプライを変化させないが，非金融部門発行の債券を銀行部門が購入する場合には追加的貸出と同様にマネー・サプライを増加させる。しかし通貨当局によるマネー・サプライ管理の可能性を完全に否定するホリゾンタリストとは異なり，構造主義内生的貨幣供給論の立場では中央銀行のベース・マネー管理や外為市場介入と市中銀行による貸出し，預金受入れとの複雑な力学関係の結果としてマネー・サプライ残高が決定されると考える。

こうした本書の基本的な方法論を再確認した上で，マネー・サプライ M2 残高，ベース・マネー残高，商業銀行プラス ノンバンク部門の貸出残高の対応関係を第3章の図3.5，3.6と本章の図7.2～7.5から検討しておこう。第3章で見た M2 とベース・マネー残高の対応関係は，1997年後半からベース・マネー残高が M2 の変化を上回る増加を示し始め，1999年以降この傾向が顕著になっている。他方で金融部門貸出と M2 の対応関係では，1995年第1四半期と1997年第1四半期とを境に変化が観察できるが，これが意味するのは；①1994年から1996年にかけて金融部門貸出の増加が M2 のそれを大きく凌駕するのは，貯蓄預金の形成を上回って貸出が増加したためであり，この原因としては不良債権対策としての追い貸しが考えられる，②1997年から再び貸出総額と貯蓄預金残高の値が接近すると，散布図において貸出と M2 との対応関係も右上がりに戻ったが，しかし貸出が傾向的に減少する中で M2 が一定の増加率を保っているという現状はこれだけでは説明がつかない。以上をまとめれば，1997年以後現在に至るまで金融部門貸出は減少傾向，ベース・マネー残高は従来を上回る率での増加傾向にあり，この両者の間にはさまれてマネー・サプライ M2 はほぼ一定の増加率を保っていることがわかる。以上の観察結果を踏まえて，M2 の推定モデルを作成する。

表7.9 チョウ検定 推定期間：1990年第1四半期～2000年第4四半期

$\log \Delta M2 = a + b \cdot \log \Delta CRED$						
	a	t値	b	t値		
1990, I − 1995, II :	−0.012	(−1.7)	0.547	(5.47)	$R^2 = 0.62$	DW = 1.4
1995, III − 2000, IV :	0.02	(7.9)	0.047	(0.98)	$R^2 = 0.05$	DW = 2.24
1990, I − 2000, IV :	0.014	(3.31)	0.19	(2.89)	$R^2 = 0.17$	DW = 1.48
F値$(2, 39) = 9.471$，　有意確率 = 0.0004，　5%臨界値 = 3.238．						

チョウ検定により 1994 年末から構造変化が検出されることから，次のように変数とダミーを定義する．またダミー B とダミー C は第 6 章で用いた季節調整ダミーである．

ダミー $H=1$; 1995 年第 3 四半期～2000 年第 4 四半期，0; その他の期間，

(7.3.1)　　M2 残高差分モデル；最小自乗法，

推定期間：1990 年第 1 四半期～2000 年第 4 四半期，

$\Delta M2_t = 0.5171 - 0.039\,B - 0.0117\,C - 0.26881\,\Delta BASE_t + 0.65499\,\Delta BILL_t +$
　　　　[0.07]　　[0.12]　　[0.007]　　[0.13]　　　　　[0.14]
　　　　(6.77)　　(−3.2)　　(−1.7)　　(−1.95)　　　　(4.77)

　　　$0.109372\,\Delta CRED_t + 0.016792\,H\Delta CRED_t.$
　　　　[0.065]　　　　　　　[0.07]
　　　　(1.69)　　　　　　　(2.28)

$R^2 = 0.680$,　　自由度調整済み $R^2 = 0.626$,

ダービン・ワトソン比 $= 1.643$ [.405],

1 階 Ljung Box Q 統計値 $= 1.075$ [.300],

2 階 Ljung Box Q 統計値 $= 1.162$ [.559],

S. $= 0.018$,　　F 値 $= 12.74$,　　ARCH 検定 $= 0.297$ [.586],

Chow 検定 $= 2.378$ [.047],　　White 不均一分散検定 $= 30.68$ [.131],

Breusch-Pagan 不均一分散検定 $= 9.00$ [.173],

Schwarz Bayes 情報量基準 $= -7.596$.

(7.3.2)　　M2 残高差分モデル；グリッド・サーチ最尤法，

$\Delta M2_t = 0.5206 - 0.038\,B - 0.012\,C - 0.26039\,\Delta BASE_t + 0.63561\,\Delta BILL_t +$
　　　　[0.07]　　[0.12]　　[0.006]　　[0.13]　　　　　[0.13]
　　　　(6.66)　　(−3.05)　　(−1.8)　　(−2.01)　　　　(4.97)

　　　$0.116347\,\Delta CRED_t + 0.017449\,H\Delta CRED_t.$
　　　　[0.06]　　　　　　　　[0.08]
　　　　(1.97)　　　　　　　　(2.16)

$R^2 = 0.857$,　　自由度調整済み $R^2 = 0.834$,

ダービン・ワトソン比 $= 2.011$,　　S. $= 0.018$,　　F 値 $= 36.096$,

自己相関係数 $\rho = 0.20$（標準誤差 $= 0.16626$,　 t 値 $= -1.2029$）．

(7.3.2) では公衆の保有する現金流通残高の推定係数は有意である一方，

ベース・マネーの係数は負値で推定されているが，これを除いた推定結果ではモデルの有意性が大きく低下した。グレンジャー因果性検定の結果，この2変数とマネー・サプライ M2 との因果関係は相互規定的あるいはむしろ M2 からベース・マネー，現金流通高への因果関係の方が有意に検出された。一方，商業銀行プラス ノンバンク部門の貸出総額の推定係数は 1995 年第3四半期以降に有意になっており，さらに一方的な因果関係が検出される。

表7.10　グレンジャー因果性検定：F 値
推定期間：1990 年第2四半期～2000 年第4四半期

（期間ラグ＝1）			
金融機関貸出総額→M2；	7.15*	M2→金融機関貸出総額；	1.22
ベース・マネー→M2；	7.72*	M2→ベース・マネー；	11.66*
現金流通高→M2；	8.56*	M2→現金流通高；	10.23*
実質 GDP→M2；	1.13	M2→実質 GDP；	0.31

＊；5% 有意性を満たす値。

この結果をもとに各変数の寄与度分解を行った結果が図7.9，7.10，7.11である。まず M2 の変化率は 1995 年末まで著しく変動するが，これには現金流通残高の変化が比較的寄与度が高く，特に 1994 年から 1995 年を通じては著しく寄与度が高い。一方ベース・マネーの変化率は推定期間を通じてそれなりの寄与度を示すが，変化率のトレンドは M2 のそれとは明らかに乖離している。ただし 1997 年後半以降，この2つの変化率が幾分近いトレンドを示していることもわかる。そして金融機関貸出の変化は 1996 年から M2 への寄与度が高くなるが，ただし 1997 年後半以後の M2 の変化率の大きな変動には対応していない。つまり貸出ブームといわれ実際に商業銀行貸付が増加しつづけていた 1993 年，'94 年には，この金融機関貸出はマネー・サプライの形成にはほとんど寄与せず，通貨危機を経て M2 と貸出総額との対応関係が変化する過渡期にあたる 1995 年から 1997 年にかけて，同貸出の M2 への寄与が高まったのである。そして商業銀行債権のうち FOBAPROA への売却分が預金フローの形成に充分にはつながらず，同時に貸出総額の設備投資に対する寄与度が低下する 1997 年以降には，同様に M2 に対する寄与度も低下していることがわかる。

以上の結果は，第3章で検討した 1997 年半ば以降の金融部門貸出，ベース・マネー残高，そしてマネー・サプライ M2 の間の関係に一つの示唆を与え

図7.9 マネー・サプライM2変化率に対する流通現金残高の寄与率

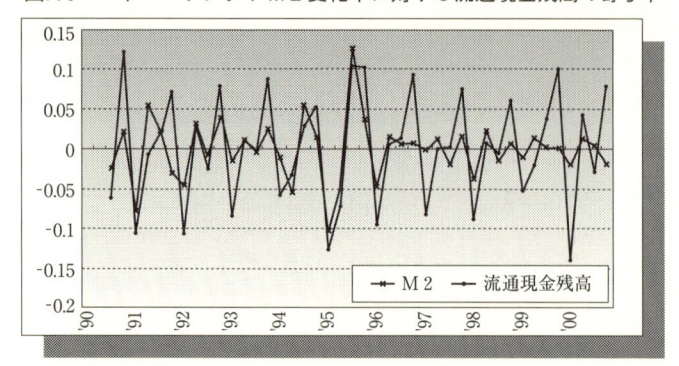

図7.10 マネー・サプライM2変化率に対するベース・マネーの寄与率

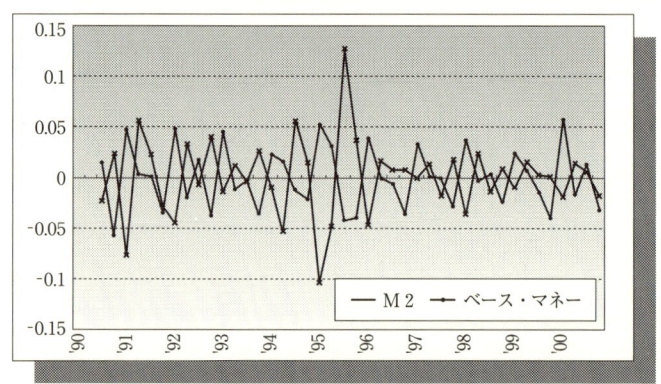

図7.11 マネー・サプライM2変化率に対する金融機関貸出の寄与率

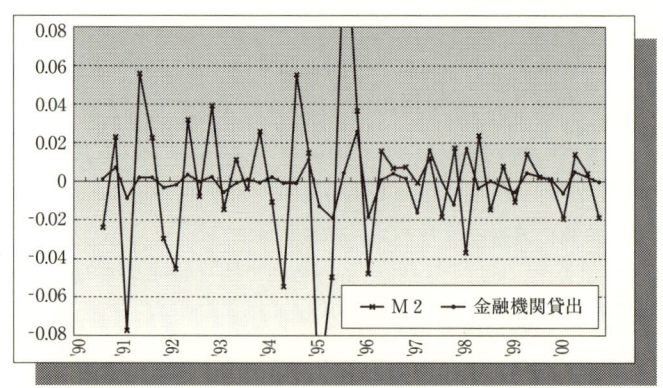

出所：筆者作成。

ている。まず銀行プラス ノンバンクの貸出額が貯蓄預金残高と近づいているのであるから，1997年以降の貸出とM2の対応関係は決して「異常な」状態にあるのではない。しかし貸出が趨勢的に減少しているのと相反してベース・マネー残高の増加率は上昇を続けている。とすれば，金融部門貸出総額の低減とさらにその内FOBAPROAに売却される債権が増加することによってマネー・サプライ残高には二重の減少圧力がかかっている一方で，同じく1997年からベース・マネー残高は増加率が上昇しこれが数字の上ではマネー・サプライの減少を食い止める働きをしていることになる。まさに金融部門の貸出行動と通貨当局によるベース・マネー管理の力学関係の結果として，マネー・サプライM2の増加率は名目値でほぼ一定の状態が継続し，結果的には図6.3のとおり実質GDP成長率を上回る伸び率を示しているのである。

もちろんこの観察結果は，ベース・マネー操作が貨幣供給管理の手段として有効であることを意味するのではない。第8章で見るように，このベース・マネー拡張の原因はFOBAPROA, IPABによる不良債権買取り，銀行救済にあるのだが，これらの救済スキームは系列融資や「不正規」債権を多く有する銀行，債務者双方に対してスキームを"悪用"する余地を与えている。したがって銀行救済措置の発動が金融機関に対して，より生産的・雇用創出的な部門に対して公正な条件で貸付を行う誘引を失わせる結果となっているといえるのである。そしてこの結果ベース・マネー残高ばかりが著しく拡張し，その結果としてM2は実質値でほぼ一定の増加率を保っているように見えるのである。

さらに本章の推定モデルから導かれた一連の考察は，第5章で検討した銀行行動，信用割当をとり入れた金融不安定性モデルに当てはめて理解することもできる。1995年以後の変動相場制のもとで，FOBAPROAによる債権買取りは追加的貸付が不良債権化する確率を引き下げるため (5.4.13) 式のθの低下を意味し，さらに収益構造において債権売却の対価として支払われたパガレス債の償還が将来に渡って収益を保証するということは，逆に言えば貸出による利子収益の期待水準が小さくなることである。つまりこれは貸出総額が増加しない状況において (5.4.13) のγが一層大きくなることにあたる。以上2つの条件から，同式の$1-\gamma(1-\theta)i_t-q\theta+\gamma j$が負値を取る可能性が極めて高くなったのが1997年以後のメキシコ経済の状況といえる。ただし変動相場制のもとで

は，この値が十分に小さい負値を取れば動学的調整過程は収束的となって体系は安定的になる可能性もあるのだが，それには国際資本市場での起債，借入が限られた水準で一定にならねばならない。

4　むすび

　1990年代のメキシコにおける銀行部門の特徴としては次の点が挙げられる：急激に進められた自由化・開放化，それに対して金融システムにたいする監督・規制制度の立ち遅れ，各銀行の不充分なバランスシート管理，銀行の金融・証券グループへの再統合によって表面化した系列融資，不良債権の増加，そして政府による銀行救済・経営介入がマネー・サプライ残高や金利水準に与えるマクロレベルの問題である。

　一連の金融自由化の過程で商業銀行は比較的自由に信用需要に応じることが可能になり，その意味で貨幣供給の内生性が深化された。これは他方で，特に1994年第3四半期以降には証券市場での起債・証券売買が投資ファイナンスの重要な資金源となる過程でもあった。したがって設備投資が停滞から減少に転じる時期には，この投資・資本形成とは直接には関係の無い有価証券売買が，銀行部門貸出に比べて主たる貨幣需要因となったのである。この通り本章で検証した金融不安定性の発現とは，マネー・サプライの形成プロセスが非金融部門の設備投資ファイナンスから証券市場BMVでの有価証券売買のファイナンスへと移行する過程でもあることになる。そしてここから，第3章の最後で検討したベース・マネーとマネー・サプライM2の対応関係の近年における変化が，以上の投資ファイナンスと銀行部門の追い貸し，そしてFOBAPROAへの債権売却の結果としてマネー・サプライの規定要因が変化してきたことの現れであると結論できる。

メキシコで現在流通している100ペソ（約10U.S.ドル相当）紙幣。
顔はアステカ帝国のネツァルコヨトル皇帝。透かしや印刷には相当の技術が使われている。

第8章 金融危機への事後的対応；FOBAPROAとIPAB

はじめに

　一般的に金融危機とは，不良債権の増大とそれによる銀行部門のバランスシートの悪化，それに続く信用収縮，銀行の倒産，吸収・合併の増加というプロセスをさす[1]。ただしこの信用収縮の原因が金融機関側の貸出態度にあるか，借り手側の信用需要の低下にあるかは重要な問題だが，実証は困難である。ところで，歴史的に見られた銀行取付騒ぎは預金流出から発生したが，新興市場諸国の銀行バランスシートの危機は通常負債ではなく資本項目の不健全性から発生した。現代の金融危機の最も重要な指標は信用収縮の発生であるが，倒産，吸収，合併には政府救済の有無が関係する[2]。そして名目，実質金利がこの過程で上昇するか下落するかは金融政策や資本流出入に依存するので断定できない。

　カミンスキー＝ラインハート（Kaminsky and Reinhart, 1999）が通貨危機を経験した新興市場諸国について行った実証研究によれば，通貨危機——為替相場切下げ，変動相場制への移行，国際収支危機——の発生に対して当該国の資本収支勘定自由化が時間的に先行する場合がサンプル中81％，金融自由化が先行する場合が74％と共に高い。なおここでいう国際収支危機とは，外貨準備の急激な減少，M2／外貨準備 比率の上昇（特にラテンアメリカではこれが通貨切り下げの直前に観測される），実質高金利，特に短期の対外債務利払い負担，資本逃避，国際市場での実質金利の上昇，等の現象である。以上の2つの「自由化」は通貨危機に対して普通は数年以上先行するものだが，為替切り下げ・変動相場制への移行の直前には経常収支赤字の短期的拡大，交易条件の悪化が発生することが一般的である。

　たしかにこの研究で検討されたのは時間的先行性であって，必ずしも因果関係を意味するものではない。それを留意した上でまとめておけば，新興市場諸国で一般的に見られた「危機」とは，まず金融自由化と資本収支勘定自由化が行われ，続いて貸出ブーム，証券ブーム，信用乗数上昇が発生し，これが国内

---

(1) Palma（2000）.
(2) González-Hermosillo 他（1997）.

で不良債権増加，企業のバランスシート悪化，対外的には経常収支赤字の短期的増大，そしてマクロ的リセッションと証券指数急落といった事態に至れば，その直後に通貨危機と金融危機が「双子の危機」として発生する。双子の危機はビジネスサイクルのピークに重複して発生するので危機のリセッションが重大になるとの指摘もあるが，メキシコでは危機直前には設備投資の停滞が見られた[3]。その他にも幾つかの国々で危機発生前の不良債権増加初期段階に見られた現象としては，金融自由化に続く信用乗数上昇，M2／外貨準備残高比の上昇，貸付け／GDP比上昇があった。ここで貸出／GDP比上昇は貸出の不良債権化の前兆である場合が多く，その意味で金融危機直前にはマクロ的リセッションのもとで「貸出ブーム」の末期的現象がみられる。

　以上の研究は金融危機，通貨危機が共に，為替過大評価によるマクロ的リセッションから発生することを明確に指摘している点，金融危機とは銀行バランスシートの資産項目の問題であることを示した点で興味深い。この前者の点についてはアイケングリーン＝ローズ（Eichengreen and Rose, 1998）も同様の結論を導いているし，エドワーズ＝ヴェフ（Edwards and Végh, 1997）が1986～'95年のメキシコについてグレンジャー因果性検定を用いて検証した，製造業部門生産の停滞が貸出金利，内外金利差，名目レート切り下げの原因であってその逆ではないという結論と合致する。

1　各国における金融危機

（1）　金融危機の一般的なメカニズム

　ラテンアメリカ諸国の1990年代の金融危機を整理しておこう。不良債権が早期に問題化したボリビア，メキシコでは各々1994，1995年に対貸出額比率が10％に達した。メキシコ，ブラジル，ベネズエラ等で政府，公的機関が介入し銀行，債務者救済を試みたのに対し，アルゼンチンでは2001年末までは

（3）　Vidal（1994），Kaminsky and Reinhart, *ibid.*, Zuleta（1996），Hernández C., O. and Zarate（1996），Disyatat（2001）.

銀行再編は市場に委ねる方針が続けられた。

1) ベネズエラ：企業グループによる系列融資において様々の不正融資が露呈したことから金融危機が始まり，1993年末大手銀行での預金流出に対し，翌年政府が介入した。1994～'95年に247行のうち18行に政府が介入し不良債権処理に要した財政コストの対GDP比は17～18%に上った。1998年にはロシア経済危機の影響に加えて原油国際価格の低迷から景気後退，経常収支赤字と財政赤字が深刻化した。

2) アルゼンチン：金融機関の吸収・倒産が相次ぎ，1994年の205行から1999年に117行まで減少した。自己資本比率は1995年から20%を超えたが，中小行を救済した大手銀行も収益率が低下した。特に公営銀行で不良債権比率が上昇し，1995年に22.9%，1999年も19%，銀行部門全体では1999年に11%となった。

3) ブラジル：1994年に銀行収益の悪化が目立ち始め，271行のうち76行に政府が介入し，1995年に銀行制度強化プログラムが制定され吸収合併・清算が図られた。政府は600億近いドルリンク債を発行し，国債の60%以上を保有していた銀行に代わって為替リスクを引き受け，1997年に経営難の37行に中央銀行が介入した。1999年の通貨危機発生直前には民間金融機関は他国の例に比べ健全であったといわれるが，それでも1998年末には不良債権比率は10%を超え，銀行救済コストの対GDP比は8～11%に達した。

4) ボリビア：1994年末から大手銀行が流動性不足に陥り，全銀行資産の11%が回収不能に陥る。15行のうち全資産の30%を有する4行が1995年には経営危機となった。

5) エクアドル：1993年から銀行業務の統合化が図られ自己資本比率規制が順次導入されたが，1994年8月から大手銀行では流動性不足が発生した。1999年前半に40行のうち11行に政府が介入し，3月に預金凍結の後2000年から完全ドル化を実施。銀行救済コストは対GDP比10～15%に上った[4]。

---

(4) Amieva and Urriza (2000)，経済企画庁総合計画局編 (2000) pp. 28-29 を参照し筆者作成。

（2） 金融危機の原因に関する仮説

　金融危機の発生原因については幾つかの仮説がある。ここではゴールドスタイン゠ターナー（Goldstein and Turner, 1996），アイケングリーン゠ハウスマン（Eichengreen and Hausmann, 1999），アリアス（Arias, 1999），アミエヴァ゠ウリーサ（Amieva and Urriza, 2000）を参考にそれらを整理しておく。ただしこれらは互いに相反するものではなく例えば①と③などは組み合わせて論じられる場合が多い。また日本や米国では自己資本比率規制の採用が銀行に資産拡大を手控えるインセンティブを与え，結果的に信用収縮を招いたとする議論もある。しかしラテンアメリカ諸国では自己資本比率規制導入と信用収縮発生との間に時間的開きがあるし，また不良債権が増加した時期にも自己資本比率は逆に上昇傾向にあったことから考えて，この議論は当てはまらない[5]。

① モラルハザード仮説：政府による預金保険などの"間違った"銀行保護政策は銀行のモラルハザードを招き[6]，不充分な審査に基づく融資を増加させる。この見方では自由化の結果金融機関は高リスク高収益の投資を求めるため，仲介コストが一層上昇することが重要である。また対ドルペッグ制は為替差損に対する広い意味の政府補償であるから，銀行の対外借入を肥大化させる要因となり対外債務におけるモラルハザードを引き起す[7]。政府による"適切な"規制，監督の必要を唱える点では近年のIMFの議論もこの仮説の延長上にあるといえる。つまりIMFはアジア危機の分析において，金融自由化には一定の秩序が必要だし[8]，マクロ的不安定の中での自由化は適切な規制が無ければシステムを動揺させると結論している。銀行部門の経営コストの対資産額比はラテンアメリカ諸国では1995～'96年にブラジル，アルゼンチンで6.7％，6.3％，メキシコ，チリで3.0％，3.2％で，韓国の2.1％，タイの1.8％に比べ

---

(5) 金融危機分析としては，資産リスク分析の方法を採り入れたDemirguc-Kunt, A. and E. Detragiache (1999), González-Hermosillo (1999), 銀行救済を財政負担の観点から見たFrydl (1999), Daniel (1997) がある。
(6) Chang and Velasco (1998).
(7) Levy (1999), Chinn and Kletzer (2000).
(8) IMF (1997) pp.76.

高水準にあった。このリスクを抑制するには適切なプルーデンス規制や監督制度が必要なのである[9]。

② 通貨ミスマッチ仮説：メキシコでは設備投資ファイナンスや銀行資産はペソ建てであるのに銀行債務はドル建てで保有される場合が多いし（通貨のミスマッチ），また銀行バランスシートは短期借り長期貸しの構造にあることから期間のミスマッチも発生する。これを重視する見方では，非金融部門や銀行の行動が健全であってもマクロ的脆弱性が発生し得ることになる。イートウェル＝テイラー（Eatwell and Taylor, 2000, 邦訳 pp. 189）は新興市場諸国の通貨危機の根本的原因としてこのバランスシートのミスマッチを重視し，特に長期債権からの損失には上限があるのに対して短期債務からの損失は理論上は無限であることが重要としている。

③ 貸出ブーム仮説：ポスト・インフレ経済では消費ブーム，不動産投資ブームが発生して設備投資がさほど伸びていない状況でも貸出が増加しつづけ，その結果不良債権が増加する。この仮説は銀行部門のモラルハザードを問題とする点は①と同じだが，その原因が政府による規制の欠如ではなくポスト・インフレ，自由化段階の市場構造，或いは為替過大評価による景気後退，設備投資減退にあるとする[10]。特にエルナンデス＝ランデレッチェ（Hernández and Landerretche, 2000）は，貸出ブームから不良債権増加，信用収縮が発生する原因は国内マクロ経済にあり，資本逃避による流動性不足が信用収縮の原因ではないと強調する。またガヴィン＝ハウスマン（Gavin and Hausmann, 1996）は，政府による金融管理が不適切であったことと貸出ブームが不健全な融資を増加させたことの双方を銀行危機の原因として挙げる。

④ 情報の非対称仮説：貸出ブームを重視する点は③と同じだが，設備投資減退やマクロ的リセッションではなく（つまりリセッションがない状況でも）貸し手と借り手の情報の非対称性から不適切な融資が行われ，

---

(9)　西島（1998），（1999），Kaminsky and Reinhart（1999）.
(10)　Edwards and Végf, *op. cit*., Amieva and Urriza, op. cit.

不良債権問題が発生すると考える。これは①の預金補償によるモラルハザードの原因でもある[11]。またソボレブ（Sobolev, 2000）によれば，為替アンカー政策のもとでたとえインフレ率引き下げが成功したとしても，同時に貸出ブーム（credit-driven-boom）が発生し，銀行部門と非金融部門との情報の非対称性と銀行間の競争の激化から不良債権が拡大し，結局は銀行部門のバランスシートが悪化する。ただしここでは通貨当局による不胎化介入は考慮されておらず，逆に外貨準備の増大が中央銀行の「最後の貸し手」機能を拡張させて対商業銀行貸出が増加し，これが貸出ブームを助長すると想定されている。

⑤ 投資ファイナンスの金融不安定性仮説：ステューダルト（Studart, 1995-1996）は，金融自由化それ自体が金融システムを不安定化させると主張する。新興市場では固定またはそれに近い管理レートが採られるのは必然的だし，金融規制は景気循環に対応して変更されねばならない。本来投資金融とは将来に発生するであろうキャッシュフローを前提として貸付けることだから，元来不安定要因を孕んでいる。間接金融と直接金融の比率やその他制度的要因が維持されればこの不安定性は最小限に抑えられるが，1990年代の自由化では貸出，金利規制の撤廃と証券市場育成が同時に進められた。これは実体経済と金融部門とのバランスを崩すことになり，銀行の貸出モラルを規制するだけでは不安定化は防ぎ得ない。またシーファー（Cypher, 1996），フレンケル＝シュマックラー（Frankel and Schmukler, 1996）もメキシコ通貨危機における証券市場の動揺と証券指数低下の影響を指摘する。

⑥ 金融部門の寡占構造，系列融資仮説：銀行部門の企業グループによる寡占体制の下で，銀行は固定的な顧客に対する融資つまりグループ内の系列融資において金利差（スプレッド）による利潤を確保しようとし，必ずしも高収益率の生産的な投資に資金を配分するとは限らない[12]。ラテンアメリカ諸国では金利差による純益の対資産比は1995～1996年に

---

(11)　Mishkin（1996）.
(12)　Mántey（1996）.

ブラジル，アルゼンチンで6.7%，7.2%，メキシコで4.4%と，韓国，タイの2～3%台に比べて際立っていた。またメキシコでは1996年末には対非金融部門貸出総額は5579億900万ペソだったが，このうち40%に当る2283億ペソは系列融資であったともいわれる。そして同年に商業銀行に融資を希望した企業のうち実際に融資を受けたのは10社に1社の割合で，こうしてマクロ的には信用割当による資金偏在が見られる中で，特に対中小企業融資を中心に信用収縮が発生した。

メキシコでは不良債権問題は1992年から次第に社会問題化し，通貨危機における為替切り下げによって対外債務の自国通貨建て利払い負担が倍増した結果，問題が深刻化した。第7章で見たように，不良債権残高が増加し続けた1995年までは，固定資本形成の落ち込みが不良債権増加に対して最も寄与度が大きいのであるから，メキシコでは1994年までは信用需要側の景気後退，利潤低下が利払いの困難をもたらして不良債権を増加させるという関係が重要だったといえる。こうした現象を見る限りでは上述の仮説のうち③の貸出ブーム仮説が妥当すると思われる。しかしさらに固定資本形成，設備投資の落ち込みの原因としては証券指数の変動があるし，さらに銀行貸出の設備投資に対する寄与度の低下や追い貸しにより不良債権が一層増加したメカニズムも重要である。したがって根底では，⑤の投資ファイナンスの金融不安定性仮説が指摘する問題が発現していたといえる。

確かに1995年以後，貸出総額が減少するなかで不良債権は絶対額，対貸出比率共に低下傾向にあり，**表8.1**のとおり不良債権比率（不良債権残高／貸出総額；tasa de morosidad）は新会計基準採用後についても1997年第3四半期の13.3%を最高に以後低下傾向にあり，1999年末には8.9%となった[13]。しかしこのCNBVの『商業銀行統計報告』（*Boletín Estadístico de Banca Múltiple*）には同庁の経営介入を受けた銀行は含まれておらず，この数字も決して金融部門

---

(13) 2000年3月には1999年12月に比べて不良債権額は実質タームで17.6%減少し，対貸出比も8.9%から7.7%，同年6月には6.4%まで低下した。しかしこの年の不良債権比率の低下には最大手行バナメックスがその不良債権の51%を処理したことが反映されており，金融システム全体が健全化したことを意味するものではない。

表8.1　各商業銀行　不良債権比率

(不良債権残高/貸出；％)

	1997年3月	6月	9月	12月	1998年3月	6月	9月	12月
全商業銀行	12.99	12.96	12.80	11.12	11.32	10.85	11.10	11.41
バナメックス	16.16	17.97	18.81	18.43	16.61	15.98	16.13	16.32
バンコメール	15.19	14.60	14.39	12.66	12.35	11.28	11.45	12.04
セルフィン	12.01	10.17	10.79	10.10	10.18	9.36	8.76	8.37
ビタル	13.02	14.33	14.35	13.77	15.77	15.20	15.97	16.09
サンタンデール・メヒカーノ	5.13	5.62	4.38	2.69	2.78	2.77	2.70	2.74
BBV	4.38	4.97	4.30	3.15	2.76	2.61	2.52	2.23
アトランティコ	13.84	13.68	13.80	n.d.				
プロメックス	21.90	22.81	22.92	19.71				
バノルテ	11.69	11.33	11.45	10.26	9.95	9.19	9.66	8.86
バンパイス				0.00	1.24	1.14	0.97	0.97
バンセントロ			4.30	3.88	4.23	5.52	5.05	4.85
インブルサ	3.37	3.58	2.65	1.90	1.74	1.52	1.04	1.09
	1999年3月	6月	9月	12月	2000年3月	6月	9月	12月
全商業銀行	11.50	11.48	9.71	8.91	7.67	6.41	5.74	5.81
バナメックス	17.03	16.13	12.55	11.49	10.74	4.69	4	3.66
バンコメール	11.90	12.39	10.79	10.22	9.66	9.08	9.64	7.83
セルフィン	8.57	8.57	6.66	6.4	2.47	2.91	2.92	0.71
ビタル	16.33	16.22	13.94	11.49	10.37	10.03	8.03	7.11
サンタンデール・メヒカーノ	2.81	2.74	2.17	1.33	1.16	0.82	0.97	0.93
BBV	2.28	2.10	1.85	1.89	1.86	1.9	2.17	
アトランティコ								
プロメックス								
バノルテ	10.31	10.07	9.7	8.75	5.66	5.27	5.91	4.92
バンパイス	5.93	5.80						
バンセントロ	4.25	4.15	3.15	4.8	4.12	3.76	1.32	34.99
インブルサ	1.10	2.72	3.33	3.11	2.93	1.16	0.89	1.25

ただしバンコメールとBBVは2000年7月に合併。
出所：CNBV, *Boletín Estadístico*..., 各年版。

全体を反映するものではない。また一方で「貸出リスク防止評価」絶対値の不良債権額に対する比率は1997年以来上昇しており，不良債権を如何にFOBAPROAへの売却やその他の方法で数字の上で処理したとしても銀行部門全体では新たな不良債権，損失の発生に対する危惧が根強いことがわかる[14]。

一方で商業銀行部門の利潤状況についてみれば，経常利潤の対純資産比率は1993年の26.8%から1994年には7.7%に低下した。メキシコの2大銀行であるバナメックス，バンコメールも1997年の不良債権比率が各々18.43%，12.66%，純資産利益率が13.0%と6.0%で，これはブラジルのバンコ・ド・ブラジル（Banco do Brasil），ブラデスコ（Bradesco）が1998年前期に同比率が20.1%と2.1%，13.5%と15.5%で，アルゼンチンのナシオン・アルヘンティーナ（Nación Argentina），リオ・デ・ラ・プラタ（Rio de la Plata）が1998年に21.7%と3.3%，6.7%と12.6%であったのと比較して，2行共に不良債権比率が高いことがわかる。さらにメキシコ第4位のビタル（Bital），第5位のサンタンデール・メヒカーノ（Santander Mexicano）は1997年の純資産利益率はマイナス19%とマイナス16%で，アルゼンチンの上位5大銀行が全て正の同利益率を維持していたのに比べてその経営内容の悪さは明らかである[15]。

さらに1999年12月23日の国会議事録（*Diario de los Debates*）にあるいわゆる「マッキー報告」（Informe Mackey）によれば，メキシコの各行が発表する1994年の純資産利益率は貸出残高を過小に評価し，かつ不良債権部分の利子収入を純利益に含めて計算してあるため相当に過大評価されているという[16]。同報告によれば1995年の統計でも，純収益は国際基準に比較して過大評価されており，そのため自己資本比率が過大に算出されているという。

---

(14) Clavijo and Boltvinik, *op. cit*. pp. 295 も同じ指摘をしている。
(15) 西島（2002）pp. 156の表より。他にLópez C. and Snowden（1999）は1980年代から1990年代のメキシコ商業銀行部門の状況をDEA; Data Envelopment Analysisの方法を用いて検証し，González–Hermosillo 他，op. cit., Hérnandez and Escarpulli（2001）は1990年代の銀行部門の資本健全性をCAMEL; Capital Adequacy, Asset Quality, Management, Earnings, Liquidityの方法で検証している。またFOBAPROAをマクロ経済の視点から紹介したものとしてKrueger and Tornell（1999），López, R.（1996）がある。
(16) Organo Oficial de la Camara de los Diptados del Congreso, *Diario de los Debates*, 1999年9月23日。

2　FOBAPROA による不良債権処理スキーム

　本節ではメキシコにおける 1995 年からの商業銀行の金融危機に対する対応，その打開策として実施された銀行預金救済基金（FOBAPROA；Fondo Bancario de Protección al Ahorro）とそれを引き継いだ銀行預金保険機構（IPAB；Instituto para la Protección del Ahorro Bancario）による不良債権処理スキームの意義について検討する。不良債権処理としてはまず 1995 年 2 月に暫定資本増強計画（PROCAPTE；Programa de Capitalización Temporal）が採用され，銀行貸出における不良債権増加のマクロ経済的効果を食い止める対策が試みられていた。1995 年には通貨切下げの影響から商業銀行の多くがバランスシートの悪化に陥ったが，この時点では PROCAPTE が商業銀行の自己資本改善を援助する唯一の手段であった。

　FOBAPROA が信用機関法第 122 条に則って準国営の基金として設立されたのは 1990 年で，その資金は各商業銀行からの出資で成り立っていた。同法 122 条ではバンコ・デ・メヒコがこの FOBAPROA の資金を管理し，商業銀行がその債務の返済に支障をきたす問題に直面した場合に必要な措置に当てると定められていた。この時「信用機関法」では FOBAPROA の機能は商業銀行の預金を 100% 保障することとされ，特に経営危機に直面することが予想される銀行に対する予防策を行う機関と考えられており，1995 年にはドル建て債務の利払いに行き詰まった銀行に対しドル建ての貸付を行った。

（1）　FOBAPROA の機能；金融機関の健全化？

　まず FOBAPROA の公式サイトと関連の文献にしたがってその機能を整理しよう。なお FOBAPROA は 1999 年以来 IPAB によって引き継がれて現在は機能しておらず，このサイトも閉鎖されている。FOBAPROA による不良債権処理とは幾つかの段階に分けて計画された[17]。

---

(17)　www.fobaproa.gob.mx/fobaproa/comu/Resejec/ （1999 年 6 月 7 日検索），"Sintesis de los Apoyos Crediticios otorgados por FOBAPROA；1994–98". 他に Calva (1996), (1998), Székely (1999), Villegas and Ortega (2002) pp.57–58 も参照されたい。

1) FOBAPROA から問題銀行へ必要資金を数回に渡って貸し付け，担保として当該銀行かもしくは銀行が所属する金融グループの持株会社の議決権付き株式を取得する。この場合 FOBAPROA は当該銀行に出資者として経営参加し，そのバランスシート状況や損失状況を調査して必要があれば追加的に資金を融資することができる。ただしこうして FOBAPROA が経営参加する場合でも，当銀行はその貸出，預金業務他は従来通りに継続できる。また FOBAPROA の銀行への経営参加は CNBV の経営介入とは区別され，それぞれ独自に実施される[18]。

2) 債権買取り，資本注入：まず FOBAPROA は各銀行に対しあらかじめペソ建てとドル建ての勘定から成る独自の信託を設立させ，FOBAPROA と当該金融グループ持株会社がその受託者となる。銀行はその不良債権を信託に移転し，その対価として FOBAPROA は政府保証付きの 10 年物債券パガレス（pagarés）を発行して当該銀行の資産に組入れる。このパガレス債は第三者への譲渡や転売は認められないため当該銀行はこれを償還期日まで資産として保有するが，同手形が政府保証付きであることから「信用機関法」に定められた自己資本比率算定方法にしたがって自己資本比率が引き上げられることになる。ここで買い取られた債権の回収責任は法制上は信託が負うが，これは信託の管理責任を負う各銀行が実質的にそのまま負担することである。この場合銀行にとっては FOBAPROA に債権を売却してもその損失を被る可能性が残る

---

(18) 国立金融証券庁 CNBV による市中銀行への経営介入とは「信用機関法」に定められた同庁の権限であり，金融機関もしくは金融グループ持株会社が不正融資や違法取引にあたる経営を行っていると判断した場合，CNBV は独自の判断で当該金融機関の経営に直接介入してその業務内容の監視，指導にあたるというものである。これは元来不正業務を取締，防止するための介入であって経営危機に陥った金融機関に対する救済措置ではなく，また CNBV が介入した金融機関でも株主の所有権はそのまま維持されるのでこれは国有化とは異なる。「信用機関法」が CNBV に対して銀行「救済措置」としての介入を認めていないのは，公的機関による介入とは最もコストがかかる手段であり，自己資本比率や経常利益水準の改善はあくまでも各行の自己責任に任せるべきとの判断に基づくものであった。しかし 1990 年代後半の相次ぐ金融危機に直面して，結局公的機関の介入の方が低コストかつ確実な経営改善手段になるとの認識が高まり，実質的に CNBV の経営介入は財務状況が極度に悪化した金融機関に対しても行われるようになっている。

ため，国際的な会計基準に照らし合わせれば保有株式をバランスシートから切り離したとは認められないと考えられる。そしてパガレス債は当初の政府発表では公債セテスと同率のクーポンつき10年物国債とされていたが，実際にはパガレスの金利は91日物セテス債の金利を上回るよう設定されたので，銀行側にとってもパガレス債を保有することは自己資本の拡充のみでなく，3ヶ月毎の利息によって将来にわたる期待収益をもたらす手段となる。

つまり結果のみを見れば銀行にとっては不良債権をパガレス債でおきかえることになり，同債券の償還によって将来的に収益を保証されることになる。1999年末の各行の総資産に占めるパガレス債額面価格の比率はバンセントロが73.7%，バンパイスが69.7%で特に高く，サンタンデール・メヒカーノが38.4%，セルフィンが46%，大手2行のバナメックス，バンコメールでもそれぞれ15.5%，19.7%となっている[19]。

またパガレス債の償還が部分的にでも実現されれば必然的にベース・マネー供給残高が増えることになる。公式の発表は無いが，1998年からの同マネー残高の増加はこの償還を反映していると考えられる。またパガレスの満期時に発生した未回収債権分の負担は銀行が25%，政府が75%を負担しなければならない。以上の複雑なシステムにより，譲渡された債権の管理は各銀行の内部機密に属することになる[20]。

こうして1995年末と1996年末にFOBAPROAに譲渡された不良債権総額は（経営介入を受けた銀行も含め）累計でそれぞれ1682億2310万ペソ，2808億9630万ペソで，その全銀行貸出額に対する比率は24.57%，36.26%であった。またこのFOBAPROAに売却された債権額の不良債権総額に対する比率は1995年末に36.76%，1996年末に48.0%で，1997年末までに13行がFOBAPROAによる救済を受けた。このとおり1995年以降FOBAPROAは預金

---

(19) Correa (2002) pp.83.
(20) Casaubon (1999)，また1998年11月15日ラテンアメリカ政経学会での桑原小百合（国際金融情報センター）報告「メキシコの銀行問題」での資料より。

保障ではなく専ら不良債権処理をその業務としてきた。以上が法制上のFOBAPROAのメカニズムであるが、実際にはこれに加えて各銀行株主に再資本化を促すために非公式のルールが作られていった。

FOBAPROAによる不良債権処理の結果として、銀行側は売却債権1ペソに対して50センターボ（＝0.5ペソ）の比率での自己資本比率の積み増しを義務付けられる。ここで不良債権の買取価格は市場状況や当該銀行の経営状態等によって相違があるが、平均して債権の名目金額の70％から80％の金額で買取られたと推定される。ここでの20〜30％の割り引き差額は、銀行のバランスシート上は譲渡する債権に対する準備にあたるものだが、実際にはこの債権は回収不能のものであるからこの差額とは銀行にとっては損失になる。以上のようにFOBAPROAと銀行の間でそれぞれ負担を分担し合う構造になっていた。

ここで1995年4月に導入されたウディス（Udis; Unidades de Inversión）を説明しておかねばならない。Udisとは消費者物価指数にリンクしたインデクセーション・ユニットで、債務利払いの過程でこれを用いれば、この債務を現実の通貨建てから数期間前のインフレ率（あるいはその平均水準）に等しくなるよう計算したインデクセーション建てにおきかえることができる。この結果インフレ率の変動が激しい経済においては実質的な利払い負担が時間的に平準化され、かつ満期の長期化が期待できる。FOBAPROAとの関連で言えば、各銀行が不良債権をその信託に移転した時点で信託は政府から年実質4％の金利でUdisを借り入れ、同債権をUdisに転換する。この時銀行融資の債務者側は従来通りペソ建てで利子支払を行うが、この利子も銀行で物価指数の動向に合わせて調整されるUdisに換算されるため、債務者はインフレ率を割り引いた実質金利分のみ支払えば良い。そして信託は同債権を対価としてUdis建て債券を発行してそれをFOBAPROAが買い上げて資産とし、これを対価として先述のパガレス債券を発行するのである。こうしてペソ建て債権とUdisとを信託を介して交換することで、物価上昇、名目金利上昇による負担はFOBAPROAが肩代わりすることができる。

表8.2の現金支払分の内、銀行にとって負債項目に含まれる「（FOBAPROAから各行への）貸出」を除いて合計した累計が948億3100万ペソに達し、これは1997年末のベース・マネー残高にほぼ匹敵する金額である。また少々意

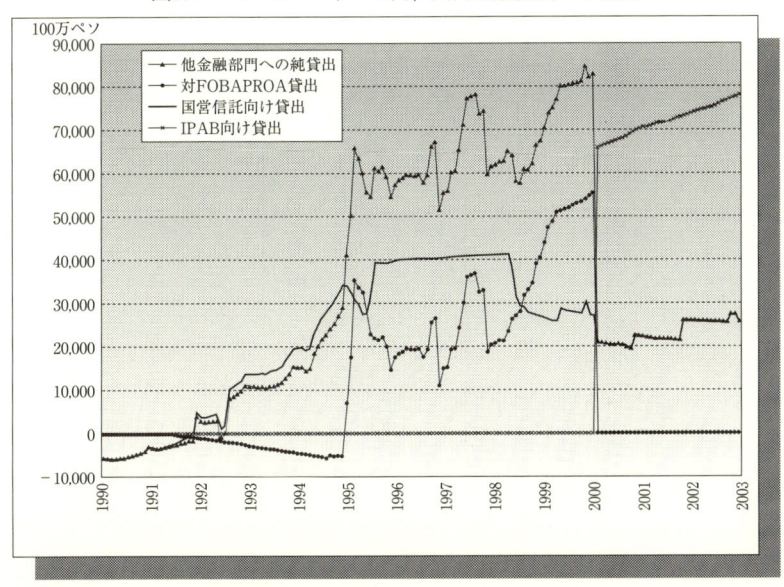

第8章　金融危機への事後的対応；FOBAPROAとIPAB　235

図8.1　ベース・マネーの内，国内金融部門への貸出

出所：Banco de México, *Indicadores Económicos*, 各月版。

味が異なるが，バンコ・デ・メヒコの『統計月報』にあるベース・マネーのうち，「国内信用供与」の中の「他の金融部門への貸出」で，同通貨当局からFOBAPROA，IPAB，その他の信託への貸出が示されている。図8.1の他金融部門への貸出，IPAB向け貸出の推移を図3.4（69頁）の対銀行貸付，対政府貸付と比較すれば，前者は1997，'98年には後者による引き締めをほぼ相殺してしまう金額だったことがわかる。つまりFOBAPROA，IPAB関連の公的部門歳出は，コルトや中央銀行預入れ規制によるベース・マネー増加率抑制と全く矛盾するベース・マネーの追加的供給を形成するのである。また貨幣需要水準に合わせてベース・マネー供給をアコモデイトするというバンコ・デ・メヒコの政策スタンスに照らし合わせるならば，不良債権処理によって供給されるベース・マネーが貨幣需要にアコモデイトしたものといえるのかという疑問が生じる。

　本来…バンコ・デ・メヒコの説明に従うなら…銀行貸出の原資に充てられるはずの資金とは中央銀行貸出によって供給されるものであり，不良債権処理に

表8.2 FOBAPROAによる不良債権処理の実績

(単位100万ペソ)

銀行	年/月	救済方法	FOBAPROAからの支払方法	支払額
オブレーロ	'94/11, '95/12	資本注入	現金	1,050
	'95/12	債権譲渡	パガレス	2,049
	'97/03	支店売却		1,800
クレミ	'95/01, 04	貸出	現金	5,300
		資本注入	現金	2,773
	'96/08	支店売却		8,900
ウニオン	'95/01, 04	貸出	現金	12,090
		資本注入	現金	4,181
	'96/11	支店売却(ウニオン-オリエンテ)		6,800
プロモトール・デル・ノルテ		貸出	現金	200
オリエンテ	'95/12	貸出	現金	2,000
		資本注入	現金	447
バナメックス		債権譲渡	パガレス	33,275
バンコメール		債権譲渡	パガレス	35,132
セルフィン	'95/06	債権譲渡	パガレス	4,940
	'96/01, 07, 12	債権譲渡	パガレス	23,407
	'97/05	債権譲渡	パガレス	5,200
	'96/07, 12	債権譲渡	現金	3,569
	'97/03, 05, 10	債権譲渡,負債譲渡	現金	14,518
セルフィン=グループ	'96/06, '97/03	証券担保融資,資本譲渡	現金	4,800
	'97/12	資本,負債譲渡	パガレス	1,627
インテルエスタタル	'96/06	貸出	現金	650
	'97/05	支店売却		200
カピタル	'96/10	貸出	現金	2,500
スルエステ	'97/09	貸出	現金,パガレス	520
バンパイス	'95/05	貸出	現金	8,000
	'96/08, '97/12	資本注入	現金からパガレスに転換	18,002
	'96/08, '97/03, 12	債権譲渡	パガレス	21,515
メヒカーノ	'96/10	債権譲渡	パガレス	24,321
バンセントロ	'96/11, '97/02	債権譲渡,資本注入計5回	パガレス	14,062
インヴェルラット	'95/12	貸出	現金	6,500
	'96/07	資本注入	現金からパガレスに転換	11,358
	'96/07, '97/12	負債買取り	パガレス	23,981
コンフィア	'98/01	貸出	現金	600
	'98/02	資本注入	現金からパガレスに転換	26,534
		債権譲渡	パガレス	8,626
アトランティコ	'98/03	資本注入	現金からパガレスに転換	6,599
		債権買取り	パガレス	10,614
プロメックス		債権譲渡	パガレス	5,821
アナウアック		貸出	現金	1,000
BBV		債権譲渡	パガレス	11,404
メルカンティル・デル・ノルテ		債権譲渡	パガレス	5,324
ビタル		債権譲渡	パガレス	12,885
バンクレセール		債権譲渡	パガレス	24,778
			計	421,920

出所:www.fobaproa.gob.mx/fobaproa/comu/Resejec/anexoa/html (1999年6月7日検索),
Huerta (1998) pp. 76.

よって銀行に給付される資金は銀行自己資本に組入れられて自己資本増強に充てられるべき性格のものである。しかし現在のメキシコ通貨当局の政策を総合的に判断すれば，供給された通貨が市場で果たすべき機能は無視されていると思われる。商業銀行の貸出残高も固定資本投資も実質値で減退を続けている1990年代後半以来にあって，実質GDPのプラス成長とインフレ懸念のみを根拠にコルトを継続し，その一方で不良債権処理に多額の資金を充当する結果，資金流通の構造が歪められているのである。

（2） FOBAPROAによる財政支出

表8.2，8.3のFOBAPROAのバランスシートの資産，負債項目（1998年6月時点）は，FOBAPROA発表の試算と，カナダ国籍のコンサルタントであるマイケル・マッキー（Michael Mackey）が依頼を受け調査して議会に提出した

表8.3 FOBAPROA 資産項目 1998年6月現在

(単位100万ペソ)

	FOBAPROAによる試算	マッキー報告の試算
A. 直接資産 Activos directos	185,600	196,800
1, 現金その他	19,800	19,800
2, 有価証券投資	8,200	8,200
3, 対銀行貸付	3,000	3,000
4, 特別救済枠による対銀行貸付	47,200	57,400
5, 資本注入，債権買取り分資金	34,100	34,100
6, 健全化計画分資産	46,700	47,700
7, 金融機関売却に関する債権	5,200	5,200
コンフィア	1,700	1,700
アトランティコ	1,800	1,800
プロメックス	1,700	1,700
8, 支払計画分	14,200	14,200
9, その他	7,200	7,200
B. 間接資産 Activos indirectos	34,400	36,700
1, 融資	26,400	28,400
2, 有価証券保有	5,000	5,000
3, その他	3,300	3,300
C. 対債務者救済計画	18,100	18,100
計	238,100	251,600

出所：www.fobaproa.gob.mx/fobaproa/comu/Resejec/anexoa/html（1999年6月7日検索）

表8.4 FOBAPROA 負債項目

(単位100万ペソ)

	FOBAPROA による試算	マッキー報告の試算
A. 直接負債 Pasivos directos	482,100	550,200
1, 対中央銀行	49,900	49,900
2, 対 NAFIN	8,500	8,500
3, パガレス発行高；資本増強計画	171,600	171,600
BBV	12,900	12,900
セルフィン	62,100	62,100
バノルテ	5,900	5,900
バナメックス	37,000	37,000
バンコメール	39,300	39,300
ビタル	14,400	14,400
4, パガレス；健全化計画	216,100	284,200
パガレス	99,100	97,400
バンパイス	23,330	23,300
バンセン	20,100	20,100
サンタンデール・メヒカーノ	29,200	29,200
コンフィア	26,500	24,800
その他の発行債券	117,000	186,800
スルエステ	0	600
アトランティコ	20,300	30,350
プロメックス	20,000	28,000
インヴェルラット	5,000	11,950
バンクレセール	71,000	96,350
プロノルテ	200	150
アナウアック	500	500
セルフィン	0	17,600
インダストリアル	0	1,300
5, 支払計画分	14,200	14,200
6, 債務者保護計画分	18,100	18,100
7, その他	3,700	3,700
B. 間接負債 Pasivos indirectos	107,500	109,600
1, 被介入銀行の売却に伴うパガレス発行分	20,200	20,200
クレミ	9,000	9,000
オリエンテ	2,000	2,000
ウニオン	6,800	6,800
オブレーロ	1,800	1,800
インテルエスタタル	600	600
2, その他被介入銀行の負債	85,300	85,300
その他の銀行	79,300	79,300
準備金	6,000	6,000
3, 被介入銀行から肩代わりした負債	2,000	4,100
総計	589,600	659,800
対 GDP 比	15.2%	16.9%

出所：表8.2に同じ。

いわゆる「マッキー報告書」の数値である。この資産項目で最も大きい資本増強プログラムとは，商業銀行から買取った債権の予想回収額のことで，パガレスの30%と想定して計算されている。このようにFOBAPROAの正味負債（負債－資産）は1998年6月には3515億ペソと算定されているが，実際は債権回収の実現具合によって変化するのである。

またマッキー報告は1998年6月末日時点のFOBAPROAの負債（財政負担）項目について独自の試算を発表しているが，ここでは特にCNBVやFOBAPROAが既に経営介入している銀行についての評価がFOBAPROA発表のそれとは異なることが問題となった。まずマッキー報告の試算をFOBAPROA発表の数値と比較して違いが大きいのは負債総額で，同報告では6598億ペソとなっている。これはFOBAPROAの発表ではセルフィン，バンクレセール，アトランティコ，プロメックス4行の資本買取りに要した費用が過小評価されているためと説明しているが，同じ理由で，買取った資産評価価値もFOBAPROAの発表ではマッキー報告に比べて135億ペソの過小評価になっている。

3　預金保険機構 IPAB

（1）　FOBAPROA から IPAB への改組

1998年3月に国会に提出されたFOBAPROA改革法案において，同基金の預金保険機構（FOGADE ; Fondo de Garantía de Depositos）と資産回収機関（COREBI ; Comisión para la Recuperación de Bienes）への改組案が示された。この時争点となったのが，事実上オフバランスとなっていたFOBAPROAの負債であるパガレス債の公的債務への組み入れであり，仮にこれを実施すれば連邦政府債務の対GDP比は1997年の27.9%から42.2%に拡大すると推定された。

国会に先立って当時の野党国民行動党PANはFOBAPROA改革案に対する提案をまとめたが，ここで特に問題としたのはFOBAPROAに譲渡された銀行債権の中にはいわゆる「不正規」債権（créditos irregulares）も相当額含まれるのだからそれを全額政府債務に組み入れることは認められない，というもので

あった。

こうした討議を経て，1998年10月1日の与野党合意の内容とは次の通りである[21]；

    1)   FOBAPROAの債務は政府債務としては認知しない。FOBAPROAの資産の売却と負債の管理を行う新たな機関として銀行預金保険機構IPABを設置する。

    2)   FOBAPROAが保有する500万ペソ以上の大口債権と銀行が保有する小口の不良債権を等価交換する。FOBAPROAが買取った債権から発生する損失の100％，FOBAPROAから引きとった債権から発生する損失の25％を負担する。

IPABとは1998年末に公示された銀行預金保険法（*Ley de Protección al Ahorro Bancario*）に基づいて1999年1月20日付けで設立された機構で，その目的は商業銀行部門の預金保護と，各銀行の資本増強計画の管理・実行にある。IPABはFOBAPROAの資産と負債を基本的に同日付を持って引き継ぎ，例えばFOBAPROAが各銀行に対して行った貸付や，バンコ・デ・メヒコからFOBAPROAに融資された資金も全て継承する。ただしFOBAPROAが遂行途中であった資本増強計画，不良債権買取り計画はその計画がひとまず完了する時点で引き継ぐものとされた。ここでIPABの機能とは単に銀行救済のみでなく，預金確保や経営改善を促しそのバランスシート改善を指導・要請する権限[22]，さらに経営危機に陥ったと認めた銀行に対して清算，閉鎖，業務停止を決定する権限も認められ，こうして閉鎖を命じた銀行の債務の引き受けやその資産の管理も同機構の業務とされた。

各銀行はIPABに対して毎月一定額の拠出金を負担する義務を負い，更にこの限度を超えた超過金額を拠出することも認められる。そしてこの銀行拠出金総額の最大25％が預金者保護のための準備として蓄積される。IPABの資産としては各銀行からの出資金に加えてFOBAPROAとして取得した銀行株式資本やその他の動産，不動産の売却益を加える。これはFOBAPROAの資産がバ

---

(21)   Organo Oficial de la Camara de los Diptados del Congreso, *op. cit.*
(22)   Organo Oficial de la Camara de los Diptados del Congreso, *ibid*. pp. 495.

ンコ・デ・メヒコと連邦政府からの出資に依存しかつ各銀行に設立させた信託を利用する構造になっていたのに比べ，明確化されたものといえる。さらにIPAB は FOBAPROA 同様に銀行に対する資本援助を行うが，この返済が予定通りに実行されない場合には国債，証券，不動産他を担保として差し押さえることが認められ，こうして取得した各種資産を運用してその収益を自己資本とすることができる。

(2) IPAB による資産売却

実際には FOBAPROA も 1998 年に 32 億 8100 万ペソ分の資産売却を実施したのだが，同基金では銀行から引き受けた債権のその後の処理方法は制度化されていなかった。これを国内外含めて第三者に売却する方法を確立したことが IPAB の特徴である。

1) 1998 年 5 月　オリエンテ銀行；経営権と債権回収による収益の一部 231 万ペソ，買取りは AMRESCO
2) 1998 年 8 月　オブレーロ銀行；97.1 万ペソ，買取はインヴェルプリム
3) 1999 年 10 月　セルフィン銀行；経営権と債権回収による収益の一部，並びに商業，製造業，不動産部門の資産と所有動産計 2093.1 万ペソ相当がセントロ銀行とバノルテ＝グループにより買取
4) 1999 年 11 月　ウニオン銀行；経営権と債権回収による収益の一部，商業と製造業の資産計 763.8 万ペソ相当がゴールドマンサックス，GE キャピタル他により買取

預金保護法に基づいて 1999 年後半に IPAB はこの 2 行について資産保有・管理と収益の一部取得の権利を売却する準備を進め，同年中に計 2856.9 万ペソ相当分が売却された。続く 2000 年，2001 年には特に不動産担保融資を中心に大手セルフィンの債権の一部までが売却された。

表8.5 IPAB を通じた銀行資産売却

(単位100万ペソ)

		売却資本額	粗売却益
2000年12月	被介入銀行の不動産担保債権5件	4,947	1,405
2001年3月	バンクレセール不動産担保債権6件	2,839	811.8
4月	インヴェルラット消費者融資8件	576.7	14.7
6月	サンタンデール・メヒカーノ対商工業融資	3,075	474
7月	バンクレセール不動産担保融資6件	1,600	411
	被介入銀行商業融資（管理権譲渡）	5,463	
10月	バンクレセール　商業工業融資	1,239	198
12月	バンクレセール　商業工業融資	1,278	179

出所：Banco de México (2001, b) pp. 47.

（3） IPAB の財政構造

FOBAPROA が発行したパガレス債は IPAB が引き継いだが、全て新たな債券におきかえられた。この新パガレスの特徴は、財務省 SHCP とバンコ・デ・メヒコが定める期限内で市場で転売、流通可能で、利払い日時は事前に特定せず、支払われた利子は各銀行の自己資本に組入れ可能と明記された点である。

パガレスの償還を確実にし、また銀行の債務返済を支援する目的から、2000年1月に IPAB の新たな資金調達手段として預金保護債（BPAs；Bonos de Protección al Ahorro）の発行が定められた[23]。2000年3月に最初の BPAs の競売が総額10億ペソ分実施され、売却価格は平均98.61ペソで28日物セテスを0.58上回る価格であった。結局第1回競売の売却価格総額は103億4800万ペソで、これは IPAB 側が提示した価格を10倍以上上回った。

この BPAs の財政上の位置付けは政府債務と同等であり、これはセカンダリー・マーケットで転売可能で期間は3年、利払いは28日毎に行われる。BPAs 発行市場に参加を許されるのは認可された金融機関のみで、流通市場に参加資格を有するのは機関投資家、個人投資家、商業銀行、国営銀行、その他国営諸機関である。また BPAs の金利は28日物セテスのそれを下限とする。流通分を含めても BPAs を保有するのは実際には大部分が銀行であり、実質的に BPAs は政府から銀行に利払いを保証する新たな手段となった。

(23)　IPAB サイト（Página oficial del IPAB, Boletín 01-2000），2000年1月6日より。

第8章 金融危機への事後的対応；FOBAPROA と IPAB   243

表8.6　IPAB バランスシート　1999年12月31日現在

(単位100万ペソ)

資産		負債	
1)　短期資産		短期負債	133,045
IPAB 基金	16,055		
有価証券投資額	5,209		
貸付	965	対銀行借入, その他金融機関借入	31,523
短期投資	9,881	健全化計画に伴なう負債	830
内, 対銀行	8,000		
FOBAPROA 基金	354	金融機関の損失肩代わり分	99,511
有価証券投資額	1	その他	1,181
貸付	149		
短期投資	204		
内, 対銀行	139		
2)　動産保有	26	長期負債	468,296
3)　健全化計画	51,991		
Programa de saneamiento			
IPAB 基金	6,573	対銀行借入, その他金融機関借入	173,980
金融健全化計画	6,573	健全化計画に伴なう負債	176,327
FOBAPROA 基金	45,418	金融機関の損失肩代わり分	86,314
健全化計画	37,29	債務者救済計画分	16,501
不動産買上計画	1	不動産その他の資産買取り分	14,008
連邦政府長期歳出による資金枠	516,378	他	
銀行債務者保護プログラム資金	16,501		
その他	36		
計	601,341	計	601,341[24]

出所：IPAB サイト http://www.ipab.org.mx/Infinan/situacion.htm, 2000 年 4 月 4 日検索。

　表8.6は IPAB の最初のバランスシートである。資産 6013.4 億ペソのうち 5163.8 億ペソは連邦政府からの拠出金で約 86.7％ を占める。**表8.6**の負債数値と**表8.7**のそれが食い違っているとおり、IPAB の資産，負債の統計はこの後発表されるたびごとに修正されたが政府，バンコ・デ・メヒコの拠出まで含めた資産額はこの 1999 年を最後に以後公表されておらず、推定では IPAB 本体の資産と認められる金額は 1999 年末時点で 21 億 8000 ペソに過ぎない[25]。

---

(24)　Organo oficial de la Camara de los Diptados del Congreso, 2000 年 4 月 4 日。
(25)　財務省の報告によれば 2000 年の初頭から 9 月までに以上の不良債権処理に充てられた公的資金は総額 361 億 300 万ペソである。

表8.7 IPAB負債

(単位100万ペソ)

	1999	2000	2001
資本増強・債権買取計画のパガレス	150,446	174,832	195,226
金融健全化計画	369,411	214,367	196,766
負債削減コスト　　アトランティコ		44,487	47,017
バンコ・デル・セントロ		10	0
バンクレセール		47,598	46,270
バンパイス		6,353	4,866
BBV		5,582	5,209
サンタンデール・メヒカーノ		28,660	28,528
プロメックス		23,383	24,840
セルフィン		58,291	40,034
被介入銀行の負債		134,476	77,030
BPA発行額＋商業銀行，NAFIN他からの借入		187,671	300,332
BPA発行残高　　（年次フロー）		73,360	78,100
3年債		68,860	66,100
5年債		4,500	12,000
その他	7,961	8,127	9,537
IPAB本体の負債	691,956	719,472	778,892
バンコ・デ・メヒコからの借入	83,922	67,398	−
債務者救済	16,501	17,030	9,411
支払援助	14,008	13,904	0
総負債	786,387	814,786	788,304

出所：IPAB(2001) *Informe Annual* 2000, pp. 57, pp. 25.

　FOBAPROAからIPABに一貫する問題点とは，この通り財政上の裏付けが全く不明確であることである。FOBAPROAでは各銀行に設置させた信託に管理は当該行に委ねられ，実質的に各行に不良債権をオフバランス上で処理させたに等しかった。IPABでは各行に資金拠出を義務付けさらに引受けた資産を転売することで資産とするという方法がとられたにも拘わらず，その資産構成さえ十分に公表されていない。

4　FOBAPROA，IPABによる系列融資，「不正規」債権の扱い

　「信用機関法」は企業グループ内で行われる系列融資についてもその定義や融資審査の基準，自己資本比率算定における取り扱い等を定めており，その融

第8章　金融危機への事後的対応；FOBAPROA と IPAB　245

表8.8　マッキー報告が示した FOBAPROA による債権買取り額に占める「不正規」債権

1)　資本増強・債権買取り計画の一環として FOBAPROA が買取る際，定められた基準を満たしていなかった債権。ただし FOBAPROA も CNBV もこうした基準はしばしば変更したが，買取りが開始された1994年当初のものに則る：	計247億ペソ
うち、CNBV と FOBAPROA が確認した額：	240億ペソ
同、CNBV，FOBAPROA が確認していない額：	7億ペソ
2)　銀行が資本所有，役員兼任等の方法で何らかの繋がりを有していた企業，法人に対して行われた融資：	420億ペソ
3)　CNBV 並びに幾つかの銀行の調査で非合法（ilegales），または法制に抵触する恐れがあると判断されたか，またその疑いを持って現在調査中の債権：	60億ペソ
合計	727億ペソ
1)　のうち主要項目	
既に破綻していた借り手に対して行われた貸付：	12億ペソ
系列融資の一環：	48億ペソ
買取り時に既に支払が中断されていた債権：	32億ペソ
債権の一部放棄の対象となっていた融資：	58億ペソ
必要な担保，証書が整備されていない融資：	69.75億ペソ

出所：Organo oficial de la Camara de los Diptados del Congreso, *Diario de los Debates*, 1999 年 9 月 23 日。

資先の如何を問わず自己資本比率の分母にあたる資産項目には 100% 算入されることになっている。しかし実際には，各商業銀行ともこの系列融資を正確に計上していないことから，不良債権残高や自己資本比率の数値が恣意的に操作されているという指摘は以前から多かった。

　マッキー報告は系列融資を「貸し手の銀行と借り手の非金融部門企業との資本所有者が同一人物である場合」と定義した上で，2001 年時点で FOBAPROA が買い上げた全債権の 57% を系列融資が占め，その中でもウニオン銀行（Banca Unión），インヴェルラット（Inverlat），コンフィア（Confía）によるものが全系列融資の 75% を占めるという調査結果をまとめた[26]。そしてこれら系列融資のうち「不正規」融資（créditos irregulares）に当るものが 60 億ペソ近くにのぼり，これはウニオン，コンフィア，バンパイス（Banpaís）が特に多いという。

　同報告書の試算では，ここでいう「不正規」債権のうち 91.75% は「非合法」債権（créditos ilegales）であったとされる。表8.8のとおり，バナメックス，

(26)　Organo Oficial de la Camara de los Diptados del Congreso, *op. cit.* pp. 565–571.

表8.9 「不正規」債権 1994〜1998年

(単位100万ペソ)

	1	2	3	4	計	債務者数
アナウアック			234.28		234.28	8
アトランティコ	1,201.94	362.59	542.08		2,106.61	135
バナメックス	4,070.06				4,070.06	146
バンセン			1,849.59		1,849.59	36
バンコメール	1,807.16	338.2			2,145.36	142
バンクレセール	9,572.78				9,572.78	282
バノルテ	35.36				35.36	2
バンパイス			1,261.3	950.55	2,211.8	39
BBV	483.41	6.78			490.19	8
ビタル	3,064.33	4.8			3,069.13	171
カピタル			2,544.21	24.75	2,568.96	11
コンフィア			8,176.29	890.11	9,066.4	12
クレミ			947.31		947.31	5
インダストリアル			361.13		361.13	8
インテルエスタタル			740.46	143.45	883.91	111
インヴェルラット			10,096.79		10,096.79	71
オブレーロ			717.01		717.01	6
オリエンテ			1,640.47	42.31	1,682.78	33
プロメックス	11,141.5	3.98			11,145.48	166
プロノルテ			23.9		23.9	3
セルフィン	3,401.66				3,401.66	938
スルエステ			44.27	30.54	74.81	8
ウニオン			13,063.33	3,956.79	17,020.12	66
計	24,778.20	716.35	42,242.42	6,038.45	73,775.40	2,407

出所：Solís, R. et. al. (2000) pp. 161.
 1はマッキー報告の定義の 1) のうち FOBAPROA, CNBV が確認した金額，2は同項目のうち FOBAPROA, CNBV が確認していない金額，3はマッキー報告の定義の 2)，4は同報告の 3) に相当する（表8.8参照）。

バンコメールの2行でさえ対 FOBAPROA 譲渡の必要条件を満たさない債権をそれぞれ40億7000万ペソ，18億700万ペソ有し，この不良債権処理スキームが金融システム全体の健全化を図るという建前と大きく乖離していた現実が観察できる。さらに「不正規」債権に分類されるものの内60％近くは系列融資もしくは何らかの関係企業への融資である。このマッキー報告の結果は，第2章で見た系列融資ほど非系列融資に比較して不良債権比率が高く，また実質貸出金利が極めて低い傾向があるというラ・ポルタ他（La Porta 他, 2002）の調査結果とも一致する。

左の表8.9は，ソリス他（Solís, R. 他，2000）がマッキー報告に依拠しながらも独自に収集した資料に基づいて作成したもので，正確な出典が明らかでない点は問題だが，数値が全てマッキー報告のそれと近いことから信憑性は高いと考えられる。これは同報告が銀行部門全体について示した「不正規」債権の数値を，さらに各銀行別に明らかにしたものである。

 こうしたマッキー報告の指摘を受け，1999年10月にIPABがFOBAPROAによる722億ペソの貸付，資産買取り他の業務について調査した結果を発表したが，これによれば上記の金額のうち420億ペソが系列融資を対象としたものであったとされた[27]。

5　むすび

 第3章で指摘したメキシコ経済における二重の逆説のうち第1点目，すなわち金融引き締め政策にも拘わらずベース・マネーが膨張を続けていることの理由が，本章で検討したFOBAPROA，IPABによる政府，通貨当局の財政支出である。メキシコでは1998年以来FOBAPROAに売却された債権を除いた貸出は貯蓄預金をも下回り，また貸出利子収益の中で対FOBAPROA売却債権の利子収益が占める比率は1998年には39％から42.5％，1999年には48％から49％に達した。極端に言えばFOBAPROA，IPABが各銀行に利潤を分配する体制ができあがっているのだが，そこで各行の経営者の責任問題や不正融資の解明は実際には銀行側に委ねられ，IPABが積極的にこうした問題に取り組むことはまず無かった。

 メキシコの不良債権処理スキームをアジア諸国のそれと比較した場合の特徴とは，まずFOBAPROAもIPABも，各銀行の債権を信託基金を通じて買取り，現金またはパガレス債を支給するという方法をとっていることである。韓国，タイ，さらに日本でも銀行救済の基本は，銀行保有株式を政府，中央銀行が買取ることであり，韓国では大手4行と地銀3行が正式に国有化され，更に公的資本の投入も普通株式を用いて行われ，この議決権を利用して政府は各銀行の

---

(27)　*Jornada* 紙1999年10月10日。

経営陣の刷新,経営体制の完全な改革を行った。日本では日銀による銀行保有株式買取りが系列の解消に繋がるという主張もあったが,現実には2003年3月現在,買取りは上限の2兆円に達しつつある。マクロ経済の安定化,雇用確保のためには公的資金による銀行救済は充分に根拠があるが,ただし系列融資や追い貸しが貸出の中で高い比率を占める場合には,不良債権買取りの結果銀行の貸出意欲や貸出の不良債権化の期待確率が変化すれば,それが体系の鞍点均衡の状態を実現させ,調整過程が発散的になる可能性があることは第5章で検討したとおりである。その意味で不良債権買取り,銀行救済には,前提条件として系列融資による貸出の集中の解消,中小企業への充分な融資に加えて,貸出に際して客観的な審査,査定が必要なのである。

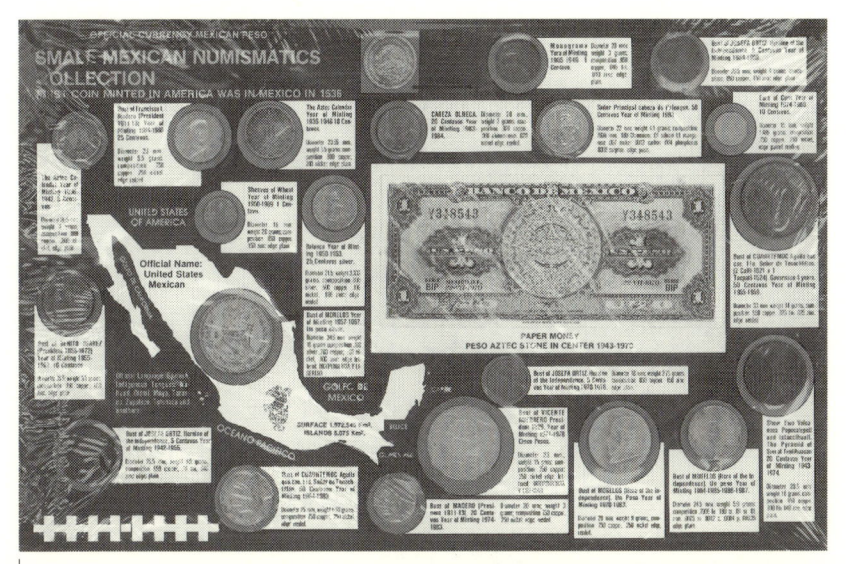

メキシコ市の人類学博物館で売られていた同国の古銭のパネル。
紙幣はバンコ・デ・メヒコ発行の最も古いものと同じ図柄で1970年発行だが、
まだAMERICAN BANK NOTE COMPANYの文字がある。

第9章 通貨危機とその金融システムへの影響

はじめに

　為替制度に関する学説の主要な潮流としては，変動相場制支持論と，最適通貨圏理論に基づく固定相場制擁護論とがあり，これらをまとめれば資本，人の順調な移動と価格，賃金の完全調整が実現されるなら固定レート制，そうでない場合は変動相場制が好ましいということになる。そして通貨危機を経験した新興市場諸国では，固定相場制は必然的に投機アタックにあっていずれ崩壊するので，変動相場制が好ましいという主張が定着したかに見えた。しかし為替レートの調整が外生ショックを吸収するというのはあくまでも理論上のメカニズムに過ぎないし，メキシコでは変動相場制に移行した後の1997年にも，名目レートの急落から国内経済構造が変化する事態が発生した。

　一方で各国の金融仲介システムに着目する視点からは，通貨，為替制度は国内の銀行制度改革や金融政策の結果として決まるのであり[1]，各国の制度，政策を無視して為替制度を論じるのは本末転倒といえる。本章でも基本的にはこのミシュキン＝サヴァスターノ（Mishkin and Savastano, 2001），アイケングリーン＝ローズ（Eichengreen and Rose, 1998），カミンスキー＝ラインハート（Kaminsky and Reinhart, 1999），グリック＝ハチソン（Glick and Hutchison, 2001）らと同じ問題意識に立ちながら，通貨危機と金融（銀行）危機とを「双子の危機」として観る視点からメキシコの1994～'95年と1997～'98年の通貨危機を検討する。

1　通貨危機の理論と実証

　新興市場諸国における通貨危機が単なる固定相場制のもとでの為替切下げと区別される根拠としては；①切下げ以前に中長期的に為替過大評価とマクロ的リセッションの状態にあり，②切下げもしくは変動相場制のもとでの為替減価が相次ぎ，③大幅な資本逃避と外貨準備の減少とを伴ない，④名目レートの減価が実質レートの減価につながる，といった点がある。歴史的にみてもラテン

（1）　Mishkin and Savastano（2001）.

アメリカ，アジア各国の特徴として，名目為替相場や証券投資の僅かな変化に対して経常赤字水準が大きく反応することが挙げられる[2]。従ってこうして発生した経常赤字の拡大のみでは「通貨危機」と呼べる現象ではなく，為替の変化が上の ①から ④を伴う場合にそれが危機的現象といえるのである。

(1) テソボノスの増発から通貨危機へ

まず1994年末の通貨危機の直接の原因と考えられているテソボノス（Tesobonos ; los Bonos de la Tesorería de la Federación）の償還問題について，事実関係を整理しておこう。1993年から1994年にかけて，メキシコ政府の短期公債は自国通貨建て国債セテスに替えて91日物の事実上の対ドルリンク連邦財務省証券テソボノスにおきかえられた。テソボノスとは償還はペソで支払われるがドルに連動した事実上の対ドルリンク債券で，高金利と固定レートにより外国投資家に選好された。そしてメキシコ政府の立場では，セテスが外国人投資家にも開放されていたとはいえ金利はメキシコ国内市場の水準で設定さ

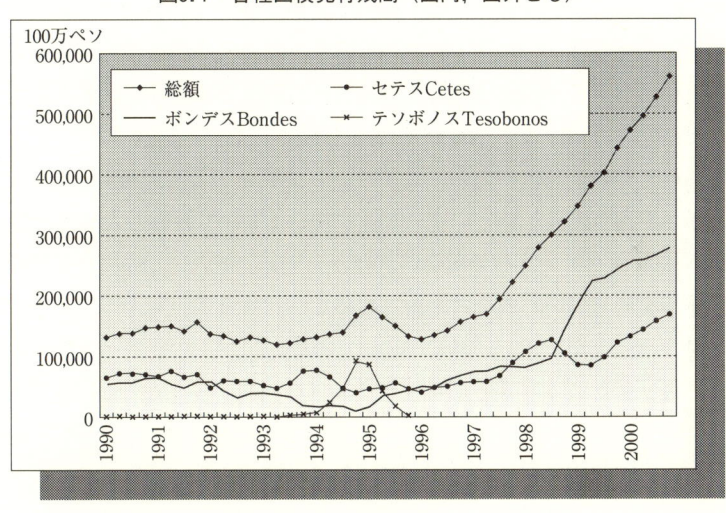

図9.1 各種国債発行残高（国内，国外とも）

出所：財務省SHCPサイト http://www.shcp.gob.mx/index01.html

---

(2) Edwards (1999).

れたのに対し，外国市場向けに発行されるテソボノスはセテスよりも低金利で政府の利払い負担が軽減されると考えられた選択であった。そしてテソボノスは OECD 諸国の国債に比べての高金利と固定レートによって，外国投資家に選好された。

政府，通貨当局がテソボノスへの借り換えを進めた結果，1994 年 1 年間にテソボノス発行残高は 260 億ドル増加し，逆にセテス始めペソ建て債券発行残高は合計 484 億ペソ減少した（図9.1参照）。こうして公的部門債務全体の中で国内債務の割合は 43% から 34% まで低下した。そしてテソボノスへの借り換えはメキシコ政府が債権者に代わって為替リスクを引き受けることを意味したため，この借り換えを進めれば進めるほど一層，外貨準備の確保，そのための高金利維持を続ける必要に迫られたのである。

フレンケル＝オコング（Frankel and Okongwu, 1995）は，1994 年までのメキシコにおけるセテスとテソボノスの名目金利，為替切下げ期待を割り引いたセテス金利，そして米国財務省証券金利の推移を計測し，セテス名目金利，切下げ期待を割り引いた金利は 1994 年の 2 度の暗殺事件（PRI 次期大統領候補コロシオ，同党幹事長ルイス＝マシエ暗殺）直後に 6 ポイント以上急騰したが，逆に低下する時は 2 ヶ月かけて緩やかに低下したことを示している。一方テソボノス金利はセテス金利とは連動せず，むしろ米国財務省証券金利と連動して平均して 2 から 3 ポイントの金利差が保たれていたが，1994 年初頭から米国金利の上昇とこの金利差拡大とによって，テソボノス名目金利もそれまでの 5% 前後から最高 7.9% まで上昇し，以後も 6.5～6.8% で推移した。更に重要な点だが，1994 年 9 月の大統領選挙の直前から 10 月のマシエ暗殺までの期間，切下げ期待を割り引いたセテス金利が初めて財務省証券金利を下回った。この結果一層資本逃避が加速し，外貨準備は 1994 年第 2 四半期に 86.5 億ドル減少した後，再び同年第 4 四半期に 99.9 億ドル減少した。

1994 年 12 月から 1995 年にかけての通貨危機の直接の原因とされるのがこのテソボノスの償還の行き詰まりである。1994 年には金融機関の不良債権問題や政治不安を受けて売り圧力が高まり，同年 4 月には為替相場はバンド上限に達し，1995 年の償還予定額 290 億ドルに対し 1994 年 12 月に外貨準備残高は 100 億ドルを下回り，政権交代時には 30 億ドル強にすぎなかった[3]。サ

リーナス政権は最後まで固定相場制を維持したが，外貨準備が枯渇すればこれも不可能となる。1994年末にセディージョ政権によって切下げに続いて変動相場制への移行が発表され，1ドル＝3.38ペソから6.42ペソまで下落したがその後も資本流出は止まらず，結局米国から200億ドル，IMFから178億ドルを始め計498億ドルの緊急融資によって一旦危機は収まった。また外国証券投資は1995年に97億ドル流出したものの，1996年に142億ドル，1997年は50億ドルの流入に転じ，バンコ・デ・メヒコによるドル＝オプション取引が成功裡に進んだこともあって外貨準備残高は1996年末に138億ドル，1999年初頭に308億ドルまで増加した。

（2）　為替アンカー政策と不胎化政策による構造的問題

確かに1994年末の通貨危機の直接の原因はテソボノスの償還の困難にあるが，議論をこれだけに限定してしまうと通貨危機とは政府財政の問題であったことになってしまう。既に見たように一連の危機を境に設備投資，銀行貸出行動，貯蓄預金形成他の変数の趨勢が一変したのだから，通貨危機分析においてはマクロ経済構造の問題，また金融危機との関係といった分析視角が必要なのである。

この通貨危機，経済危機の構造的原因として，まず為替アンカー型インフレ対策と不胎化政策がもたらした副次的効果が重要である。慢性的にインフレ圧力が存在する（と通貨当局が認識する）小国開放経済では，為替相場の過大評価を中長期的に維持するためには通貨当局はドル売り・自国通貨買い介入を継続せねばならず，そのために短期外資の流入を維持させて外貨準備を確保する必要に迫られる。そして外資流入が拡大すればするほど，通貨当局は一層の不胎化介入によってベース・マネー残高の伸び率の抑制に努めねばならず，こうして名目金利体系は市場の実勢に比べて低下せず下方硬直性を示した。

不胎化政策がもたらす副次的効果とはまず第一に名目金利の下方硬直である。売りオペレーションによって売却される公債はほぼ全額が国内銀行によって保有されるが，銀行が保有しようと望む資産（対民間貸付や債券等）と公債とは

（3）　Banco de México（1994, b）pp. 60.

多くの場合同一商品ではないため,発行残高が大きくなれば価格が低下して名目金利を引き上げる要因となる。自国債券と外国債券の代替性が高い場合にはこの金利上昇圧力は打ち消されるが,国際資本市場に復帰したばかりのメキシコでは外国債券との代替性は極めて小さかった。

こうしてディス・インフレ過程において名目金利の高止まり状態が実現されれば内外金利差から一層の短期資本流入が発生し,その結果蓄積される外貨準備残高からベース・マネーの「ルール」を逸脱した拡張が生じるのを防ごうとすれば,通貨当局は一層の不胎化介入を続けねばならない。こうして不胎化政策を中長期的に継続すれば,ベース・マネーの一定の伸び率維持という目的と金利の高止まり,短期外資流入のいたちごっこの状態が実現してしまうのである。

他方で初期条件として財政赤字が存在する場合には,不胎化政策によってもたらされる金利高止まりは政府にとって一層の利払い負担を意味するので,財政赤字の埋め合わせも緊急課題となる[4]。この点を回避しようとしたメキシコ政府は1993年から,自国通貨建て国債から事実上の対ドル連動債券テソボノスへの借り換えを進めたのであるから,テソボノスの償還問題とは為替アンカー型インフレ対策,不胎化政策がもたらした構造的な問題だったのである。

為替アンカー政策に関係する諸変数間の因果関係を,通貨危機直前の時点についてまとめたのが図9.2であり,太線は特に中心的役割を担った関係,X印は2変数が相反することを示している。ただし図には期待形成や予測といった要素は明示していない。つまり為替アンカー型インフレ対策においては為替過大評価によって経常収支赤字は中間変数として折込み済みとなるが,1990年代の新興市場諸国では急拡大した経常赤字のファイナンスに問題を残し,資本収支黒字維持の方法と国内の金融システムとの間に次の意味で非整合性をきたした;

1) 貿易自由化,市場開放化の過程において本来は戦略部門を中心に資本蓄積,技術開発を促進し,輸出競争力のある産業の育成に努めねばならないのに,為替過大評価によって輸出競争力は削減され,輸出部門で

---

(4) Mayer-Serra (1997), Sales-Sarrapy (2000).

図9.2 金融自由化，為替アンカー型インフレ対策の構造（1994年まで）

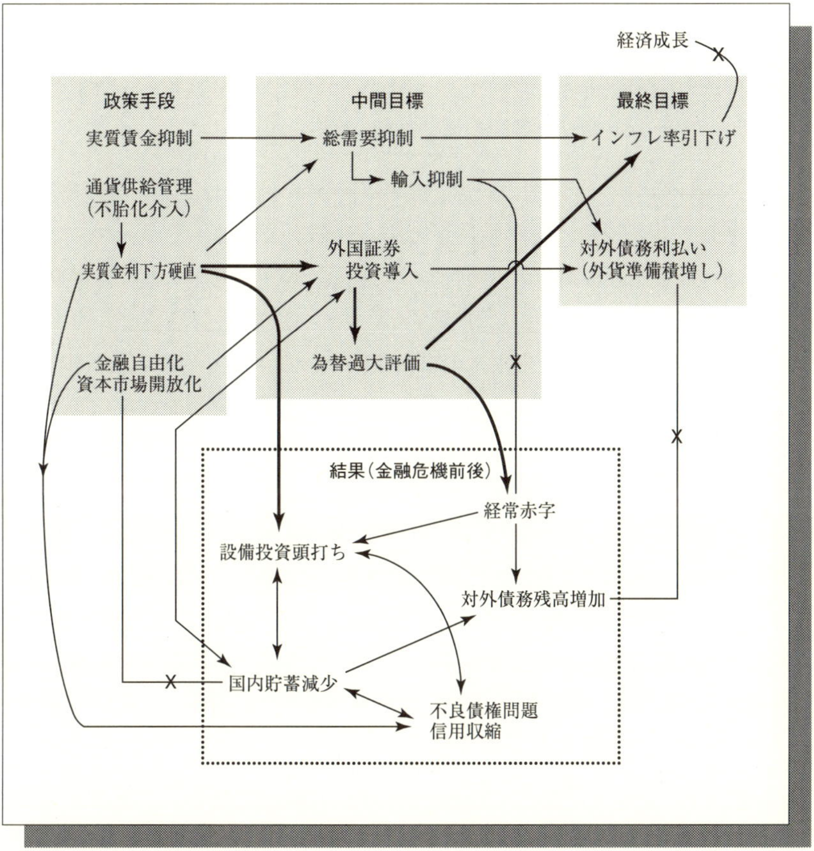

政策手段
- 実質賃金抑制
- 通貨供給管理（不胎化介入）
- 実質利子下方硬直
- 金融自由化 資本市場開放化

中間目標
- 総需要抑制
- 輸入抑制
- 外国証券投資導入
- 為替過大評価

最終目標
- 経済成長
- インフレ率引下げ
- 対外債務利払い（外貨準備積増し）

結果（金融危機前後）
- 設備投資頭打ち
- 経常赤字
- 対外債務残高増加
- 国内貯蓄減少
- 不良債権問題 信用収縮

出所：筆者作成。

の投資は阻害される，

2) 金融自由化を進めて理論的には「金融深化」を促進し国内貯蓄の蓄積を図らねばならないのに，経常赤字を埋め合わせる目的から国外貯蓄の導入を図れば国内貯蓄の蓄積は阻害される[5]。

カルヴォ他（Calvo 他, 1993），カルヴォ＝メンドーサ（Calvo and Mendoza, 1996），ロジャーズ（Rogers, 1999）はラテンアメリカ諸国の為替過大評価維持の困難をこうした視点から分析している。また為替アンカー型インフレ対策に関する理論的研究では，カルヴォ＝セラスン＝クムホフ（Calvo, Celasun and

Kumhof, 2002) は為替アンカー政策の動学的効果を家計，企業，政府の3者からなるモデルで定式化し，ディス・インフレ過程において同時に産出低下，雇用低下が発生することを示した。

（3） ラテンアメリカ各国の通貨危機

1) アルゼンチン；同国の通貨危機の原因はまず1991年以来の兌換法に基づく（準）カレンシーボード制にもとめられる。これは；①ベース・マネー（流通通貨高＋金融機関の中央銀行預入れ預金）を外貨準備の裏づけ限度内に限る（この規制は後に緩和），②1ドル＝1ペソの固定レート，③インフレによる価値修正の禁止，④ペソとドルの自由兌換である。自国通貨の信認回復と共に，中央銀行引き受け国債の発行を禁止して厳格な財政運用を制度化した。この制度の下でインフレ沈静化と共に金融仲介も回復し，M2（ドル預金含）の対GDP比は1990年の5.0％から1993年には19.0％まで上昇し，ドル建て貸付けの割合は1991年の40％から1994年には58％まで増加した。

国外向け対ドルリンク債券発行高は1993年から2000年半ばまでに840億ドルに上り，その70％以上が公的部門のものだった。また一貫して発行高の90％以上が中長期債だが，1996年から1998年に5年以上の長期債が急増して全体の87％に達した。1995年にメキシコの通貨危機の影響から固定レート廃止の予想が広がり資本逃避と預金引出しが相次いで，ペソ建て預金は1994年末の230億ドルから1995年3月に176億ドル，外貨準備は150億ドルから114億ドルに減少し，これはカレンシーボード制の下でベース・マネー減少と金利上昇を招いた。この制度の下では流動性供給のためには，外貨準備を増やすか，預金準備率や外国資産の超過保有率を変更するかしかない。政府はペソ建て準備率を引き下げドル建てのそれに等しくし，また外国資産の対ベース・マネー比規制を下げて流動性供給に充てた。

1998年にアジア危機の影響から市場が混乱すると，長期債は発行が困難に

---

(5) この整理は Villareal (2000) pp. 614–616, López González (2002) を参考にした。また経常収支赤字がそれ自体通貨危機の原因となるのではなく，そのマクロ的位置付けや，また資本収支黒字の内容が問題なのである。Atkeson and Rios–Rull (1996), Milesi–Feretti and Razin (1996), Rincón (2001) 参照。

なり5年以下の中期債が中心になったが，財政赤字と経常収支赤字が拡大した中での中期債への移行は政府にとって利払い負担の増加となる。加えて米国債との金利差（スプレッド）は年率10％前後から13％以上に上昇し2001年には16％を超えた。この時IMFから2000年12月に400億ドル，2001年8月に80億ドルの緊急融資が実施されたが，しかし対GDP比3％前後の財政赤字と1460億ドル（2000年）の対外債務は深刻で，2001年4月に対ドル＋ユーロバスケット制に移行し12月には銀行預金引出し制限が発表された。こうして社会不安が爆発してデ・ラ・ルーア政権（Fernando De la Rua；1999年12月～2001年12月）は総辞職し，続いた暫定政権が公的債務の一時支払停止を宣言したが，続くドゥアルデ新政権（Eduardo A. Duhalde；2002年1月～現在）は2002年1月に1ドル＝1.4ペソへの切下げと実質的な二重レート制の導入を実施し，債務利払いも再開した。この危機の原因は10年以上に渡って財政赤字を放置し，それを外貨リンク債でファイナンスする方法に頼ったことにある。2001～'02年には200億ドル近い外貨リンク債が償還期限を迎えるのに対し，中央銀行の外貨準備は1999年には270億ドルだったのが2001年7月から急減し，10月には130億ドルに過ぎなかった。

2）　ブラジル；1994年7月にインフレ対策として実施されたレアル・プランでは，新通貨レアルの発行には外貨準備の裏付けを必要とし，1ドル＝1レアルを基準とするがドルとの兌換は認められず，通貨発行高は外貨準備の制約内で調整され財政収支の均衡化も目指された。順調な外資流入により1994年は1ドル0.85～0.86レアルで推移し，インフレ率も年20％以下，GDP成長率は4.7％となった。1995年3月に，一定の変動幅を越える場合中央銀行が介入すると定められ，同年に目標相場圏を定める対ドルペッグ制に移行して，1999年危機直前には1ドル＝1.2109レアルだった。同時に株式指数の下落は1994年12月から翌年2月までにマイナス41.8％で，これはメキシコのマイナス17.9％，アルゼンチンのマイナス37.1％を大きく上回った。

　ロシア危機の後ブラジルのブレディ債が大量に売られて金利が上昇し，その後ほぼ同じ金利だったブラジル国債を売ってブレディ債を購入する動きが加速して，巨額の資金が同国から流出した[6]。これに対し政府は基準金利を20％以上引き上げたが効果は無く，1998年には8，9月だけで約250億ドルが流出

し，外貨準備は4月の747億ドルから11月には419億ドルまで減少した。11月にはIMFから180億ドル，世銀45億ドル等の計415億ドルの支援がまとまったが，翌年1月州知事の対連邦政府債務のモラトリアム宣言をきっかけに資本逃避が急増し，対ドルペッグから変動レート制に移行して一時は1ドル＝2レアルを下回り，外貨準備は361億ドルまで減少した。

ブラジルでは1995年に賃金物価スライド制が廃止されたこともあって通貨危機はインフレ率や設備投資にはさほど影響せず，為替レートも4月には1ドル＝1.7レアル近くに戻した。これを踏まえてECLAC（2000）はラテンアメリカ全体の実質レートとインフレ率の変化を図示し，1998年半ば以来両者の間には相関関係は無いとして，為替アンカー政策はその役割を終えたと結論している[7]。

メキシコでは1995年以来完全変動相場制に移行したのであるから，制度上は為替アンカー型インフレ対策は放棄されたことになる。しかし；

1） 第3章で見たとおり政策手段は公開市場操作から対政府，銀行貸付の削減による量的引き締めへと転換されたが，バンコ・デ・メヒコによる国内信用供与削減，ベース・マネーの増加率抑制という政策スタンスは変動相場制下でも一貫していたといえるし，特にコルトによる対市中銀行貸出抑制は名目金利の高め誘導を目的としていた，

2） 推定モデル（6.3.5）（6.3.6）から名目金利と実質為替レート指数の間に極めて有意な相関関係が検出された。ただしグレンジャー因果性検定の結果は 実質為替指数→名目金利 という関係だったが，理論的にはこの両者は相互に規定しあっていると考えられる，

というここまでの結論から，1995年以後にも依然として実質為替レートの過大評価誘導が重要な政策目標と位置付けられていたと言える。その意味でECLACの政策提言（ECLAC, *ibid.*）はメキシコにも当てはまる。

またハウスマン他（Hausmann他，1999）はラテンアメリカ諸国において為替相場，外貨準備残高，名目金利がアジア通貨危機（1997年5月～11月），交

（6） 桑原（1999）．
（7） ECLAC（2000）pp. 43.

易条件悪化（1997年12月～'98年7月），ロシア経済危機（1998年7月～10月）の3つの期間にどれだけ変化したか計測し，各国の政策的対応を比較している。その結果，①ほとんどの国は3つの外的錯乱要因に対してレート切り下げによる対応には慎重であったが，メキシコ，コロンビア，エクアドルの3国は3つの期間全てに大幅下落を容認した，②メキシコも含めて多くの国が名目金利引き上げ（もしくは市場での金利上昇）で対応した，③対ドルペッグ制のアルゼンチンとパナマでは名目金利の上昇は小さく，逆に為替下落が最も著しかったメキシコとペルーで金利上昇も最も大きかった。ブラジルではアジア危機とロシア危機に際して金利は約18％引き上げられたが，交易条件悪化の期間には逆に15.3％低下した。この結果は資本市場が開放された経済では固定相場制と自律的な金融政策は両立し得ないという命題を裏付けるものであるが，メキシコに限って言えば，ドル＝オプション取引による外貨準備確保とコルトによる金融引き締めが，1997年後半から1998年にかけて金利引き上げ手段として機能して為替下落を食い止める働きをしたことを示している。

（4） 通貨危機の理論モデル

ここでラテンアメリカ，アジア諸国の通貨危機に関する理論研究を紹介し，本書で扱った内生的貨幣供給論の立場からコメントしておこう。アジア，ラテンアメリカ各国の通貨危機に関する理論，実証研究を網羅した業績としてはカミンスキー他（Kaminsky他, 1998），ラライン編（Larrain B, ed., 2000），西島＝Tonooka（2002）等があるが，ここではメキシコに関して本書の問題意識に関連あるものだけを取上げてある。

1） ファンダメンタルズ・モデル；クルーグマン（Krugman, 1979）は，多額の財政赤字を抱える政府は固定相場制の下ではほとんど資金調達方法の選択肢を持たず，中央銀行による通貨増発に頼るという前提に立って，国際収支危機のモデルを提示した。財政赤字埋め合わせのため通貨増発が続けられれば，資金運用先を探す投機家は外貨需要を拡大させその結果通貨当局の外貨準備は減少する。このとき通貨当局が固定レート維持のため市場介入，あるいは銀行救済のための資本注入などの措置を行えば外貨準備は一層減少する[8]。以上では初期時点で如何に外貨準備残高が大きくとも，国際収支状況とは無関係に，

外貨準備の減少と投機的な外貨需要（通貨代替）の増加が発生する。

　ここで自国物価水準は自国通貨ストックの増加関数で，市場における外貨保有残高の減少関数と仮定し，かつ貨幣残高の変化に伴なう物価変動について完全予見を仮定する。このとき外貨準備減少，投機的外貨需要増加の結果として発生しうる通貨危機を，将来において予見される物価の大幅な上昇と定義すれば，危機発生のフロンティアは外貨準備残高と自国通貨保有高で表わされる。このフロンティアを超えるとき固定相場制維持は不可能となり，変動相場制への移行が不可避となる。以上では外貨準備が完全に枯渇する以前においても「危機」が発生し，変動相場制への移行が不可避となることが示される。

　アジェノー他（Agénor, Bhandari and Flood, 1992）も同様に固定相場制の下で完全予見を仮定し，外貨投機の結果外貨準備が必然的に減少するメカニズムを定式化した。自国通貨の需要関数を外貨需要の逆関数で表わし，貨幣供給は常にベース・マネー残高に信用乗数を乗じた水準に決まり，かつ貨幣需給は瞬時に調整され一致すると仮定し，ベース・マネーとは通貨当局の国内信用供給（これは一定割合で増加するとする）と外貨準備残高の合計と定義する。そして内外金利格差を基準にして投機家が外貨を需要すれば，通貨当局による国内信用供給が続く限り必然的にそれに比例して投機アタックが発生し，外貨準備残高は趨勢的に減少する。完全予見を仮定する限り外貨準備が枯渇する以前においてこのシステムの崩壊が予見されるはずであるため，固定相場制の崩壊が不可避となる。

　一方でカルヴォ（Calvo, 1996）は，クルーグマン・モデルでは財政赤字埋め合わせや資本流出入について恣意的な仮説が多く，これらを置きかえればさまざまの異なる結果が理論的に導かれることを示した。確かにメキシコの1994年通貨危機で問題となったのは通貨増発ではなくテソボノスであったし，通貨当局が市場に対してドル売り介入を行っても，それを上回る外資流入が確保されていた1993年までは危機の予兆すらなかった。

　2）　自己実現的通貨危機モデル；財政赤字，経常収支等の指標が好調でも「自己実現的」危機が発生することを示したのが第2世代モデルである。オブ

（8）　Chang and Velasco（1998）.

スフェルド（Obstfeld, 1995）は政府による国際市場での債務調達を仮定すれば，外貨準備の減少が通貨危機の指標とはならないとする。このとき通貨当局が固定相場水準と整合的な貨幣供給量を維持したとしても，為替相場と貨幣供給残高との均衡の組合せは無数に存在する。従って当局の政策が合理的であっても，また初期条件として為替過大評価の状態に無くても，投機家が異なる為替相場水準を期待するなら彼らは投機を始める可能性がある[9]。これに対し政府は固定レート維持に伴なう損失と通貨供給調整による損失とを比較して一方を選択するが，民間の切り下げ期待の変化はそれだけでこの2変数のバランスを変化させ，政府に切下げを選択させることが示される。この意味で通貨危機は自己実現的である[10]。

オブスフェルド（Obstfeld, 1996）は外貨準備残高の水準によって場合分けした上で，民間2主体と政府からなるゲームを示し，ここでも民間が協調的に行動してアタックを行えば通貨は切り下げられ，アタックが無ければ固定レートが維持されるという自己実現的通貨危機を示した。ここでは外貨準備不足が危機の前提とはなるがアタックのタイミングは民間主体の行動により決まる[11]。そしてサックス他（Sachs 他，1996,b），カミン＝ロジャース（Kamin and Rogers, 1996）は，メキシコ通貨当局は1994年には切下げに先だって一層の金融引締めを行うべきだったと結論する。

クルーグマンはこの自己実現的危機モデルを次の2点から批判している[12]。まずここでは投機アタックの時期だけが重視され，ファンダメンタルズの長期的傾向が無視されている。次に複数均衡存在の可能性は結局ファンダメンタルズ悪化の確率に依存するとされている。確かに第2世代モデルでは，民間は経済ファンダメンタルズを観察しながら為替切下げ，変動相場制への移行の可能性についての期待を形成し，これに対して政府はさらにファンダメンタルズと民間の期待とを予測して固定相場を維持するか破棄するかを決定する。つまりファンダメンタルズが良好か否かの判断は民間の期待形成の中で行われ，それ

---

(9)　Obstfeld and Rogoff（1995），Cole and Kehoe（1996）.
(10)　Olivier（1996），Sachs 他（1995），（1996 a, b）.
(11)　西島（1999）.
(12)　Krugman（1996）.

がゲームの結果次第で投機アタックから切下げをもたらすこともあればもたらさないこともある[13]。結局自己実現的通貨危機モデルの功績とは，クルーグマン・モデルで設けられていた恣意的な仮定をはずすことによって，さまざまの政策や外生条件の組合せに応じて複数均衡が実現されることを示したことにあり，これら2種のモデルは相矛盾するものではない。

以上の通貨危機の理論モデルでは，「（通貨危機とは）投機家達が為替切下げを見越して一つの通貨を手放してしまうこと[14]」という認識が共通している。つまりクルーグマン・モデルも自己実現的通貨危機モデルも専ら一つの通貨に対する投機アタックの発生を議論しており，そのため通貨当局による金融政策や為替制度の選択は異なる組合せとして取上げられる。そして両モデルにおいて通貨当局による完全な貨幣供給量コントロールが前提とされており，変動相場制の下では各国金融政策の自律性が高まる，という議論もこうした外生的貨幣供給管理を前提としている。

しかし新興市場諸国ではインフレ率引き下げ，対外債務利払いといった政策目標は最初から不可避のものとして所与であり，金融政策も為替管理もこうした所与の目標に応じて選択されざるを得ないのであって，その意味で異なる組合せの中から政策手段を自由に選択する余地などあり得ない。したがって結果のみを見れば政府，通貨当局が採用した諸政策間の矛盾によって投機アタックの可能性が生じたと見える場合でも，それは当該国のマクロ経済構造から必然的に生じた結果と考えるべきである。

こうした観点から，ポスト・ケインジアンによる通貨危機に対する処方箋の提言として全く独自の主張がなされている。まずほぼ全ての論者において，OECD諸国においても変動相場制よりも固定相場制の方が望ましいとされる[15]。これは各国通貨，資産間の「国際流動性選好」を考慮すれば，変動相場制によって決定される名目レート，名目金利は国別に序列化され，通貨当局の自律性はかえって抑制されるという理解による。またデイヴィッドソン（Davidson, 1994）は金融グローバル化の進展によって国際通貨とラテンアメリカ，アジア

---

(13) Flood and Marion (1998).
(14) Krugman (2000) 序文, pp. 1.
(15) Wray (1999), Dow (1999) など。

諸国の通貨との間でも多額の通貨代替が瞬時に行われるようになった結果，これら諸国では安定的均衡が実現している体系から金融不安定性，発散的調整過程の状態へ極めて短期間に移行してしまう可能性が形成された。以上よりデイヴィッドソン（Davidson, 1992-93, 2000），アルヴェス Jr. 他（Alves, Jr. 他, 2000）らはケインズ型の国際決済機構（International Clearing Union）の設立を提唱し，国際的な短期資本移動を抑制する必要を訴えている[16]。

他方でメキシコ研究の立場でマンテイ（Mántey, 2002）は，不安定な短期国際資本移動の影響から金融不安定性が増幅されるのを防ぐ手段として，国際通貨と兌換性の無い独自の通貨を発行して自国生産部門で流通させることを提唱する。こうした通貨の歴史上の事例としてケインズ『一般理論』で紹介されるゲゼル（Gesell, S.）通貨を紹介していることからも，マンテイが主張するのは一種の地域通貨をマクロ・レベルに拡張したものと考えられる。以上の提言の実現可能性はともかく，自国通貨と国際通貨との過度の代替性が対外債務への依存の高まりや証券市場の不安定化を招くという指摘は本書の結論とも整合的である。

2　変動相場制への移行と1997年通貨危機

（1）　1997年の為替下落，「通貨危機」

1997年から1998年，つまりアジア通貨危機とロシア経済危機と相前後してメキシコで変動為替相場制のもとで発生した為替相場の急落は対外的にはあまり知られていないが，これを境にメキシコ経済には重要な構造変化が生じた。この時バンコ・デ・メヒコが発表する実質為替相場指数は1998年9月に一度限り123.5まで低下した以外はほぼ横ばいの状態にあったが，名目レートは図9.3の通り1997年から1998年後半にかけて下落が続いた。1996年9月には1ドル＝7.52〜7.54ペソ，1997年6月には1ドル＝7.98ペソとなり，同年10月

---

[16]　Grabel（1996）はいわゆるトービン税による国際資本移動の抑制を唱えるが，ここに挙げた論者はトービン税の効果には懐疑的である。

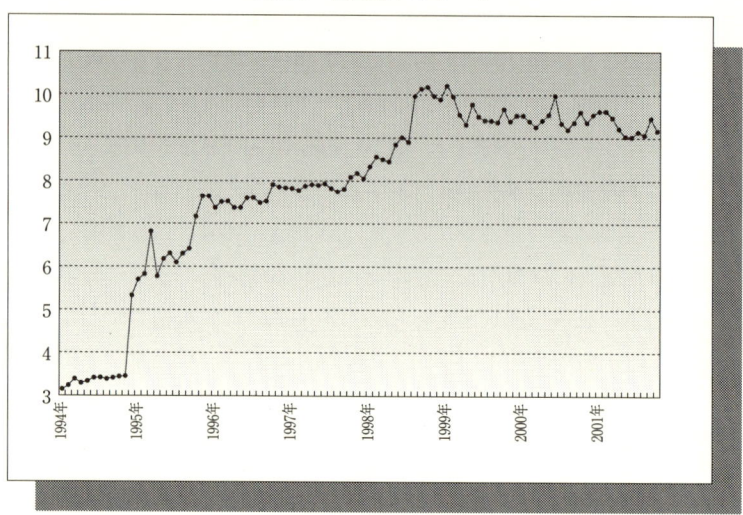

図9.3　名目対ドルレート

出所：Banco de México, *Indicadores Económicos*, 各月版。

末に初めて8.14ペソまで下落した。そして1998年9月には最安値の10.58ペソまで下落したが、翌1999年5月には一時的に9.3ペソ台まで上昇した。先述のエドワーズによる通貨危機の定義によるならば、完全変動相場制下での1997年の通貨下落を通貨危機と呼び得るか否かは微妙であるが、ここでは1994年のそれと対比する上でも通貨危機と呼んでおく。

　名目為替レートの下落が始まるのが1997年6月で、これはタイのバーツ下落とほぼ同時期で全般的なアジア通貨危機よりは先行しており、アジア通貨危機の影響の波及は、メキシコでの通貨下落長期化にも及んだことは事実だがその発生の原因ではあり得ない。そして1997年の為替レート下落を1994年末の通貨危機と比較すれば、1997年には既に完全変動相場制にあり、テソボノスのような外貨連動型国債は既に発行されておらずその償還問題も存在しない、そして外貨準備残高はドル＝オプション取引の成果から1994年以上に大幅に増加していた、等通貨危機の直接要因となり得る要素はほとんど見当たらない。しかし一方で設備投資、銀行貸出は1994年以前に比べて著しく低減し銀行の吸収・合併も進むなど、いわゆるファンダメンタルズの悪化は1997年には明らかであったが、逆にこうした実体経済面の悪化だけでは同年に通貨危機が始

まったことの説明がつかない。さらに6年毎の政権交代に伴ない経済危機が発生するというメキシコ特有の6年サイクルも無関係である。

当初，市場関係者の間ではこの年の通貨危機の最初の原因としては，石油公社 PEMEX の民営化計画を巡る混乱の末大統領が発表した計画が，当初の予想よりも著しく限定された民営化であったこと，FOBAPROA による対銀行融資において不正融資の疑いが発覚し議会が混乱したことなどの要因から市場で先行き不安が高まり，資本逃避が発生したことなどが仮説として唱えられた。

（2） 1997年以降のメキシコ経済の構造変化

図9.4，9.5，9.6より，1997年初頭を境に経常収支と資本収支の趨勢が変化したことがわかる。1994，1995年の為替切下げ，変動相場制への移行に伴ない貿易収支が一時的に均衡状態に近づいて経常収支赤字が縮小していたが，1997年以来再び1994年以前同様の経常赤字，資本収支黒字の構造が定着したのである。ここで経常収支赤字が拡大した原因としては，原油国際価格の暴落，

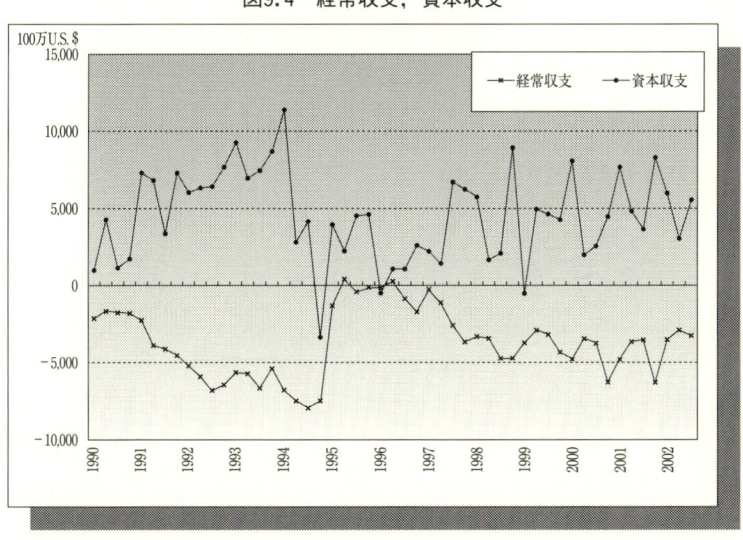

図9.4 経常収支，資本収支

出所：Banco de México, *Indicadores Económicos*，各月版。

266 第3部

図9.5 資本収支勘定のうち，負債

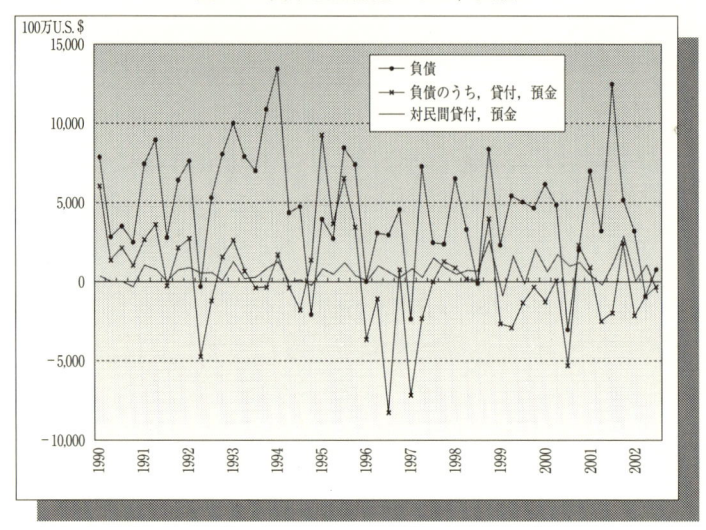

凡例：
- 負債
- 負債のうち，貸付，預金
- 対民間貸付，預金

出所：図9.4に同じ。

図9.6 資本収支勘定のうち，証券投資

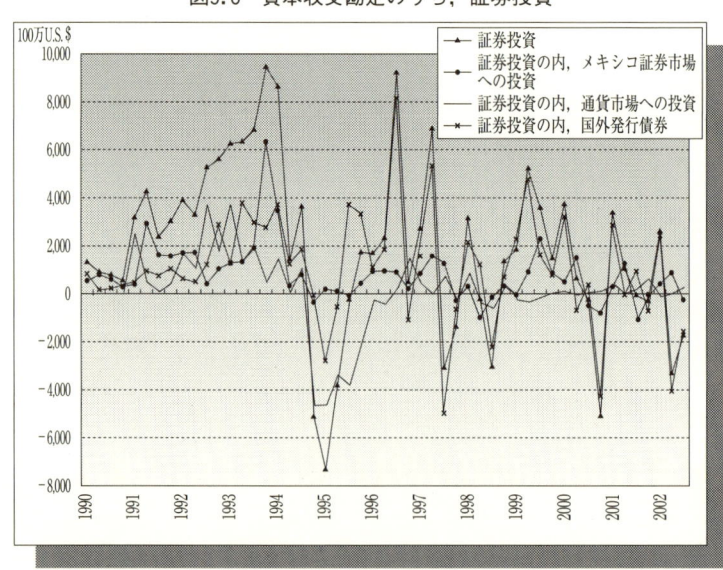

凡例：
- 証券投資
- 証券投資の内，メキシコ証券市場への投資
- 証券投資の内，通貨市場への投資
- 証券投資の内，国外発行債券

出所：図9.4に同じ。

第9章 通貨危機とその金融システムへの影響　267

図9.7　資本収支勘定変化に対する寄与度：負債，証券投資

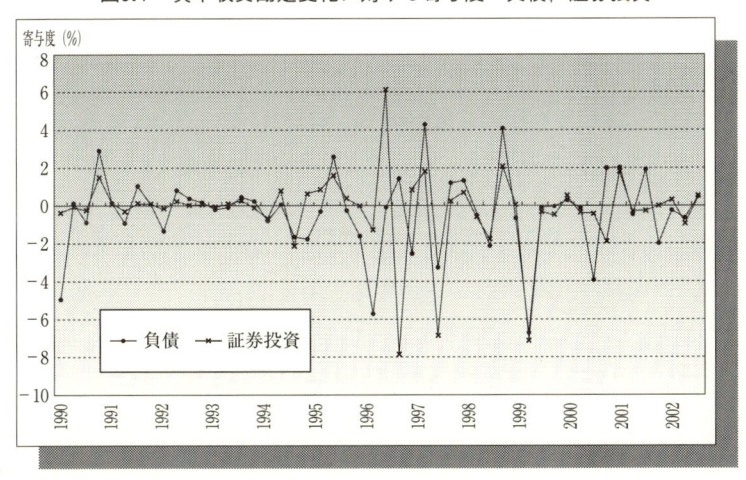

出所：図9.4に同じ。

図9.8　民間金融部門，非金融部門　対外債務残高

出所：図9.4に同じ。

アジア諸国が変動相場制に移行して為替調整によって輸出を伸ばしたためメキシコ始めラテンアメリカ諸国は先進国市場から締め出された，といった要因が考えられる。

さらにこの資本収支の構成を見れば，直接投資は安定的ではあるが絶対額は資本収支勘定額に比べて少なく，証券投資は流出入含めて変動が激しい一方で，最も長期間にわたり多額の入超を維持した項目は負債である。このことは負債と証券投資の資本収支に対する寄与度を示した図9.7においても観察され，1996年だけは証券投資が大きい正の寄与を示すが1997年から1999年にかけては多くの場合，正の寄与では負債が，負の寄与では証券投資が大きくなっていることがわかる。つまり1997年半ばから名目為替レートが下落した際には，証券投資が資本の流出要因，負債が資本流入要因として働いており，この両者にその他の項目の要因も加わって資本収支黒字が再び定着したのである。

更に図9.8のとおり，名目為替相場が低下した1997年から1999年まで民間非金融部門の対外債務がかつて無いほど大幅な増加を示し，1997年第1四半期の258.5億ドル（対GDP比6.9％）から1998年末には437.6億ドル（同比10.3％），1999年末には555億ドル（同比11.9％）にまで達した。対外債務残高は民間非金融部門，金融部門双方において1994年末の通貨危機を境に増加が止まっていたが，金融部門債務が名目値で減少した一方で非金融部門の債務は1999年まで増加しつづけたのである。

しかし理論的には，自国通貨の名目価値低下が進む時に対外債務を増加させる行動は非合理的である。とすれば非金融部門の市場関係者の間では①為替相場の下落期待よりも自国の実質金利上昇期待のほうが強かったか，または②1997年からの名目レート減価が1994年末のような継続的なものではなく，一時的な減価の後再度ペソ価値が上昇すると予想されていたことになる。実際1999年には1ドル＝9.4ペソ前後まで再上昇したのだが，こうした期待が形成された背景には，バンコ・デ・メヒコがオプション売りから一転してドル売りによる外為市場介入を実施したことが考えられる。また1998年には，米国でいわゆるITバブルの限界が露呈し，7月に連邦準備局FRBがプライムレートを段階的に3度にわたり引き下げたことも米国市場での債務調達を促す要因になったと考えられる。

3 金融政策，通貨政策と金融不安定性の発現

（1） バンコ・デ・メヒコによる外貨準備積み増しと外為市場介入

　1994，1995年の通貨危機以降テソボノスに対する外国投資が見こめなくなった状況で，しかも変動相場制のもとで為替レートに影響しない方法で外貨準備を確保する手段として，バンコ・デ・メヒコは1996年8月からドル＝オプション取引による市場からのドル買いを開始した。当初は為替管理局（Comisión de Cambios）によってオプション競売は1日当り1億3000万ドルを上限とすると定められたが，1996年9月には1日2億ドル，12月に3億ドル，1997年7月には5億ドルに引き上げられ，その後為替過大評価を是正したいバンコ・デ・メヒコの思惑に合わせて9月には，4億ドル，10月には2億5000万ドルに上限が引き下げられた。1996年から翌'97年まで16ヶ月間を通じてオプション競売の実績は計50億9500万ドルに上った。しかし現実に1998年には，多額の外資流入が続く一方で1992年以来最高水準に達した実質高金利の影響から，景気後退が顕著になった。

　1998年を通じてバンコ・デ・メヒコが実施したドル＝オプション取引によるドル購入残高は14億2800万ドルで，これは1997年1年間の42億2500万ドルに比較して著しい減額であった。特に1998年10月から12月までの3ヶ月間はオプションによるドル買いはゼロで，この期間はオプション売りさえも実施されなかった。これはオプション売りのメカニズム自体に原因があったと考えられる。つまりバンコ・デ・メヒコによるオプション売りに応じてドル売却の権利を買取った市中銀行側は，この買取り直前のインターバンク為替相場がそれ以前の取引日20日間の為替相場の平均値よりもペソ過小評価にならない場合に限って，その直前時点のレートでドル売却を行うことができるのである。つまりペソの対ドル相場が一旦下降局面に入ってしまえば，このドル＝オプション取引は当事者の意思に係わり無く実行不可能になるのである。

　名目為替の下落に直面してバンコ・デ・メヒコは，①それまでのドル買い，外貨準備積み増し行動から転換して為替市場へのドル売り介入を実施し，②コ

ルトによる実質金利高め誘導，ベース・マネー削減を一層強めた。まずドル売りは1997年10月に200億ドルずつ2回，11月にも200億ドル計600億ドルが売却されていたが，1998年には8月から10月までの3ヶ月間だけで810億ドル，1年間で895億ドルの売り介入が行われた。また実質預金金利は図3.3, 3.4（64, 65, 69頁）のとおり1997年末から上昇し始め，1998年9月から12月にかけて10%を上回り，このとき名目預金金利は29.3%にまで達した。

（2）　金融不安定性と民間非金融部門対外債務の関連

1997年以後にメキシコ金融部門，非金融部門の行動様式にみられた変化は第7章までに検証したとおりである。推定モデルでは設備投資と金融部門貸出，あるいはマネー・サプライと貸出との間には1997, '98年に有意な構造変化は検出されなかったが，しかし寄与度分解によれば；

1)　商業銀行プラス ノンバンク部門の貸出の設備投資に対する寄与度は，1995年第4四半期から1997年半ばまで比較的大きいもののその後若干低下するが，ただし1994年以前に比べれば寄与度は大きい，

2)　同金融部門全体の貸出のマネー・サプライM2に対する寄与度は1995年初頭から1997年にかけて比較的大きいが，その後前者が比較的安定的に推移するのに比べてM2の変動が大きくなる，

との観察結果が得られた。

つまり国内金融部門の貸出の設備投資に対する寄与度が若干低下し，続いて金融部門貸出のM2に対する寄与度も低下し始める期間に，図9.4〜9.8で観察されるように国際収支勘定においては経常収支赤字，資本収支黒字の構造が再度定着し，さらに資本収支の内訳では民間非金融部門による対外債務への依存が高まったのである。

そして民間対外債務が増加した原因としては，バンコ・デ・メヒコが外為市場介入に踏み切ったこともあり名目為替相場の下落が永続的ではないとの期待が強かったこと，またバンコ・デ・メヒコがコルトによる信用引き締め，名目金利高め誘導を強化したこと，が考えられる。以上より図6.5, 6.6（164, 165頁）で検討した，商業銀行プラス ノンバンク部門貸出の設備投資の変化に対

する寄与度が1997年半ばから低下することの原因として；
  1) FOBAPROAによる不良債権買取りが進み，銀行部門の資産項目にパガレス債が占める比重が高まった，
  2) 銀行側の貸出行動において不良債権を抱える借り手に対する追い貸しが重要性を増し，これには更に金融グループ内の系列融資も関係していた，

の2点に加え，
  3) 1997年から始まった為替レート下落に対し，バンコ・デ・メヒコが多量の外貨準備を背景に外為市場介入に踏み切ると同時にコルトによる実質金利高め誘導を強化した結果，国内非金融部門が資金調達手段を対外債務へと切り替えた，

という資金需要側の要因も加わることになる。つまり1997，'98年の通貨危機においては為替相場下落そのものよりも，それに対処したバンコ・デ・メヒコの金融引き締めが金融システムの変数間の寄与度に変化をもたらしたのである。そして1999年以降は設備投資，稼働率が依然停滞する一方で実質為替相場は上昇（過大評価）傾向にあるという鞍点均衡の発散的調整過程の状態に至っているのであるから，同年のバンコ・デ・メヒコの対応は結果的には金融不安定性の発現を促進したといえる。

　1997，'98年の通貨危機とそれに前後して検出される金融システム，投資ファイナンスの全体的な変化を実証するにはデータのサンプル数が不足しているが，以上の観察結果をまとめれば原因として次の4点が挙げられる；①1995年後半からのマクロ経済の回復過程が終焉し1997年には設備投資，GDP成長率の低下が顕著になっていた，②議会の混乱等の結果資本逃避が発生した，③不良債権を抱える借り手に対する商業銀行からの追い貸しやFOBAPROAによる不良債権買取りの処理スキームが銀行部門の貸出態度を変化させた，④バンコ・デ・メヒコが外為市場介入と実質金利の高め誘導を同時に実施した結果民間非金融部門は資金調達手段を対外債務に切り替えた。そして結果としては，非金融部門の設備投資と金融部門の貸出行動との関連が低下し，設備投資，稼働率の低下傾向が一層明確になった時に同時に，商業銀行プラス　ノンバンクの貸出が更に減少しつづけたことが挙げられる。

ただし図6.4（164頁）のとおり，1994年以前とは異なりこの時期の民間対外債務は設備投資に対する寄与度は極めて小さく，かわって証券指数が設備投資に対して高い寄与度を示している。もちろん設備投資水準は1995年以来著しく低迷していることも考慮すれば，1997年以後増加した民間部門の対外債務は国内でいかなる資金フローを形成したのかが問題となるが，現時点では未だこの点を明らかにするには統計データが充分ではない。

（3） 設備投資ファイナンスと通貨危機の関連に関する研究

カミンスキー＝ラインハート（Kaminsky and Reinhart, 1999）によれば，通貨危機（国際収支危機），銀行危機は共に輸出部門を中心としたマクロ的リセッションが先行する場合が多く，銀行危機が通貨危機に先立つ確率は約50％，逆に通貨危機が先立つ確率は約30％であるから，銀行危機が資本逃避，外資流入減少のシグナルとなる場合が多いことがわかる[17]。逆に通貨危機，或いはその前兆に対して，銀行部門バランスシートが健全であれば（つまり既に金融危機が発生していなければ）適切な対策を採りうる場合が多い。他に「双子の危機」を理論的に展開したものとしてはゴールドファイン＝ヴァルデス（Goldfajn and Valdés, 1997）があるが，ここではマクロ的不況と内外金利差から短期的に資本流出が発生すると通貨危機になり，その結果不安感の広がりから預金引出しが相次いで金融危機にいたるというプロセスが想定されている。しかし最初に述べたように，1990年代の新興市場諸国の金融危機とは負債項目ではなく資産項目から発生したものであり，切り下げ後に更なる切下げ予想から発生する預金引出しは金融危機の中心的現象と見るべきではない。

不良債権増加や中央銀行による主要銀行への介入に始まり，通貨危機を経てマクロ全般の金融危機が表面化すれば，需給両面の制約から信用収縮が発生する。特に金融自由化が成果を上げる段階では消費ブームと証券ブーム，また証券指数上昇に牽引された経済成長から貸出ブームが発生するが，これはやがて実質高金利による利払い負担と両立不可能となり不良債権が増加する。そして

---

(17) Gourinchas他（2001）は貸出ブームが通貨危機に先行することを示しているし，銀行部門を中心とする金融危機から通貨危機への連関を説明したものとして他にはMishkin（2000），Kaminsky（1999），Glick and Hutchison（2001）がある。

この過程が全て逆転するのが信用収縮である。ラテンアメリカではアジア諸国に比べ比較的早期に政府が介入，救済を行ったので，不良債権比率や銀行の自己資本比率は比較的良好な水準にある。しかし設備投資の減退と信用収縮が目立ち，マクロ経済全般の停滞が長期化しているといえる。

そこで一般的には資本逃避の発生が外貨準備を枯渇させてベース・マネー供給量を縮小させることから信用収縮が発生すると考えられる場合が多い。しかしメキシコではこうした関係は観察されないことは既に見たとおりで，特に1997年後半以後はコルトによる引き締めにも関わらずベース・マネー残高は膨張し，それにもかかわらず金融部門貸出，貯蓄預金，マネー・サプライ残高，そして設備投資は全て減少もしくは横ばいの状態が続いている。こうしてメキシコで検出される金融不安定性とは，まず第一に銀行貸出が設備投資ファイナンスに寄与する度合いが低下し，代わってFOBAPROAへの債権売却と不良債権に対する追い貸しへの寄与度が高まることによって，実体経済における生産活動と金融グループ内での系列融資，「不正規」債権とが構造的に分離した状態なのである。そして名目為替相場の下落が終わった1999年初頭から，稼働率，資本蓄積率が依然として低迷する中で実質為替相場の過大評価が傾向的に進むという，図5.13（142頁）で示した体系の鞍点均衡における調整過程の発散が確認できる。

この金融不安定性の第2段階と呼べる状態は，バンコ・デ・メヒコの外為市場介入，金利高め誘導といった市場介入によって作り出された側面が強く，ベース・マネーとマネー・サプライM2の対応関係のトレンドからの乖離や，商業銀行部門の貸出が名目値でも減少する，といったマクロ指標に現れる極端な状態は，こうして通貨当局の政策によってもたらされた側面もある。

4　むすび

通貨危機とは，既に完結した事実ではなく現在も各国で進行中の問題であり，通貨危機の原因や対策について完結した見解などあり得ない。メキシコでは1994年通貨危機の構造的な原因を作った為替アンカー型インフレ対策と不胎化政策，1997年通貨危機に対して実施されたバンコ・デ・メヒコの外為市場

介入とコルトによる金融引き締めといった政策は、確かに当時としては必要不可避と認識されていたであろう。しかしその時々の金融システム、マクロ経済構造とこれらの政策との相互の関連性を見れば、不胎化政策は名目金利の高止まりと短期外資流入のいたちごっこを実現して必然的に限界に達する政策であったし、1998年からの外為市場介入と並行してのコルトによる金融引き締めは対外債務への依存を再び高め、鞍点均衡が実現される金融不安定性をもたらしてしまった。このとおりメキシコにおける1990年代の金融不安定性とは短期外資の流出入によって引きおこされた側面もあったが、むしろ制度改革や金融政策によって作り出された面が強かったのである。

参考文献

Acosta Romero, Miguel (1981) *La Banca Múltiple*, México, Editorial Porrúa.
―――――――――― (1995) *Nuevo Derecho Bancario, Panorama del Sistema Financiero Mexicano*, 5ª ed., México, Editorial Porrúa.
Agénor, Pierre-Richard and Peter J. Montiel (1996) *Development Macroeconomics*, Princeton, Princeton University Press.
Agénor, Pierre-Richard, J. S. Bhandari and R.P. Flood (1992) "Speculative attacks and model of balance of payments crises," *IMF Staff Papers*, Vol. 39, pp. 357–394.
Aizenman, Joshua, and Andrew Powell (1997) "Volatility and financial intermediation," *NBER Working Paper Series* 6320, Cambridge MA, National Bureau of Economic Research.
Alves, Jr., Antonio J., Fernando Ferrari, Jr., and Luis F.R. de Paula (2000) "The Post Keynesian critique of conventional currency crisis models and Davidson's proposal to reform the international monetary system," *Journal of Post Keynesian Economics*, Vol. 22, pp. 207–225.
Amieva Huerta, Juan and Bernardo Urriza González (2000) "Crisis bancarias: causas, costos, duración, efectos y opciones de política," *CEPAL-Serie Política Fiscal* 108, Comisión Económica para América Latina, Santiago, División Desarrollo Económico, httm://www.eclac.org/cgi-bin/getProd.asp?xml=/publicaciones/xml/9/4529/P4529.xml&xsl=/de/tpl/p9f.xsl より 2001 年 8 月検索.
Arias, Xose Carlos (1999) "Reformas financieras en América Latina, 1990–1998," *Desarrollo Económico*, Vol. 39, pp. 361–384.
Araya Gómez, Ivan E. (1994) "Financial deregulation and prudent regulation: the case of Mexico during the 1990 s," *Economía Mexicana*, Vol. 3, pp. 379–411.
Arestis, Philip (ed.) (1988, a) *Post-Keynesian Monetary Economics; New Approaches to Financial Modeling*, Cheltenham, U. K., Northampton, MA, USA., Edward Elgar.
―――――――――― (1988, b) "Post-Keynesian theory of money, credit and finance", in Arestis, Philip (ed.), *Post-Keynesian Monetary Economics: New Approaches to Financial Modeling*, Hampshire, England, Edward Elgar.
Arestis, Philip and Peter Howells (1992) "Institutional Developments and the Effectiveness of Monetary Policy," *Journal of Economic Issues*, Vol. 26, pp. 135–157.
Arestis, Philip and Mariscal Biefang-Frisancho (1995) "The endogenous money stock: empirical observations from the United Kingdom," *Journal of Post Keynesian Economics*, Vol. 17, pp. 545–559.
Arellano Cadena, Rogelo and Marcos Gutiérrez Díaz (1994) "Análisis de eficiencia de la banca mexicana, 1980–1990," *Monetaria*, Vol. 17, pp. 61–99.
Asimakopulos, A. (1986) "Finance, liquidity, saving and investment," *Journal of Post Keynesian Economics*, Vol. 9, pp. 79–90.
Aspe Armella, Pedro (1993) *El Camino Mexicano de la Transformación Económica*, México, Fondo de Cultura Económica.
Atkeson, Andrew and José-Victor Rios-Rull (1996) "The balance of payments and borrowing constraints: an alternative view of the Mexican crisis," *Journal of International Economics*, Vol. 41, pp. 331–349.

Ayala Espino, José (2001) *Estado y Desarrollo, la Formación de la Economía Mixta Mexicana en el Siglo XX*, Universidad Nacional Autónoma de México, Facultad de Economía.

Ayala Pérez, J. Ernesto (1996) "La tasa de interés interbancaria promedio: un análisis," *Análisis Económico*, Vol. XIII, pp. 55–72.

Banco de México (a) *Indicadores Económicos*, México, Banco de México, 1990 年 12 月版より 2000 年 12 月版まで，各年版, http://www.banxico.mx/elnfoFinanciera/FssinfoFinanciera.html より 2002 年 3 月検索.

Banco de México (b) *Informe Anual*, México, Banco de México, 1990 年より 2000 年まで各年版, http://www.banxico.org.mx/gPibblicaciones/FSPublicaciones.html より 2001 年 12 月検索.

Banco de México (c) *Exposición sobre Política Monetaria*, México, Banco de México, 1995 年より 1998 年まで各年版, 同上サイトより 1999 年 10 月検索.

Banco de México (d) *Informe de Política Monetaria*, México, Banco de México, 1996 年より 2000 年まで各年版.

Banco de México (e) (1991) *The Mexican Economy*, México, Banco de México.

―――――― (1996) *The Mexican Economy*, México, Banco de México, 同上サイトより 1999 年 12 月検索.

―――――― (1997) *The Mexican Economy*, México, Banco de México, 同上サイトより 1999 年 12 月検索.

―――――― (1998) *The Mexican Economy*, México, Banco de México, 同上サイトより 2000 年 7 月検索.

Banco de México (1999) *Política Monetaria: Programa para* 1999, México, Banco de México, 同上サイトより 2001 年 12 月検索.

―――――― (2000) *Política Monetaria: Programa para* 2000, México, Banco de México, 同上サイトより 2002 年 1 月検索.

Banco Nacional de México (1993) *Examen de la Situación Económica de México*, Vol. LIXI, No. 817.

―――――― (1998) *Examen de la Situación Económica de México*, Vol. LIXXVI, No. 871.

Barajas, Adolfo and Roberto Steiner (2002) "Why don't they lend? Credit stagnation in Latin America," *IMF Staff Papers*, Vol. 49, Special Issue, pp.156–184.

Basave Kunhardt, Jorge (1994) "Recursos empresariales y circuitos financieros," *Comercio Exterior* (Bancomext), Vol. 44, pp. 1102–1107.

Bhaduri, Amit and Stephen Marglin (1990) "Unemployment and the real wage: the economic basis for contesting political ideologies," *Cambridge Journal of Economics*, Vol. 14, pp. 375–393.

Blanchard, Olivier J. (1981) "Output, the stock market, and interest rates," *American Economic Review*, Vol. 71, pp. 132–143.

Blecker, Robert A. (1997) "Policy implications of the international saving-investment correlation," in Pollin (ed.) (1997) pp. 173–250.

Blinder, Alan S. (1987) "Credit rationig and effective supply failures," *The Economic Journal*, Vol. 97, pp. 327–352.

Boyer, Jérôme de Agustin Gutiérrez, Tadashi Kataoka and Ricardo Solís R. (1998) *Bancos y Crisis Bancarias: Las Experiencias de México, Francia y Japón*, México, Universidad Autónoma Metropolitana.

Brothers, Dwight S. and Leopoldo Solís M. (1967) *Evolución Financiera de México*, México, Centro de Estudios Monetarios Latinoamericanos (CEMLA).

Buffie, Edward F. (1984) "Financial repression, the new structuralists, and stabilization policy in semi-industrialized economies," *Journal of Development Economics*, Vol. 14, pp. 305–322.

Cabal Andrade, Roberto and Alan Elizano Flores (1995) "Concentración y competencia bancaria en México: un enfoque empírico," *Monetaria* (CEMLA), Vol. 18, pp. 43–64.

Caballero, Ricardo (2000) "Structural volatility in Mexico: a policy report," *Inter-American Development Bank, Working Paper* #420, Inter-American Development Bank.

Cabello, Alejandro (1998) "Liberalización y desregulación financieras y bolsa de valores: lecciones de la experiencia mexicana," en Maya Ambía, Carlos J. (ed.) *México en América, volumen 1*, Plaza y Valdés Editores.

―――――― (1999) *Globalización y Liberalización Financiera y la Bolsa Mexicana de Valores, del Auge a la Crisis*, Plaza y Valdés Editores.

Calva, José Luis (1996) "La liberalización financiera y el desastre bancario de 1994–1996," in Correa, M.E. (ed.) *Liberalización de los Mercados Financeros. Resultados y Alternativas*, México, Juan Pablo Editor.

―――――― (1998) "Fobaproa: una alternativa de solución," *Problemas de Desarrollo* (Instituto de Investigaciones Económicas, UNAM), Vol. 29, pp. 47–80.

Calvo, Guillermo A. (1996) "Varieties of capital-market crises," http://www.bsos.umd.edu/econ/ciecrp3.pdf より 1999 年 10 月検索.

Calvo, Guillermo, Leonardo Leiderman and Carmen M. Reinhart (1993) "Capital inflow and real exchange rate appreciation in Latin America," *IMF Staff Papers*, Vol. 40, pp. 108–151.

Calvo, Guillermo A. and Enrique G. Mendoza (1996) "Mexico's balance-of-payments crisis: a chronicle of a death foretold," *Journal of International Economics*, Vol. 41, pp. 235–264.

Calvo, Guillermo A., Morris Goldstein and Eduardo Hochreiter (eds.) (1996) *Private Capital Flows to Emerging Markets after the Mexican Crisis*, Institute for International Economics, Austrian National Bank.

Calvo, Guillermo A., Oya Celasun and Michael Kumhof (2002) "Nominal exchange rate anchoring under inflation inertia," *IMF Working Paper* WP/02/30, IMF, http://www.imf.org/external/pubs/cat/wp1_sp.cfm?s_year=2002&e_year=2002&brtype=default より 2002 年 10 月検索.

Cardero, María Elena, José Manuel Quijano and José Luis Manzo (1983) "Cambios recientes en la organización bancaria y el caso de México," in Quijano, José Manuel (ed.). *La Banca: Pasado y Presente*, México, CIDE.

Caro R, Efraín, Francisco J. Vega R., Javier Robles F. and Gerardo J. Gamboa O. (1995) *El Mercado de Valores en México: Estructura y Funcionamiento*, Ariel Divulgación.

Carstens, Agustín and Alejandro M. Werner (1999) "Mexico's monetary policy framework under a floating exchange rate regime," *Documento de Investigación* No. 9905, Dirección General de Investigación, Banco de México, http://www.banxico. org.mx/gPublicaciones/FSPublicaciones.html より 2001 年 1 月検索.

Carvajal, Andrés and Hernando Zuleta (1997), "Desarrollo del sistema financiero y crecimiento económico," *Monetaria* (CEMLA), Vol. 20, pp. 1–54.

Casaubon, Marcelo Ebrard (1999) "FOBAPROA la oportunidad perdida," in Székely, G. (ed.) (1999).

Casillas, Luis R. (1993) "Ahorro privado, apertura externa y liberalización financiera en la América

Latina," *El Trimestre Económico*, Vol. LX (4), pp. 807–883.

Castaingts Teillery, Juan (1996) "La oferta de títulos empresariales en la bolsa de valores: el caso de México," *Comercio Exterior* (Bancomext), Vol. 46, pp. 3–14.

Castañeda Ramos, Gonzalo (1995) "El tipo de cambio de equilibrio, expectativas y sucesos politicos," *El Trimestre Económico*, Vol. LXII(4), pp. 495–524.

_____ (1998) *La Empresa Mexicana y su Gobierno Corporativo, Antecedents y Desafíos para el Siglo XXI*, Universidad de las Américas Puebla y Alter Ego Editores.

Castellanos, Sara Gabriela (2000) "El efecto del "corto" sobre la estructura de tasas de interés," *Monetaria* (CEMLA), Vol.15, pp. 161–204.

Castro, César, Eduardo Loría, and Miguel A. Mendoza (1997) *Eudoxio, Modelo Macroeconómico de la Economía Mexicana*, Universidad Nacional Autónoma de México, Facultad de Economía.

Catao, Luis, and Sergio Rodriguez (2000) "Banks and monetary shocks in emerging markets: how far can we go with the "credit view"," *IMF Working Paper* WP/00/68, IMF, http://www.imf.org/external/pubs/cat/ wp 1_sp.cfm?s_year = 2000&e_year=2000 & brtype = default より 2001 年 7 月検索.

Cavazos Lerma, Manuel (1976) "Cincuenta años de política monetaria," in Hurtado, Ernesto Fernz (ed.) (1976).

CEPAL, Consulta Regional de América Latina y el Caribe sobre Financiamiento del Desarrollo (2000) *Crecer con Estabilidad, El financiamiento del desarrollo en el nuevo contexto internacional*. LC / G. 2117 (CONF. 89), Bogotá D. C., 2000 年 11 月.

Cesaratto, Sergio (1999) "Critical survey: saving and eocnomic growth in neoclassical theory," *Cambridge Journal of Economics*, Vol. 23, pp. 771–793.

Chang, Roberto and Andrés Velasco (1998) "Financial crises in emerging markets: a canonical model," *NBER Working Paper Series* 6606, Cambridge MA, National Bureau of Economic Research.

Chinn, Menzie D. and Kenneth M. Kletzer (2001) "International capital inflows, domestic financial intermediation, and financial crises under imperfect information," in Glick, R., Ramon Moreno and M. Spiegel (eds.) (2001).

Clavijo, Fernando (ed.) (2000) *Reformas Económicas en México 1982–1999* (Lecturas, Serie dirigida por Rodolfo de la Torre 92), México, Fondo de Cultura Económica.

Clavijo, Fernando and Susana Valdivieso (2000) "Reformas estructurales y política macroeconómica," in Clavijo (ed.) pp. 13–155.

Clavijo, Fernando and Jana Boltvinik (2000) "La reforma financiera, el crédito y ahorro," in Clavijo (ed.), pp. 257–311.

Cole, Haroldo L. and Timothy J. Kehoe (1996) "A self-fulfolling model of Mexico's 1994–1995 debt crisis", *Journal of International Economics*, Vol. 41, pp. 309–330.

Comisión Nacional Bancaria y de Valores (CNBV). *Boletín Estadístico de Banca Múltiple*, México, 1991 年から 1994 年まで各月版、1994 年から 1999 年まで各四半期版、http://www.cnbv.gob.mx/seccion.asp?sec.jd =59&com.jd=2 より 2002 年 3 月から 11 月検索.

Concheiro Bórquez, Elvira (1997) *El Gran Acuerdo, Gobierno y Empresarios en la Modernización Salinista*, México, Ediciones ERA.

Copelman, Martina and Alejandro M. Werner (1997) "El mecanismo de la transmisión monetaria en México," *El Trimestre Económico*, Vol. LXVI, pp. 75–104.

Correa, María Eugenia (1994) "Reorganización de la intermediación financiera, 1989–1993," *Comercio Exterior* (Bancomext), Vol. 44, pp.1093–1101.

―――――― (2002) "Fobaproa e IPAB: crisis y caso de los bancos mexicanos," in Correa, Maria Eugenia and Alicia Girón (eds.) *Crisis y Futuro de la Banca en México*, Universidad Nacional Autónoma de México, Instituto de Investigación Económica, pp. 67–88.

Correa, María E. and Ricardo Calvo (1996) ""Inversión de cartera y sector externo en la economía mexicana," *Comercio Exterior* (Bancomext), Vol. 46, pp. 285–294.

Cottrell, Allen (1994) "Endogenous money and the multiplier," *Journal of Post Keynesian Economics*, Vol. 17, pp. 111–120.

Crotty, Jim and Gary Dymski (2001) "Can the global neoliberal regime survive victory in Asia? The political economy of the Asian crisis," in Arestis, Philip and Malcom Sawyer (eds.) (2001) *Money, Finance and Capitalist Development*, Cheltenham, U. K. and Northampton, MA, USA., Edward Elgar.

Cypher, James M. (1996) "Mexico: financial fragility or structural crisis?," *Journal of Economic Issues*, Vol. XXX, pp. 203–216.

Dabós, Marcelo and V. Hugo Juan-Ramón (2000) "Real exchange rate response to capital flows in Mexico: an empirical analysis," *IMF Working Paper* WP/00/108, Washington DC. IMF, http://www.imf.org/external/pubs/cat/wp1_sp.cfm?s_year=2000&e_year=2000&brtype=default より 2001 年 7 月検索.

Daniel, James A. (1997) "Fiscal aspects of bank restructuring," *IMF Working Paper* WP/97/52, IMF, http://www.imf.org/external/pubs/cat/wp1_sp.cfm?s_year=1997&e_year=1997&brtype=default より 1999 年 6 月検索.

Davidson, Paul (1992–93) "Reforming the world's money," *Journal of Post Keynesian Economics*, Vol. 15, pp. 153–179.

―――――― (2000) "Capital movements, Tobin tax, and permanent fire prevention: a response to de Angelis," *Journal of Post Keynesian Economics*, Vol. 22, pp. 197–206.

Delli Gatti, Domenico and Mauro Gallegati (1990) "Financial instability, income distribution, and the stock market", *Journal of Post Keynesian Economics*, Vol. 12, pp. 356–374.

Demirguc-Kunt, Aslí and Enrica Detragiache (1998) "The determinants of banking crises in developing and developed countries," *IMF Staff Papers*, Vol. 45, pp. 81–109.

―――――――――――― (1998) "Financial liberalization and financial fragility," presented paper for the 1998 World Bank Annual Conference on Development Economics.

―――――――――――― (1999) "Monitoring banking sector fragility: a multivariate logit approach," *IMF Working Paper* WP/99/147, IMF, http://www.imf.org/external/pubs/cat/wp1_sp.cfm?s_year=1999&e_year=1999&brtype=default より 2000 年 7 月検索.

Deprez, Johan, and John T. Harvey (eds.) (1999) *Foundations of International Economics, Post Keynesian Perspectives*, London and New York, Routledge.

Diaz-Alejandro, Carlos F. (1985) "Good-bye financial repression, hello financial crash," *Journal of Development Economics*, Vol. 19, pp. 1–24.

Díaz Arias, Rafael (1993) *Aspectos de la Supervisión Financiera*, México, CEMLA.

Disyatat, Piti (2001) "Currency crises and the real economy: the role of banks," *IMF Working Paper* WP/01/49, IMF, http://www.imf.org/external/pubs/cat/wp1_sp.cfm?s_year=2001&e_year=2001&brtype=default より 2002 年 7 月検索.

Dornbusch, Rudiger and Alejandro Werner (1994) "Mexico: stabilization, reform, and no growth," *Brookings Papers on Economic Activities*, 1: 1994, pp. 253–315.

Dow, Shelia C. (1996) "Horizontalism: a critique," *Cambridge Journal of Economics*, Vol. 4, pp. 497–508.

―――――― (1999) "International liquidity preference and endogeneous credit," in Deprez and Harvey (eds.) (1999) pp. 153–170.

Dussel Peters, Enrique (1997) *La Economía de la Polarización, Troeía y Evolución del Cambio Esteructural de las Manufacturas Mexicanas (1988–1996)*, México, Universidad Nacional Autónoma de México.

Dymski, Gary A. (1988) "A Keynesian theory of bank behavior," *Journal of Post Keynesian Economics*, Vol. 10, pp. 499–526.

Dymski, Gary A. and Robert Pollin (eds.) (1994) *New Perspectives in Monetary Economics, Explorations in the Tradition of Hyman P. Minsky*, Michigan, The Universty of Michigan Press.

Eatwell, John and Lance Taylor (2000) *Global Finance at Risk, the case for international regulation*, Cambridge, U. K., Polity Press. pp 154. (邦訳　岩本武和・伊豆久訳（2001）『金融グローバル化の危機』岩波書店)

ECLAC (2000) *Economic Survey of Latin America and Carribean 1999–2000*, Santiago, Umited Nations.

Edwards, Sebastian (1996, a) "A tale o two crises: Chile and Mexico," *NBER Working Paper Series* 5794, Cambridge MA, National Bureau of Economic Research.

―――――― (1996, b) "Exchange-rate anchors, credibility, and inertia: a tale of two crises, Chille and Mexico," *American Economic Review*, Vol. 86, pp. 177–180.

―――――― (1999) "On crisis prevention: lessons from mexico and east asia," *NBER Working Paper Series* 7233, Cambridge MA, National Bureau of Economic Research.

Edwards, Sebastian and Carlos A. Végf (1997) "Banks and macroeconomic disturbances under predetermined exchange rates," *Journal of Monetary Economics*, Vol. 40, pp. 239–278.

Edwards, Sebastian and Miguel A.Savastano (1998) "The morning after: the mexican peso in the aftermath of the 1994 currency crisis," *NBER Working Paper Series* 6516, Cambridge MA, National Bureau of Economic Research.

Edwards, Sebastian and Miguel A. Savastano (2000) "The mexican peso in the aftermath of the 1994 currency crisis, Krugman, Paul (ed.) (2000) *Currency Crises*, The University of Chicago Press, Chicago and London.

Effros, Robert C. (ed.) (1992) *Current Legal Issues Affecting Central Banks*, IMF.

Eichengreen, Barry and Andrew K. Rose (1998) "Staying afloat when the wind shifts: external factors and emerging market banking crises," *NBER Working Paper Series* 6370, Cambridge MA, National Bureau of Economic Research.

Eichengreen, Barry and Ricardo Hausmann (1999) "Exchange rates and financial fragility," *NBER Working Paper Series* 7418, Cambridge MA, National Bureau of Economic Research.

Eichengreen, Barry and Ashoka Mody (2000) "Lending booms, reserves and the sustainability of short-term debt: inferences from the pricing of syndicated bank loans," *Journal of Development Economics*, Vol. 63, pp. 5–44.

Eichner, A. S. (1976) *The Megacorp and Oligopoly: Micro Foundations of Macro Dynamics*, Cambridge University Press.

Ejea, Guillermo (ed.) (1991) *Mercado de Valores, Crisis y Nuevos Circuitos Financieros en México 1970 –1990*, México, UAM.

Epstein, Gerald (1990) "Prime rates, Federal Reserve signaling, and financial instability," *Journal of Post Keynesian Economics*, Vol. 12, pp. 618–635.

─────────── (1994) "A political economy model of comparative central banking," in Dymski and Pollin (eds.) (1994) pp. 231–277.

Equihua, Arturo Rúiz (1963) *El Encaje Legal, Instrumento Fundamental de la Política Monetaria Mexicana Contenporañea*, UNAM-Escuela Nacional de Economía.

Escaith, Hubert and Samuel Morley (2001) "El efecto de las refotrmas estructurales en el crecimiento económico de la América Latina y el Caribe," *El Trimestre Económico*, Vol. LXVIII(4), pp. 469–514.

Esquivel, Gerardo and Felipe Larrán B. (2000) "Determinantes de las crisis cambiarias," *El Trimestre Económico*, Vol. LXVII, pp. 191–237.

Fazzari, Steven R. Glenn Hubbard and Bruce C. Peterson (1988) "Financing constraints and corporate investment," *Brookings Papers on Economic Activity*, No. 1, 1998, pp. 141–195.

Fazzari, Steven and Dimitri B. Papadimitriou (eds.) (1992) *Financial Conditions and Macroeconomic Performance, Essays in Honor of Hyman P. Minsky*, New York, London, M. E. Sharpe.

Ffrench-Davis, Ricardo (1993) "Capital formation and the macroeconomic framework: a neostructuralist approach," in Sunkel, Osvaldo (ed.) (1993).

Fine, Ben (2000) "Endogenous growth theory: a critical assessment," *Cambridge Journal of Economics*, Vol. 24, pp. 245–265.

Flood, Robert P. and Nancy P. Marion (1998) "Perspectives on the recent currency crisis literature," *IMF Working Paper*, WP/98/130, IMF, http://www.imf.org/external/pubs/cat/wp1_sp.cfm?s_year=1998&e_year=1998&brtype=default より 1999年7月検索.

Flood, Robert P., Peter M. Garber and Charles Kramer (1996) "Collapsing exchange rate regimes: another linear example," *Journal of International Economics*, Vol. 41, pp. 223–234.

Frankel, Jeffrey A. and Chudozie Okongwu (1995) "Liberalized portfolio capital inflows in emerging markets: sterilization, expectations, and incompleteness of interest rate convergence," *NBER Working Paper Series* 5156, Cambridge MA, National Bureau of Economic Research.

Frankel, Jeffrey A. and Andrew K. Rose (1996) "Currency crashes in emerging markets: an empirical treatment," *Journal of International Economics*, Vol. 41, pp. 351–386.

Frankel, Jeffrey A. Eduardo Fainzylber, Sergio L. Schukler, and Luis Servén (2001) "Verifying exchange rate regimes," *Journal of Development Economics*, Vol. 66, pp. 351–386.

Frankel, Jeffrey A. and Sergio L. Schmukler (1996) "Country fund discounts, asymmetric information and the mexican crisis of 1994: did local residents turn pessimistic before international investors?," *NBER Working Paper Series* 5714, Cambridge MA, National Bureau of Economic Research.

Fry, Maxwell J. (1995) *Money, Interest and Banking in Economic Development*, 2ª ed., Baltimore and London, Johns Hopkins University Press.

Frydl, Edward J. (1999) "The length and cost of banking crises," *IMF Working Paper*, WP/99/30, IMF, http://www. imf.org/external/pubs/cat/wp1_sp.cfm?s_year=1999&e_year=1999&brtype=default より 2000年1月検索.

Galindo, Luis Miguel and Ignacio Perrotini (1996) "La demanda de dinero en México 1980–1994,"

Monetaria (CEMLA), Vol. 19, pp. 347–361.
Garrido, Celso and Tomás Peñaloza Webb (1996) *Ahorro y Sistema Financiero Mexicano, Diagnóstico de la Problemática Actual*, Universidad Autónoma Metropolitana, Editorial Grijalbo.
Gavin, Michael and Ricardo Hausmann (1997) "Las raices de las crisis bancarias: el contexto macroeconómico," in Hausmann, Ricardo and Liliana Rojas-Suárez (eds.) (1997, 英語版 1996) *Las Crisis Bancarias en América Latina*, New York, Banco Inter-Americano del Desarrollo, Fondo de Cultura Económica, pp. 29–72.
Gelos, Gaston and Alejandro Werner (1999) "Financial liberalization, credit constraints, and collateral: investment in the Mexian manufacturing sector," *IMF Working Paper*, WP/99/25, IMF, http://www.imf.org/external/pubs/cat/wp1_sp.cfm?s_year=1999&e_year=1999&brtype=default より 2000 年 3 月検索.
Glick, Reuven and Michael M. Hutchison (2001) "Banking and currency crises: how common are twins?," in Glick, R., Ramon Moreno and Mark M. Spiegel (ed.) (2001) pp. 35–69.
Glick, Reuven, Ramon Moreno and Mark M. Spiegel (eds.) (2001) *Financial Crises in Emerging Markets*, San Francisco, Cambridge University Press.
Goldfajn, Ilan and Rodrigo O. Valdés (1997) "Capital flows and the twin crises: the role of liquidity," *IMF Working Paper* WP/97/87, IMF, http://www.imf.org/external/pubs/cat/wp1_sp.cfm?s_year=1997&e_year=1997&brtype=default より 1997 年 12 月検索.
Goldfajn, Ilan and Poonam Gupta (1999) "Dose monetary policy stabilize the exchange rate following a currency crises?," *IMF Working Paper* WP/99/42, IMF, http://www.imf.org/external/pubs/cat/wp1_sp.cfm?s_year=1999&e_year=1999&brtype=default より 1999 年 12 月検索.
Goldtein, Morris and Philip Turner (1996) "Banking crises in emreging economies: origins and policy opcions," BIS Economic Papers No. 46, Basle, Bank for International Settlements.
González-Hermosillo, Brenda (1999) "Determinants of ex-ante banking system distress: a macro-micro empirical exploration of some recent episodes," *IMF Working Paper WP/99/33*, IMF, http://www.inf.org/external/pubs/cat/wp1_sp.cfm?s_year=1999&e=year=1999&brtype=default より 1999 年 11 月検索.
González-Hermosillo, Brenda, Ceyla Pazarbasioglli and Robert Billings (1997) "Determinants of banking system fragility: a case study of Mexico," *IMF Staff Paper*, Vol. 44, pp. 295–314.
González Méndez, Héctor E. (1980) "Economías de escala y concentración bancaria, el caso de México," *Documento de Investigación* No. 29, Banco de México, Dirección General de Investigación Económica.
Gourinchas, Pierre-Olivier, Rodrigo Valdés and Oscar Landerreche (2001) "Lending booms: Latin America and the world," *NBER Working Paper Series* 8249, Cambridge, M. A., National Bureau of Economic Research.
Grabel, Ilene (1996) "Stock markets, rentier interest, and the current mexican crisis," *Journal of Economic Issues*, Vol. XXX, pp. 443–461.
Guzmán C., Javier (1993) "Políticas monetaria y cambiaria ante ingresos elevados de capitales externos: el caso de México," *Monetaria* (CEMLA), Vol. 16, pp. 27–48.
Halevi, Joseph and Réduane Taouil (2002) "The exogeneity of investment: from systemic laws of accumulation and growth to effective demand conditions," in Setterfield, Mark (ed.) *The Economics of Demand-led Growth*, Cheltenham, U. K., Northampton, MA, USA, Edward Elgar.
Hamann, A. Javier (1999) "Exchange-rate-based stabilization: a critical look at the stylized facts,"

IMF Working Paper WP/99/132, IMF, http://www.imf.org/external/pubs/cat/wp 1_sp.cfm?s_year=1999&e_year=1999&brtype=default より 2000 年 3 月検索.

Hausmann, Ricardo, Michael Gavin, Carmen Pages-Serra and Ernest Stein (1999) "Financial turm oil and the choice of exchange rate regime," *Inter-American Development Bank Working Paper* 400, New York.

Heise, Arene (1992) "Commercial banks in macroeconomic theory," *Journal of Post Keynesian Economics*, Vol. 14, pp. 285–296.

Hernández Cerecedo, Ociel and Carlos Zarate (1996) "La cartera vencida del sistema bancario, limitantes del circuito de pagos," *Análisis Económico* (Universidad Autónoma Metropolitana, Unidad Azcapotzalco, División de Ciencias Sociales y Humanidades), Vol. 13, pp.29–62.

Hernández, Leonardo and Oscar Landerretche (2000) "Afluencias de capital, booms de crédito y vulnerabilidad macroeconómica: experiencia de diversos países," *Monetaria* (CEMLA), Vol. 23, pp. 85–124.

Hernández Trillo, Fausto and Omar López Escarpulli (2001) "La crisis bancaria mexicana, un modelo de duración y riesgo proporcional," *El Trimestre Económico*, Vol. LXVIII(4), pp. 551–601.

Hofman, André A. (2000) "Standardises capital stock estimates in Latin America: a 1950–1994 update," *Cambridge Jourlnal of Economics*, Vol. 24, pp. 45–86.

Huerta González, Arturo (1998) *El Debate del FOBAPROA, Orígenes y Consecuencias del "Rescate Bancario,"* México, Diana.

―――――― (2002) "La política monetaria y cambiaria de la globalización en los países en desarrollo," in Calva, José Luis (ed.) *Política Económica para el Desarrollo Sostenido con Equidad, tomo I*, Universidad Nacional Autónoma de México, Instituto de Investigación Económica, México, pp. 145–166.

Hurtado, Ernesto Fernz (1976) *Cincuenta Años de Banca Central; Ensayos Conmemortivos 1925–1975*, Banco de México, S. A., Fondo de Cultura Económica.

Ize, Alain (1980) "El financiamiento del gasto público en una economía en crecimiento: el caso de México," Lustig, Nora (ed.) *Panorama y Perspectivas de la Economía Mexicana*, México, El Colegio de México.

Jaramillo, Fidel, Fabio Schiantarelli and Andrew Weiss (1996) "Capital market imperfections before and after financial liberalization: an Euler equatuin approach to panel data for Ecuadorian firms," *Journal of Development Economics*, Vol. 51, pp. 367–386.

Kamin, Steven B. and John N. Rogers (1996) "Monetary policy in the end-game to exchange-rate based stabilizations: the case of Mexico," *Journal of International Economics*, Vol. 41, pp. 285–307.

Kaldor, Nicholas (1940) "A model od tge trade cycle," *The Economic Journal*, Vol. 50, pp. 78–92.

―――――― (1978), *Futher Essays on Economic Theory*, Gerald Duckworth & Co. Ltd., London. (邦訳　笹原昭五・高木邦彦訳（1989）『経済成長と分配理論』日本経済評論社）

Kalecki, Michal (1971) *Selected Essays on the Dynamics of the Capitalist Economy 1930–1970*, Cambriidge University Press.（邦訳　浅田統一郎・間宮陽介訳（1984）『資本主義経済の動態理論』日本経済評論社）

Kaminsky, Graciela, Saul Lizondo and Carmen M. Reinhart (1998) "Leading indicators of currency crises," *IMF Staff Papers*, Vol. 45, pp. 1–48.

Kaminsky, Graciela L. and Carmen M. Reinhart (1999) "The twin crises: the causes of banking and balance-of-payments problems," *American Economic Review*, Vol. 89, pp. 473-500.

Kaminsky, Graciela L. (1999) "Currency and banking crisesthe early warnings of distress," *IMF Working Paper* WP/99/178, IMF, http://www.imf.org/external/pubs/cat/wp1_sp.cfm?s_year=1999&e_year=1999&brtype= default より 2000 年 3 月検索.

Katz, Jorge (2000) "Cambios estructurales y productividad en la industria latinoamericana 1970-1996," *Revista de CEPAL*, No. 71, pp. 65-84.

Keynes, Jhon Maynard (1937) "Alternative theories of the rate of interest," *Economic Journal*, 1937 june, in D. E. Moggridge (ed.) (1971) *Collected Writings of J. M. Keynes*, Vol. XIV, London, Macmillan for the Royal Economic Society.

Keynes, Jhon Maynard (1930) *A Treatise on Money*, Vol. I. The Pure Theory of Money, MacMillan.

_____ (1973) *The Collected Writings of John Maynard Keynes*, Vol. XIV: *The General Theory and After*, part II, The Royal Economic Society Macmillan Press.

Khamis, May (1996) "Credit and exchange rate-based stabilization," *IMF Working Paper* WP/96/51, IMF, http://www.imf.org/external/pubs/cat/wp1_sp.cfm?s_year=1996&e_year=1996&brtype= default より 1997 年 12 月検索.

Khor, Hoe E. and Liliana Rojas-Suarez (1991) "Interest rates in Mexico," *IMF Staff papers*, Vol. 38, pp. 850-871.

Kroszner, Randall S. and Philip E. Strahan (2001) "Throwing good money after bad? Board connections and conflicts in bank lending," *NBER Working Paper Series* 8694, Cambridge MA, National Bureau of Economic Research.

Krueger, Anne and Aaron Tornel (1999) "The role of bank restructuring in recovering from crises: Mexico 1995-98," *NBER Working Paper Series* 7042, Cambridge, National Bureau of Economic Research.

Krugman, Paul (1979) "A model of balance-of-payments crises," *Journal of Money, Credit, and Banking*, Vol. 11, pp. 311-325,

_____ (1995) *Currencies and Crises*, The MIT Press, Cambridge, Massachusetts, London, England.

_____ (1996) "Are currency crises self-fulfilling?" *NBER Macroeconomic Annual*, New York, pp. 345-378.

_____ (ed.) (2000) *Currency Crises*, Chicago and London, The University of Chicago Press.

La Porta, Rafael, Florencio López-de-Silanes and Guillermo Zamarripa (2002) "Related lending," *NBER Working Paper Series* 8848, Cambridge, National Bureau of Economic Research.

Lavoie, Marc (2000) "A Post Keynesian view of interest paruty theorems," *Journal of Post Keynesian Economics*, Vol. 23, pp. 163-179.

Lechuga Montenegro, Jesús (1993) "Financiarización de la economía mexicana 1980-1992," *Análisis Económico* (Universidad Autónoma Metropolitana, Unidad Azcapotzalco, División de Ciencias Sociales y Humanidades), Vol. XI, pp. 87-113.

Le Clainche, Roberto Martínez (1996) *Curso de Teoría Monetaria y Política Financiera*, México, Universidad Nacional Autónoma de México.

Leidermann, Leonardo, Nissan Liviatan and Alfredo Thorne (1995) "Shifting nominal anchors: the experience of Mexico," *Economía Mexicana, Nueva Época* (CIDE), Vol.IV, pp. 197-237.

Levine, Ross, Norman Loayza and Thorsten Beck (2000) "Financial intermediation and growth: cau-

sality and causes," *Journal of Monetary Eonomics*, Vol. 46, pp. 31–77.
Levy Yeyati, Eduardo (1999) "Global moral hazard, capital account liberalization and the overlending syndrome," *IMF Working Paper* WP/99/100, IMF, http://www.imf.org/external/pubs/cat/wp1_sp.cfm?s_year=1999&e_year=1999&brtype=default より 2000 年 3 月検索.
Leyes y Códigos de México, Kegiskación Bncaria, Colección Porrúa, Tomo I (2001) México, Editorial Porrúa.
Ley de instituciones de crédito. México, Editorial PAC, SA. de CV.
López Acevedo, Gladys (1999) "Tendencias del financiamiento de empresas en México," *El Trimestre Económico*, Vol. LXVI(1), pp. 112–141.
López Cortés, Gustavo and P.N. Snowden (1999) "La banca mexicana, de la privatización a la intervención, una perspectiva del AED; 1982–1996," *El Trimestre Económico*, Vol. LXVI, pp. 259–291.
López G., Julio (ed.) (1994) "El proceso de ajuste de la economía mexicana; 1982–1992," in López (ed.) (1994) pp. 21–55.
_____ (ed.) (1994) *México: la Nueva Macroeconomía*, México, Nuevo Horizonte Editores.
López González, Teresa S. (2002) "La paradoja neoliberal en México: margenes financieros elevados y baja propensión al ahorro," in Mántey de Anguiano and Levy Orlik (eds.) (2002) pp. 63–84.
López, Roberto Marino (1996) "La autoridad monetaria frente a las crisis financieras: la experiencia reciente del Banco de México," *Monetaria* (CEMLA), Vol. 19, pp. 1–30.
Maceda Cintra, Marcos Antonio (1994) "Represión financiera y patrón de financiamiento latinoamericano," *Revista de la CEPAL*, No. 53.
Manrique Campos, Irma (2002) "Transición de la banca mexicana: crédito, prioridad olvidada," in Correa, Maria Eugenia, and Alicia Girón (eds.) *Crisis y Futuro de la Banca en México*, Universidad Nacional Autónoma de México, Instituto de Investigación Económica, México D. F., pp. 89–105.
Mántey de Anguiano, Guadalupe (1994) *Lecciones de Economía Monetaria*, México, Universidad Nacional Autónoma de México.
_____ (1995) "La política monetaria en México y la tasa de interés real," *Investigación Económica*, No. 211, pp. 123–146.
_____ (1996) "Liberalización financiera con oligopolio bancario: penalización al ahorro y a la inversión productiva," *Problemas del Desarrollo* (Universidad Nacional Autónoma de México, Instituto de Investigación Económica), Vol. 27, pp. 117–134.
_____ (1996) "Riesgo sistémico en el mercado bursátil mexicano y su efecto en la inversión real," *Comercio Exterior* (Bancomext), Vol. 42, pp.26–33.
_____ (1999) "Políticas monetaria y cambiaria para el crecimiento con flujos de capital externo volátiles," *Comercio Exterior* (Bancomext), Vol. 46, pp. 45–54.
_____ (2002) "Sistemas de crédito en especie: una alternativa viable para el crecimiento sostenido con globalización financiera," in Mántey de Anguiano and Levy O. (eds.) (2002) pp. 347–366.
Mántey de Anguiano, Guadalupe and Noemí Levy Orlik (eds.) (2002) *Globalización Financiera e Integración Monetaria, Una Perspectiva desde los Países en Desarrollo*, México, Escuela Nacional de Estudios Profesionales, Acatlán, UNAM, Dirección General d Asuntos del Personal Académico, UNAM.

Márquez Diez-Canedo, Javier (1987) *La Banca Mexicana: septiembre de 1982–junio de 1985*, México, CEMLA (Centro de Estudios Monetarios Latinoamericanos).
Márquez Diez-Canedo, Javier and Calixto López Castañón (1999) "Riesgo de concentración de una cartera de crédito: monto en riesgo, indicadores de concentración e implicaciones para la regulación bancaria," *Documento de Investigación* No. 9902, Banco de México, Dirección General de Investigación Económica, http://www.banxico.org.mx/gPublicaciones/FSPublicaciones.html より 2000 年 10 月検索.
Marselli, Riccardo (1993) "Tresury financing and bank lending-reserves causality: the case of Italy, 1975–1990," *Journal of Post Keynesian Economics*, Vol. 9, pp. 571–587.
Mátter, Jorge (2000) "Inversión y crecimiento durante las reformas económicas," in Clavijo (ed.) (2000) pp.156–257.
Mayer-Seera, Carlos Elizondo (1997) "Tres trampas: sobre los origenes de la crisis económica mexicana de 1994," *Desarrollo Económico*, Vol. 36, pp. 953–970.
Mazzolli, Marco (1998) *Credit, Investments and the Macroeconomy*, Cambridge, Cambridge University Press.
Menchaca Trejo, Mauricio (1998) *El Mercaod de Dinero en México*, Editorias Trillas.
McKinnon, Ronaldo I. (1973) *Money and Capital in Economic Development*, Brookings Institution.
Milesi-Ferretti, Gian Maria and Assaf Razin (1996) "Sustainability of persistent current account deficits," *NBER Working Paper Series* 5467, Cambridge MA, National Bureau of Economic Research.
Minsky, Hyman P. (1982) *Can It Happen Again? Essays on Instability and Finance,* Armonk, New York, M. E. Sharpe. (邦訳　岩佐代市訳（1982）『投資と金融』日本経済評論社）
────── (1986) *Stabilizing an Unstable Economy*, New Haven and London, Yale Univ. Press. (邦訳　吉野紀他訳（1986）『金融不安定性の経済学』多賀出版）
────── (1987) *Las Razones de Keynes*. México, Fondo de Cultura Económica. (邦訳 堀内昭義訳（1988）『ケインズ理論とは何か』岩波書店）
Mishkin, Frederic S. (1995) "Symposium on the monetary transmision mechanism," *Journal of Economic Perspectives*, Vol. 9, pp. 3–10.
────── (1996) "Understanding financial crises: a developing country perspective," *NBER Working Paper Series* 5600, Cambridge, MA, Naitonal Bureau of Economic Research.
Mishkin, Fredric S. and Miguel Savastano (2001) "Monetary policy strategies for Latin America," *Jouenal of Development Economics*, Vol. 66, pp. 415–444.
Modigliani, Franco and Merton H. Miller (1958) "The cost of capital corporation finance and the theory of investment," *American Economic Review*, Vol. 53, pp. 433–443.
Moguillansky, Graciela and Ricardo Bielschowsky (2000) *Inversión y Reformas Económicas en America Latina,* Santiago de Chile, CEPAL, Fondo de Cultura Económica.
Moreno-Brid and Juan Carlos (1999) "Reformas macroeconómicas e inversión manufacturera en México," *Serie Reformas Económicas* 47, CEPAL, LC/L. 1292, http://www.eclac.org/cgi-bin/getProd.asp?xml=/publicaciones/xml/9/4569/P4569.xml&xsl=/de/tpl/p9f.xsl より 2000 年 8 月検索.
Moore, Basil J. (1988) *Horizontalists and Verticalists, the Macroeconomics of Credit Money*, Cambridge, Cambridge University Press.
────── (1989) "A Simple model of bank intermediation," *Journal of Post Keynesian Economics*,

Vol. 12, pp. 10–28.

—————— (1991) "Has the demand for money been mislaid? a reply to" Has Moore become too Horizontal?," *Journal of Post Keynesian Economics*, Vol. 14, pp. 125–133.

—————— (1994) "The demise of the Keynesian multiplier: a replay to Cottrell," *Journal of Post Keynesian Economics*, Vol. 17, pp. 121–133.

Mott, Tracy and Edward Slattery (1994) "The influence of change in income distribution on aggregate demand in a Kaleckian model: stagnation vs. exhilaration reconsidered," in Davidsan, Paul and J. A. Kregel (eds.) *Employment, Growth and Finance, Economic Reality and Economic Growth*, Cheltenham, U. K., Northampton, MA, USA., Edward Elgar Publishing Company.

Murillo Garza, José Antonio (1995) "Interacción de la política monetaria del banco central y de la política crediticia de la banca: el caso de México 1994–1995," *Documento de Investigación* No. 9507, Banco de México, Dirección General de Investigación Económica, http://www.banxico.org.mx/gPublicaciones/FSPublicaciones. html より 1998 年 12 月検索。

Nacional Financiera, S. A. (1974) *La Economía Mexicana en Cifras 1972*.

Niggle, Christopher J. (1991) "The endogenous money supply theory: an institutionalist appraisal," *Journal of Economic Issues*, Vol. 25, pp. 137–151.

Núñez Estrada, Héctor R. (1993) "Análisis de metodologías para la mediación de la eficiencia bancaria," *Análisis Económico* (Universidad Autónoma Metropolitana, Unidad Azcapotzalco, División de Ciencias Sociales y Humanidades), Vol. 23, pp. 85–118.

—————— (1994) "Auge y crisis de mercado de valores," *Gestión y Estrategia* (Universidad Autónoma Metropolitana Azcpotzalco), No. 5, pp. 86–93.

Obstfeld, Maurice (1995) "The logic of currency crises," in Eichengreen, Barry (ed.) (1995) *Monetary and Fiscal Policy in an Integrated Europe*, London, Springer.

—————— (1996) "Models of currency crises with self-fulfilling features," *European Economic Review*, Vol. 40, pp. 1037–1047.

Obstfield, Maurice and Kenneth Rogoff (1995) "The mirage of fixed exchange rates," *Journal of Economic Perspectives*, Vol. 9, pp. 73–96.

Ogaki, Masao and Julio A. Santaella (2000) "The exchange rate and the term structure of interest rates in Mexico," *Journal of Development Economics*, Vol. 63, pp. 135–155.

Oks, Daniel and Sweder van Wijnbergen (1995) "Mexico after the debt crisis: is growth sustainable?" *Jouenal of Development Economics*, Vol. 47, pp. 155–178.

Olivier, Jeanne (1996) "Are currency crises self-fulfilling? a test," *Journal of International Economics*, Vol. 43, pp. 263–286.

Organo Oficial de la Camara de los Diptados del Congreso (1999) *Diarios de los Debates*, 23 de septiembre, 1999.

—————— (2000) *Diarios de los Debates*, 4 de abril, 2000.

Ortega O., Rosa María and Eduardo Villegas H. (1992) "Los cinco bancos más grandes en México: un análisis de su comportamiento 1985–1991," in Ortega O., Rosa María (ed.) (1992) *Modernización en México, Comportamiento y Costo*, México, Universidad Autónoma Metropolitana.

Ortega Ochoa, Rosa María (1995) "Evolución reciente del sistema financiero mexicano," in Estrada L., José Luis (ed.) *La Industria y las Finanzas en el México Actual*, México, Universidad Autónoma Metropolitana.

Ortiz Martínez, Guillermo (1994) *La Reforma Financiera y la Desincorporación Bancaria*, México.
Palley, Thomas I. (1988) "Bank lending, discount window borrowing and the endogenous money supply: a theoretical framework," *Journal of Post Keynesian Economics*, Vol. 10, pp. 287–304.
_____ (1991) "The endogenous money supply: consensus and disagreement," *Journal of Post Keynesian Economics*, Vol. 13, pp. 397–403.
_____ (1991–1992) "Money, credit, and price in a Kaldorian macro model," *Journal of Post Keynesian Economics* Vol. 14, pp. 183–204.
_____ (1996) *Post Keynesian Economics; Debt, Distribution and the Macro Economy*, London and New York, Macmillan Press.
_____ (1996) "Debt, aggregate demand, and the businnes cycle: an analysis in the spirit of Kaldor and Minsky," *Journal of Post Keynesian Economics*, Vol. 16, pp. 371–390.
_____ (1996) "Accommodationism versus structuralism: time for an accommodation," *Journal of Post Keynesian Economics*, Vol. 18, pp. 585–594.
_____ (2001) "The stock market and investment: another look at the micro-foundations of q theory," *Cambridge Journal of Economics*, Vol. 21, pp. 657–667.
Palma, Gabriel (1998) "Three and a half cycles of 'mania, panic, and [asymmetric] crash: East Asia and Latin America compared," *Cambridge Journal of Economics*, Vol. 22, p. 789–808.
_____ (2000), "The magical realism of brazilian economics: how to create a financial crises by trying to avoid one," *CEPA Working Paper Series* No. 17, New York, New School for Social Research, Center for Economic Policy Analysis.
Pazzarbasiogli, Ceyla and Inci Otker (1997) "Likelihood versus timming of speculative attacks: a case study of Mexico," *European Economic Review*, Vol. 41, pp. 837–845.
Peñaleza Webb, Tomas (1992) "Aspectos centrales de la banca mexicana: 1982–1990," *Comercio Exterior* (Bancomext), Vol.42, pp.107–118.
Pollin, Robert (1991) "Two theories of monetary supply endogeneity: some empirical evidence," *Journal of Post Keynesian Economics*, Vol. 13, pp. 365–396.
_____ (ed.) (1997) *The Macro-Economics of Saving, Finance and Investment*, Michigan, University of Michigan Prees.
_____ (1997) "Financial intermediation and the variability of saving constraint," in Robert Pollin (ed.).
Quijano, José Manuel (1981) *México: Estado y Banca Privada*, México, CIDE.
Ramos, Joseph (2000) "Hacia una segunda generación de reformas," *El Trimestre Económico*, Vol. LXVII(1), pp. 93–120.
Rincón C., Hernán (2001) "Tipos de cambio y balanza comercial: comprobando la relación a corto plazo y largo plazos con datos de los países latinoamericanos," *Monetaria* (CEMLA), Vol. XXIV, pp. 131–187.
Rogers, John H. (1999) "Monetary shock and real exchange rates," *Journal of International Economics*, Vol. 49, pp. 269–288.
Rojas, Mariano (1997) "Competencia por clientes en la industria bancaria de México," *El Trimestre Económico*, Vol. LXIV(1), pp. 47–73.
Rojas, Mariano and Luis Alejandro Rojas (1999) "Costo de transacción y discrecionalidad en la asignación del crédtio prederencial en México," *El Trimestre Económico*, Vol. LXVI(2), p. 227–258.
Romer, David (1996) *Advanced Macroeconomics*, Singapole, McGraw-Hill Compenies, Inc. (邦訳

堀雅博・岩城博夫・南條隆訳（1998）『上級マクロ経済学』日本評論社)
Roubini, Nouriel and Xavier Sala-i-Martin (1992) "Financial repression and economic growth," *Journal of Development Economics*, Vol. 39, pp. 5–30.
Rojas, Mariano (1997) "Competencia por clientes en la industria bancaria de México," *El Trimestre Económico*, Vol. LXIV, pp. 47–73.
Sachs, Jeffrey, Aarón Tornell and Andrés Velasco (1995) "The collapse of the Mexican peso: what have we learned?," *NBER Working Paper* 5142, Cambridge MA, National Bureau of Economic Research.
─────────────────────────── (1996, a) "Financial crisis in emerging markets: the lessons from 1995," *Brookings Papers on Economic Activity*, No. 1, 1996, pp. 147–215.
─────────────────────────── (1996, b) "The mexican peso crisis: sudden death of death foretold," *Journal of International Economics*, Vol. 41, pp. 265–283.
Sales-Sarraphy, Carlos (2000) "The Mexican experience with international capital flows," in Larraín B., Felipe (ed.) (2000) *Capital Flows, Capital Controls, and Currency Crises*, Michigan, The University of Michigan Press.
Sánchez García, Oscar (1999) "La política monetaria y la desinflación en una economía pequeña y abierta," *Monetaria* (CEMLA), Vol. XXII, pp. 261–281.
Santomero, Anthony M. and Jeremy J. Siegel (1981) "Bank regulaion and Macroeconomic stability," *American Economic Review*, Vol. 71, pp. 39–53.
Schaberg, Marc (1999) *Globalization and the Erosion of National Financial Systems: Is Declining Autonomy Inevitable?*, Cheltenham, U. K., Edward Elgar. (邦訳　藤田隆一訳（2000)『現代金融システムの構造と動態─国際比較と「収れん仮説」の検証』日本経済評論社)
Schmidt-Hebbel, Klaus and Alejandro Werner (2002) "Inflation targeting in Brazil, Chile and Mexico: performance, credibility and the exchange rate," *Economía* (Latin American and Caribbean Economic Association / Brokings Institution), Vol. 2, pp. 39–81.
Schroeder, Susan K. (2002) "A Minskian analysis of financial crisis in developing countries," *CEPA Working Paper* 2002-09, Center for Economic Policy Analysis, New School University, New York.
Schwartz Rosenthal, Moisés J. (1994) "Exchange rate bands and monetary policy: the case of Mexico," *Economía Mexicana* (CIDE), Vol. III, pp. 287–318.
─────────────────────────── (1998) "Consideraciones sobre la instrumentación práctica de la política monetaria," *Documento de Investigación* No. 9804, Banco de México, Dirección General de Investigación Económica, http://www.banxico.org.mx/gPublicaciones/FSPublicaciones.html より 2000 年 5 月検索。
Secretaría de Hacienda y Crédito Público (SHCP) (1998) *FOBAPROA, la verdad es historia*. México, SHCP.
Shaw, Edward (1973) *Financial Deepening in Economic Development*, Oxford University Press.
Sikorski, Trevor M. (1996) *Financial Liberalization in Developing Countries*, Cheltenham, U. K., Brookfield, USA., Edward Elgar.
Sinha, Dipendra and Tapen Sinha (1998) "An exploration of the losg-run relationship between saving and investment in the developing economies: a tale of Latin American countries," *Journal of Post Keynesian Economics*, Vol. 20, pp. 435–443.
Smithin, John (2003) "Interest parity, purchasing power parity, "risk premia," and Post Keynesiian

economic analysis," *Journal of Post Keynesian Economics*, Vol. 25, p. 219–235.

Sobolev, Yuri V. (2000) "Exchange-rate-based stabilization: a model of financial fragility," *IMF Working Paper*, WP/00/122, IMF, http://www.imf.org/external/pubs/cat/wp 1_sp.cfm?s_year=2000&e_year=2000&brtype= default より 2001 年 7 月検索.

Solís, Leopoldo (1997) *Evolución del sistema financiero mexicano hacia los umbrales del siglo XXI*, México, Siglo XXI.

Solís Rosales, Ricardo (1997) "La politica monetaria de 1995 y 1996: el regreso a la ortodoxia en tiempo de crisis," *Economia; teoria y practica* (Universidad Autónoma Metropolitana), No. 8, pp. 5–39.

―――――――― (1998, a) "El FOBAPROA: los factores que condujeron al rescate bancario y las alternativas," ponencia presentada en el Colegio Nacional de Economistas.

―――――――― (1998, b) "La crisis bancaria en México," in Boyer 他 (1998).

Solís R., Ricardo, Juan Auping Birch, Mario Delgado Carrillo and Marcelo Ebrard Casaubón (2000) *Del FOBAPROA al IPAB*, *testimonios, análisis y propuestas,* Universidad Autónoma Metropolitata-Iztapalapa, Plaza y Valdes Editores.

Stiglitz, Joseph and Andrew Weiss (1981) "Credit rationing in markets with imperfect information," *American Economic Review*, Vol. 71, pp. 393–410.

Studart, Rogerio (1995) *Investment Finance in Economic Development*, London and New York, Routledge.

―――――――― (1995–1996) "The efficiency of financial systems, liberalization, and economic development," *Journal of Post Keynesian Economics*, Vol. 18, pp. 269–292.

Sunkel, Osvaldo (1993) "From inward-looking development to development from within," in Sunkel (ed.) (1993).

―――――――― (ed.) (1993) *Development from Within, toward a Neostructuralist Approach for Latin America*, Lynne Rinner Publishers (Boulder & London).

Székely, Gabriel (ed.) (1999) *FOBAPROA e IPAB: El Acuerdo que No Debió Ser*, Editorrial OCEANO de México.

Tanner, Evan (2002) "Exchange market pressure, currency crises, and monetary policy: additional evidence from emerging markets," *IMF Working Paper*, WP/01/14, IMF, http://www.imf.org/external/pubs/cat/wp1_sp.cfm?s_year=2002&e_year=2002&brtype=defaultより 2002 年 12 月検索.

Taylor, Lance and Syrphen O'Connel (1985) "A Minsky crisis," *Quartely Journal of Economics,* No. 100, suplemento, pp. 871–885.

Tello, Carlos (1984) *La Nacionalización de la Banca en México*, México, Siglo XXI.

Tobin, James (1969) "A general equilibrium approach to monetary theory," *Journal of Money, Banking and Credit*, Vol. 1, pp. 15–29.

Ugarte Chávez, Juan Manuel (1999) *Las Instituciones del Sistema Finaniero*, México, Consejo Nacional para la Cultura y las Artes.

Velasco, Andrés (1996) "Fixed exchange rates: credibility, flexibility and multiplicity," *European Economic Review*, Vol. 40, pp. 1023–1035.

Vidal, Gregorio (1994), "Reforma económica, mecanismo de financiamiento y proceso de inversión," *Comercio Exterior* (Bancomext), Vol. 44, pp. 1083–1092.

Villagómez, F. Alejandro (1995) "Inversión, estructura de financiamiento y restricciones de liquidez,"

Documento Preliminar de Discusión No. 48, Centro de Investigación y Docencia Económicas, División de Economía.

Villareal, René (2000) *Industrialización, Deuda y Desequilibrio Externo en México: un enfoque Macroindustrial y Financiero (1929–2000)*, 4ª ed., México, Fondo de Cultura Económica.

Villegas Hernández, Eduardo and Rosa María Ortega Ochoa (2002) *Sistema Financiero de México*, México, McGraw-hill.

Werner, Alejandro (1997) "El efecto sobre el tipo de cambio y las tasas de intereses de las intervenciones en el mercado cambiario y del proceso de esterilización," *Documento de Investigación* No. 9706, Banco de México, Dirección General de Investigación Económica, http://www.banxico.org.mx/gPublicaciones/ FSPublicaciones.html より 1999 年 12 月検索.

Werner, Alejandro and Alexis Milo (1998) "Acumulación de reservas internacionales a través de la venta de opciones: el caso de México," *Documento de Investigación* No. 9801, Banco de México, Dirección General de Investigación Económica, http://www.banxico.org.mx/gPublicaciones/ FSPublicaciones.html より 2001 年 10 月検索.

Williamson, John (1990) "What Washington means by policy reform," in Williamson, J. (eds.) *Latin American Adjustment; how much has happened?*, Instituto of International Economics, Washington DC.

―――――― (1993) "Democracy and the 'Washington Consensus,'" *World Development*, Vol. 21, pp. 1329–1336.

Wolfonson, Martin H. (1996) "A Post Keynesian theory of credit rationing," *Journal of Post Keynesian Economics*, Vol. 18, pp. 443–470.

Wray, Larry Randall (1988) "Profit expectations and the investment-saving relations," *Journal of Post Keynesian Economics* Vol. 11, pp. 131–147.

―――――― (1990) *Money and Credit in Capitalist Economies, the Endogenos Money Approach*, Aldershot, U.K., and Brookfield, U. S., Edward Elgar.

―――――― (1991) "Saving, profits and speculation in capitalist economies," *Journal of Economic Issues* 35, pp. 951–975.

―――――― (1992, a) "Commercial banks, the central bank, and endogenous money," *Journal of Post Keynesian Economics* 14, pp.297–310.

―――――― (1992, b) "Alternative theories of the rate of interest," *Cambridge Journal of Economics*, Vo l. 16, pp. 69–89.

―――――― (1993) "Money, interest rates, and monetarist policy," *Journal of Post Keynesian Economics* 15, No. 4, pp. 541–569.

―――――― (1999) "The development and reform of the modern international monetary system," in Deprez and Harvey (eds.) (1999) pp. 171–199..

Yasuhara Tsuyoshi (1996) "Estructura y funcionamiento de las sociedades controladoras de los grupos financieros en México y Estados Unidos," *Investigación Económica* (Universidad Nacional Autónoma de México, Facultad de Economía) Vol. 56, pp. 105–149.

―――――― (1997) "El modelo poskeynsiano de la banca para analizar el efecto del requerimiento del capital adecuado mínimo," in Estay, Jaime and Federico Manchón (eds.) (1997) *Keynes... Hoy*, Benemérita Universidad Autónoma de Puebla.

Zuleta, Hernando (1996) "Déficit comercial y crecimiento de la cartera: los riesgos de una crisis cambiaria y financiera," *Monetaria* (CEMLA), Vol. 19, pp. 115–152.

浅田統一郎（1997）『成長と循環のマクロ動学』日本経済評論社
池尾和人・金子隆・鹿野嘉昭（1993）『ゼミナール　現代の銀行』東洋経済新報社
石黒馨（2001）『開発の国際政治経済学―構造主義マクロ経済学とメキシコ経済』勁草書房
岩佐代市（2002）『金融システムの動態―構造と機能の変容，および制度と規制の変革』関西大学出版部
岩本康志・大竹文雄・斎藤誠・二神孝一（1999）『経済政策とマクロ経済学―改革への新しい提言』日本経済新聞社
宇恵勝也（2000）『経済変動と金融』関西大学出版会
植村博恭・磯谷明徳・海老塚明（1998）『社会経済システムの制度分析―マルクスとケインズを超えて』名古屋大学出版会
奥田英信・黒柳雅明編（1998）『入門開発金融―理論と政策』日本評論社
桑原小百合（1999）「2つの通貨危機：メキシコ 94―95 vs. ブラジル 99」，『ラテン・アメリカ論集』No. 33, pp. 90–118, ラテン・アメリカ政経学会
経済企画庁総合計画局編（2000）『通貨金融危機の克服と21世紀の経済安定化に向けて』（「国際マクロ経済問題研究会」報告）
国宗浩三（1999）「為替レート維持と高金利政策」，国宗編『アジア通貨危機　その原因と対応の問題点』JETRO アジア経済研究所研究双書
櫻川昌哉（2002）『金融危機の経済分析』東京大学出版会
白井早由里（2002）『入門現代の国際金融』東洋経済新報社
西島章次（1996）「安定化・為替レートアンカー・クレディビリティー」，『国民経済雑誌』173巻3号, pp. 65–79, 神戸大学経済学部
――――（1999）「ラテンアメリカの銀行システムの現状と課題」，『経済経営研究』第48号, pp. 35–79, 神戸大学
――――（2002）『90年代ブラジルのマクロ経済の研究』神戸大学経済経営研究所研究叢書, 57
二木雄策（1992）『マクロ経済学と証券市場』同文館
服部茂幸（2003）「量的緩和政策は貨幣ストックを増加させなかった」『経済セミナー』No. 576, PP. 42–47, 日本評論社
久松佳彰・佐藤桃（2002）「メキシコ銀行部門の再編」，『ラテン・アメリカ論集』No. 36, pp. 17–32, ラテン・アメリカ政経学会
細野薫・杉原茂・三平剛（2001）『金融政策の有効性と限界―90年代日本の実証分析』東洋経済新報社
松林洋一（1994）「設備投資と資本市場」，『国民経済雑誌』169巻1号 pp. 89–111, 神戸大学経済学部
安原毅（1995）「メキシコ経済における外国投資の役割」，『南山経済研究』9巻3号, pp. 327–348.
吉川洋編（1996）『金融政策と日本経済』日本経済新聞社
渡辺和則（1995）「情報の非対称性と投資資金調達」，ポストケインズ派経済学研究会編『金融脆弱性と不安定性―バブルの金融ダイナミズム』日本経済評論社, pp. 277–298
渡辺良夫（1998）『内生的貨幣供給理論―ポスト・ケインズ派アプローチ』多賀出版

人名索引

ア行

アイクナー（Eichner, A. S.） 104
アイケングリーン（Eichengreen, B.） 166, 225, 250
アイゼンマン（Aizenman, J.） 129
アギレーラ（Aguilera, J.） 29
アコスタ（Acosta, M.） 9
浅田統一郎 86, 87, 90
アジェノー（Agénor, P-R.） 260
アシマコプロス（Asimakopulos, A.） 113
アジャラ・エスピーノ（Ayala Espino, J.） 7
アジャラ・ペレス（Ayala Pérez, J. E.） 12
アスペ（Aspe, P.） 13, 15, 56
アトゥケソン（Atkeson, A.） 166, 256
アミエヴァ（Amieva, H., J.） 208, 225, 226
アリアス（Arias, X. C.） 225
アルヴェス（Alves, Jr.） 263
アレスティス（Arestis, P.） 113, 127, 204

池尾和人 78
イーセ（Ize, A.） 8
磯谷明徳 94, 99
イートウェル（Eatwell, J.） 226
岩佐代市 172
岩本康志 85

ヴァルデス（Valdés, O.） 272
ヴィジェガス（Villegas, H.） 6, 231
ヴィジャゴメス（Villagómez F., A.） 162
ヴィジャレアル（Villareal, R.） 7, 256
ヴィダル（Vidal, G.） 223
宇恵勝也 129
ヴェフ（Végh, C. A.） 226
植村博恭 94, 99
ヴェラスコ（Velasco, A.） 225
ウエルタ（Huerta, G.） 77, 236
ヴェルネル（Werner, A.） 14, 56, 57, 66, 67, 68, 69, 72, 174
ウォルフォンソン（Wolfonson, M.） 131, 132
ウガルテ（Ugarte C., J.M.） 6, 17
ウリーサ（Urriza, G.） 208, 225, 226

エキウア（Equihua, A.） 7
エスカイス（Escaith, H.） 24
エスカープリ（Escarpulli, O. L.） 230
エドワーズ（Edwards, S.） 56, 70, 226, 251, 264
海老塚明 94, 99
エプスタイン（Epstein, G.） 127, 128
エヘア（Ejea, G.） 6, 28
エルナンデス（Hernández C., O.） 223
エルナンデス（Hernández, L.） 166, 226
エルナンデス（Hernández, R.） 29
エルナンデス（Hernández T., F.） 230

奥田英信 89
オコングー（Okongwu, C.） 252
オコンネル（O'Connel, S.） 129
オブスフィルド（Obstfeld, M.） 261
オリヴァー（Olivier, J.） 261
オルティス（Ortiz, G.） 6, 7, 17
オルテガ（Ortega O., R. M.） 6, 231

カ行

カヴァソス・レルマ（Cavazos Lerma, M.） 5
ガヴィン（Gavin, M.） 226

カサウボン（Casaubon, M. E.） 233
カシージャス（Casillas, L. R.） 13
カスタインツ（Castaingts Teillery, J.） 104
カスタニェダ（Castañeda R., G.） 48
カステジャーノス（Castellanos, S. G.） 71
カストロ（Castro, L.） 150
カタオ（Catao, L.） 166
カッツ（Katz, J.） 24
カバジェーロ（Caballero, R.） 150
カバル（Cabal A., R.） 33
カベージョ（Cabello, A.） 18, 20
カミス（Khamis, M.） 60
カミン（Kamin, S. B.） 261
カミンスキー（Kaminsky, G.） 226, 250, 259, 272
カラヴァハル（Caravajal, A.） 23
カランサ（Caranza） 4
カリェス（Calles, E.） 5
ガリード（Garrido, C.） 45
カルヴァ（Calva, J. L.） 231
カルヴォ（Calvo, G. A.） 58, 255, 256, 260
ガルサ・ラゲーラ（Garza Laguera, E.） 30
カルステンス（Carstens, A.） 68
カルデロ（Cardero, M.） 6
カルドア（Kaldor, N.） 85, 86
ガレガッテイ（Gallegatti, M.） 103
カレツキ（Kalecki, M.） 94, 154, 155
カーロ（Caro, E.） 17, 19

キーオ（Kehoe, T.） 261
キハーノ（Quijano, M.） 9

グアハルド・トウシェ（Guajardo Touché, R.） 30
グスマン（Guzmán C., J.） 62
クムホフ（Kumhof, M.） 255, 256
クラヴィーホ（Clavijo, F.） 148, 229
グラーベル（Grabel, I.） 263
グリック（Glick, R.） 250, 272
グリンシャス（Gourinchas, P.-O.） 272
クルーガー（Krueger, A.） 230
クルーグマン（Krugman, P.） 259, 261, 262
クレッツァー（Kletzer, K. M.） 225

クロースナー（Kroszner, R. S.） 51
クロッテイ（Crotty, J.） 128
黒柳雅明 89
桑原小百合 233, 258

ケインズ（Keynes, J.M.） 90, 112, 114, 116
ゲゼル（Gesell, S.） 263

コー（Khor, H. E.） 174
コットレル（Cottrell, A.） 117, 118
コッペルマン（Copelman, M.） 68
コール（Cole, H. L.） 261
ゴールドスタイン（Goldstein, M.） 225
ゴールドファイン（Goldfajn, I.） 272
コレア（Correa, M. E.） 37, 233
ゴンサレス（González M., H. E.） 9
ゴンサレス - エルモシージョ（González-Hermosillo, B.） 225, 230
コンチェイロ（Concheiro, B. E.） 26

サ行

サヴァスターノ（Savastano, A. M.） 68, 70, 250
櫻川昌哉 39
サックス（Sachs, J.） 261
佐藤桃 121
サラ・イ・マーティン（Sala-I-Martin, X.） 23
サラテ（Zarate, C.） 223
サリーナス・デ・ゴルタリ（Salinas de Gortari, Carlos） 54, 59, 252
サレス・サラフィー（Sales-Sarraphy, C.） 254
サンチェス（Sánchez G., O.） 56
サンブラーノ（Zambrano, L.） 29

シェイバーグ（Schaberg, M.） 107
シコースキー（Sikorski, T. M.） 117
シーニャ（Sinha, D.） 23
シーニャ（Sinha, T.） 23
シーファー（Cypher, J. M.） 208, 227
シュマックラー（Schmukler, S. L.） 227
シュミット・ヘーベル（Schmidt-Hebbel, K.） 69
シュローダー（Schroeder, S. K.） 128
シュワルツ（Schwartz R., M.） 55, 56

ショウ（Shaw, G.） 22, 23, 88, 200

スタイナー（Steiner, R.） 166
スティグリッツ（Stiglitz, J.） 131
ステューダルト（Studart, R.） 23, 24, 118, 227
ストラハン（Strahan, P. E.） 51
スノーデン（Snowden, P. N.） 20, 230
スミシン（Smithin, J.） 176
スラテリー（Slattery, E.） 93
スーレッタ（Zuleta, H.） 23, 223
スンケル（Sunkel, O.） 91

セサラット（Cesaratto, S.） 24
セディージョ・ポンセ・デ・レオン（Zedillo Ponce de León, Ernesto） 54, 59, 253
セラスン（Celasun, O.） 255, 256

ソボレヴ（Sobolev, Y. V.） 60, 227
ソリス（Solís M.） 6
ソリス（Solís, R.） 34, 246, 247

タ行

ダウ（Dow, S.） 118, 262
タオウイル（Taouil, R.） 93
ターナー（Tanner, E.） 56
ターナー（Turner, P.） 225
ダニエル（Daniel, J. A.） 225
ダボス（Dabós, M.） 58

チャン（Chang, R.） 225
チン（Chinn, M.） 225

ツエッケリー（Székely, G.） 231

ディアス（Díaz, P.） 4
ディアス・アレハンドロ（Diaz-Alejandro, C.） 23
デイヴィッドソン（Davidson, P.） 262, 263
ディスヤタ（Disyatat, P.） 223
ディムスキー（Dymski, G.） 128
テイラー（Taylor, L.） 129, 226
デトラジアシェ（Detragiache, E.） 225
デミルグ・クント（Demirguc-Kunt, A.） 225

デ・ラ・マドリ（De la Madrid, Miguel） 10
デ・ラ・ルーア（De la Rua, Fernando） 257
デリー（Delli G., D.） 103

ドゥアルデ（Duhalde, Eduardo A.） 257
ドゥセル（Dussel, P.） 7
トーネル（Tornell, A.） 230
トノオカ（Tonooka, E.） 259
トービン（Tobin, J.） 103, 107, 157, 161, 177, 263
ドーンブッシュ（Dornbusch, R.） 57

ナ行

ナイグル（Niggle, C.） 127

西島章次 121, 226, 230, 259, 261

ヌーニェス（Núñez E., H.） 19

ハ行

ハイス（Heise, A.） 117
パウエル（Powell, A.） 129
ハウスマン（Hausmann, R.） 225, 226, 258
バサヴェ（Basave, K.） 20
ハッチソン（Hutchison, M. M.） 250, 272
服部茂幸 77
バドゥーリ（Bhaduri, A.） 96, 99
ハープ（Harp, A.） 29
ハマン（Hamann A., J.） 56
ハミルトン（Hamilton, N.） 29
バラハス（Barajas, A.） 166
ハラミージョ（Jaramillo, F.） 131, 132
パリー（Palley, T.） 104, 107, 114, 122, 124, 126, 127, 144
パルマ（Palma, G.） 222
ハレヴィ（Halevi, J.） 93
バンダーリ（Bhandari, J. S.） 260

久松佳彰 121

ビーファン・フリサンショ（Biefang-Frisancho, M.） 204
ビールショウスキー（Bielschowsky, R.） 24

ファイン（Fine, B.）　90
ファッサーリ（Fazzari, S. M.）　157
フォックス（Fox, Vicente）　73
二木雄策　79
ブッフィー（Buffie, E.F.）　23
フライ（Fry, M.）　23
フライドウル（Frydl, E. J.）　225
ブラインダー（Blinder, A. S.）　131
ブラザーズ（Brothers, D.）　6
フラッド（Flood, R. P.）　260, 262
ブランチャード（Blanchard, O.）　103
ブレッカー（Blecker, R.A.）　105, 108
フレンケル（Frankel, J. A.）　227, 252
フレンチ・デイヴィス（French-Davis, R.）　93
フローレス（Flores, A. E.）　33

ペニャローサ（Peñaloza W., T.）　28
ヘロス（Gelos, G.）　14

ホアン・ラモン（Juan-Ramón, H.）　58
ホーウェルズ（Howells, P.）　127
細野薫　74
ホフマン（Hofman, A.）　14
ポーリン（Pollin, R.）　113, 117
ボルトヴィニック（Boltvinik, J.）　148, 229

マ行

マイエル・セラ（Mayer-Serra, C. E.）　254
マーグリン（Marglin, S.）　96, 99
マセード（Macedo C., M. A.）　23
マッキー（Mackey, M.）　29, 36, 230, 237, 239, 245, 246, 247
マッキノン（McKinnon, R.）　23, 88, 200
マッテル（Mátter, J.）　150
マリオン（Marion, N. P.）　262
マルケス（Márquez D.C., J.）　6
マンテイ・デ・アンギアーノ（Mántey de Anguiano, G.）　114, 130, 157, 200, 227, 263
マンリケ（Manrique C., I.）　73

ミシュキン（Mishkin, F. S.）　68, 227, 250, 272
ミレシ・フェレッテイ（Milesi-Ferreti, G. M.）　256

ミンスキー（Minsky, H.）　103, 104, 105, 107, 108, 114, 127, 128, 129, 157, 161, 162, 169, 177
ムーア（Moore, B.）　114, 115, 116, 117, 118, 119, 120, 122, 123, 125, 144, 200
メンチャカ（Menchaca T., M.）　172
メンドーサ（Mendoza, E. G.）　255
メンドーサ（Mendoza, M. A.）　150
モギジャンスキー（Moguillansky, G.）　24
モグリッジ（Moggridge D. E.）　90
モット（Mott, T.）　93
モディー（Mody, A.）　166
モリーナ（Morina, E.）　29
モルレイ（Morley, S.）　24
モレーノ・ブリッド（Moreno-Brid, J. C.）　24

ヤ行

安原毅（Yasuhara, T.）　26, 57, 117

吉川洋　80, 113

ラ行

ライダーマン（Leidermann, L.）　56
ラインハート（Reinhart, C.）　226, 250, 272
ラヴォア（Lavoie, M.）　176
ラシン（Razin, Assaf）　256
ラ・ポルタ（La Porta, R.）　48, 49, 51, 246
ラライン（Larraín, B.）　259
ランデレッチェ（Landerretche, O.）　166

リオス・ラル（Rios-Rull, J. V.）　166, 256
リンコン（Rincón C., H.）　256

ルビン（Roubini, N.）　23

レイ（Wray, R.）　114, 117, 118, 127, 262
レヴァイン（Levine, R.）　23
レヴィ（Levy Yeyati, E.）　225
レ・クレンシュ（Le Clainche, R.）　18
レゴレッタ（Legorreta, A.）　32
レゴレッタ（Legorreta, E.）　32

レチューガ（Lechuga M., J.） 13

ロゴフ（Rogoff, K.） 261
ロサダ（Lozada, A.） 29
ロジャース（Rogers, J. H.） 255, 261
ローズ（Rose, A. K.） 223, 250
ロドリゲス（Rodriguez, S.） 166
ロハス（Rojas, M.） 170, 205
ロハス - スアレス（Rojas- Suares, L.） 174
ロペス（López A., G.） 121
ロペス（López, R. M.） 230
ロペス・コルテス（López Cortés, G.） 20, 230
ロペス・ゴンサレス（López González., Julio.） 150
ロペス・ゴンサレス（López González, Teresa. S.） 256
ロペス・ポルティージョ（López-Portillo, José） 10
ローマー（Romer, D.） 89, 90

ワ行

ワイス（Weiss, A.） 131
渡辺和則 129
渡辺良夫 117

事項索引

略号表

BMV➡メキシコ証券市場
CEPAL➡国連ラテンアメリカ・カリブ経済委員会（スペイン語表記）
CNB➡国立金融庁
CNBV➡国立金融証券庁
ECLAC➡国連ラテンアメリカ・カリブ経済委員会（英語表記）
FOBAPROA➡銀行預金救済基金
IPAB➡銀行預金保険機構
NAFIN➡国立開発銀行
PAN➡国民行動党
PECE➡「経済の安定と成長のための協定」
PRI➡制度的革命党
PROCAPTE➡暫定資本増強計画
PSE➡「経済連帯協定」
SHCP➡財務省

ア行

IS曲線　95, 96, 98, 99, 100, 101, 102
アコモデイショニスト　117
アジア（通貨）危機　257, 259, 263, 264
鞍点均衡　139, 140, 143, 248, 271, 273, 274

インヴェルラット（Inverlat）　34, 229, 236, 238, 245, 246
インターバンク　40, 41, 71, 112, 114, 116, 117, 123, 172, 173, 188, 189, 192, 195, 199, 200, 207, 208, 214
インテルアクシオネス（Interacciones）　47, 49
インブルサ（Inbursa）　47, 49, 229
インフレ・ターゲティング　54, 65, 68, 69, 72

ウディス（Udis ; Unidades de inversión）　234
ウニオン（Banca Unión）　33, 236, 238, 241, 245, 246

エンカヘ（Encaje legal）　7, 8, 73

追い貸し　39, 42, 129, 132, 133, 134, 188, 208, 210, 213, 214, 215, 220, 228, 248, 271, 273

カ行

外貨準備（残高）　5, 58, 59, 60, 61, 63, 64, 65, 66, 68, 126, 167, 250, 252, 253, 256, 257, 259, 260, 261, 264, 269, 270, 271, 273
外国貿易銀行（Bancomext ; Banco Nacional de Comercio Exterior）　206
回収可能債権　150, 169, 188, 189, 192, 197, 202, 204
学習効果　89, 93
掛け繋ぎ金融（hedge finance）　128
貸出意欲　134, 139, 140, 142, 143, 207, 208, 248
貸出ブーム（credit-driven-boom, または lending boom）　37, 166, 167, 192, 205, 217, 222, 223, 226, 227, 228, 272
貸し手リスク　106, 107
加速度原理　85, 86
稼働率（稼動水準）　91, 94, 95, 96, 97, 98, 99, 101, 102, 103, 129, 130, 131, 133, 137, 141, 154, 271
借り手リスク　106, 107, 108
カレツキ＝シュタインドル型蓄積関数　94, 154, 155
カレンシーボード制　256
為替アンカー型インフレ対策（為替アンカー政

事項索引　299

策）　54, 56, 57, 58, 59, 63, 74, 226, 253, 254, 255, 256, 258, 273
為替委員会（Comisión de Cambios）　65
（為替）過大評価　54, 56, 57, 58, 59, 60, 63, 66, 207, 223, 226, 250, 253, 254, 255, 256, 261, 269, 271, 273
為替バンド　55, 58
間接金融　104, 128, 226
観念的　130, 131, 133, 134, 135

企業家利潤　94, 96
供給価格　104, 105, 109, 129, 130, 162
寄与度分解（寄与度）　165, 167, 210, 217, 270, 271
切下げ　55, 101, 231, 250, 252, 253, 257, 259, 261, 262, 265, 272
銀行預金救済基金（FOBAPROA；Fondo Bancario de Protección al Ahorro）　37, 39, 49, 50, 51, 163, 165, 169, 188, 189, 196, 197, 202, 203, 204, 207, 208, 214, 217, 219, 220, 265, 271, 273
銀行預金保険機構（IPAB；Instituto para la Protección del Ahorro Bancario）　37, 39, 51, 208, 219, 231, 235, 240, 241, 242, 243, 244, 247
「銀行預金保険法」（Ley de Protección al Ahorro Bancario）　240
「金融グループ規制のための法」（Ley para Regular las Agrupaciones Financieras）　18, 27, 28
金融深化　13, 14, 21, 23
金融代理業（Factoraje financiero）　195
金融不安定性　85, 114, 127, 128, 131, 144, 177, 188, 214, 219, 220, 227, 228, 263, 269, 270, 271, 273
金利スプレッド　50, 51, 132

「グラス=スティーガル（Glass=Steagal）法」　28
グリッド・サーチ最尤法　196, 197, 198, 201, 202, 203, 210, 212, 216
グレンジャー因果性検定　188, 199, 204, 212, 213, 217, 223, 258

経済振興基金（Fondos de fomento económico）　195
「経済の安定と成長のための協定」（PECE；Pacto para la Estabilidad y el Crecimiento Económico）　54
「経済連帯協定」（PSE；Pacto de Solidarodad Económica）　54
経常収支　10, 21, 22, 58, 60, 91, 102, 103, 222, 223, 254, 257, 260, 265, 268, 270
系列融資　46, 47, 48, 49, 50, 51, 52, 113, 118, 122, 132, 134, 188, 205, 208, 214, 219, 220, 224, 227, 244, 245, 247, 248, 271, 273
公開市場操作　12, 18, 59, 60, 61, 63, 68, 69, 70, 73, 75, 170, 258
構造学派　84, 85, 90, 91, 92, 110
構造主義内生的貨幣供給論　127, 215
国際決済機構　263
「国際流動性選好」　262
国内信用供与　59, 60, 61, 69, 70, 73, 77, 235, 258
国防銀行（Banjercito；Banco Nacional del Ejército, Fuerza Aérea y Armada）　206
国民行動党（PAN；Partido Acción Nacional）　73
国立開発銀行（NAFIN；Nacional Financiera）　206
国立金融証券庁（CNBV；Comisión Naicional Bancaria y de Valores）　5, 43, 150, 163, 166, 188, 208, 228, 232, 239, 245
国立金融庁（CNB；Comisión Naicional Bancaria）　5
国立証券庁（Comisión Nacional de Valores）　5
国連ラテンアメリカ・カリブ経済委員会（CEPAL；Comisión Económica para América Latina, ECLAC；Economic Comission for Latin America and the Caribbean）　14, 84, 91, 92, 93, 110, 258
固定資本形成　103, 150, 151, 152, 154, 156, 157, 158, 177, 198, 207, 210, 212, 213, 228
固定資本投資　14, 16, 24, 104, 105, 151, 152, 167, 170, 189, 237
コルト　68, 70, 71, 72, 73, 74, 75, 205, 235, 258, 259, 270, 271, 273
コンフィア（Confía）　47, 48, 188, 236, 237, 245, 246
「根本的不確実性」（fundamental uncertainty）　132

サ行

最終財　102
最小自乗法　153, 155, 158, 160, 171, 174, 195, 196, 197, 201, 203, 209, 212, 216
財務省（SHCP；Secretaria de Hacienda de Crédito Público）　27, 42, 242
（米国）財務省証券金利　252
債務ブーム（debt-driven-boom）　167
再割引　150, 160, 188, 200
サプライヤーズ・クレジット　52, 121, 122, 167
サンタンデール・メヒカーノ（Santander Mexicano）　30, 37, 229, 230, 233, 238, 242, 244
暫定資本増強計画（PROCAPTE；Programa de Capitalización Temporal）　231

資金調達コスト　105, 106, 107
自己実現的通貨危機モデル（第2世代モデル）　260, 261, 262
自己資本比率規制　31, 42, 43, 46, 51, 116, 224, 225
実質為替　56, 57, 59, 63, 66, 177, 198, 207, 258, 263, 271, 273
実質賃金　91, 96, 97, 103, 152, 153, 154
資本収支　21, 22, 58, 62, 107, 113, 118, 175, 222, 254, 256, 265, 268, 270
資本蓄積　84, 85, 87, 89, 90, 91, 92, 94, 96, 97, 99, 106, 109, 130, 148, 153, 154, 156, 207, 214
資本逃避　70, 121, 126, 166, 169, 222, 226, 256, 257, 265, 272, 273
収束的　90, 97, 138, 143, 148, 220
需要価格　105, 106, 107, 109, 128, 129
『商業銀行統計報告』（*Boletín Estadístico de la Banca Múltiple*）　150, 163, 188
証券指数 IPyC　151, 152, 157, 160, 161, 162, 165, 166, 169, 170, 171, 174, 175, 176, 177, 198, 207, 222, 227, 228, 257, 272
小国開放経済　57, 59, 101, 109, 125, 126, 253
新興市場　250, 254, 262, 272
新構造学派　84, 85, 91, 92, 93, 110
「信用機関と投資銀行の貸出査定に関する規定」（Reglas para la Calificación de la Cartera de Créditos de las Sociedades Nacionales de Crédito, Instituciones de Banca de Desarrollo）　38
「信用機関並びに銀行設立に関する一般法」（Ley General de Instituciones de Crédito y Establecimientos Bancarios）　5
「信用機関法」（Ley de Instituciones de Crédito）　27, 42, 43, 44, 47, 231, 232, 244
信用収縮（credit crunch または credit stagnation）　37, 49, 72, 77, 119, 166, 167, 192, 207, 222, 225, 226, 228, 272, 273
信用乗数　54, 74, 75, 77, 78, 79, 80
信用割当　51, 113, 119, 125, 127, 130, 131, 132, 134, 135, 144, 199, 208, 219, 228

数量調整　72, 73, 85, 87

製糖業銀行（Financiera Nacional Azucarera）　206
制度的革命党（PRI；Partido Revolucionario Institucional）　13
（国債）セテス（Cetes；Certificados de la Tesorería de Federación）　17, 62, 70, 150, 152, 153, 154, 157, 160, 161, 172, 176, 209, 223, 242, 251, 252
セルフィン（Serfin）　10, 31, 32, 33, 34, 35, 37, 47, 48, 233, 236, 239, 241

ソロー・モデル　87, 88, 89, 90, 97

タ行

対外債務　9, 10, 14, 16, 22, 129, 131, 135, 139, 143, 177, 207, 222, 225, 228, 255, 257, 262, 263, 268, 270, 271, 272, 274
対ドルペッグ　55
地方信用銀行（Banrural；Banco Nacional de Crédito Rural）　206
中央銀行預入れ規制　7, 8, 73
中間財　58, 97, 101, 102, 162
チョウ検定　170, 195, 200, 209, 215
直接金融　104, 121, 128, 227
貯蓄関数　86, 87, 88, 97
貯蓄預金（captación directa）　149, 166, 167, 169, 173, 188, 189, 195, 199, 200, 201, 202, 203, 207, 208, 214, 215, 219, 247

賃金主導型蓄積　96, 98, 99, 100, 103, 153

通貨ミスマッチ　226

ディキー＝フラー・テスト　151, 209
テソボノス（Tesobonos；los Bosnos de la Tesorería de la Federación）　62, 251, 252, 253, 254, 260, 264, 269
デターミナント　137, 138, 141, 142, 143

動学的調整過程　90, 91, 93, 220
投機アタック　250, 260, 261, 262
投機的金融（speculative finance）　128
『統計月報』（Indicadores Económicos）　151, 188
投資関数　86, 87, 88, 91, 93, 94, 95, 97, 103, 148, 153, 157, 162, 163
投資基金説　112
投資銀行　4, 26, 28, 188, 189, 195, 197, 199, 203, 204, 206, 207, 208
『投資銀行統計報告』（Boletín Estadístico de la Banca de Desarrollo）　188
投資財　96, 103, 104, 105, 106, 107, 109, 128, 157, 162
特定業務銀行（Banca especializada）　5, 6, 7, 9, 11
トービンのQ理論（平均Q）　103, 104, 107, 157, 158, 159, 177, 207
ドル＝オプション取引　54, 65, 66, 67, 253, 259, 264, 269
トレース　137, 138, 141, 142, 143

ナ行

内生的貨幣供給論　85, 112, 113, 114, 117, 121, 122, 127, 144, 148, 150, 172, 173, 189, 200, 204, 206, 207, 208, 215, 259

内生的成長理論　84, 85, 87, 88, 89, 90, 92, 93, 97
内部留保　104, 127, 129, 130, 135, 139, 142

二重の逆説　77

望ましい資本ストック　153
ノンバンク　188, 189, 195, 199, 200, 201, 203, 204, 206, 207, 210, 213, 215, 217, 219, 270, 271

ハ行

パガレス債　232, 233, 234, 236, 238, 239, 242, 244, 247, 271
バーゼル協定　42, 43, 45, 46, 208
発散的　97, 131, 140, 148
バナメックス（Banco Nacional de México）　10, 29, 30, 33, 34, 36, 37, 48, 49, 208, 229, 230, 233, 236, 245, 246
バノーロ（Banoro）　49, 88
バランスシート　31, 37, 38, 42, 43, 80, 94, 95, 106, 107, 112, 122, 123, 125, 133, 134, 135, 166, 167, 192, 197, 200, 202, 204, 209, 210, 213, 220, 222, 231, 232, 233, 234, 240, 243, 272
バンクレセール（Bancrecer）　33, 34, 37, 47, 49, 236, 238, 239, 242, 244, 246
バンコメール（Bancomer）　10, 30, 31, 33, 34, 36, 37, 48, 208, 229, 230, 233, 236, 238, 246
バンパイス（Banpaís）　33, 34, 48, 229, 233, 236, 238, 244, 245, 246

ビタル（Bital）　37, 47, 49, 229, 230, 236, 238, 246
ビービーヴィ（BBV）　37, 49, 208, 229, 236, 238, 246

ファンダメンタルズ・モデル（クルーグマン・モデル，第1世代モデル）　259, 260, 262
「不正規」債権（「不正規」融資）　244, 245, 246, 247, 273
不胎化政策（不胎化介入）　54, 56, 58, 59, 60, 61, 62, 63, 74, 77, 167, 170, 174, 227, 253, 254, 274
「双子の危機」　223
プライムレート　122, 123, 125, 127
不良債権　28, 37, 38, 39, 49, 50, 51, 73, 76, 119, 129, 132, 133, 134, 140, 143, 150, 163, 165, 169, 170, 188, 192, 200, 202, 204, 206, 208, 209, 210, 211, 212, 213, 214, 219, 220, 222, 223, 224, 225, 226, 227, 228, 230, 231, 232, 233, 234, 235, 237, 240, 244, 245, 246, 247, 248, 252, 271, 272, 273
プルーデンス規制　26, 38, 42, 46, 226
ブレディ債　64, 257

ベース・マネー　8, 54, 59, 60, 61, 62, 63, 66, 68, 69, 70, 72, 73, 74, 75, 76, 77, 78, 79, 80
ベース・マネー供給ルール　68, 69
ペトロボノス（Petrobonos）　9

ホリゾンタリスト　114, 116, 125, 127, 173, 174, 199, 215
ポンツィ金融（Ponzi finance）　128, 169
（公債）ボンデス（Bondes）　17, 44, 205

マ行

マキラドーラ　148, 149
マークアップ　47, 105, 115, 116, 117, 122, 123, 135, 138
マークダウン　115, 116, 117, 122
「マクファーデン（McFadden）法」　28
マーシャル=ラーナー条件　102
「マッキー報告」（Informe Mackey）　29, 36, 37, 230, 239, 245, 246, 247

ミンスキー型投資関数（ミンスキー・モデル）　103, 157

メキシコ証券市場（BMV；Bolsa Mexicana de Valores）　16, 17, 18, 36, 157, 230

モラルハザード　225, 226, 227

ヤ行

緩やかな管理レート制　55

預金引出し制限　257
「予想の非対称性」（asymmetric expectations）　132

ラ行

利潤極大化　85, 134
利潤主導型蓄積　98, 99, 100, 101, 103, 148, 153, 154
リテール市場　114, 115, 118
流動性準備率規制　11, 12, 13, 42, 61, 113, 204
流動性選好　112, 114, 117, 118, 121, 123, 200, 262

レアル・プラン　257

労使協調　98
労働・公共サービス銀行（Banobras；Banco Nacional de Obras y Servicios Públicos）　206
ロシア（経済）危機　169, 224, 257, 259, 263
ローン会社（Arrendadoras financieras）　195

著者紹介

安原 毅（やすはら・つよし）

現在，南山大学外国語学部助教授。経済学博士。
専攻，開発金融論・ラテンアメリカ経済論。
1963年，神戸市生まれ。
1987年，京都大学経済学部卒業。
1990–91年，メキシコ国立自治大学経済学部留学。
1992年，京都大学大学院経済学研究科博士後期課程修了。
1992年，南山大学外国語学部講師に着任。
1995–97年，メキシコ国立自治大学経済学部大学院博士課程留学。
2000年，同大学にて博士号取得。

主要業績
『ラテンアメリカ経済学』（共著，石黒馨編，世界思想社，2003年）
Keynes…Hoy（1997），Jaime Estay, Federico Manchón (eds.), Benemérita Universidad Autónoma de Puebla.

論文
"Política monetaria y la cartera vencida en México；un enfoque Poskeynesiano,"（2002）『ラテンアメリカ研究年報』（日本ラテンアメリカ学会），20号
「リマ市におけるマイクロ・クレジットの実態」（2002）『ラテンアメリカ論集』（ラテン・アメリカ政経学会），No. 36

メキシコ経済の金融不安定性
金融自由化・開放化政策の批判的研究　　（検印廃止）

2003年5月31日　初版第1刷発行

著　者　安　原　　　毅
発行者　武　市　一　幸
発行所　株式会社　新　評　論

〒169-0051　東京都新宿区西早稲田 3-16-28
http://www.shinhyoron.co.jp
電話　03（3202）7391番
FAX　03（3202）5832番
振替　00160-1-113487番

落丁・乱丁本はお取り替えします
定価はカバーに表示してあります

装幀　山田英春
印刷　新　栄　堂
製本　河上製本

©Tsuyoshi YASUHARA 2003　ISBN4-7948-0599-3　C3033
Printed in Japan

| 佐野 誠 | 【負の奇跡・クリオージョ資本主義】南米アルゼンチンの分析を通し、従来の開発論に一石を投じた野心作。「政治経済進化」の多様性を解明する現代経済学の先端課題に挑戦！ |

開発のレギュラシオン
A5/364頁/3600円/ISBN4-7948-0403-2

岡本哲史
衰退のレギュラシオン
A5/530頁/4700円/ISBN4-7948-0507-1

【チリ経済の開発と衰退化1830-1914年】制度・構造諸形態の及ぼす負の効果を《衰退のレギュラシオン》と呼び、繁栄の中に存在していた一国の衰退的諸要因を論理的に解明！

松下 洋・乗 浩子 編　ラテンアメリカ・シリーズ❶
ラテンアメリカ 政治と社会
A5/296頁/3200円/ISBN4-7948-0187-4（品切）

政治の伝統と構造，政治思想，政治の歩み，政治変動などを通して，ラテンアメリカ政治のダイナミズムを構造的かつ平易に描いた画期的試み。＊'03，全面改訂版刊行予定

小池洋一・西島章次 編　ラテンアメリカ・シリーズ❷
ラテンアメリカの経済
A5/272頁/3200円/ISBN4-7948-0203-X

経済現象を理解するための枠組みを示すことに重点を置き，経済発展の諸相，マクロ経済の諸問題，産業と企業等について検討し，改革の道を歩むラテンアメリカ経済を読み解く。

細野昭雄・畑 恵子 編　ラテンアメリカ・シリーズ❸
ラテンアメリカの国際関係
A5/308頁/3200円/ISBN4-7948-0166-1

国際関係の歴史を東西対立・南北問題から論じ，主要国の現代国際関係に目を配りつつ，新国際秩序形成におけるラテンアメリカとこれに対する日本の役割を具体的に考察する。

水野 一・西沢利栄 編　ラテンアメリカ・シリーズ❼
ラテンアメリカの環境と開発
A5/298頁/3500円/ISBN4-7948-0365-6

リオ地球サミット以後の動向をふまえ，開発と環境破壊の現状および対策を世界との係わりの中で主要地域別に究明し，持続的社会の可能性を探り出す我が国初の試み。

国本伊代・中川文雄 編
ラテンアメリカ研究への招待
A5/388頁/3500円/ISBN4-7948-0354-0

生きた「地域研究」の方途を学ぼうとする人びとへ！地域，分野別の待望の画期的入門書。今井圭子，加藤薫，野谷文昭，遅野井茂雄，志柿光浩，住田育法，鈴木慎一郎，田中高。

遅野井茂雄・志柿光浩・田島久歳・田中高 編
ラテンアメリカ世界を生きる
A5/338頁/3200円/ISBN4-7948-0517-9

ラテンアメリカの多様性に即し，現地の人々の生の姿を鮮やかに伝える地域研究の入門書。人間の移動で生じた新たな社会，文化，権力構造等を18人の気鋭の研究者が執筆。

国本伊代
メキシコの歴史
A5/424頁/4800円/ISBN4-7948-0547-0

多民族・多文化社会メキシコの複雑な成立と歴史過程をビジュアルに整理した画期的入門書！先史時代〜現代の有史2万年にわたる波乱の軌跡を通覧。図版480点，カラー口絵付。

J.エイサギルレ／山本雅俊訳
チリの歴史
A5/912頁/12000円/ISBN4-7948-0383-4

【世界最長の国を歩んだ人びと】先住民時代を俯瞰し，チリ創期期前後の320年間を鮮烈に描いた我が国初の本格的なラテンアメリカ「自国史」。日本―チリ修好百周年記念出版！

＊表示価格はすべて税抜きの本体価格です。